Auberge du
Mange Grenouille

Table gourmande - Hébergement de charme
Pour réinventer la fête galante

JOUIR

Terroir et *saveurs*
du Québec

TERRE-NEUVE-ET-LABRADOR

Fermont

N

Réservoir
Manicouagan

Manic-5

CÔTE-NORD
(MANICOUAGAN-DUPLESSIS)

Sept-Îles

Havre-Saint-
Pierre

Aguanish

Natashquan

Port-
Cartier

Îles Mingan

389

138

Port-
Menier

Île
d'Anticosti

Godbout

Ste-Anne-
des-Monts

132

Baie-Comeau

Murdochville

Parc national
Forillon

Forestville

Laurent

Matane

Parc de la
Gaspésie

Gaspé

Golfe du
Saint-Laurent

oumins

Mont-Joli

GASPÉSIE

Percé

Rimouski

Amqui

Île
Bonaventure

Carleton-
sur-Mer

132

oussac

Trois-Pistoles

BAS-
SAINT-LAURENT

Matapédia

Bonaventure

ÎLES DE LA
MADELEINE

Rivière-du-Loup

Cabano

MAINE

NOUVEAU-
BRUNSWICK

ÎLE-DU-
PRINCE-ÉDOUARD

rges

NOUVELLE-
ÉCOSSE

Océan
Atlantique

S

ULYSSE
www.guidesulysse.com

Association de l'Agrotourisme
et du Tourisme Gourmand
terroiretsaveurs.com

Baie
James

Wemindji

Eastmain

BAIE-JAMES ET
EEYOU ISTCHEE

Waskaganish

Nemiscau

Lac
Mistassini

109

Matagami

113

Chibougamau

Lebel-sur-
Quévillon

167

SAGUENAY–
LAC-SAINT-JEAN

Réservoir
Pipmuaca

Réserve faunique
Ashuapmushuan

Dolbeau-Mistassini

Amos

Réservoir
Gouin

Lac
St-Jean

Alma

Les E

Rouyn-
Noranda

Saint-Félicien

Val-d'Or

Roberval

Saguenay

Riv.
Saguenay

ABITIBI-
TÉMISCAMINGUE

Réserve faunique
des Laurentides

175

La Malbaie

Ville-Marie

117

CHARLEVOIX

101

Réserve faunique
La Vérendrye

155

RÉGION
DE QUÉBEC

Baie-St-Paul

Témiscaming

La Tuque

Québec

Île
d'Orléans

St-J
Por

LAURENTIDES

Mont-Laurier

Saint-Michel-
des-Saints

Shawinigan

40

Fleuve

Montma

Lévis

Maniwaki

LANAUDIÈRE

MAURICIE

20

73

OUTAOUAIS

Mont-Tremblant

131

Trois-Rivières

55

CHAUDIÈR
APPALACHE

105

Ste-Agathe-
des-Monts

15

Joliette

Ste-Adèle

Drummondville

Saint-G

CENTRE-DU-
QUÉBEC

173

ONTARIO

Gatineau

417

LAVAL
MONTRÉAL

Ottawa

40

15

55

20

MONTÉRÉGIE

10

Sherbrooke

401

CANTONS-
DE-L'EST

0   100   200km

NEW YORK   **VERMONT**   **N.H.**

©ULYSSE

É T A T S - U N

©ULYSSE

17

les îles

jardin

foyer

7

absinthe

chef

Richard Duch...

intemporelle

Terroir et saveurs du Québec

Direction du projet
Odette Chaput,
directrice générale
(Association de l'Agrotourisme et du Tourisme
Gourmand du Québec)
André Duchesne
(Guides de voyage Ulysse)

Supervision du projet
Diane Drapeau,
directrice du marketing

Recherche et rédaction des textes régionaux
Diane Drapeau

Conception graphique
Pascal Biet

Infographie
Guides de voyage Ulysse

Collaboration
Diane Lamoureux
Hélène Bérubé

Publicité
Diane Lamoureux

Photographies de page couverture
© Chez Octave Auberge Restaurant, Montmagny
(Chaudière-Appalaches);
Étalage de fromages du Québec,
© Dominic Gauthier pour *fromagesduquebec.qc.ca*

Nos bureaux
Canada: Guides de voyage Ulysse, 4176, rue Saint-Denis, Montréal (Québec) H2W 2M5,
514-843-9447, fax: 514-843-9448, info@ulysse.ca, www.guidesulysse.com
Europe: Guides de voyage Ulysse sarl, 127, rue Amelot, 75011 Paris, France, 01 43 38 89 50,
voyage@ulysse.ca, www.guidesulysse.com

Nos distributeurs
Canada: Guides de voyage Ulysse, 4176, rue Saint-Denis, Montréal (Québec) H2W 2M5,
514-843-9882, poste 2232, fax: 514-843-9448, info@ulysse.ca, www.guidesulysse.com
Belgique: Interforum Benelux, Fond Jean-Pâques, 6, 1348 Louvain-la-Neuve,
010 42 03 30, fax: 010 42 03 52
France: Interforum, 3, allée de la Seine, 94854 Ivry-sur-Seine Cedex, 01 49 59 10 10, fax: 01 49 59 10 72
Suisse: Interforum Suisse, (26) 460 80 60, fax: (26) 460 80 68

Pour tout autre pays, contactez les Guides de voyage Ulysse (Montréal).

Terroir et saveurs du Québec
Les établissements répertoriés dans ce guide sont membres de
l'Association de l'Agrotourisme et du Tourisme Gourmand du Québec
(anciennement la Fédération des Agricotours du Québec)
4545, avenue Pierre-De Coubertin, C.P. 1000, succursale M, Montréal (Québec) H1V 3R2
Tél.: 514 252-3138 Téléc.: 514 252-3173
www.terroiretsaveurs.com – info@terroiretsaveurs.com

Catalogage avant publication de Bibliothèque et Archives nationales du Québec et Bibliothèque et Archives Canada
Vedette principale au titre :
    Terroir et saveurs du Québec
    2e éd.
    Comprend un index.
    ISBN 978-2-89464-549-9
    1. Chambre et petit déjeuner (Hôtellerie) - Québec (Province) - Répertoires. 2. Auberges - Québec (Province) - Répertoires. 3. Tourisme rural - Québec (Province) - Répertoires. 4. Tables champêtres - Québec (Province) - Répertoires. 5. Produits du terroir - Québec (Province) - Répertoires.
TX907.5.C22Q8 2012   917.1406'45 C2011-942593-9

Imprimé au Canada

Sommaire

Terroir et saveurs du Québec

Une extraordinaire invitation à découvrir le Québec!

L'Association de l'Agrotourisme et du Tourisme Gourmand du Québec*, en collaboration avec les Guides de voyage Ulysse, est heureuse de vous présenter son tout nouveau guide *Terroir et saveurs du Québec*. Ce guide se veut une extraordinaire invitation à découvrir les terroirs et les saveurs du Québec.

Partez à la rencontre de plus de 545 exploitants désireux de vous faire vivre et goûter le Québec d'une manière bien distinctive et authentique. Découvrez les vignobles, les cidreries et les fermes des différentes régions du Québec, de même que ses fromageries, microbrasseries, boutiques du terroir... où acheter des produits régionaux. Vous y trouverez aussi les meilleurs B&B, chambres d'hôte, tables gourmandes, repas champêtres, petites auberges et restaurants où les produits du Québec et la cuisine régionale sont à l'honneur. En effet, parmi ces exploitants, plusieurs ont obtenu une certification.

Cette reconnaissance leur a été accordée parce qu'ils se distinguent par la qualité supérieure de leur offre et leur engagement à mettre en valeur le terroir et les produits du Québec. Au cœur de ces établissements certifiés, vous ferez la rencontre des meilleurs ambassadeurs pour vous faire découvrir la grande richesse du terroir québécois ou vivre une expérience gourmande aux saveurs d'ici!

Bonnes découvertes!

Pierre Pilon, président

Association de l'Agrotourisme et du Tourisme Gourmand
Le Québec... J'y goûte, je le vis !
terroiretsaveurs.com

*Anciennement la Fédération des Agricotours du Québec

Notre promesse de qualité

Vivez et goûtez le meilleur du Québec!

Les établissements identifiés par l'un de ces sceaux de certification ont été sélectionnés pour la qualité supérieure de leur offre et se distinguent par l'engagement de leurs propriétaires à mettre en valeur le terroir et les produits du Québec. Au cœur de ces établissements, certifiés par l'Association de l'Agrotourisme et du Tourisme Gourmand (anciennement la Fédération des Agricotours), faites la rencontre des meilleurs ambassadeurs pour vous faire découvrir la grande richesse du terroir québécois ou vivre une expérience gourmande aux saveurs d'ici!

Chambre d'hôte avec service d'un petit-déjeuner aux saveurs régionales. Situé à la campagne, à la ferme, en banlieue ou à la ville, il offre 5 chambres ou moins en location. Classification minimale: 3 soleils. *Le Gîte du Passant*^{MD} *à la Ferme* offre en plus des activités reliées à la ferme.

Chambre d'hôte offerte dans une petite auberge au cachet typique de la région (25 chambres ou moins). Inclut le service d'un petit-déjeuner aux saveurs régionales. Plusieurs d'entre elles se démarquent par l'offre d'un service de restauration certifié *Table aux Saveurs du Terroir*^{MD}. Classification minimale: 2 étoiles.

Maison, chalet, appartement ou studio tout équipés (literie et serviettes de bain incluses) pour un séjour autonome. Ces maisons offrent toutes les attentions souhaitées pour rendre votre séjour agréable. *La Maison de Campagne à la Ferme* offre en plus des activités reliées à la ferme.

Service de restauration mettant en valeur les produits issus du terroir québécois et les particularités culinaires de nos belles régions. Autant de saveurs à découvrir que de façons de servir les produits du Québec selon un savoir-faire bien de chez nous!

Table d'hôte offerte dans l'intimité chaleureuse d'une maison de ferme ou d'une dépendance où les produits de la ferme sont majoritairement mis en valeur. Possibilité d'une visite des lieux. À chaque ferme ses productions, à chaque *Table Champêtre* ses spécialités!

Lieu pour acheter des produits du terroir et artisanaux du Québec. Possibilité d'une visite des lieux pour en savoir plus sur ce que vous achetez et, par le fait même, sur les différentes méthodes de production et de transformation des produits.

Service d'animation offert par un exploitant agricole dans le cadre d'une activité récréative et éducative pour les groupes, la famille ou individuellement.

Les vins et les boissons alcoolisées
artisanales du Québec, de belles nouveautés sur les marchés!

Un brin d'histoire

On dit que la vigne pousse depuis longtemps au Québec; Jacques Cartier avait baptisé «île de Bacchus» celle qui est devenue aujourd'hui l'île d'Orléans. C'est au début des années 1980 que la grande aventure de la viticulture a commencé. Depuis, des vignobles s'établissent, les vignes vieillissent, le vin se bonifie, et le choix s'élargit.

Le succès s'est bâti à force de recherche et de détermination; de courageux viticulteurs ont su trouver les plants de vigne qui pouvaient supporter les hivers de neige et la froidure extrême. On peut maintenant affirmer que la viticulture québécoise est arrivée à une maîtrise qui permet de produire maintenant des vins spéciaux et de compter sur une belle expertise dans le vin de glace.

Depuis quelques années, on assiste à une explosion de produits alcoolisés artisanaux faits à base de petits fruits, de miel et de produits de l'érable. Les producteurs agricoles sont très impliqués dans l'exploitation de produits locaux, typiques, plus intéressants les uns que les autres. L'innovation les amène jusqu'à se tourner vers le passé pour retrouver des fruits oubliés et ainsi les transformer en boissons. Ce n'est pas le choix qui manque!

Parmi nos traditions québécoises printanières, citons le p'tit boire baptisé le fameux «réduit» que l'on agrémente d'un peu d'alcool et que l'on consomme surtout à la cabane à sucre.

Régions

Chaque année, au Québec, la «Route des vins» fait le bonheur des amateurs. Cette offre agrotouristique relie les vignobles et dote les régions d'endroits agréables où l'on vient déguster, faire des découvertes et s'approvisionner.

En savoir plus

- Vins québécois: www.vinsduquebec.com
- Hydromel: www.apiculteursduquebec.com
- Terroirs d'ici: www.saq.com
- Vins et boissons alcoolisées artisanales de tout le Québec, La Maison des vins et des boissons artisanales du Québec / Marché des saveurs du Québec: www.lemarchedessaveurs.com

L'hospitalité québécoise n'est pas une légende. Les Québécois aiment bien recevoir. La table... un lieu de rencontre privilégié pour bien manger et bien boire!

Il est maintenant possible de trouver dans la plupart des régions soit des vins québécois, soit des boissons alcoolisées: un choix de plus en plus intéressant en termes de qualité et de variété. Ces produits font aussi la fierté des restaurateurs, hôteliers, aubergistes et chefs cuisiniers qui se font un devoir de les offrir à leur table.

À chacun son choix!

Partout au Québec, on se préoccupe de développer des particularités qui enrichissent le patrimoine culinaire et gastronomique; les résultats sont de plus en plus étonnants grâce à l'heureux mélange de traditions et de modernité.

Les vins québécois se présentent maintenant sous plusieurs formes: vin blanc, rosé, rouge, fortifié, aromatisé, vin de glace et de vendanges tardives.

Parmi les plus grandes innovations, se trouvent les boissons alcoolisées qui mettent en valeur les produits de l'érable, un produit typiquement québécois. Les boissons alcoolisées, aussi appelées «alcools fins», se retrouvent sous plusieurs formes: boissons à base d'érable qui se consomment de l'apéritif au digestif; hydromel, un produit à base de miel qui ne cesse de gagner en noblesse; mistelles, des boissons liquoreuses à base de petits fruits anciens et nouveaux. Les petits fruits les plus utilisés sont: fraise, framboise, bleuet, argouse, cerise de terre, canneberge, cassis, mûre des marais...

Comme la coutume le veut à la table des Québécois: À la bonne vôtre!

Auteurs: Histoires de gourmands / Rose-Hélène Coulombe et Michel Jutras / www.histoiresdegourmands.ca

- La Route des vins: www.routedesvinsquebec.com
- Site officiel de l'Association de l'Agrotourisme et du Tourisme Gourmand: www.terroiretsaveurs.com

Les fromages québécois
Des succès à goûter!

Un brin d'histoire

Nul ne peut dire la date exacte de l'apparition du fromage, mais cela remonte très tôt dans l'histoire de l'alimentation.

Dès le début de la colonie, les artisans produisent des fromages en suivant les recettes et les traditions de leur pays d'origine. Le premier fromage de lait de vache produit est celui de l'île d'Orléans qui est maintenant de retour sur le marché.

Les fromages, productions régionales

Le premier fromage de chèvre en Amérique fut affiné durant l'hiver 1604, par Louis Hébert, sur l'île Sainte-Croix.

Le cheddar est produit au Lac-Saint-Jean dès 1885 par la famille Perron, qui l'exporte vers l'Angleterre. Encore aujourd'hui, ce cheddar est toujours produit au même endroit et par la même famille.

Des moines venus de France commencent à fabriquer, dès 1893, un fromage qui porte le nom du lieu: Oka. À Saint-Benoît-du-Lac, d'autres moines se lancent dans cette aventure en 1943 et continuent à diversi-fier une production intéressante, parmi laquelle se distingue un fromage bleu de grande qualité.

Dans les années 1930, les Moniales Bénédictines de Mont-Laurier ouvrent la voie à la transformation du lait de chèvre en fromages qui ne cesseront d'évoluer, entraînant d'autres producteurs dans cette grande aventure.

À partir des années 1970, d'autres fromages commencent à diversifier l'offre; le cheddar a désormais de la concurrence. Les fromages québécois ont pris du métier, et

En savoir plus

- Les fromages du terroir québécois – Une passion à savourer Jean-Claude Belmont, éditeur gourmand: www.jeanclaudebelmont.com
- Fromages de pays: www.fromageduquebec.qc.ca
- Je mets les fromages fins du Québec sur ma route!: www.routedesfromages.com

La réputation des fromages québécois est telle qu'elle fait pâlir celle des fromages importés! Au Québec, il est maintenant possible de s'approvisionner en fromage au lait de vache, de chèvre et de brebis.

© Dominic Gauthier pour fromagesduquebec.qc.ca

nos artisans ont affiné leur art pour fabriquer une gamme étonnante de fromages bien typés, recoupant toutes les catégories connues.

Aujourd'hui, chaque région contribue au développement de notre culture culinaire en fabriquant plus de trois cents fromages.

À la découverte

Prenez la «Route des fromages du Québec» et bonnes découvertes!

Chaque année, un festival réunit les producteurs et les amateurs à Warwick / Région du Centre-du-Québec. On y visite «Le Salon des fromages fins» et la vitrine des fromages primés par le concours «Sélection Caseus».

Les fromages! On les mange «nature ou dans les mets cuisinés».

Ayant franchi toutes les étapes du développement, ils réclament désormais que les chefs et les cuisiniers leur ouvrent leurs cuisines.

Chaque étape d'un repas peut trouver son fromage!

Auteurs: Histoires de gourmands / Rose-Hélène Coulombe et Michel Jutras / Collaboration spéciale: Jean-Claude Belmont / www.histoiresdegourmands.ca

Le cidre du Québec
Une boisson ancienne au goût du jour!

Un brin d'histoire

Au Québec, nous avons suivi les traces des premiers colons venus de Normandie et de Bretagne, deux régions françaises bien reconnues à titre de régions cidricoles.

Les premiers permis de fabrication, délivrés en 1970, étaient alors des permis de production industrielle. C'est en 1988 que l'on a attribué le premier permis de production et de vente de cidre artisanal.

Régions cidricoles

On dénombre près d'une cinquantaine de cidreries réparties dans les principales régions identifiées à la pomiculture: Cantons-de-l'Est, Charlevoix, Chaudière-Appalaches, Laurentides, Montérégie, Outaouais, Québec.

Le cidre!
À l'apéritif, au repas, au digestif et même pour cuisiner

Le cidre, une des boissons les plus anciennes au monde, compte parmi les beaux produits de notre savoir-faire en milieu agricole.

Plusieurs types de cidre sont disponibles lorsque vient le temps de faire un choix.

Plusieurs variantes s'offrent à nous: cidre tranquille léger, cidre tranquille fort, cidre mousseux léger, cidre mousseux fort, cidre apéritif, cidre de glace, et même un cidre sans alcool.

En savoir plus

- La «Route des cidres», trajet emprunté par les amateurs de cidre, qui peuvent ainsi aller goûter et acheter sur place.: www.bonjourquebec.com – Région de la Montérégie
- La journée «Crêpes et cidre de la Montérégie» se tient une fois par année, au moment où les pommiers sont en fleurs.: www.tourisme-monteregie.qc.ca

Le cidre du Québec est devenu au fil du temps, et grâce au savoir-faire des artisans cidricoles, un des produits «fleurons» de notre culture culinaire. Les pomiculteurs québécois ont appris à tirer profit de cette opportunité de diversification et de valorisation de la pomme fraîche.

Les différentes clientèles, consommatrices et consommateurs locaux, gens d'affaires, excursionnistes, touristes québécois et étrangers, sont de plus en plus exigeantes en ce qui a trait à leur alimentation. Elles recherchent des produits locaux de qualité, l'authenticité quant à la provenance, la spécificité en regard du savoir-faire traditionnel ou contemporain.

Chaque cidriculteur s'ingénie à produire un cidre particulier, afin d'offrir à la clientèle une gamme de produits exceptionnels qui se distinguent de plus en plus au Québec et à l'étranger. Plusieurs compétitions de réputation internationale ont permis aux cidres d'obtenir leurs lettres de noblesse.

«Le cidre de glace», une innovation québécoise créée à la fin des années 1980 en s'inspirant du vin de glace, est un cidre liquoreux fabriqué à partir de pommes qui ont subi le gel ou de leur jus. Il est servi en fin de repas, on le sert nature, on le choisit même pour accompagner certains produits fins, le foie gras et certains fromages.

Auteurs : Histoires de gourmands / Rose-Hélène Coulombe et Michel Jutras / www.histoiresdegourmands.ca/

- Les Cidriculteurs artisans du Québec: www.cidreduquebec.com
- Site officiel de l'Association de l'Agrotourisme et du Tourisme Gourmand: www.terroiretsaveurs.com
- Économusée Cidres et Vergers Pedneault:
  www.economusees.com/cidrerie_verger_pedneault_fr.cfm

La bière du Québec
Sur la route de la notoriété internationale!

Un brin d'histoire

La bière est aussi vieille que l'humanité. Au Moyen Âge, on buvait la bière fabriquée par les religieux, car l'eau était insalubre. Dès les débuts, la bière est associée aux dieux comme élixir divin.

La bière a été fabriquée avant le vin au Québec, car le raisin se cultivait mal. On dit que les brasseries ouvraient leurs portes au même rythme que les églises.

La première fut celle des Jésuites, à Sillery, en 1647.

En 1811, la Dawes Brewery fut la première brasserie industrielle du canal de Lachine. On importait et élevait aussi des percherons noirs qui assuraient la livraison. Ils sont devenus le symbole de la brasserie grâce à la Black Horse.

Les dates de création des brasseries au Québec

Molson: 1796, Dow: 1818, Labatt: 1828, Carling: 1840, O'Keefe: 1848, Unibroue: 1990.

On retrouve deux types de brasseurs au Québec: les brasseries à grand volume, à qui l'on reconnaît l'habitude de «prendre une bière», et les microbrasseries, qui produisent surtout de façon artisanale et à petit volume. Le premier permis de microbrasserie a été émis en 1987.

Régions brassicoles

Au Québec, nous n'avions pas vraiment de traditions en fabrication artisanale; cette réalité a donc laissé aux microbrasseurs une grande place à la créativité. Ils ont

En savoir plus

- Association des brasseurs du Québec: www.brasseurs.qc.ca
- Association des microbrasseries du Québec: www.ambq.ca
- Économusée des Bières de la Nouvelle-France: www.economusees.com/biere_nouvelle_france_fr.cfm
- Bières du Québec: www.bieresduquebec.ca

Aujourd'hui au Québec, on fabrique à peu près tous les types de bière qui existent dans un éventail de couleurs et de saveurs: ale, pilsner, lager, blondes, rousses, brunes, pétillantes, aromatisées...

subi l'influence de plusieurs pays reconnus pour leur expertise dans le domaine.

C'est dans le secteur du canal de Lachine, un des berceaux de l'ère industrielle au Canada, que l'on retrouve aujourd'hui l'une des plus grandes concentrations de microbrasseries. Depuis l'été 2010, des croisières thématiques de «dégustation bières et mets» permettent de mettre en valeur ces deux pans du patrimoine.

On peut être fier de la qualité des bières et du savoir-faire de l'industrie québécoise. Plusieurs brasseurs remportent des honneurs, des médailles et des reconnaissances en participant à des compétitions à plusieurs paliers.

L'Économusée de la bière, le seul au Canada, se trouve en Mauricie. La microbrasserie «Les Bières de la Nouvelle-France» vous propose une incursion dans le monde de la bière. On vous racontera son histoire, et vous pourrez admirer les brasseurs à l'œuvre!

Une bière pour tous les goûts

Au Québec, jusque dans les années 1960, on n'apportait pas autant d'importance au goût de la bière: on la buvait selon les convictions sportives ou sociales de l'époque.

Aujourd'hui, on la consomme d'abord pour son goût. Le jumelage «bière et nourriture» n'est pas nouveau. De plus en plus, on assiste à des mariages de bières et mets: dégustation de bières et fromages, raclette à la bière, soupe à l'oignon à la bière, braisé de bœuf à la bière, et pourquoi pas une bière au dessert avec du chocolat. À chacun sa bière, comme on dit si bien!

Auteurs: Histoires de gourmands / Rose-Hélène Coulombe et Michel Jutras / www.histoiresdegourmands.ca

- Festibières et évènements «bières»: www.festibieres.ca
- Croisières thématiques (bières) sur le canal de Lachine: www.poledesrapides.com
- Site officiel de l'Association de l'Agrotourisme et du Tourisme Gourmand: www.terroiretsaveurs.com

La production de fleurs au Québec
Un monde de découvertes!

Un brin d'histoire

L'horticulture est une industrie historique, puisque, déjà dans les années 1900, le Québec voyait les premières serres apparaître dans le paysage agricole. Les producteurs de l'île Jésus (nom de l'île sur laquelle la ville de Laval a été constituée en 1965) ont fait preuve d'avant-gardisme, puisque l'usage de serres n'était pas courant au Québec. Plusieurs améliorations techniques permirent par la suite de multiplier leur usage, à tel point que chaque producteur pouvait en compter une dizaine et parfois jusqu'à une trentaine... Si bien que Laval est devenue le berceau de la production florale.

L'hortitourisme en quatre saisons

La région de Laval, «capitale horticole», offre une gamme variée d'expériences hortitouristiques.

Au printemps, on peut entrer chez les producteurs pour se délecter des couleurs des milliers de fleurs annuelles produites chaque année.

Pendant l'été, un arrêt au Centre de la Nature nous permet d'admirer de nombreuses collections florales.

En automne, il faut prendre le temps de s'attarder dans le Vieux-Sainte-Dorothée, où se retrouve la plus grande concentration de productions florales en serre. De plus, on déniche des paysages inattendus en milieu urbain et on y trouve même une entreprise de production d'orchidées.

En hiver, profitons d'une visite chez l'un des producteurs de potées fleuries, pour nous plonger dans un bain de poinsettias...

Si l'agrotourisme permet de goûter le Québec pour mieux l'apprécier, l'hortitourisme, quant à lui, permet certainement de se régaler les yeux! Fort de l'existence de près de 1200 producteurs horticoles, le Québec, et plus particulièrement la région de Laval, située au nord de Montréal, a su intéresser des excursionnistes aux fruits de son industrie. Tellement que l'on a défini le terme «hortitourisme», un concept qui permet aux visiteurs de connaître et de distinguer les diverses variétés florales en plus de vivre une expérience de visite et d'achat à la serre.

Au Québec

Dans l'ensemble des régions du Québec, des expériences hortitouristiques vous sont également offertes, que ce soit des jardins exceptionnels (Jardins de Métis, Jardin Daniel A. Séguin, Domaine Joly-De Lotbinière), des sites de productions de plantes exotiques ou des paysages de complexes serricoles.

Pour les gourmands de la nature

Sachez que l'horticulture réserve quelques belles surprises par le biais des fleurs comestibles! En effet, de nombreuses variétés, telles la pensée, l'hémérocalle et la capucine, peuvent être apprêtées pour le plaisir des papilles. La capucine est particulièrement intéressante, puisque les pétales, les boutons et les graines peuvent être consommés. Certains producteurs offrent ces produits spécialisés à l'état naturel ou à l'état transformé; de même, plusieurs chefs cuisiniers se font un plaisir de nous les présenter en accompagnement et ainsi nous les faire goûter.

L'horticulture a beaucoup à vous offrir, et les producteurs horticoles sont nombreux à ouvrir leurs portes. Pensons à Laval pour nous mettre des fleurs plein la tête.

Auteure: Nancy Guay, directrice de l'Agropôle Laval

L'érable
Traditions et modernité!

Un brin d'histoire... Allons à la cabane!

Les Amérindiens récoltaient la sève d'érable depuis bien longtemps lors de l'arrivée des Européens. Puisqu'ils ne connaissaient pas le métal, ils faisaient bouillir l'eau d'érable en jetant des pierres brûlantes dans des contenants d'écorce. Ils récoltaient également le sucre en faisant geler l'eau d'érable: l'eau gelée montait à la surface et le sucre concentré demeurait dans le fond du bassin.

Ce sont les Français qui développeront les techniques pour obtenir le «sucre de pays» que l'on pouvait facilement garder toute l'année.

Encore aujourd'hui, au Québec, le printemps sonne le temps des sucres. Dans la mémoire des Québécois, ça demeure une tradition familiale et culinaire.

Régions acéricoles

On peut affirmer que la tradition reconnaît tout particulièrement l'érable à titre de «produit-vedette» pour les régions de Chaudière-Appalaches et du Centre-du-Québec, sans compter que d'autres régions en font leur fierté.

Le sirop d'érable est un produit dont la qualité, l'authenticité et le caractère unique sont reconnus à l'échelle internationale. On vend des produits de l'érable dans plus de 32 pays.

En savoir plus

- Économusée de l'érable: www.economusees.com/domaine_acer_fr.cfm
- Les cabanes à sucre du Québec: www.cabaneasucre.org
- Le siron d'érable, de la production à la transformation:www.sironderable.ca

Au Québec, nous avons la chance d'avoir des producteurs acéricoles dans presque toutes les régions. Plusieurs entreprises ouvrent leurs portes pour faire connaître et goûter le sirop d'érable, ses produits dérivés et des mets utilisant ces produits uniques et bien typiques.

L'érable: un produit authentique

Tous les sirops d'érable ne sont pas semblables. La composition naturelle du sirop d'érable varie au fil de la saison. Une eau d'érable recueillie en début de printemps offrira un sirop plus clair, au goût subtilement sucré, alors que le sirop préparé avec une eau d'érable recueillie en fin de saison sera plus foncé, avec un goût plus caramélisé.

Le sirop d'érable du Québec est un produit dont l'innocuité, la salubrité et l'authenticité font l'objet d'une vérification de qualité reconnue. SIROPRO est la certification officielle de la Fédération des producteurs acéricoles du Québec.

L'érable et sa versatilité

Les possibilités d'utilisation sont infinies! Du sucre d'érable granulé avec les boissons chaudes, un fromage à pâte ferme ou une biscotte avec beurre d'érable, un muffin aux canneberges et à l'érable, un cidre chaud à l'érable, une longe de porc à l'érable, une crème brûlée au sirop d'érable... Aujourd'hui, l'érable est beaucoup plus que du sirop: c'est toute une gamme de produits dérivés, de boissons alcoolisées et de liqueurs fines.

Auteurs: Histoires de gourmands / Rose-Hélène Coulombe et Michel Jutras / www.histoiresdegourmands.ca

Le tourisme gourmand au Québec
Une expérience culturelle à privilégier!

Un brin d'histoire

Le tourisme gourmand, aussi appelé «tourisme culinaire», se développe de plus en plus au Québec; il a débuté au début des années 1990.

C'est grâce à la création d'événements, de projets, d'activités qu'on a suscité l'intérêt des consommateurs et consommatrices et des touristes à faire des découvertes culinaires.

Le tourisme gourmand va bien au-delà de l'expérience de la fine cuisine

L'offre gourmande québécoise est très complète par ses activités culinaires et agrotouristiques: des cours de cuisine, des festivals culinaires dont l'élément phare est soit la cuisine, soit un ensemble de produits alimentaires, des routes, des parcours ou circuits gourmands, des points de vente spécialisés, des Tables aux Saveurs du Terroir^{MD} et Champêtres^{MD}, des repas à la cabane à sucre, une librairie gourmande, des croisières gourmandes, des marchés publics, des visites à la ferme, des Relais du Terroir^{MD}, des visites de fromageries, de vignobles, de microbrasseries, d'économusées à caractère alimentaire... bref, il y a de quoi à goûter le meilleur du Québec.

En savoir plus

- Le réseau des Économusées: www.economusees.com
- Points de vente spécialisés en produits du terroir:
  www.terroirsquebec.com
  www.lemarchedessaveurs.com

*Quelle belle façon de découvrir un village, une ville, une région, un coin de pays, quoi!
Le Québec est l'une des meilleures destinations quatre saisons qui favorise un contact
privilégié avec sa culture culinaire, ses artisans et leur savoir-faire. Le tourisme
gourmand est un heureux mélange de nos traditions et de la modernité qui s'inspire en
plus de la nature et des particularités de nos diversités culturelles.*

Chaque région a ses particularités, ses produits, ses mets et ses artisans

Le Québec est divisé en vingt-deux régions touristiques où l'on peut trouver des produits et des mets gourmands typiques à chaque région.

Cette expérience touristique se marie bien avec les activités culturelles et historiques. À titre d'exemple, un tour avec un guide touristique professionnel, agrémenté de dégustations. On est à même de constater que nos artisans de la terre à la table sont des gens passionnés qui, en plus d'offrir de belles réalisations, sont heureux de partager leur savoir-faire.

Chaque région ayant ses particularités culinaires, la table a toujours été et sera toujours influencée par la géographie du lieu et par sa culture!

Nos principaux produits phares: le homard, l'érable et ses produits dérivés, la canneberge, le bleuet, l'agneau, le cidre de glace...

Au Québec, le «tourisme gourmand» a vraiment ce qu'il faut pour combler toutes les attentes de découvertes culinaires!

Auteurs: Histoires de gourmands / Rose-Hélène Coulombe et Michel Jutras / www.histoiresdegourmands.ca

• Site officiel de l'Association de l'Agrotourisme et du Tourisme Gourmand: www.terroiretsaveurs.com

Routes et circuits gourmands du Québec

Circuits provinciaux

- Route gourmande des fromages fins du Québec, www.routedesfromages.com
- Route des vins du Québec, www.vinsduquebec.com
- Route de l'érable, www.laroutedelerable.ca

Bas-Saint-Laurent

- Saveurs et Gourmandises du Bas-Saint-Laurent, www.saveursbsl.com

Cantons-de-l'Est

- La Route des vins des Cantons-de-l'Est, www.laroutedesvins.ca

Centre-du-Québec

- Balade gourmande, www.tourismeboisfrancs.com
- Fromages, canneberges et trouvailles gourmandes, www.tourismecentreduquebec.com
- Parcours aux mille saveurs, www.tourismebecancour.com

Charlevoix

- La Route des Saveurs de Charlevoix, www.routedesaveurs.com

Chaudière-Appalaches

- Les Routes Gourmandes de Chaudière-Appalaches, www.routesgourmandes.com
- Route des vins de Chaudière-Appalaches, www.vinsappalaches.qc.ca
- Le Chemin de la Fraîcheur à Saint-Nicolas, www.routesgourmandes.com

Côte-Nord : Duplessis

- La nature aux mille délices, http://circuit-gourmand.ca

Gaspésie

- Route gourmande de la Gaspésie, www.gaspesiegourmande.com

Lanaudière

- Les Chemins de campagne, www.cheminsdecampagne.ca

Chacune des régions du Québec a de quoi éveiller et séduire tous vos sens, satisfaire votre curiosité et votre côté gourmand...

Laurentides

- Chemin du Terroir, www.cheminduterroir.com
- Les escapades de Pomme en Fête, www.laurentides.com
- Route des saveurs d'Antoine-Labelle, www.laurentides.com

Laval

- La venue des récoltes, www.saveursdelaval.com
- La route des fleurs, www.saveursdelaval.com
- Les chemins de la nature, www.saveursdelaval.com

Montérégie

- Le Circuit du Paysan de la Montérégie, www.circuitdupaysan.com
- Route des cidres de la Montérégie, www.tm-routedescidres.qc.ca

Outaouais

- Parcours Outaouais Gourmet, www.parcoursoutaouaisgourmet.com

Québec (région de)

- Parcours gourmand, www.parcoursgourmand.com

Saguenay–Lac-Saint-Jean

- Réseau des kiosques du Saguenay–Lac-Saint-Jean, www.tableagro.com/kiosque.php

Autant de fermes à visiter, de boutiques du terroir à découvrir, de tables gourmandes où savourer un bon repas, de B&B ou de petites auberges de charme où s'héberger, de lieux patrimoniaux à visiter, de gens passionnés à rencontrer au détour d'une route, d'un joli chemin de campagne, d'un circuit à parcourir...

Renseignements pratiques...

Prix de l'Excellence «Coup de Cœur du Public»

À chaque année, l'Association de l'Agrotourisme et du Tourisme Gourmand dévoile les lauréats de ses Prix de l'Excellence. Ces prix honorent des exploitants qui se sont illustrés de façon remarquable par l'expérience exceptionnelle qu'ils ont fait vivre à leur clientèle et par leurs efforts à développer une offre de qualité.

Les établissements ayant été honorés ont une mention dans leur texte et les lauréats 2011 sont présentés au début de leur région touristique.

Fiche d'appréciation de séjour

Dans chacun des établissements certifiés, vous trouverez une fiche d'appréciation. En la remplissant, vous contribuerez à maintenir la qualité constante de nos établissements certifiés et à décerner les Coups de Cœur du Public. Vous aurez aussi la chance de gagner un chèque-cadeau d'une valeur de 300$! Cette fiche est également disponible sur les sites Internet www.gitesetaubergesdupassant. com ou www.tablesetrelaisduterroir.com à la section «Votre appréciation».

Forfait-Charme

Offrez-vous un forfait pour deux personnes incluant deux nuits d'hébergement, deux petits-déjeuners, un cocktail, un souper aux saveurs régionales et un petit cadeau de la région. Réservez directement dans les Gîtes et Auberges du Passant[MD] certifiés annonçant le Forfait-Charme.

Prix et taxes

Si l'établissement est soumis aux lois fédérales et provinciales en matière de taxation, des taxes de 5% et 9,5% (TPS, TVQ) s'ajouteront au coût du séjour. De plus, une taxe régionale (2$, 3% ou autre) s'applique pour chaque unité louée par nuit.

Pour un hébergement, ce guide publie le prix maximum de l'unité la plus chère et le prix maximum de l'unité la moins chère, peu importe la saison. Le prix B&B en gîte ou auberge inclut le petit-déjeuner, alors que le prix PAM (plan américain modifié) inclut, en plus, le repas du soir. Le tarif enfant signifie: enfant de 12 ans et moins partageant la chambre de ses parents.

Lors de votre réservation, prenez soin de vérifier auprès de l'établissement la politique de réservation et d'annulation.

Interdiction de fumer

La nouvelle législation en matière de lutte contre le tabagisme ne permet plus de fumer dans les espaces publics. Par contre, un établissement d'hébergement peut offrir des unités pour fumeurs.

Révision annuelle du guide

Tous les ans, il y a mise à jour de l'information et édition d'une nouvelle publication. Tous les renseignements contenus dans celle-ci peuvent être sujets à changement sans préavis.

Pictogrammes et abréviations

☀	Classification gîte touristique	🐕	Animaux de compagnie acceptés sous conditions
★	Classification hôtelière et résidence de tourisme		Baignade sur place
✎	Établissement en cours de classification	✗	Restauration sur place
A	Anglais parlé couramment	🚴	Situé à moins de 3 km de la Route verte
♿	Partiellement accessible aux personnes ayant une déficience motrice (Kéroul)	AV	Établissement qui travaille avec les agences de voyage
♿	Adapté aux personnes ayant une déficience motrice (Kéroul)	@	Connexion Internet
	Service aux personnes ayant une déficience auditive (Kéroul)	@WiFi	Connexion Internet sans fil
🧍	Service aux personnes ayant une déficience visuelle (Kéroul)	🏠	Hébergement
		✗	Table gourmande
⬡	Présence d'animaux domestiques dans l'établissement	🐄	Ferme agrotouristique
			Boutique du terroir
			Traversier

PAM: Plan américain modifié (repas du soir, coucher et petit-déjeuner)

VS Visa — **MC** MasterCard — **AM** American Express — **ER** En Route — **IT** Paiement Interac

Certifié Bienvenue cyclistes!MD: établissement offrant des services aux cyclotouristes.
Information: 1 800 567-8356, www.routeverte.com

Classification

La classification «Hébergement Québec» est administrée par la Corporation de l'industrie touristique du Québec. Pour en savoir davantage: 1 888 499-0550 ou www.citq.qc.ca. Sauf exception, les établissements d'hébergement répertoriés dans ce guide ont un niveau de classification supérieur à 3 soleils ou 2 étoiles.

☀☀ ou ★★: Bon confort, aménagement de bonne qualité. Quelques services et commodités.

☀☀☀ ou ★★★: Très confortable, aménagement de qualité appréciable. Plusieurs services et commodités.

☀☀☀☀ ou ★★★★: Confort supérieur avec aménagement de qualité remarquable. Éventail de services et de commodités.

☀☀☀☀☀ ou ★★★★★: Confort exceptionnel doté d'aménagement haut de gamme. Multitude de services et de commodités.

Si aucun résultat de classification n'est affiché:

- l'établissement a décidé de ne pas publier son résultat de classification
- l'établissement est en cours de classification: ✎

CANTONS-DE-L'EST

C'est ici que je veux Être

Trois circuits à découvrir

- La Route des vins et ses 17 vignobles
- La Route des Sommets et sa nature grandiose
- Le Chemin des Cantons et ses villages pittoresques

Demandez notre toute nouvelle carte touristique
à www.cantonsdelest.com ou 1 800 355-5755

© Sébastien Larose

La Mauricie

vous accueille avec
simplicité et **authenticité**

Une grande variété de
gîtes à découvrir
sur un vaste territoire
naturel

MédiaVox

À 45 minutes de Montréal et Québec

www.tourismemauricie.org
1 800 567-7603

Mauricie

Les chemins de campagne

Venez vivre une expérience unique !

À quelques km de Montréal, venez vivre l'expérience unique de la campagne lanaudoise par le biais des 6 circuits des Chemins de campagne.

Visitez le **www.cheminsdecampagne.ca** pour commander la carte et découvrir nos spécialités régionales.

Prenez l'air de
Lanaudière

Québec

Développement économique Canada
Canada Economic Development

Canada

Au pied des pentes

Château
Mont·Sainte·Anne
★★★★
CHATEAU**MSA**.COM

L'art de bien manger !

Le Bistro
restaurant

MENU

| 500 boulevard du Beau-Pré | Beaupré (Qc) Canada | G0A 1E0 | **418-827-5211**

Gîte touristique
Le Saint-André-des-Arts
Chez vous au cœur de Montréal

PRIX de
L'EXCELLENCE
2011
Association de l'Agrotourisme
et du Tourisme Gourmand
Coup de Cœur du Public

Berri-UQAM - air conditionné

http://bnb-montreal.com

info@bnb-montreal.com

+1 514 527-7118

toujours le bon choix !

www.toujourslebonchoix.com

J'invite les gens d'ici à visiter les vignobles, les cidreries et les fermes des différentes régions du Québec, à découvrir des fromageries, microbrasseries, boulangeries, boutiques du terroir et nombre d'endroits chaleureux où acheter des produits régionaux.

Amateurs de plaisirs gourmands, visiteurs à la recherche de belles trouvailles, laissez-vous séduire par la richesse du terroir québécois et ses produits de spécialité aux saveurs typiques de chaque région.

Il y a tant à déguster, à apprécier, à découvrir que vous en garderez un goût de revenez-y !

Assurément, les aliments du Québec s'avèrent toujours le bon choix !

Chantal Fontaine

Québec

Artisans
à l'œuvre

QUÉBEC

SAGUENAY
NORMANDIN   SAINT-FULGENCE
ROBERVAL
LA BAIE

MONT-JOLI

SAINTE-THÉRÈSE-DE-GASPÉ

CHARLEVOIX
SAINT-JOSEPH-DE-LA-RIVE
BAIE-SAINT-PAUL
SAINTE-ANNE-DE-BEAUPRÉ   ISLE-AUX-
QUÉBEC   COUDRES
QUÉBEC
SAINT-ALEXIS-DES-MONTS   GRONDINES   ÎLE D'ORLÉANS
OTTAWA   TROIS-RIVIÈRES   SAINTE-MARIE
SAINTE-MARCELLINE-   INVERNESS
MONTEBELLO   DE-KILDARE
NTARIO   VICTORIAVILLE
NGSTON   MONTRÉAL   SAINT-JEAN-BAPTISTE
MONT-SAINT-HILAIRE
RICHELIEU   SHERBROOKE
COMPTON
DUNHAM

RIMOUSKI
AUCLAIR

ÎLES-DE-LA-MADELEINE
HAVRE-AUX-MAISONS
HAVRE-AUBERT

ÉTATS-UNIS
USA

36
ÉCONOMUSÉE®
AU QUÉBEC

www.economusees.com

Partenaires

 Canada   Québec   Northern
Periphery
Programme
2007-2013

Autant de saveurs à découvrir que de façons de servir les produits du terroir québécois, selon un savoir-faire culinaire bien de chez nous !

Cantons-de-l'Est

Coffret de L'Imagination
Coaticook
819 849-0090
www.coffret.ca

Spécialités : potage de saison. Entrées chaudes et froides créatives. Grillades, moules et crêpes. Sauces maison onctueuses. Desserts maison.

Le Bocage
Compton
819 835-5653
www.lebocage.qc.ca

Spécialités : la maison offre chaque soir deux menus « découverte » préparés avec soin. Le gibier à l'honneur : lapin, caille, pintade, canard, cerf...

La Ruée vers Gould
Gould, Lingwick
819 877-3446 • 1 888 305-3526
www.rueegouldrush.net

Spécialités : cuisine campagnarde franco-écossaise: haggis, cassoulet, lapin des Highlands, blanquette de veau, Scotch collops, kipper, Cock-a-leekie.

Auberge - Restaurant La Mara
Saint-Joseph-de-Ham-Sud
819 877-5189
www.aubergelamara.com

Spécialités : fine cuisine concoctée à partir de produits locaux: agneau, canard, wapiti, bison. Fleurs, légumes, fines herbes de notre jardin.

TABLE aux SAVEURS du TERROIRMD
CERTIFIÉE

Pour connaître les 100 restaurants certifiés Table aux Saveurs du TerroirMD**, consultez chacune des régions touristiques.**

Côte-Nord

Hôtel Tadoussac
Tadoussac
418 235-4421 • 418 235-2525, poste 7568
www.hoteltadoussac.com

Spécialités : cuisine inspirée des produits du terroir québécois. On y savoure des poissons et fruits de mer et une variété de gibiers.

Gaspésie

Auberge la Seigneurie
Matane
418 562-0021
www.aubergelaseigneurie.com

Spécialités : cuisine moléculaire, saumon fumé à l'érable, carré de porc en robe de grué de cacao sauce au porto caramélisé, bison et gelée de sapin.

Lanaudière

Resto le Prieuré
L'Assomption
450 589-6739
www.leprieure.ca

Spécialités : carpaccio de betteraves de l'Assomption, petite crème brûlée au foie gras de St-Louis-de-Gonzague et à l'érable, canard du Lac Brome.

Auberge du Lac Taureau
Saint-Michel-des-Saints
450 833-1919 • 1 877 822-2623
www.lactaureau.com

Spécialités : une fine cuisine régionale hors du commun et digne des fins gourmets dans un décor rustique de bois avec vue imprenable sur le lac.

Autant de saveurs à découvrir que de façons de servir les produits du terroir québécois, selon un savoir-faire culinaire bien de chez nous !

Montérégie

Hostellerie Rive Gauche
Beloeil
450 467-4477 • 1 888 608-6565
www.hostellerierivegauche.com

Spécialités : cuisine classique teintée des saveurs des produits du terroir régionaux: agneau, canard, foie gras, ris de veau, pintade, charcuterie.

Restaurant Chez Julien
La Prairie
450 659-1678
www.restaurantchezjulien.com

Spécialités : filet de boeuf, carré d'agneau, gibiers, poissons et produits du terroir.

Manoir Rouville-Campbell
Mont-Saint-Hilaire
450 446-6060 • 1 866 250-6060
www.manoirrouvillecampbell.com

Spécialités : le manoir vous invite à goûter à la symphonie de foie gras, une des spécialités de l'établissement.

Restaurant au Pied de la Chute
Richelieu
450 658-4446
www.restaurantaupieddelachute.com

Spécialités : fine cuisine d'inspiration. Produits du terroir à l'honneur. Découvrez les viandes et les gibiers cuits sur une pierre volcanique.

Pour connaître les 100 restaurants certifiés Table aux Saveurs du Terroir^{MD}, consultez chacune des régions touristiques.

Montérégie

Bistro
Louis XIV aurait aimé....
Saint-Bruno
450 723-1249
www.bistrolouis14.com

Spécialités : cuisine du marché avec influences françaises, italiennes, japonaises, etc. tout en utilisant des produits québécois. Plats créatifs.

Les Délices Champêtres 1808
Saint-Clet
450 456-3845 • 1 866 456-3845
www.deliceschampetres.com

Spécialités : carré d'agneau, rôti de cerf, suprême de pintade aux pommes, cuisse de lapin farcie, caille farcie, noisettes de porc à l'érable, etc.

Montréal

Restaurant
Chez Ma Grosse Truie Chérie
Montréal
514 522-8784
www.chezmagrossetruiecherie.com

Spécialités : ici le cochon est roi! Il côtoie l'agneau, le veau, le faisan, le canard, les fruits de mer. Fumaisons artisanales et desserts maison.

Québec

Restaurant Le Patriarche
Vieux-Québec
418 692-5488 • 418 692-1621
www.lepatriarche.com

Spécialités : au cœur du Vieux-Québec, à proximité de la porte Saint-Jean, Le Patriarche offre une ambiance intime dans une maison de pierre de 1827.

terroiretsaveurs.com

Le Québec...
J'y goûte, je le vis !

© Le Bocage, Compton (Cantons-de-l'Est)

**Partagez en ligne votre avis
sur l'un de nos établissements**

Vous avez adoré une table gourmande, une auberge,
une ferme, un vignoble, une cidrerie, un gîte…
inscrit dans ce guide ? Terroir et Saveurs.com
vous permet de partager en ligne votre avis et
aussi de lire ce que les autres en pensent.

Terroir et Saveurs.com, le plus important site Internet
consacré aux terroirs et aux saveurs d'ici.
Découvrez-le sans plus tarder, vous serez étonné !

 Association de l'Agrotourisme
et du Tourisme Gourmand

© Photo:François Rivard

Pour acheter/vendre gîtes, auberges, petits hôtels au Québec, faites affaire avec une professionnelle du milieu touristique depuis 16 ans afin d'être bien conseillé.

MICHÈLE FOURNIER

Courtier immobilier

418-834-5300

PALME D'OR DU PRÉSIDENT
2008-2009-2010

TROIS-RIVIÈRES : **819 693-6296**

1re
AGENCE
IMMOBILIÈRE
de la
RÉGION*

ROYAL LePAGE
Inter-Québec
AGENCE IMMOBILIÈRE
* Source : Chambre immobilière de Québec

GÎTES et
AUBERGES du PASSANT
CERTIFIÉS

gitesetaubergesdupassant
.com

Forfait Charme

© Auberge du Mange Grenouille, Le Bic.   Photo: Simon Jutras

Vivez la région… comme personne !

Forfait pour 2 personnes incluant deux nuits d'hébergement, deux petits-déjeuners, un cocktail de bienvenue, un souper aux saveurs régionales et un petit cadeau de la région.

Réservez directement dans les Gîtes et Auberges du Passant^{MD} certifiés annonçant le forfait-charme.

terroiretsaveurs.com

Envie d'une escapade gourmande ?

© Verger Pedneault (Charlevoix) © Photos : François Rivard

Réservez le forfait « Terroir & Saveurs » !

Ce forfait a été développé pour ceux qui souhaitent découvrir et déguster les produits du Québec. Il comprend :

- deux nuits d'hébergement dans un Gîte ou une Auberge du Passant^{MD} certifié incluant un petit-déjeuner préparé avec des produits locaux ;
- un souper aux saveurs régionales dans une Table aux Saveurs du Terroir ^{MD} ou une Table Champêtre ^{MD} certifiée ;
- une ou deux visites de Relais du Terroir^{MD} certifiés ;
- un cocktail de bienvenue aux saveurs régionales et un cadeau du terroir.

Pour plus d'information ou pour réservation :
www.terroiretsaveurs.com

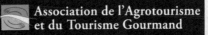

Association de l'Agrotourisme
et du Tourisme Gourmand

Abitibi-Témiscamingue

Saveurs régionales

Avec la nature à leur porte et l'influence des Amérindiens, il n'est pas étonnant de constater que les gens de l'Abitibi-Témiscamingue aient développé un art culinaire axé sur les viandes sauvages et le poisson. Pendant les années de la colonisation, on chassait et on «trappait» par obligation, et les cuisiniers des camps de bûcherons devaient concocter des plats très nourrissants pour des ouvriers qui trimaient dur.

Aujourd'hui, les gens sont toujours aussi débrouillards et développent tranquillement leur terroir.

- Ils pratiquent la culture en serres, l'élevage d'autruches et d'émeus, la production de tomates (dont celle de Guyenne, porte-étendard de la région), de cassis et de fromages, et même la plantation de vignes.

- Que dire du riz sauvage de l'Abitibi, des champignons laurentiens (pleurotes, morilles, chevaliers jaunes, etc.) ou du caviar de corégone ou d'esturgeon.

- Les poissons de la région, à partir desquels on prépare de savoureux plats, comprennent entre autres le doré, le brochet et l'omble de fontaine.

- On retrouve également plusieurs endroits où cueillir des fraises, des framboises, des bleuets, des cassis ou des groseilles, dont la récolte s'échelonne tout l'été. Abitibiens ou Témiscamiens vous indiqueront les meilleures «talles».

- La région, de par sa position géographique, bénéficie de nuits d'été fraîches et de longues heures d'ensoleillement. Ce pourquoi on dit de leurs petits fruits qu'ils sont les plus sucrés du Québec.

Quoi voir? Quoi faire?

- Faites une descente de 91 m sous terre à la Cité de l'Or et visitez le Village minier de Bourlamaque (Val-d'Or).

- Envie d'inusité? Le Refuge Pageau sera pour vous une véritable arche de Noé (Amos).

- Envie de fleurs et de parfums? Les jardins de Saint-Maurice (Amos) ou le parc botanique «À Fleur d'eau» (Rouyn-Noranda).

- Parcourez le centre d'interprétation du lac Berry, afin d'en savoir plus sur les eskers.

- Découvrez des cèdres blancs «bonsaïs» millénaires à la forêt d'enseignement et de recherche du lac Duparquet.

- Faites un détour à la Maison Dumulon, un sympathique site historique animé (Rouyn-Noranda).

- Écoutez les thuyas chanter au Lieu historique national du Canada du Fort-Témiscamingue (Duhamel-Ouest).

- Visiter un chef de file mondial dans les technologies de production des pâtes et papiers, ça vous intéresse? Entreprise Tembec (Témicaming).

- Un cours d'histoire sur la colonisation? Rendez-vous au Dispensaire de la Garde (La Corne).

- À ne pas manquer en été, le spectacle musical et historique à grand déploiement *Le Paradis du Nord.* (La Sarre).

Faites le plein de nature

- Vous êtes fasciné par les grands échassiers? Faites une halte à l'Île aux Hérons (Macamic).

- Faites une randonnée pédestre au Centre éducatif et forestier du lac Joannès, pour en apprendre plus sur les écosystèmes forestiers (McWatters).

- Prévoyez une randonnée pédestre (69 km de sentiers) dans le lieu protégé exceptionnel du parc national d'Aiguebelle.

- Pour de superbes panoramas, faites une excursion aux collines Kékéko (Rouyn-Noranda). Osez traverser la passerelle longue de 64 m et suspendue à 22 m au-dessus du lac La Haie ou dévaler une falaise par un escalier hélicoïdal (parc national d'Aiguebelle).

De grands espaces d'aventures...

Écrin de forêts et de lacs, l'Abitibi-Témiscamingue invite les amateurs de plein air qui souhaitent se ressourcer au contact d'une vaste nature.

Exceptionnelle de par ses lieux naturels, ses forêts, ses lacs et ses nombreuses rivières, l'Abitibi-Témiscamingue offre des possibilités quasi infinies d'aventures douces ou extrêmes. C'est aussi un vaste patrimoine géologique et glaciaire à explorer. Les roches de l'Abitibi sont parmi les plus anciennes de la planète! Oser l'Abitibi-Témiscamingue, c'est entreprendre un véritable voyage dans le temps et la nature. C'est pourquoi ses richesses naturelles sont si convoitées.

Les Amérindiens connaîtront l'arrivée du «visage blanc» et de leur Dieu vers 1670. D'abord, on s'y installe pour y faire la traite de la fourrure de castor. La grande aventure agroforestière et ses légendes, dont celle des bûcherons aux bras aussi gros que des troncs d'arbres, débutera 180 ans plus tard. C'est en 1923 avec la découverte d'un gisement d'or que commence «la Ruée vers l'or», attirant même des immigrants de l'Europe de l'Est.

- Envie d'une partie de pêche ou de canot-camping? La réserve faunique La Vérendrye est un lieu de prédilection.
- Du vélo dans la grande nature? La Ligne du Mocassin (de Ville-Marie à Angliers, 43 km).

Le saviez-vous?

L'eau de Saint-Mathieu est reconnue pour être la meilleure eau au monde! Cristalline, inodore, équilibrée et plus transparente que toute autre, cette eau provient d'un esker. Les longues crêtes de sable et de gravier qui sillonnent le territoire sont des eskers. Résultant de la fonte des glaciers, les eskers ressemblent à un réseau de veines remplies d'eau formant des rivières souterraines. Ceux de l'Abitibi sont reconnus pour leur très grande quantité d'eau d'une qualité exceptionnelle. Considérés à tort comme des carrières de gravier, dépotoirs ou terrains de jeu pour 4x4, les eskers sont de plus en plus fragilisés.

Clin d'œil sur l'histoire

Afin de contrer l'exode des Québécois vers les États-Unis, dû à la crise économique de 1929, l'État et l'Église forcent le développement des régions éloignées. Une terre était donnée à qui voulait la rendre exploitable et s'y installer. Il faut savoir qu'à cette époque, on perdait annuellement 1 000 habitants sur 10 000. Sans le peuplement de l'Abitibi, cet exode aurait été certes plus désastreux, mais ces colons, espérant y trouver la richesse promise, furent confrontés à une rude réalité. C'est au prix de la sueur de leur front et de leurs durs labeurs que ces pionniers ont défriché ce territoire vierge pour en faire un coin de pays bien à eux.

Pour plus d'information sur l'Abitibi-Témiscamingue: 1 800 808-0706
www.tourisme-abitibi-temiscamingue.org

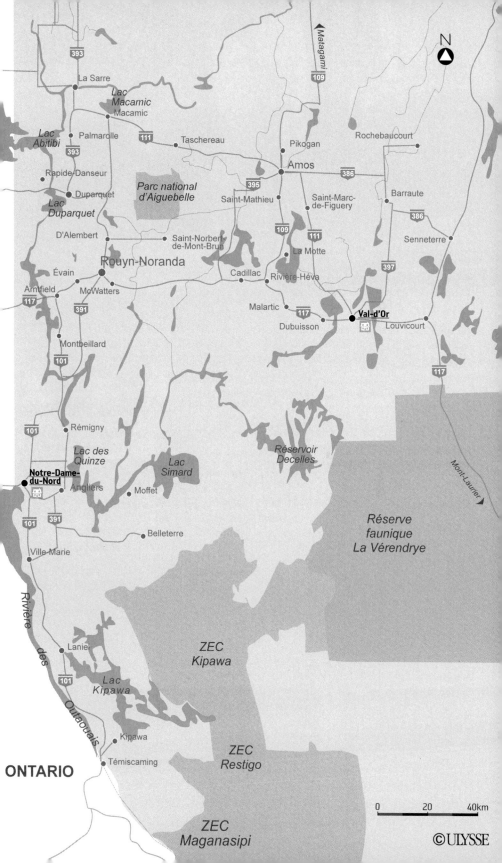

Notre-Dame-du-Nord

Au Repos du Bouleau ✳✳✳✳

Coup de Coeur du Public régional 2010. Offre à ses clients une ambiance chaleureuse et accueillante, propice à la découverte de la région et de l'histoire du Témiscamingue. Situé sur les berges du lac Témiscamingue face à la marina de Notre-Dame-du-Nord, un séjour chez nous saura créer une expérience mémorable. Lauréat régional Grand Prix du tourisme, 2008, 2009, 2010 et 2011. Certifié Bienvenue cyclistes !md

Gîte du Passant certifié

Stéphane Poitras et Francine Fallara
110, rue du Lac
Notre-Dame-du-Nord J0Z 3B0
Tél. 819 723-2607
Fax 819 723-2605
www.aureposdubouleau.com
info@aureposdubouleau.com
En provenance du Québec, route 101. En provenance de l'Ontario, route 65.

Aux alentours: marina Notre-Dame-du-Nord, agrotourisme, tourisme autochtone, canot, kayak, randonnée, vélo, raquette, motoneige, ski. **Chambres:** certaines climatisées, bureau de travail, TV, DVD, insonorisées, ventilateur, entrée privée. **Lits:** simple, double, queen. **4 ch. S. de bain privée(s). Forfaits:** vélo, gastronomie, plein air, ski de fond, régional, restauration, divers.

2 pers: B&B 80-90$ **1 pers:** B&B 70-80$. **Enfant (12 ans et -):** B&B 25$. Taxes en sus. **Paiement:** AM MC VS. **Ouvert:** à l'année.

A AV ⚓ @**Wi Fi** Certifié: 2009

Val-d'Or

Gîte Manoir Lamaque ✳✳✳✳

Le Gîte Lamaque est une maison de style anglais construite en 1936, servant d'auberge pour les visiteurs de la Mine Lamaque. Agréablement meublée elle offre romantisme, intimité et tout le confort tel que salle de bain privée, table de travail et sortie Internet. Une charmante cuisinette où vous pourrez déguster un petit-déjeuner.

Gîte du Passant certifié

Nicole Moore et Alayn Tremblay
119, Perry Drive
Val-d'Or J9P 2G1
Tél. 819 825-4483 / 1 800 704-4852
Fax 819 825-1125
www.gitelamaque.com
nicole@gitelamaque.ca
Rte 117 dir. Val-d'Or, rue St-Jacques, 4e rue, rue Perry Drive à gauche.

Aux alentours: Cité de l'Or, cinéma, restaurants. **Chambres:** avec lavabo, foyer, TV, DVD, accès Internet, insonorisées, peignoirs, spacieuses, entrée privée. **Lits:** queen, king, divan-lit. **5 ch. S. de bain privée(s) ou partagée(s). Forfaits:** famille, plein air, détente & santé, romantique.

2 pers: B&B 80-129$ **1 pers:** B&B 70-119$. Taxes en sus. **Paiement:** IT MC VS.

Réduction: long séjour. **Ouvert:** à l'année.

⬣ @**Wi Fi** 🚲 Certifié: 2008

Autres établissements

Amos

Domaine des Rêves, 1282, route 395 Nord, Amos, J9T 3A1. Tél./Fax: 819 732-4058
celiner@cableamos.com - www.cableamos.com/domainedesreves

Ferme d'élevage. Services offerts: activités.

Clerval

La Fraisonnée, 12, rang 3, Clerval, J0Z 1R0. Tél.: 819 783-2314 Fax: 819 783-2332
info@lafraisonnee.com - www.terroiretsaveurs.com/la-fraisonnee

Ferme fruitière. Services offerts: activités, vente de produits.

Sainte-Hélène-de-Mancebourg

Verger de l'Île Nepawa, 430, route de L'île, Nepawa, Sainte-Hélène-de-Mancebourg, J0Z 2T0. Tél.: 819 333-2736
verger.abitibi.ile@tlb.sympatico.ca - www.terroiretsaveurs.com/verger-de-l-ile-nepawa

Verger. Services offerts: activités.

Ville-Marie

Le Domaine DesDuc, 18, rue Boivin, Ville-Marie, J9V 1B5. Tél.: 819 629-3265, 819 629-7809 Fax: 819 622-2016
claire.bolduc@tlb.sympatico.ca - www.terroiretsaveurs.com/le-domaine-des-ducs

Vignoble. Services offerts: activités, vente de produits.

Bas-Saint-Laurent

© Pascal Harvey I iStockphoto.com

Saveurs régionales

Le Bas-Saint-Laurent, c'est un terroir aux arômes raffinés, parfois salins.

Favorisée par une saison de production écourtée avec moins d'insectes, l'agriculture biologique est très présente (production laitière, acériculture, élevage de bovins et d'agneaux, culture maraîchère et de petits fruits).

Où le fleuve a déjà le goût salin, on pêche l'esturgeon, mais l'anguille est sans conteste la vedette pour y avoir même son centre d'interprétation à Kamouraska. Arrêtez-vous dans les fumoirs pour y découvrir la chair tendre de ces poissons fumés.

Sur la table régionale, on retrouve aussi l'agneau de Kamouraska, l'agneau pré-salé de L'Isle-Verte, le lapin, le canard, la perdrix ainsi que de bons fromages fabriqués selon les méthodes traditionnelles.

Dans la culture des arbres fruitiers, la prune occupe une place de choix. Quant à la sève d'érable, on peut dire qu'on rivalise d'originalité pour en faire de délicieux produits dans le Témiscouata, dont un «porto à l'érable».

Cette région est reconnue aussi pour ses pommes de terre et ses herbes salées.

Quoi voir ? Quoi faire ?

- Arrêtez-vous dans les beaux villages de Saint-Pacôme, Kamouraska, Notre-Dame-du-Portage et Cacouna. Sans oublier Saint-Pascal, Saint-Alexandre, Saint-Fabien, Le Bic, Sainte-Luce et leurs environs.
- À Rivière-Ouelle, aux abords du quai, vous y verrez des pêches à l'anguille. Au Site d'interprétation de l'anguille de Kamouraska, vous pourrez en déguster.
- À Rivière-du-Loup, Trois-Pistoles et Rimouski, faites une croisière sur le littoral ou visitez leurs attraits.
- Le Site historique maritime de la Pointe-au-Père.
- Tour du lac Témiscouata et de ses petits villages.
- Fort Ingall: emblème de l'Empire britannique et symbole de paix (Cabano).
- Le Domaine Acer, Économusée de l'érable (Auclair).
- Balade le long de la route 289, la route des Frontières, de Saint-André au village de Saint-Jean-de-la-Lande, près de la frontière du Nouveau-Brunswick et de l'État du Maine (aux États-Unis) .

Faites le plein de nature

- Excursions guidées pour découvrir toutes les richesses du fleuve, dont sa faune et ses îles exceptionnelles.
- La Réserve nationale de faune de la baie de L'Isle-Verte, trésor naturel à parcourir à pied.
- Le parc national du Bic: côtoyez la mer et la forêt le long des berges et voyez les plus beaux couchers de soleil.
- La réserve faunique de Rimouski: une aventure au cœur d'une nature toujours surprenante et diversifiée.
- Envie de vélo? Le parc linéaire interprovincial Petit Témis (130 km).
- Domaine du Canyon des Portes de l'Enfer, une descente aux enfers de 300 marches, une passerelle haute de 63 m et des sentiers pédestres (Saint-Narcisse-de-Rimouski).

Le jardin d'Éden du Saint-Laurent!

De sa saisissante mosaïque de paysages idylliques à ses incroyables couchers de soleil, vous serez captivé, voire ensorcelé, et voudrez y revenir encore et encore...

Le Bas-Saint-Laurent: les beautés du fleuve à portée de regard et d'excursions, mais aussi des îles, des montagnes, des lacs et surtout de pittoresques villages qui ne s'apprécient qu'en prenant son temps... Sachez-le, car les secrets du Bas-Saint-Laurent ne se révèlent pas autrement, et c'est bien là toute la magie de ce pays.

Que vous preniez la «Route des Navigateurs» longeant le fleuve, la «Route des hauts plateaux» surplombant le littoral ou, enfin, la «Route des Frontières» pour découvrir l'arrière-pays, vous y trouverez partout un riche patrimoine et de petites merveilles. Admirez ces «monadnocks», des formations de roches dures à l'aspect arrondi qui ponctuent typiquement le paysage.

Écotouristes avertis ou néophytes, vous serez émerveillés par ces petites perles d'îles, dont l'île Saint-Barnabé, l'île aux Lièvres, l'île aux Basques et cette fabuleuse île Verte à la quiétude verdoyante d'un autre temps.

Le vélo est une autre belle façon de parcourir et d'apprécier le Bas-Saint-Laurent. En hiver, c'est un contraste insoupçonné qui vous attend et, si le cœur vous en dit, un vaste réseau de 1 800 km de sentiers de motoneige.

- Ski alpin ou de fond et raquette au parc du Mont-Comi. Aussi, un sentier pédestre de 25 km (Saint-Donat).
- Plusieurs autres sites pour l'observation des oiseaux et la randonnée pédestre.

Le saviez-vous?

Ce sont les grands vents d'automne qui poussent les anguilles dans les baies et les filets qui les garderont prisonnières à marée basse. L'anguille adulte (15-20 ans) est obligée de s'arrêter dans cette région en raison de la variance de la salinité des eaux qui lui permet de s'adapter, avant d'entreprendre sa spectaculaire migration vers la mer des Sargasses, au large des États-Unis. C'est le lieu où toutes les anguilles d'Amérique naissent et, à ce que l'on croit, meurent après avoir produit entre 2 et 20 millions de larves, selon leur grosseur. Après deux années en mer, les jeunes anguilles remontent les fleuves et les rivières. L'anguille est pêchée depuis plus de trois siècles dans la région et fait les délices de ceux qui aiment son bon goût.

Clin d'œil sur l'histoire

Le Bas-Saint-Laurent, paradis de l'écotourisme et de la villégiature, fut jadis la destination à la mode et huppée des grandes dames et hommes richissimes du Québec, de l'Ontario et même des États-Unis. Ils venaient y «prendre les eaux» pour se refaire une santé. Déjà, au XIXe siècle, les vertus thérapeutiques de l'air marin, des embruns iodés et des eaux froides du fleuve Saint-Laurent étaient reconnues. Subsistent de cette époque des résidences cossues et luxueuses faisant la beauté des villages riverains, notamment de Kamouraska et de Cacouna.

Pour plus d'information sur le Bas-Saint-Laurent: 1 800 563-5268
www.bassaintlaurent.ca

PRIX de
L'EXCELLENCE
2011
Association de l'Agrotourisme
et du Tourisme Gourmand
Coup de Cœur du Public

Saint-Pacôme

Auberge Comme au Premier Jour

Doris Parent et Jean Santerre
224, boul. Bégin
Saint-Pacôme
G0L 3X0
418 852-1377
www.aubergecommeaupremierjour.com
commeaupremierjour@bellnet.ca
P. 53, 54.

L'Association de l'Agrotourisme et du Tourisme Gourmand du Québec* est fière de rendre hommage aux hôtes Doris Parent et Jean Santerre de l'AUBERGE COMME AU PREMIER JOUR, qui se sont illustrés de façon remarquable par l'expérience exceptionnelle qu'ils font vivre à leur clientèle. C'est dans le cadre des Prix de l'Excellence 2011 que les propriétaires de cet établissement, certifié Table aux Saveurs du Terroir^{md} depuis 2007 et Auberge du Passant^{md} depuis 2005 , se sont vu décerner le « Coup de Cœur du Public Provincial » dans le volet : restauration.

« Ce joyau patrimonial, transformé en une charmante auberge, dégage une belle ambiance feutrée qui se juxtapose à un joli décor d'antan où il fait bon se détendre. Habité par une douce musique et des hôtes qui prennent un plaisir à vous servir des repas d'une qualité exquise, vous ne pourrez qu'en être séduit. D'autant plus, qu'on ne saurait passer sous silence, les délicieux pains maison boulangés par la propriétaire. Leur menu, élaboré à partir des nombreux produits régionaux de leur coin de pays est un pur délice. Une expérience culinaire à ajouter à son carnet de voyage, comme le disent si bien les vacanciers heureux d'y avoir séjourné. »

Félicitations !

*L'Association de l'Agrotourisme et du Tourisme Gourmand du Québec est propriétaire des marques de certification : Gîte du Passant^{MD}, Auberge du Passant^{MD}, Maison de Campagne ou de Ville, Table aux Saveurs du Terroir^{MD}, Table Champêtre^{MD}, Relais du Terroir^{MD} et Ferme Découverte.

Bic, Le

Auberge du Mange Grenouille ★★★

Une escale d'exception, une invitation au rêve pour les amants de la campagne. Auberge de charme, riche de son décor romantique et théâtral. Table gourmande et excellente carte des vins. Spa extérieur et jardin surplombant les îles du Bic. Trois fois lauréate nationale aux Grands Prix du tourisme québécois, gastronomie, cuisine et hébergement. Certifié Bienvenue cyclistes !^{md} Certifié Table aux Saveurs du Terroir^{md} P.1.

Aux alentours: parc du Bic, théâtre du Bic, golf (18 trous), kayak de mer, excursions en mer, Musée de la mer. **Chambres:** téléphone, accès Internet, personnalisées, raffinées, romantiques, vue sur fleuve. **Lits:** double, queen, king. **22 ch. S. de bain privée(s) ou partagée(s). Forfaits:** golf, spectacle, théâtre.

2 pers: B&B 89-199\$ 1 pers: B&B 89-199\$. Enfant (12 ans et -): B&B 25\$. Taxes en sus. **Paiement:** IT MC VS. **Ouvert:** 4 mai - 20 oct.

A ✕ AV spa @ Wi·Fi ♿ **Certifié: 2004**

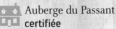

Auberge du Passant **certifiée**

Jean Rossignol et Carole Faucher
148, rue Ste-Cécile
Le Bic G0L 1B0
Tél. 418 736-5656
Fax 418 736-5657
www.aubergedumangegrenouille.qc.ca
admg@globetrotter.net
De Québec, aut. 20 jusqu'à Rivière-du-loup, route 132 qui mène au village Bic. 1 heure de Rivière-du-Loup.

Bic, Le

Auberge du Mange Grenouille

Sitôt le seuil franchi, le voyageur se voit transporté dans une autre époque, un univers artistique où tout est grâce et élégance. Sa réputation est faite de cette chaleur humaine et de l'excellence de sa table confirmant l'amour et la passion qui animent ses artisans-concepteurs. P.1.

Spécialités: une expérience gustative incontournable, pour gourmets parcourant le monde à la recherche d'expériences culinaires.

Repas offerts: soir. **Menus:** table d'hôte, gastronomique. **Nbr personnes:** 1-75. **Réservation:** recommandée.

Table d'hôte: 42-54\$/pers. Taxes en sus. **Paiement:** IT MC VS. **Ouvert:** 4 mai - 20 oct. Tous les jours.

A AV @ Wi·Fi ♿ **Certifié: 2007**

Table aux Saveurs du Terroir **certifiée**

Jean Rossignol et Carole Faucher
148, rue Ste-Cécile
Le Bic G0L 1B0
Tél. 418 736-5656
Fax 418 736-5657
www.aubergedumangegrenouille.qc.ca
admg@globetrotter.net
De Québec, aut. 20 jusqu'à Rivière-du-loup, route 132 qui mène au village Bic. 1 heure de Rivière-du-Loup.

Bic, Le

Ferme - C'est la Faute des Biquettes, Bergerie etc. 📷

Boucherie & charcuterie – Boutique du terroir – Ferme d'élevage – Savonnerie. Producteurs et artisans agroalimentaires qui proposent de côtoyer et découvrir, par le biais d'une visite guidée, les particularités des moutons, autruches, lamas, chèvres, chevaux, lapins, etc. Charcuteries artisanales et autres sont disponibles à la boutique de la ferme. Adhérez à nos livraisons sans frais directement chez vous, si au Québec!

Produits: charcuteries fines sans agent de conservation et gluten. Produits et viande d'agneau, d'autruche, veau et porc. Savonnerie artisanale. **Activités sur place:** animation pour groupe, dégustation, visite commentée français, observation des activités de la ferme, nourrir les animaux.

Visite: adulte: 8\$, enfant: 4\$ autres tarifs. Taxes en sus. **Paiement:** IT VS. **Nbr personnes:** 1-100. **Réservation:** requise. **Ouvert:** à l'année. Tous les jours. Horaire variable – téléphoner avant. **Services:** vente de produits.

🐎 ✕ ♿ **Certifié: 2011**

Relais du Terroir **certifié**

165, 3e rang Est
Le Bic G0L 1B0
Tél. 418 736-5554
www.lafautedesbiquettes.com
bergeriedesbiquettes@globetrotter.net
Rte 132. Au Bic, rue Ste-Cécile. St-Jean-Baptiste à gauche, avenue St-Valérien à droite. 3e rang Est à gauche.

Bic, Le

Maison de la Baie Hâtée ✶✶✶

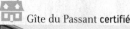

Gîte du Passant **certifié**

Demeure datant de 1820 où vous serez accueillis chaleureusement et pourrez profiter d'un service de massothérapie offert par un massothérapeute agréé. Vous pourrez également visiter l'atelier de poterie, la boutique d'art et participer à des animations de création de céramiques. Possibilité de repas, si demandé à l'avance.

Aux alentours: parc du Bic, Portes de l'enfer, golf, kayak, théâtre, sentiers de motoneige, sous-marin Onondaga. **Chambres:** certaines avec salle d'eau, accès Internet, cachet ancestral, chambre familiale. **Lits:** simple, double, d'appoint. **5 ch. S. de bain privée(s) ou partagée(s). Forfaits:** motoneige, détente & santé, restauration.

2 pers: B&B 82-100$ **1 pers:** B&B 67-85$. **Enfant** (12 ans et -): B&B 15-25$. **Paiement:** MC VS.

Réduction: hors saison, long séjour. **Ouvert:** à l'année.

Ⓐ ✕ AV @ 🚲 **Certifié: 2007**

Josiane Vedrine et Charles-Xavier Roussel-Bongiovanni
2271, route 132 Est
Le Bic G0L 1B0
Tél. 418 736-5668
www.maisondelabaiehatee.com
gitedelabaiehatee@globetrotter.net

De Rivière-du-Loup, route 132. Nous sommes situés entre le village du Bic et Rimouski. Suivre la route touristique, à gauche juste après le village du Bic.

Cacouna

Gîte la Veilleuse ✶✶✶

Gîte du Passant **certifié**

Gîte construit sur un grand terrain entouré de fleurs. Vue sur le fleuve pour admirer les couchers de soleil. Nous offrons 2 chambres avec lavabo privé et salle de bain partagée. Au matin nous vous servirons nos copieux petits-déjeuners très appréciés de nos visiteurs. Un garage est aussi à votre disposition pour loger bicyclettes et motos.

Aux alentours: croisière aux baleines, théâtre, piste cyclable, golf, sentier pédestre, traversier Rivière-du-Loup/St-Siméon. **Chambres:** avec lavabo, bureau de travail, accès Internet, ensoleillées, cachet champêtre. **Lits:** simple, double, queen. **2 ch. S. de bain partagée(s).**

2 pers: B&B 75$ **1 pers:** B&B 65$. **Enfant** (12 ans et -): B&B 10$. **Ouvert:** 1 mai - 31 oct.

◆ @🇼🇫 **Certifié: 2012**

Louise Dubé
1073, rue du Patrimoine
Cacouna G0L 1G0
Tél. 418 867-5039 / 418 862-8353
www.terroiretsaveurs.com/gite-la-veilleuse
louisedube40@sympatico.ca

Aut. 20 est, sortie 514. À Cacouna, au 1er arrêt, rue de l'Église à droite. 1er arrêt, rue du Patrimoine à droite. 2 km Gîte la Veilleuse à gauche.

Kamouraska

Auberge des Îles ✶✶✶

Auberge du Passant **certifiée**

Maison ancestrale située à flanc de rocher. Vue superbe sur le fleuve. En soirée, le scintillement des lumières de la Côte-Nord et les couchers de soleil vous feront rêver, que vous soyez à la salle à manger, au solarium ou dans votre chambre. Un accueil chaleureux, mêlé de raffinement et de petites douceurs vous feront vivre un séjour mémorable.

Aux alentours: centre de santé, musé, plage, kayak, boulangerie artisanale, boutique artisanale, vélo, sentier pédestre, ski de fond. **Chambres:** certaines avec salle d'eau, ensoleillées, meubles antiques, romantiques, vue sur fleuve. **Lits:** simple, queen, d'appoint. **5 ch. S. de bain privée(s) ou partagée(s).**

2 pers: B&B 85-150$ **1 pers:** B&B 75-125$. **Enfant** (12 ans et -): B&B 25$. Taxes en sus. **Paiement:** IT MC VS. **Ouvert:** 26 avr - 21 oct.

Ⓐ ✕ @🇼🇫 🚲 **Certifié: 2010**

Rita Lévesque et Yves Desbiens
198, avenue Morel
Kamouraska G0L 1M0
Tél. 418 492-7561
Fax 418 492-9529
www.aubergedesiles.ca
info@aubergedesiles.ca

Aut. 20, sortie 465, dir. Kamouraska, au village, à gauche avenue Morel, rte 132, 1,5 km.

La Pocatière

Le Grand Fortin ✳✳✳✳✳

Un manoir exceptionnel où le beau, le grand, le noble, côtoient la nature brute d'une montagne accidentée et d'un fleuve majestueux. Chacune des saisons dévoile une flore riche, vierge et sauvage. Ce gîte 5 soleils abrite un centre d'interprétation de l'icône. Lauréat Régional des Grands Prix du tourisme québécois 2009. P. 50.

Aux alentours: ski, raquette, motoneige, marche en forêt, baignade, golf, patin, bibliothèque, musées, concerts publics, cinéma. **Chambres:** avec salle d'eau, foyer, TV, accès Internet, raffinées, romantiques, luxueuses, vue sur fleuve. **Lits:** double, queen. 3 ch. S. de bain privée(s). **Forfaits:** plein air, romantique, ski de fond, automne, hiver.

2 pers: B&B 135-180$ **1 pers:** B&B 125-180$. **Enfant (12 ans et -):** B&B 10-20$.

Réduction: long séjour. **Ouvert:** à l'année.

A ⚡ AV @ 🚲 **Certifié: 2007**

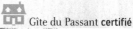
Gîte du Passant **certifié**

Michèle Fortin
189, av. Industrielle, rte 132 Ouest
La Pocatière G0R 1Z0
Tél. 418 856-3179 / 1 877 856-3179
www.legrandfortin.com
grandfortin@bellnet.ca
Aut. 20 est, sortie 439 dir. La Pocatière, 1er feu de circulation, av. Industrielle à droite.

Notre-Dame-du-Portage

Auberge du Portage

Découvrez tout le charme d'une auberge ancestrale située entre fleuve et montagne. Notre centre de santé directement sur les berges du fleuve et notre cuisine santé du terroir vous propose un séjour douillet au coeur du réputé centre de villégiature de Notre-Dame-du-Portage.

Spécialités: cuisine santé du terroir favorisant les produits biologiques du Bas-St-Laurent ainsi que les produits frais de la mer.

Repas offerts: petit-déjeuner, brunch, midi, soir. **Menus:** à la carte, table d'hôte, gastronomique. **Nbr personnes:** 1-150. **Réservation:** recommandée, requise pour groupe.

Table d'hôte: 19-45$/pers. Taxes en sus. **Paiement:** AM IT MC VS. **Ouvert:** 30 avr - 30 oct. Tous les jours.

A AV @🚲 **Certifié: 2009**

Table aux Saveurs du Terroir **certifiée**

671, route du Fleuve
Notre-Dame-du-Portage G0L 1Y0
Tél. 418 862-3601 / 1 877 862-3601
Fax 418 862-6190
www.aubergeduportage.qc.ca
info@aubergeduportage.qc.ca
Aut. 20 E, sortie 496 à gauche ou aut. 20 O, sortie 496 à droite. À l'arrêt à droite, prochaine rue à gauche, au bas de la côte, route du Fleuve à gauche.

Rimouski

Gîte du Capitaine Bruno ✳✳✳✳

Dans un cadre paisible et verdoyant, vous apprécierez le confort d'une maison toute neuve! À proximité des nombreux services de Rimouski. Attractions: parc du Bic, excursion à l'île Saint-Barnabé, Canyon des Portes de l'Enfer. Notre demeure possède une verrière où vous pourrez relaxer. Salon avec télévision par satellite et Internet sans fil.

Aux alentours: golf, parc du Bic, Canyon des Portes de l'Enfer, musée, visite d'un sous-marin, île St-Bernabé, piste cyclable. **Chambres:** accès Internet, ensoleillées, confort moderne, peignoirs, vue sur mer, vue sur rivière. **Lits:** double, queen, king, d'appoint. 4 ch. S. de bain privée(s) ou partagée(s).

2 pers: B&B 80-105$ **1 pers:** B&B 65-80$. **Enfant (12 ans et -):** B&B 0-20$. Taxes en sus. **Paiement:** MC VS. **Ouvert:** à l'année.

A ● AV @🚲 **Certifié: 2011**

Gîte du Passant **certifié**

Louise Dupuis
1019, boul. St-Germain
Rimouski G5L 8Y9
Tél. 418 727-5969 / 1 866 763-5328
Fax 418 727-5939
www.terroiretsaveurs.com/gite-du-capitaine-bruno
l.dupuis@cgocable.ca
Aut. 20, sortie 606, suivre la montée des Saules vers le fleuve Saint-Laurent, boul. Saint-Germain à gauche.

Rimouski

La Maison Bérubé ★★★★

Ferme laitière. Coup de Coeur du Public régional 2003. Une bicentenaire qui a su conserver son prestige, à proximité du majestueux fleuve Saint-Laurent où un sentier forestier vous y mène. Chambres spacieuses, accueillant 2 à 8 pers. Petits-déj où les produits du terroir charmeront votre palais. Coin repas pour longs séjours. Durant la belle saison, invitation à participer aux travaux de la ferme.

Aux alentours: parc du Bic, Jardins de Métis, restos, théâtre, golfs, musées, croisières et une mer à contempler. **Chambres:** climatisées, accès Internet, meubles antiques, oreillers en duvet, vue sur campagne. **Lits:** simple, double, king, d'appoint. **2 ch. S. de bain privée(s).**

2 pers: B&B 95$ **1 pers:** B&B 70$. **Enfant** (12 ans et -): B&B 20$. Taxes en sus. **Ouvert:** à l'année.

● AV @ Wi Fi ⚲ **Certifié: 1993**

Gîte du Passant à la Ferme **certifié**

Louise Brunet et Marcel Bérubé
1216, boul. Saint-Germain, route 132
Rimouski G5L 8Y9
Tél. / Fax 418 723-1578
www.giteetaubergedupassant.com/maisonberube
maisonberube@globetrotter.net
De Québec, aut. 20 est, rte 132 est. À la sortie est de Bic, au feu clignotant, rte 132 à gauche, 6,5 km. Du centre-ville de Rimouski, direction ouest, rte 132, 7km.

Rivière-du-Loup

Auberge Mr. James ★★★

L'Auberge Mr. James combine le charme des maisons d'époque, le confort des grands hôtels et l'accueil chaleureux des gîtes champêtres, et ce, en plein cœur de Rivière-du-Loup. Les quatre chambres surprennent par l'éclectisme de leur décor et par la somptuosité des salles de bain. Bienvenue!

Aux alentours: croisières aux baleines et sur les îles, piste cyclable Le Petit Témis, musées, théâtres, randonnée en bordure de mer... **Chambres:** certaines climatisées, foyer, téléphone, TV, raffinées, romantiques, luxueuses, spacieuses. **Lits:** double, queen, d'appoint. **4 ch. S. de bain privée(s). Forfaits:** gastronomie.

2 pers: B&B 108-140$ **1 pers:** B&B 93-120$. **Enfant** (12 ans et -): B&B 15-20$. Taxes en sus. **Paiement:** IT MC VS.

Réduction: hors saison, long séjour. **Ouvert:** à l'année.

✗ @ Wi Fi ⚲ **Certifié: 2011**

Auberge du Passant **certifiée**

167, rue Fraser
Rivière-du-Loup G5R 1E2
Tél. 418 862-9895
Fax 418 862-9729
www.mrjames.ca
info@mrjames.ca
Autoroute 20, sortie 503. Suivre les indications pour la rue Fraser (route 132).

Rivière-du-Loup

Restaurant Chez Antoine

Situé dans une maison centenaire au centre-ville de Rivière-du-Loup et reconnu parmi les meilleures tables du Bas-Saint-Laurent, le restaurant Chez Antoine saura ravir les plus fins palais. Salle à manger intime et chaleureuse, terrasse sympathique et ensoleillée. Table d'hôte midi et soir. Plus de 400 références sur la carte des vins.

Spécialités: abats, viandes, gibiers, poissons et fruits de mer.

Repas offerts: midi, soir. **Menus:** à la carte, table d'hôte, gastronomique. **Nbr personnes:** 1-45. **Réservation:** recommandée, requise pour groupe.

Table d'hôte: 35-50$/pers. Taxes en sus. **Paiement:** AM ER IT MC VS. **Ouvert:** à l'année. Lun au sam.

A ♿ AV ⚲ **Certifié: 2009**

Table aux Saveurs du Terroir **certifiée**

Yannick et David Beaulieu
433, rue Lafontaine
Rivière-du-Loup G5R 3B9
Tél. 418 862-6936
Fax 418 862-6082
www.chezantoine.ca
yannickbeaulieu@videotron.ca
Aut. 20 est. À Rivière-du-Loup, sortie 503, boul. de l'Hôtel de ville, rue Lafontaine à droite.

Rivière-du-Loup, Saint-Patrice

Les Rochers ✱✱✱

Résidence d'été du premier ministre du Canada, Sir John A. MacDonald de 1872 à 1891. Pour nos visiteurs, cette demeure historique offre une vue magnifique sur le fleuve Saint-Laurent, une ambiance paisible et de délicieux petits-déj. maison. Les couchers de soleil sont renommés. Nous parlons anglais et français. Maison non-fumeur.

Aux alentours: golf de Rivière-du-Loup (1km), Tennis Jutras (.5km), Le Petit Témis sentier (16km), baleines. **Chambres:** baignoire sur pattes, cachet d'autrefois, tranquillité assurée, vue sur fleuve. **Lits:** simple, double. **5 ch. S. de bain privée(s) ou partagée(s).**

2 pers: B&B 105-120$ **1 pers:** B&B 85-100$. **Paiement:** IT MC VS.
Ouvert: 22 juin - 1 sept.

A ♯ **Certifié: 1998**

Gîte du Passant **certifié**

L'Héritage canadien du Québec
336, rue Fraser
Saint-Patrice G5R 5S8
Tél. 514 393-1417 / 418 868-1435
Fax 514 393-9444
www.giteetaubergedupassant.com/rochers
chq@total.net
Rte 185, sortie 96, suivre les panneaux pour le traversier, au MacDo à gauche, 3 km à l'ouest de Riv.-du-Loup sur rte 132.

Saint-Fabien

Maison de L'Irlandais ✱✱✱

La maison fête cette année son 130e anniversaire et je vous garantie qu'elle n'a rien perdu de son charme d'antan. C'est l'union entre les souvenirs d'hier et le confort contemporain. Mes copieux petits-déjeuners faits maison se composent de fruits frais en entrée, suivis des pâtisseries et confitures et se conclus par un plat chaud. Bienvenue!

Aux alentours: parc du Bic, randonnée, kayak, croisière, équitation, théâtre d'été, observation d'oiseaux, sentiers de motoneiges. **Chambres:** baignoire sur pattes, avec lavabo, accès Internet, confort moderne, cachet d'antan. **Lits:** simple, double, d'appoint, pour bébé. **4 ch. S. de bain privée(s) ou partagée(s). Forfaits:** plein air, théâtre.

2 pers: B&B 80-95$ **1 pers:** B&B 70-85$. **Enfant (12 ans et -):** B&B 20$. **Paiement:** MC VS.

Réduction: hors saison, long séjour. **Ouvert:** à l'année.

A AV @WiFi ♯ **Certifié: 2010**

Gîte du Passant **certifié**

Daniel Caissy
182, 1re rue
Saint-Fabien G0L 2Z0
Tél. 418 869-2913 / 1 888 869-2913
www.giteetaubergedupassant.com/maisondelirlandais
dancaissy@hotmail.com
Aut. 20 est, rte 132 est jusqu'à St-Fabien. Au feu clignotant à droite, à l'arrêt à gauche. Nous sommes au bout du chemin.

Saint-Pacôme

Auberge Comme au Premier Jour ✱✱✱✱

Coup de Coeur du Public provincial 2010 - Auberge. Ancien presbytère de 1868 entièrement rénové. Classé monument patrimonial à l'architecture exceptionnelle, intérieurs chaleureux avec meubles antiques et repas de fine cuisine du terroir. Une des meilleures tables de la région! Ambiance apaisante, tout pour le romantisme et le plaisir de vivre. Foyer au salon. Certifié Table aux Saveurs du Terroir^md P. 47.

Aux alentours: golf, arbre en arbre, pêche saumon, vélo, sentiers pédestres, belvédère, ski, circuit patrimonial. **Chambres:** baignoire à remous, accès Internet, cachet ancestral, chambre familiale, vue sur mont. **Lits:** simple, double, queen, d'appoint. **5 ch. S. de bain privée(s) ou partagée(s). Forfaits:** charme, gastronomie, golf, plein air.

2 pers: B&B 79-125$ PAM 160-205$ **1 pers:** B&B 72-115$ PAM 112-159$. **Enfant (12 ans et -):** B&B 20$. Taxes en sus. **Paiement:** IT MC VS.

Réduction: long séjour. **Ouvert:** à l'année.

A ✗ AV @WiFi ♯ **Certifié: 2005**

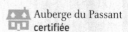
Auberge du Passant **certifiée**

Doris Parent et Jean Santerre
224, boul. Bégin
Saint-Pacôme G0L 3X0
Tél. 418 852-1377
www.aubergecommeaupremierjour.com
commeaupremierjour@bellnet.ca
Aut. 20, sortie 450 dir. St-Pacôme. À l'église, 224 boul. Bégin, se garer à l'arrière de l'église.

Saint-Pacôme

Auberge Comme au Premier Jour

Coup de Coeur du Public provincial 2011 – Restauration.
Deux salles à manger intimes, ambiance feutrée, service et accueil
personnalisés propice à la détente. Les produits du terroir sont à
l'honneur. Excellente table! P. 47.

Spécialités: agneau du Kamouraska, gibier, canard, chevreaux, poissons, produits fumés
régionaux, légumes bio de la région.

Repas offerts: soir, **Menus:** à la carte, table d'hôte, gastronomique. **Nbr personnes:**
1-20. Min. de pers. exigé varie selon les saisons. **Réservation:** recommandée, requise pour
groupe.

Table d'hôte: 42$/pers. Taxes en sus. **Paiement:** IT MC VS. **Ouvert:** à l'année. Tous les
jours. Horaire variable – téléphoner avant.

A @Wifi ⚙ Certifié: 2007

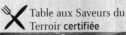

Table aux Saveurs du
Terroir **certifiée**

Doris Parent et Jean Santerre
224, boul. Bégin
Saint-Pacôme G0L 3X0
Tél. 418 852-1377
www.aubergecommeaupremierjour.com
commeaupremierjour@bellnet.ca
Aut. 20, sortie 450 dir. St-Pacôme. À l'église, 224
boul. Bégin, se garer à l'arrière de l'église.

Saint-Paul-de-la-Croix

Hydromellerie Saint-Paul-de-la-Croix 📷

Hydromellerie – Miellerie. Miel Naturel & Hydromellerie St-Paul-
de-la-Croix est une ferme apicole et un centre d'interprétation
agrotouristique qui présente l'importance du rôle de l'abeille pour
l'agriculture et pour la santé de la planète. Elle offre des hydromels
secs, demi-secs et fruités, des miels spécialisés, des produits de
conserverie et des friandises mielleuses.

Particularités: découvrez la Boutique de l'abeille, le Café-Resto St-Paul, la Galerie-photo,
la ruche vitrée. Vente et dégustation Vin de miel. **Activités sur place:** animation pour
groupe scolaire, dégustation, visite libre, visite commentée français.

Visite: adulte: 3-4$, enfant gratuit, tarif de groupe. **Paiement:** IT MC VS. **Nbr personnes:**
2-40. **Réservation:** requise pour groupe. **Ouvert:** 1 avr - 31 déc. Tous les jours. 9h à 17h30.
Horaire variable – téléphoner avant. **Services:** bar-restaurant, centre d'interprétation /
musée, vente de produits, dépliant explicatif ou panneaux français, emballages-cadeaux.

✕ AV Certifié: 2009

Ferme Découverte
certifiée

Gilles Gaudreau
62, Principale Ouest
Saint-Paul-de-la-Croix G0L 3Z0
**Tél. / Fax 418 898-2545 Tél. 418 860-
5558**
www.hydromellerie.com
info@hydromellerie.com
Rte 132 est, à l'Isle-Verte tourner à droite. Chemin
St-Paul à droite,14 km.

Saint-Paul-de-la-Croix

Hydromellerie Saint-Paul-de-la-Croix 📷

Hydromellerie – Miellerie. Miel Naturel & Hydromellerie St-Paul-
de-la-Croix est une ferme apicole et un centre d'interprétation
agrotouristique qui présente l'importance du rôle de l'abeille pour
l'agriculture et pour la santé de la planète. Elle offre des hydromels
secs, demi-secs et fruités, des miels spécialisés, des produits de
conserverie et des friandises mielleuses.

Produits: découvrez la Boutique de l'abeille, le Café-Resto St-Paul, la Galerie-photos, la
ruche vitrée. Vente et dégustation. Vin de miel. **Activités sur place:** animation pour groupe
scolaire, dégustation, visite libre, visite commentée français.

Visite: adulte: 3-4$, enfant gratuit, tarif de groupe. **Paiement:** IT MC VS. **Nbr personnes:**
2-40. **Réservation:** requise pour groupe. **Ouvert:** 1 avr - 31 déc. Tous les jours. 9h à 17h30.
Horaire variable – téléphoner avant. **Services:** bar-restaurant, centre d'interprétation /
musée, vente de produits, dépliant explicatif ou panneaux français, emballages-cadeaux.

✕ AV Certifié: 2009

Relais du Terroir **certifié**

Gilles Gaudreau
62, Principale Ouest
Saint-Paul-de-la-Croix G0L 3Z0
**Tél. / Fax 418 898-2545 Tél. 418 860-
5558**
www.hydromellerie.com
info@hydromellerie.com
Rte 132 est, à l'Isle-Verte tourner à droite. Chemin
St-Paul à droite,14 km.

Sainte-Luce-sur-Mer

Moulin Banal du Ruisseau à la Loutre ❀❀❀❀

Gîte du Passant **certifié**

Témoin de l'époque seigneuriale, construit en 1848, il en impose par son architecture en pierre et par sa situation; un ruisseau longe le côté ouest et le fleuve est à ses pieds. Grand terrain, plage privée et terrasse permettent un repos des plus vivifiants. Déjeuners variés à saveur maison et régionale servis à la grande salle communautaire.

Aux alentours: parc du Bic, Jardins de Métis, musées (de la mer et auto, 4 terrains de golf, traversier vers la Côte-Nord, kayak, vélo. **Chambres:** avec salle d'eau, cachet ancestral, couettes en duvet, mur en pierres, vue sur fleuve. **Lits:** queen. **3 ch. S. de bain privée(s) ou partagée(s).**

2 pers: B&B 95-105$ **1 pers:** B&B 85-95$. Taxes en sus. **Paiement:** IT MC VS. **Ouvert:** 1 juin - 31 oct.

A AV @ **Wi Fi** ⚙ **Certifié: 2006**

Sylvie Dubé et Gervais Sirois
156, route du Fleuve Ouest
Sainte-Luce-sur-Mer G0K 1P0
Tél. 418 739-3076 / 1 866 939-3076
www.gitemoulinbanal.com
gsirois@cgocable.ca
Entre Rimouski et Ste-Flavie par la route 132. Après Pointe-au-Père, route du Fleuve à gauche, 1,5 km, côté fleuve.

Autres établissements

Kamouraska

Ferme Gijamika, 214, rang de l'Embarras, Kamouraska, G0L 1M0. Tél./Fax: 418 492-5304 gijamika@videotron.ca - www.gijamika.com

Ferme d'élevage. Services offerts: activités, camp de vacances.

Cantons-de-l'Est

Saveurs régionales

Deux produits-vedettes: le vin et le canard! Qu'il prenne la forme de saucisse, de foie gras ou de confit, le canard du Lac Brome a d'ailleurs acquis une réputation internationale. Profitez du festival «Canards en Fête», qui a lieu à l'automne, pour découvrir toute la saveur de ce canard. Quant au vin, les vignobles des Cantons-de-l'Est sont de plus en plus réputés pour leurs vins de glace, récipiendaires de nombreux prix. Découvrez-les en parcourant la Route des vins. Et festoyez comme cette région sait si bien le faire, à la fin janvier pour célébrer les vins de glace et en mai pour célébrer le printemps et les rosés!

Depuis plusieurs générations, les vergers, cidreries, vignobles, érablières, petits fruits, poissons et gibiers font aussi la joie des gastronomes. S'y sont ajoutés, entre autres, les produits des chocolatiers, pâtissiers et fromagers, dont ceux de l'Abbaye de Saint-Benoît-du-Lac, fondée en 1912 par des bénédictins.

Quoi voir? Quoi faire?

- Mine Cristal Québec (Bonsecours).
- Musée du Chocolat (Bromont) et Musée Beaulne (Coaticook).
- Lieu historique national du Canada de Louis-S.-St-Laurent (Compton).
- Arbre Aventure (Eastman).
- Zoo de Granby et parc aquatique Amazoo.
- Centre d'arts Orford: concerts, expositions.
- L'Épopée de Capelton, renversant! (North Hatley).
- L'ASTROLab, centre d'interprétation en astronomie (Notre-Dame-des-Bois).
- Abbaye de Saint-Benoît-du-Lac.
- Musée de la nature et des sciences (Sherbrooke).
- Musée Missisquoi (Stanbridge East).
- Moulin à laine d'Ulverton, Musée J. Armand Bombardier (Valcourt) et La Poudrière de Windsor.
- Route des vins (route 202 Ouest, entre Dunham et Stanbridge).
- Chemin des Cantons (415 km), pour découvrir le patrimoine anglo-saxon.
- Route des vins (132 km – Farnham, Dunham, Lac-Brome).
- La Route des Sommets (région de Mégantic).

Faites le plein de nature

- SkiBromont.com: ski alpin, glissades d'eau, vélo de montagne...
- Parc de la gorge de Coaticook: vélo, équitation, sentiers pédestres et une passerelle de 169 m.
- Centre d'interprétation de la nature du lac Boivin (Granby).
- Parcs nationaux de la Yamaska (Granby), de Frontenac (Lambton) et du Mont-Orford : plage, canot, marche, vélo...
- Station touristique Owl's Head: ski, golf, marche (Mansonville).
- Parc national du Mont-Mégantic: randonnée pédestre, ski de fond ou raquette, 50 km (Notre-Dame-des-Bois).
- Mont Ham: 18 km de sentiers pédestres.
- Randonnée au pic Chapman, situé dans le massif des monts Stoke.

Le charme au pied des vallons...

© Thierry Ducharme

Les Cantons-de-l'Est se présentent comme un écrin de beauté parsemé de petits villages patrimoniaux de style anglo-saxon. Entre de gracieux vallons vous attendent de pittoresques panoramas enjolivés de lacs, de rivières, de forêts et de montagnes.

Lieu de villégiature recherché à moins d'une heure de Montréal et longeant la frontière des États-Unis sur plus de 300 km, les Cantons-de-l'Est offrent une gamme variée d'activités. Située dans les contreforts des Appalaches, la région compte un grand nombre de sentiers pédestres, de ski de fond et de raquettes, des centres de ski alpin et des pistes cyclables.

Et que dire de ses charmants villages historiques parsemés de jolies églises catholiques et de chapelles anglicanes, de prestigieuses résidences du XIX siècle de style victorien ou vernaculaire américain et de ces énigmatiques granges rondes et ces jolis ponts couverts qui surgissent du passé? Bref, que vous soyez un amant de plein air ou d'histoire, mais aussi de théâtre d'été, de festivals, de boutiques, d'antiquaires, de terroir ou de gastronomie... vous y reviendrez! L'automne, les couleurs sont si belles qu'on ne peut s'en lasser.

- Parc d'environnement naturel de Sutton: raquette, ski alpin et de fond, sentiers pédestres.
- Parcourez la Véloroute des Cantons. Asbestos et sa région: La Campagnarde (79 km), L'Estriade (22 km), La Montérégiade (48 km), La Montagnarde (50 km), Réseau Les Grandes-Fourches (124 km), La Cantonnière (77 km)...
- Randonnée pédestre: Sentier de l'Estrie (175 km), Sentiers Frontaliers (135 km)...
- Plusieurs golfs (40) et plages (30), dont celles du lac Memphrémagog.

Le saviez-vous?

Ici l'expérience québécoise vinicole est tellement surprenante et la concentration de vignobles si unique qu'on peut en conclure que l'enthousiasme l'a emporté sur la rudesse des saisons. Bien que la région bénéficie d'un microclimat et d'un sol propice à la culture de la vigne, les viticulteurs doivent user d'ingéniosité pour protéger leurs vignes du gel. Certains utilisent des tours à vent qui créent une circulation d'air et empêchent le gel au sol aux moments critiques (mois de mai).

Clin d'œil sur l'histoire

Certains descendants de colons britanniques vinrent s'installer dans la région que l'on nommait «Eastern Townships» à la fin du XVIIIe siècle. Alors que la Nouvelle-France est sous domination anglaise, la guerre de l'indépendance des États-Unis entraîne la persécution et la confiscation des terres des loyalistes, nommés ainsi pour leur fidélité à la Couronne britannique et leur refus de participer à la guerre. Des terres, divisées en cantons, leur furent octroyées, et ils y fondèrent des villages. S'explique alors la présence d'un riche patrimoine architectural anglo-saxon. Les Canadiens français sont arrivés vers 1850. Aujourd'hui, la population est à plus de 95% francophone.

Pour plus d'information sur la région des Cantons-de-l'Est: 1 800 355-5755
www.cantonsdelest.com

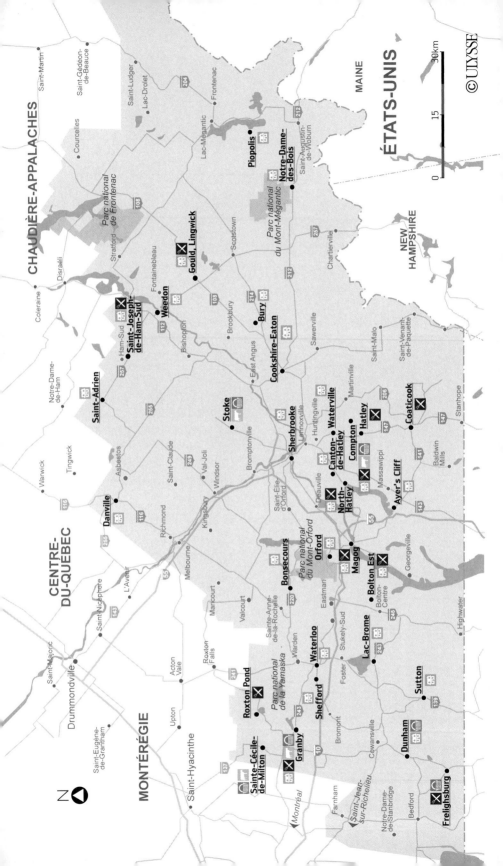

Granby

Verger Champêtre

Thérèse Choinière et Mario Mailloux
2300, rue Cowie
Granby
J2J 0H4
450 379-5155
www.vergerchampetre.com
P. 73.

L'Association de l'Agrotourisme et du Tourisme Gourmand du Québec* est fière de rendre hommage aux hôtes Thérèse Choinière et Mario Mailloux de la ferme le VERGER CHAMPÊTRE, qui se sont illustrés de façon remarquable par leurs efforts à promouvoir et mettre en valeur les produits du terroir québécois. C'est dans le cadre des Prix de l'Excellence 2011 que les propriétaires de cet établissement, certifié Ferme Découverte et Relais du Terroir[md] depuis 2007, se sont vu décerner une « Mention Spéciale Provinciale » dans le volet : agrotourisme - distinction en animation.

« Au Verger Champêtre vous trouverez une gamme de produits des plus délicieux. Il va sans dire que le choix des propriétaires d'élever des animaux sans hormones et de bichonner leurs vergers et jardins sans pesticide, y est pour quelque chose. De leurs efforts s'est développée une variété de produits de qualité à laquelle il vous sera difficile de résister. Comme ils le disent si bien : *«Aussitôt le seuil franchi, les odeurs réconfortantes des recettes maison et l'éventail des produits, vous taquineront les narines et vous feront saliver...»* Si cette ferme a de tout pour étancher votre gourmandise et aussi vous réchauffer avec ses produits de lainage, son côté ludique et éducatif vous promet de beaux moments avec votre famille. La mini-ferme, la petite école de création, le potager éducatif, les balades en tracteur ou à cheval, les aires de jeux, le carrousel... raviront les enfants. »

Félicitations !

*L'Association de l'Agrotourisme et du Tourisme Gourmand du Québec est propriétaire des marques de certification : Gîte du Passant[MD], Auberge du Passant[MD], Maison de Campagne ou de Ville, Table aux Saveurs du Terroir[MD], Table Champêtre[MD], Relais du Terroir[MD] et Ferme Découverte.

Hatley
Plaisir Gourmand Hatley

Jinny Dufour et Eric Garand
2225, route 143
Hatley
J0B 4B0
819 838-1061
www.plaisirgourmand.com
info@plaisirgourmand.com
P. 73.

L'Association de l'Agrotourisme et du Tourisme Gourmand du Québec* est fière de rendre hommage aux hôtes Jinny Dufour et Eric Garand de la table PLAISIR GOURMAND HATLEY, qui se sont illustrés de façon remarquable par l'expérience exceptionnelle qu'ils font vivre à leur clientèle. C'est dans le cadre des Prix de l'Excellence 2011 que les propriétaires de cet établissement, certifié Table aux Saveurs du Terroir^{md} depuis 2008, se sont vu décerner le « Coup de Cœur du Public Provincial » dans le volet : restauration.

« Voici deux passionnés de l'art culinaire dont le seul but sera de séduire les plus fins palais par des saveurs, des arômes et des produits d'une fraîcheur irréprochable. Dans le confort convivial de leur maison d'époque, vous y côtoierez aussi la passion et l'amour qui animent ces propriétaires pour leur métier. S'ils présentent avec une grande fierté leur cuisine créative, ils ont aussi le souci de mettre en valeur les produits locaux et régionaux tout en prenant bien soin d'informer les clients de leur provenance. La présentation des assiettes témoigne d'un réel souci du détail qui fait plaisir à voir et à goûter. On ne peut repartir qu'avec l'idée d'y revenir.... »

Félicitations !

*L'Association de l'Agrotourisme et du Tourisme Gourmand du Québec est propriétaire des marques de certification Gîte du Passant^{MD}, Auberge du Passant^{MD}, Maison de Campagne ou de Ville, Table aux Saveurs du Terroir^{MD}, Table Champêtre^{MD}, Relais du Terroir^{MD} et Ferme Découverte.

PRIX de L'EXCELLENCE 2011
Association de l'Agrotourisme et du Tourisme Gourmand
Coup de Cœur du Public

Notre-Dame-des-Bois

Haut Bois Dormant

Julie Demers et Pascal Chagnon
33, rue Principale Ouest
Notre-Dame-des-Bois
J0B 2E0
819 888-2854
www.hautboisdormant.com
info@hautboisdormant.com
P. 79.

L'Association de l'Agrotourisme et du Tourisme Gourmand du Québec* est fière de rendre hommage aux hôtes Julie Demers et Pascal Chagnon du gîte HAUT BOIS DORMANT, qui se sont illustrés de façon remarquable par l'expérience exceptionnelle qu'ils font vivre à leur clientèle. C'est dans le cadre des Prix de l'Excellence 2011 que les propriétaires de cet établissement, certifié Gîte du Passant^md depuis 2008, se sont vu décerner le « Coup de Cœur du Public Provincial » dans le volet : hébergement.

« Se faire gâter ! Voilà ce que proposent les hôtes de ce gîte. Les amateurs de bonne bouffe seront comblés autant par le petit-déjeuner que par leur table gourmande du soir aux saveurs régionales. A ce propos, on dit que la Chef, très passionnée de son art, enjôle ses invités, avec la belle complicité de son conjoint, comme dans un conte de fée... Il va sans dire qu'il s'agit là d'hôtes à l'écoute de leur clientèle et toujours au petit soin pour eux. À cette belle générosité s'ajoute une ambiance paisible, le confort des chambres et, tout autour, un paradis féérique pour les amateurs de plein air... Voilà l'essentiel qui vous incitera à y retourner ! »

Félicitations !

*L'Association de l'Agrotourisme et du Tourisme Gourmand du Québec est propriétaire des marques de certification : Gîte du Passant^MD, Auberge du Passant^MD, Maison de Campagne ou de Ville, Table aux Saveurs du Terroir^MD, Table Champêtre^MD, Relais du Terroir^MD et Ferme Découverte.

La maison Canty ✤

GÎTE / BED & BREAKFAST

689, Chemin Gendron
Sherbrooke (Québec) J1R 0J6

Tél. : 819 823-1124
   1-866-823-1124

www.lamaisoncanty.com

gitesetaubergesdupassant
.com

GÎTES et
AUBERGES du PASSANT[MD]
CERTIFIÉS

Forfait-Charme

© Auberge du Mange Grenouille, Le Bic. Photo: Simon Jutras

Vivez la région… comme personne !

Forfait pour 2 personnes incluant deux nuits d'hébergement,
deux petits-déjeuners, un cocktail de bienvenue, un souper
aux saveurs régionales et un petit cadeau de la région.

Réservez directement dans les Gîtes et Auberges du Passant[MD]
certifiés annonçant le forfait-charme.

Ayer's Cliff

Gîte Lauzier ✸✸✸

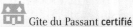

Gîte du Passant **certifié**

Coup de Coeur du Public régional 2008. Maison centenaire située à la campagne avec vue panoramique. Endroit calme. Nourriture maison. Baignade au lac Massawippi à 3 km, théâtre d'été, Gorge de Coaticook, North Hatley, mont Orford et Magog. Ski de fond et ski alpin à 15 min, golf à 8 min, motoneige à 200 pieds et équitation à 15 min. Idéal pour randonnée pédestre et vélo.

Aux alentours: monts Orford et Magog, Gorge de Coaticook, lac Massawippi, parc Découverte nature à 15 min, pêche, musée Beaum. **Chambres:** ensoleillées, cachet d'autrefois, bois franc, entrée privée, chambre familiale. **Lits:** double, queen, d'appoint. 4 ch. S. de bain partagée(s).

2 pers: B&B 85$ 1 pers: B&B 65$. Enfant (12 ans et -): B&B 10$. **Ouvert:** à l'année.

🐎 **Certifié: 1975**

Cécile Lauzier
3119, ch. Audet (Kingscroft)
Ayer's Cliff J0B 1C0
Tél. 819 838-4433
www.giteetaubergedupassant.com/cecilelauzier

Aut. 10 est, sortie 121. Aut. 55 sud, sortie 21, rte 141 sud. Environ 2,5 km après l'intersection de la route 143, chemin Audet à gauche.

Ayer's Cliff

Lune et Croissant ✸✸✸✸

Gîte du Passant **certifié**

Situé à Ayer's Cliff, un des plus jolis villages des Cantons-de-l'Est. Lune et Croissant a su rallier confort et chaleur au charme de cette vieille demeure victorienne. Venez-y découvrir les trésors de la région tout en profitant des plaisirs de chaque saison. Nos copieux petits-déjeuners vous laisseront une saveur inoubliable.

Aux alentours: piste cyclable, golf, sentiers pédestres, lac, ski, raquettes, antiquaires, vignobles, etc. **Chambres:** climatisées, TV, cachet victorien, meubles antiques, romantiques, chambre familiale. **Lits:** double, queen, divan-lit. 3 ch. S. de bain privée(s). **Forfaits:** détente & santé, restauration.

2 pers: B&B 97-112$ 1 pers: B&B 87-102$. Enfant (12 ans et -): B&B 15$. **Paiement:** MC VS.

Réduction: hors saison, long séjour. **Ouvert:** à l'année. **Fermé:** 20 avr - 14 mai.

A ●Certifié: 2006

Linda Di Giantomasso et Lucille Renault
1300, Main
Ayer's Cliff J0B 1C0
Tél. / Fax 819 838-5185 Tél. 1 866 551-5185
www.luneetcroissant.com
luneetcroissant@bellnet.ca

Aut. 10, sortie 121, aut. 55, sortie 21. À Ayer's Cliff, rte 141.

Bolton Est

L'iris Bleu ✸✸✸✸

Gîte du Passant **certifié**

Une maison bourgeoise de style «Nouvelle-Angleterre» (circa 1850) entourée d'un grand parc. Un boisé, une rivière, un jardin fleuri... Vous tomberez sous le charme! Des livres, de la musique, des couleurs chatoyantes, des arômes invitants, des fleurs... Nous vous attendons! Petits-déjeuners copieux à déguster dans la verrière ou sous le pommier. Certifié Table aux Saveurs du Terroir^{md}

Aux alentours: Spa des chutes de Bolton, Abbaye St-Benoît-du-Lac, Sentiers de l'Estrie, ski de fond, raquette, canot/kayak d'eau vive **Chambres:** insonorisées, raffinées, cachet particulier, meubles antiques, spacieuses, suite, vue sur campagne. **Lits:** double, queen. 3 ch. S. de bain privée(s). **Forfaits:** charme, vélo, golf, printemps.

2 pers: B&B 110-135$ PAM 180-210$ 1 pers: B&B 85-95$ PAM 120-127$. Enfant (12 ans et -): B&B 15$ PAM 30-45$. Taxes en sus. **Paiement:** MC VS.

Réduction: long séjour. **Ouvert:** à l'année.

A ✗ Certifié: 2003

Ginette Breton
895, route Missisquoi
Bolton Est J0E 1G0
Tél. 450 292-3530 / 1 877 292-3530
www.irisbleu.com
information@irisbleu.com

Aut. 10, sortie 106, rte 245 sud dir. Mansonville pour 12 km. Dernière maison du village à gauche.

Bolton Est

L'iris Bleu

Notre priorité: choisir des produits frais saisonniers, offerts par des producteurs locaux ou régionaux. Créativité et amour du travail bien fait transforment ces produits du terroir en plaisirs gourmands... Un air de jazz, un feu de foyer, un décor raffiné, et voilà, madame est servie!

Spécialités: viandes et volailles du Québec, fromages fins de la région et produits saisonniers locaux réinventent la cuisine méditerranéenne.

Repas offerts: soir. **Menus:** table d'hôte. **Nbr personnes:** 2-20. Min. de pers. exigé varie selon les saisons. **Réservation:** requise.

Table d'hôte: 35-40$/pers. Taxes en sus. **Paiement:** MC VS. **Ouvert:** à l'année. Horaire variable – téléphoner avant.

A Certifié: 2007

Table aux Saveurs du Terroir **certifiée**

Ginette Breton
895, route Missisquoi
Bolton Est J0E 1G0
Tél. 450 292-3530 / 1 877 292-3530
www.irisbleu.com
information@irisbleu.com
Aut. 10, sortie 106, rte 245 sud dir. Mansonville pour 12 km. Dernière maison du village à gauche.

Bolton Est, South Bolton

La Tanière Gîte B&B ✺✺✺

Maison style colonial anglais (1850) à la campagne nichée dans un jardin arboré. De la galerie, blotti dans un hamac, vous admirerez le début des Appalaches. Entrez! La décoration aux couleurs claires, les meubles québécois, l'accueil chaleureux vous feront oublier le quotidien. Laissez-nous le plaisir de vous séduire avec nos meilleurs produits. Certifié Bienvenue cyclistes ![md]

Aux alentours: lac Memphrémagog, Abbaye St-Benoît, Théâtre Marjolaine, Owl's Head, Jay Peak, Sutton, ski, golf, spa, vélo, randonnée. **Chambres:** climatisées, TV, cachet ancestral, meubles antiques, peignoirs, lumineuses, vue sur montagne. **Lits:** simple, double, queen, d'appoint, pour bébé. **5 ch. S. de bain privée(s) ou partagée(s). Forfaits:** charme, vélo, famille, golf, détente & santé, ski alpin, ski de fond, théâtre, régional.

2 pers: B&B 87-137$ **1 pers:** B&B 80-127$. **Enfant (12 ans et -):** B&B 20$. Taxes en sus. **Paiement:** IT MC VS.

Réduction: hors saison, long séjour. **Ouvert:** à l'année.

A spa @**Wi-Fi** Certifié: 2011

Gîte du Passant **certifié**

Andrée et Peter
30, chemin Cameron
Bolton Est J0E 1G0
Tél. 450 292-5205 / 1 888 470-5968
www.lataniere.qc.ca
info@lataniere.qc.ca
Aut 10, sortie 106 Eastman, rte 245 sud dir. Mansonville,15 km. À l'arrêt, à gauche rte 243 sud dir. Mansonville/USA. Gîte à 200 m après le Dépanneur Fusée. GPS:South Bolton.

Bonsecours

Érablière la Halte Sucrée 🏠 ✺✺✺

Un lieu unique à découvrir. Située en milieu forestier, une maison en bois d'un chic rustique vous attend. Cette maison, incluant une cabane à sucre, offre un décor aux accents suisses et québécois. C'est un lieu parfait pour des soirées exceptionnelles entre amis ou en famille. Ici, c'est vivre en harmonie avec la nature.

Aux alentours: mont Orford, Magog, Eastman, Zoo de Granby, mine de Cristal Bonsecours, Sherbrooke. **Chambres:** balcon, insonorisées, cachet particulier, couettes en duvet, vue sur forêt. **Lits:** queen, divan-lit. **3 ch. S. de bain partagée(s). Forfaits:** à la ferme, plein air, restauration, traîneaux à chiens.

2 pers: B&B 85-100$ PAM 150$ **1 pers:** B&B 70-85$ PAM 100$. Taxes en sus. **Ouvert:** à l'année.

A ✕ @**Wi-Fi** Certifié: 2011

Gîte du Passant **certifié**

Magali Halt
205, Rang 6
Bonsecours J0E 1H0
Tél. 819 823-4747 / 450 532-8874
www.lahaltesucree.com
info@nordikaventures.com
Aut. 10, sortie 106, rte 112 est, à Eastman, ch. Georges Bonnalie à gauche,12 km, à gauche au 205 Rang 6.

Bury

Café des Rêves ✸✸✸

Arrêtez le temps pour quelques moments dans notre chaleureuse maison ancestrale sise sur un site enchanteur. Des chambres accueillantes et confortables, des petits-déjeuners champêtres et savoureux, un environnement extérieur paradisiaque où un sentier en forêt vous fera découvrir une rivière d'eau vive.

Aux alentours: golf, randonnées pédestres et pistes cyclables. **Chambres:** ensoleillées, cachet champêtre, meubles antiques, tranquillité assurée. **Lits:** simple, double, queen. **4 ch. S. de bain partagée(s). Forfaits:** vélo, famille, golf, plein air, romantique, été, printemps, automne, hiver.

2 pers: B&B 80-90$ PAM 150-160$ **1 pers:** B&B 60-80$ PAM 115-150$. Enfant (12 ans et -): B&B 30$ PAM 40$.

Réduction: long séjour. **Ouvert:** à l'année.

A ✕ AV 🏊 @ **Wi Fi** Certifié: 2009

Gîte du Passant certifié

Julie et Guy Chagnon
494, rue Stokes, C.P. 324
Bury J0B 1J0
Tél. 819 872-3810
www.cafedesreves.com
info@cafedesreves.com

La rue Stokes ou route 255 est accessible par la route 108 entre Cookshire et Gould. L'entrée du gîte est située face à l'école de Bury.

Canton-de-Hatley

Lecomte de la Fontaine ✸✸✸

D'abord, il y eut l'amour! Puis est venu non pas un bébé, mais un B&B. Au fil des mois, nous avons construit un véritable nid d'amour, non pas pour nous, mais pour vous! Cette passion vient de notre amour pour les gens. Lecomte de la Fontaine a été pensé pour vous. Aménagé en annexe à la maison, vous pouvez donc y séjourner en toute intimité.

Aux alentours: golf, vélo, kayak, plein air, parc, université. **Chambres:** climatisées, TV, accès Internet, insonorisées, confort moderne, peignoirs. **Lits:** queen, king, divan-lit. **4 ch. S. de bain partagée(s).**

2 pers: B&B 95-115$. Taxes en sus.

Réduction: long séjour. **Ouvert:** à l'année.

🐎 spa 🏊 @ **Wi Fi** ♿ Certifié: 2011

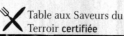
Gîte du Passant certifié

Vincent Fontaine
3985, Albert Mines
Canton-de-Hatley J0B 2C0
Tél. 819 346-9305 / 819 571-0999
Fax 819 821-1062
www.lecomtedelafontaine.com
info@lecomtedelafontaine.com

Coaticook

Coffret de L'Imagination

Situé dans une bâtisse patrimoniale, à l'abri de la ville, le Coffret de l'Imagination se veut le coffre à trésors de notre précieux terroir. Sa table est savoureuse et son environnement est unique. Vous serez bercé par une douce musique et entouré d'œuvres d'arts. Tableaux et bijoux à vendre. Une expérience riche en nouveauté. Vive le Québec! P. 32.

Spécialités: potage de saison. Entrées chaudes et froides créatives. Grillades, moules et crêpes. Sauces maison onctueuses. Desserts maison.

Repas offerts: brunch, midi, soir. **Menus:** à la carte, table d'hôte, gastronomique. **Nbr personnes:** 1-65. **Réservation:** recommandée, requise pour groupe.

Table d'hôte: 12-60$/pers. Taxes en sus. **Paiement:** ER IT MC VS. **Ouvert:** à l'année. Tous les jours. Horaire variable – téléphoner avant.

A AV @ **Wi Fi** Certifié: 2010

Table aux Saveurs du Terroir certifiée

Mona Riendeau
145, rue Michaud
Coaticook J1A 1A9
Tél. 819 849-0090
Fax 819 849-1099
www.coffret.ca
info@coffret.ca

Aut. 10 est direction Sherbrooke, sortie 121. Aut. 55, à Coaticook, suivre les indications pour le Parc de la Gorge.

Compton

Apéri-Fruits Compton/Domaine Ives Hill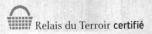

**Boutique du terroir – Érablière – Ferme fruitière – Vignoble
– Producteur d'alcools fins.** Situé dans les Cantons-de-l'Est, sur les
rives de la rivière Moe, le Domaine Ives Hill d'Apéri-Fruits Compton
élabore des boissons alcooliques de petits fruits de grande qualité qui
valorisent le fruit. Une gamme de produits de cassis vous est aussi
offerte. Venez vous faire surprendre par de nouvelles saveurs dans
un décor champêtre enchanteur.

Activités sur place: autocueillette.

Visite: gratuite. **Paiement:** IT MC VS. **Nbr personnes:** 2-30. **Réservation:** recommandée,
requise pour groupe. **Ouvert:** 21 mai - 10 oct. Mer au dim. 11h à 17h. Horaire variable.
Fermé: 19 déc - 18 mai. **Services:** aire de pique-nique, terrasse, vente de produits.

A 🐾 **AV Certifié: 2011**

Relais du Terroir **certifié**

Yves Cousineau et Marc Déragon
12, chemin Boyce
Compton J0B 1L0
Tél. 819 837-0301 / 450 361-3670
Fax 450 361-3725
www.domaineiveshill.com
administration@aperi-fruits.ca

De Sherbrooke/Lennoxville, rte 108/143 S, 4 km. Rte
147 à gauche vers Compton, 7 km. Chemin Ives Hill à
gauche, 0.5 km et rue Boyce à gauche.

Compton

Le Bocage ✤✤✤✤

Résidence de campagne de 1825 abritant l'une des plus romantiques
auberges de la région. Située au coeur du bucolique hameau de
Moe's River, l'auberge et sa table réputée vous offrent des soupers
gastronomiques servis en salle ou en terrasse. Une piscine chauffée
est à votre disposition. Calme, romantisme, dépaysement... le tout à
votre portée. Certifié Table aux Saveurs du Terroir[md] P. 32.

Aux alentours: parc de la Gorge de Coaticook, Sentiers poétiques de Saint-Venant, Mines
de Capelton, musée Louis-S-St-Laurent. **Chambres:** foyer, cachet particulier, meubles
antiques, tranquillité assurée, suite, vue sur campagne. **Lits:** double, queen, king. **4 ch. S.
de bain privée(s) ou partagée(s). Forfaits:** gastronomie.

2 pers: B&B 110-240$ PAM 225-355$ **1 pers:** B&B 100-230$ PAM 160-290$. **Enfant (12
ans et -):** B&B 45$. Taxes en sus. **Paiement:** AM IT MC VS.

Réduction: hors saison. **Ouvert:** à l'année.

A ◆ ✕ 🏊 @ WiFi **Certifié: 2005**

Auberge du Passant
certifiée

François Dubois
200, chemin de Moe's River
Compton J0B 1L0
Tél. 819 835-5653
www.lebocage.qc.ca
info@lebocage.qc.ca

Aut. 10, sortie 121, aut. 55 sud, sortie 21, à Ayer's
Cliff, rte 208 est, 25 km.

Compton

Le Bocage

L'auberge vous reçoit dans l'atmosphère feutrée de l'une de ses salles
à dîner, l'éclairage aux candélabres et à la lampe à l'huile d'époque est
discret, mais omniprésent, et ce, même en terrasse. Vous y dégusterez
une fine cuisine régionale soignée hors du commun. Un échange de
plats entre amis se fait avec délectation, sans réserve ou retenue. P. 32.

Spécialités: la maison offre chaque soir deux menus «découverte» préparés avec soin. Le
gibier à l'honneur: lapin, caille, pintade, canard, cerf...

Repas offerts: soir. Apportez votre vin. **Menus:** table d'hôte, gastronomique.
Nbr personnes: 1-50. **Réservation:** requise.

Table d'hôte: 41-64$/pers. Taxes en sus. **Paiement:** AM IT MC VS. **Ouvert:** à l'année. Mar
au dim.

A ◆ @ WiFi **Certifié: 2007**

Table aux Saveurs du
Terroir **certifiée**

François Dubois
200, chemin de Moe's River
Compton J0B 1L0
Tél. 819 835-5653
www.lebocage.qc.ca
info@lebocage.qc.ca

Aut. 10, sortie 121, aut. 55 sud, sortie 21, à Ayer's
Cliff, rte 208 est, 25 km.

Compton

Le Cinquième Élément

La vie est trop courte pour manger triste... Laissez-vous charmer par Le Cinquième Élément. Ce bistro «mondain», situé au centre du village de Compton est unique en son genre. Véritable théâtre de la rencontre entre producteurs et consommateurs, on y met en scène les produits locaux pour vous offrir un menu haut en couleurs riche en goûts.

Spécialités: la vie est trop courte pour manger triste! Cuisine créative, produits du terroir. Amour, magie, conscience, audace!

Repas offerts: midi, soir. **Menus:** à la carte, table d'hôte, gastronomique. **Nbr personnes:** 1-40. **Réservation:** recommandée, requise pour groupe.

Table d'hôte: 27-37$/pers. Taxes en sus. **Paiement:** IT VS. **Ouvert:** à l'année. Mer au dim. Horaire variable. **Fermé:** 30 déc - 30 jan.

A @**WiFi** **Certifié: 2011**

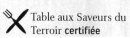
Table aux Saveurs du Terroir **certifiée**

Corine Descampe
6815, route Louis-Saint-Laurent
Compton J0B 1L0
Tél. 819 835-0052
www.lecinquiemeelement.ca
lecinquiemeelement@bellnet.ca
Aut. 10, sortie 121, aut. 55 sud, sortie 21. À Ayer's Cliff, route 208 est, 25 km.

Compton

Verger le Gros Pierre 📷

Verger. Entouré de ses 8000 pommiers nains, le Gros Pierre transforme, conditionne et explique la pomme. Cueillette, balade en tracteur, visite de la fabrique, de la presse à jus, du sentier d'interprétation. Dégustations. Vente de produits du terroir. Visites guidées pour les groupes. Crêperie sur notre terrasse chauffée. Aire de jeu et de pique-nique.

Activités sur place: animation pour groupe scolaire, animation pour groupe, autocueillette, dégustation, visite libre, visite autoguidée, sentier d'interprétation.

Visite: enfant gratuit, tarif de groupe. **Paiement:** IT VS. **Nbr personnes:** 15-30. **Réservation:** requise pour groupe. **Ouvert:** 1 août - 8 nov. Tous les jours. 9h à 18h. **Services:** aire de pique-nique, terrasse, centre d'interprétation / musée, vente de produits, emballages-cadeaux, remise pour vélo, autres.

A 🐾 ✕ **AV Certifié: 2009**

Ferme Découverte **certifiée**

Diane Goyette
6335, route Louis-Sud-Saint-Laurent
Compton J0B 1L0
Tél. 819 835-5549
Fax 819 835-5305
www.grospierre.com
grospierre@sympatico.ca
De Montréal, aut. 10 sortie 121, aut. 55 sortie 21, route 141 jusqu'à Ayer's Cliff, rte 208. À Hatley, chemin Hatley jusqu'à Compton, rte 147.

Compton

Verger le Gros Pierre 📷

Verger. Entouré de ses 8000 pommiers nains, le Gros Pierre transforme, conditionne et explique la pomme. Cueillette, balade en tracteur, visite de la fabrique, de la presse à jus, du sentier d'interprétation. Dégustations. Vente de produits du terroir. Visites guidées pour les groupes. Crêperie sur notre terrasse chauffée. Aire de jeu et de pique-nique.

Produits: tarte aux pommes et fruits, galettes, baluchons, confitures, gelée, jus de pomme, crêpes aux saveurs du terroir, etc. **Activités sur place:** animation pour groupe scolaire, animation pour groupe, autocueillette, dégustation, visite libre, visite autoguidée, sentier d'interprétation.

Visite: enfant gratuit, tarif de groupe. **Paiement:** IT VS. **Nbr personnes:** 15-30. **Réservation:** requise pour groupe. **Ouvert:** 1 août - 8 nov. Tous les jours. 9h à 18h. **Services:** aire de pique-nique, terrasse, centre d'interprétation / musée, vente de produits, remise pour vélo.

A 🐾 ✕ **AV Certifié: 2009**

Relais du Terroir **certifié**

Diane Goyette
6335, route Louis-Sud-Saint-Laurent
Compton J0B 1L0
Tél. 819 835-5549
Fax 819 835-5305
www.grospierre.com
grospierre@sympatico.ca
De Montréal, aut. 10 sortie 121, aut. 55 sortie 21, route 141 jusqu'à Ayer's Cliff, rte 208. À Hatley, chemin Hatley jusqu'à Compton, rte 147.

Cookshire-Eaton

Le Joyau Ancestral ✦✦✦✦

Gîte gastronomique pour les fins palais en quête d'arômes et d'époque. Venez découvrir les charmes d'une résidence ancestrale, construite en 1905, à l'orée du village pittoresque de Cookshire dans les Cantons-de-l'Est. Les propriétaires se feront une joie de vous accueillir et partager avec vous leur rêve et leur passion pour la gastronomie.

Aux alentours: Théâtre Centennial, sentiers pédestres, terrain de golf East Angus, musée, Astrolab du parc national du Mont-Mégantic. **Chambres:** climatisées, cachet victorien, cachet ancestral, peignoirs, luxueuses, suite luxueuse. **Lits:** queen. **4 ch. S. de bain privée(s) ou partagée(s). Forfaits:** gastronomie, golf, plein air, romantique, théâtre, restauration.

2 pers: B&B 134-159$ PAM 218-243$ **1 pers:** B&B 117-142$ PAM 159-184$. Taxes en sus. **Paiement:** IT MC VS. **Ouvert:** à l'année.

✗ **Certifié: 2012**

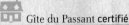

Gîte du Passant **certifié**

Robert Beauchemin et Paul Leclerc
320, rue Pope
Cookshire-Eaton J0B 1M0
Tél. 819 875-1203
www.joyauancestral.com
info@joyauancestral.com

Aut.10 E, rte 610 E, rte 112 E à gauche, rte 214 E à droite, route 253 S à gauche. À Cookshire, 1er feu clignotant, rue Principale à gauche, rue Pope à gauche.

Danville

Gîte McCallum ✦✦✦✦

Niché sur une colline donnant sur les montagnes en panorama, le Gîte McCallum vous accueille dans un environnement de calme et détente. Notre maison, aménagée avec un souci d'harmonie, possède un cachet unique et historique. Notre plaisir: rendre votre séjour inoubliable. Au plaisir de vous recevoir! Lynda et Eddie. Certifié Bienvenue cyclistes !^{md}

Aux alentours: mont Ham, Théâtre des Grands Chênes, Parc Marie-Victorin, Le Petit Bonheur de St-Camille, La Poudrière de Windsor. **Chambres:** climatisées, accès Internet, confort moderne, raffinées, luxueuses, spacieuses, vue sur mont. **Lits:** queen, divan-lit. **3 ch. S. de bain privée(s). Forfaits:** charme, vélo, gastronomie, golf, plein air, théâtre, restauration.

2 pers: B&B 99-115$ **1 pers:** B&B 95-105$. **Enfant (12 ans et -):** B&B 25$. Taxes en sus. **Paiement:** MC VS.

Réduction: hors saison, long séjour. **Ouvert:** à l'année. **Fermé:** 1 jan - 1 mai.

A AV ≈ @Wi-Fi ♻ **Certifié: 2011**

Gîte du Passant **certifié**

Lynda Gauthier
216, du Carmel
Danville J0A 1A0
Tél. / Fax 819 839-1118 Tél. 819 574-1868
www.gitemccallum.com
info@gitemccallum.com

Aut 20 ouest, sortie St-Albert/Warwick, route 116 ouest, rue du Carmel. Ou aut 20 est, sortie aut 55 sud, sortie Richmond, route 116 est, 295 rue du Carmel.

Dunham

Auberge des Vignobles (Aux Douces Heures) ★★★

Au départ de la Route des vins, somptueuse et authentique demeure de style victorien qui a su marquer le cœur des gens. Vous tomberez en amour et vous garderez à jamais en souvenir ces «douces heures» vécues avec des hôtes inoubliables, venus de France, qui vous feront partager une cuisine aux parfums et saveurs provençales. Hablamos español.

Aux alentours: vignobles, circuit patrimonial, musée, antiquaires, golfs, vélo, ski, chasse aux chevreuils, Sutton. **Chambres:** climatisées, raffinées, cachet victorien, romantiques, spacieuses, entrée privée. **Lits:** simple, queen, king, divan-lit, d'appoint. **8 ch. S. de bain privée(s). Forfaits:** charme, vélo, famille, gastronomie, golf, romantique, théâtre, automne, divers.

2 pers: B&B 115-135$ PAM 219-239$ **1 pers:** B&B 95-115$ PAM 179-199$. **Enfant (12 ans et -):** B&B 40-50$ PAM 80-90$. Taxes en sus. **Paiement:** IT MC VS.

Réduction: hors saison, long séjour. **Ouvert:** à l'année.

A ✗ AV @Wi-Fi **Certifié: 1999**

Auberge du Passant **certifiée**

Francis Cansier et Françoise Del-Vals
110, rue du Collège
Dunham J0E 1M0
Tél. 450 295-2476 / 1 877 295-2476
Fax 450 295-1307
www.giteetaubergedupassant.com/doucesheures
auxdouceheures@videotron.ca

Aut. 10, sortie 68, rte 139 dir. Cowansville, 18 km. Au 2e feu dir. rte 202 à droite dir. Dunham, 8 km, rte 213, 200 m après le dépanneur, rue du Collège à gauche.

Dunham

Val Caudalies Vignoble et Cidrerie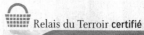

Cidrerie – Verger – Vignoble. Val Caudalies: une vallée magnifique, des gens passionnés, des arômes inoubliables. Savourez nos vins et cidres, ainsi que nos jus de fruits pétillants à notre boutique de dégustation. Profitez d'un site exceptionnel pour l'autocueillette de pommes, poires et de raisins et découvrez la vallée du mont Pinacle par nos sentiers de randonnée.

Produits: vin blanc, rosé, vendanges tardives. Cidres de glace et cidres pétillants. Jus pétillants sans alcool de poires, fraises et raisins. **Activités sur place:** animation pour groupe, autocueillette, dégustation, visite commentée français et anglais, observation nature et faune, randonnée pédestre, méchoui.

Visite: adulte: 3$, enfant gratuit, tarif de groupe. **Paiement:** IT MC VS. **Nbr personnes:** 1-150. **Réservation:** requise pour groupe. **Ouvert:** 1 mai - 15 nov. Tous les jours. Lun au dim. 10h à 18h. **Services:** aire de pique-nique, terrasse, vente de produits, salle de réception, réunion, stationnement pour autobus, emballages-cadeaux, remise pour vélo.

A 🐾 ✕ AV **Certifié: 2011**

Relais du Terroir **certifié**

Guillaume Leroux
4921, rue Principale
Dunham J0E 1M0
Tél. 450 295-2333
www.valcaudalies.com
info@valcaudalies.com

Dunham

Vignoble le Domaine des Côtes d'Ardoise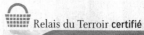

Vignoble. 1er vignoble établi à Dunham en 1980. Nous produisons 14 produits: vins rouges, blancs, rosé, vins doux naturels, vendanges tardives et vins de glace. Restaurant sur place pour goûters légers ou sur réservation pour repas plus élaborés. Nous tenons également une exposition de sculptures du 15 juillet au 15 octobre. Jardins à visiter.

Visite: enfant gratuit, tarif de groupe. **Paiement:** IT MC VS. **Nbr personnes:** 15-45. **Réservation:** requise. **Ouvert:** à l'année. 10h à 17h. Horaire variable.

A ✕ **Certifié: 2011**

Relais du Terroir **certifié**

Steve Ringuet
879, rue Bruce (route 202)
Dunham J0E 1M0
Tél. 450 295-2020
Fax 450 295-2309
www.cotesdardoise.com
info@cotesdardoise.com

Frelighsburg

Domaine Pinnacle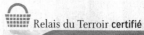

Cidrerie – Verger. Fondé en 2000, le Domaine Pinnacle est une entreprise familiale composée d'un verger et d'une cidrerie situés sur une propriété de 430 acres sur le flanc du mont Pinacle, près du village historique de Frelighsburg dans les Cantons-de-l'Est. Notre spécialité: la production du meilleur cidre de glace au monde.

Produits: riches, dorés et complets en bouche, les cidres de glace sont préparés à partir d'un mélange exceptionnel de six variétés de pommes. **Activités sur place:** animation pour groupe, dégustation, visite libre, audio-visuel français et anglais, audio-visuel français.

Visite: gratuite, autres tarifs. **Paiement:** AM IT MC VS. **Nbr personnes:** 10-40. **Réservation:** requise pour groupe. **Ouvert:** 1 avr - 31 déc. Tous les jours, 10h à 17h. Horaire variable – téléphoner avant. **Fermé:** 1 jan - 31 mars. **Services:** aire de pique-nique, centre d'interprétation / musée, vente de produits, dépliant explicatif ou panneaux français et anglais, stationnement pour autobus.

A 🐾 **Certifié: 2007**

Relais du Terroir **certifié**

Charles Crawford & Susan Reid
150, chemin Richford
Frelighsburg J0J 1C0
Tél. 450 298-1226 / 450 263-5835
Fax 450 263-6540
www.domainepinnacle.com
questions@domainepinnacle.com

Aut. 10, sortie 68, rte 139 sud, rte 202 ouest, rte 213 sud, rte 237 sud, chemin Richford à gauche.

Frelighsburg

La Girondine

Boucherie & charcuterie – Boutique du terroir – Ferme d'élevage. Venez découvrir un endroit calme, chaleureux et familial. Boutique de vente de produits de canard, d'agneaux élevés sur la ferme et une magnifique salle à manger conviviale. Plats artisanaux à partir de canards mulard, agneaux, pintades, lapins, etc. Sylvie, François, Mathieu, Keven et Kim vous accueillent chaleureusement.

Produits: pâté, rillettes, confit, saucisses, foie gras, lapin et canard, plats cuisinés, découpes d'agneau (gigot, carré, jarret, côtelettes)... **Activités sur place:** animation pour groupe scolaire, dégustation, visite libre, mini-ferme, méchoui.

Visite: gratuite, enfant gratuit. **Paiement:** IT MC VS. **Nbr personnes:** 2-50. **Réservation:** requise. **Ouvert:** à l'année. Tous les jours, 10h à 17h. Horaire variable – téléphoner avant. **Services:** aire de pique-nique, vente de produits, salle de réception, réunion, stationnement pour autobus, emballages-cadeaux.

A ✕ **AV Certifié: 2001**

Relais du Terroir **certifié**

Sylvie Campbell et François Desautels
104 A, route 237 Sud
Frelighsburg J0J 1C0
Tél. 450 298-5206
Fax 450 298-5216
www.lagirondine.ca
info@lagirondine.ca
Aut. 10, sortie 22, aut. 35 sud à la fin, rte 202 à gauche dir. St-Alexandre, 7 km, indication Frelighsburg, à droite.

Frelighsburg

La Girondine

Ferme d'élevage. Laissez-vous charmer par une expérience culinaire dans une belle ferme familiale. Sylvie et François, les propriétaires, vous feront découvrir les merveilles de notre terroir. Salle champêtre climatisée avec une vue imprenable sur le mont Pinacle. Repas de 4 à 7 services allant des charcuteries maison aux confits, notre spécialité.

Spécialités: nous élevons agneaux, canards, lapins et pintades servis en charcuteries maison, foie gras, confit, magret, gigot, cassoulet, etc.

Repas offerts: petit-déjeuner, brunch, midi, soir. Apportez votre vin. **Menus:** table d'hôte, gastronomique. **Nbr personnes:** 2-50. Min. de pers. exigé varie selon les saisons. **Réservation:** requise.

Repas: 35-58$/pers. Taxes en sus. **Paiement:** IT MC VS. **Ouvert:** à l'année.

A AV Certifié: 2001

Table Champêtre **certifiée**

Sylvie Campbell et François Desautels
104 A, route 237 Sud
Frelighsburg J0J 1C0
Tél. 450 298-5206
Fax 450 298-5216
www.lagirondine.ca
info@lagirondine.ca
Aut. 10, sortie 22, aut. 35 sud à la fin, rte 202 à gauche dir. St-Alexandre, 7 km, indication Frelighsburg, à droite.

Gould, Lingwick

La Ruée vers Gould ★★

Prix Réalisation 2003 - Hébergement. Au cœur des Highlands des Cantons-de-l'Est, le magasin général (1850) et la maison Mc Auley (1913), vous accueilleront à l'écossaise. Meubles d'époque, cuisine franco-écossaise, scotchs, bières régionales et petits-déjeuners typiques vous transporteront à cent lieux du monde moderne. Certifié Table aux Saveurs du Terroir[md] P. 32.

Aux alentours: visite historique, atelier de cuisine écossaise, spectacle écossais, théâtre, plage, sentiers. **Chambres:** climatisées, baignoire sur pattes, accès Internet, cachet champêtre, romantiques. **Lits:** double, queen, d'appoint. **3 ch. S. de bain privée(s) ou partagée(s).** **Forfaits:** charme, gastronomie, détente & santé, romantique, théâtre, restauration.

2 pers: B&B 100$ PAM 145-165$ **1 pers:** B&B 75$ PAM 90-105$. **Enfant (12 ans et -):** B&B 25$ PAM 50$. Taxes en sus. **Paiement:** IT MC VS.

Réduction: long séjour. **Ouvert:** 8 avr - 2 jan. **Fermé:** 3 jan - 7 avr.

A ● ⋒ ✕ AV @ Wi-Fi Certifié: 2006

Auberge du Passant **certifiée**

Daniel Audet et Yvon Marois
19, route 108
Gould, Lingwick J0B 2Z0
Tél. 819 877-3446 / 1 888 305-3526
www.rueegouldrush.net
info@rueegouldrush.net
Aut.10, sortie 143, rte 112 est. À East Angus, rtes 214 et 108 est. De Québec, aut. 73 dir. Ste-Marie, rte 173 dir. Vallée-Jct, rte 112 dir.Thetford et Weedon, rte 257 sud.

Gould, Lingwick

La Ruée vers Gould

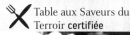

Table aux Saveurs du Terroir **certifiée**

Coup de Coeur du Public provincial 2010 - Table. Découvrez notre cuisine campagnarde de traditions écossaises, québécoises et françaises et favorisant les meilleurs produits de notre terroir local (sanglier, fromage de chèvre, canard fumé, sirop de lavande, miel, bières régionales...) dans le décor chaleureux de notre vieux magasin général du XIX siècle. Dépaysement garanti! P. 32.

Spécialités: cuisine campagnarde franco-écossaise:haggis, cassoulet, lapin des Highlands, blanquette de veau, Scotch collops, kipper, Cock-a-leekie.

Repas offerts: brunch, midi, soir. **Menus:** à la carte, table d'hôte. **Nbr personnes:** 10-80. Min. de pers. exigé varie selon les saisons. **Réservation:** requise.

Table d'hôte: 25-45$/pers. Taxes en sus. **Paiement:** IT MC VS. **Ouvert:** 8 avr - 2 jan. Jeu au dim. Horaire variable – téléphoner avant. **Fermé:** 3 jan - 7 avr.

A ● AV @ Wi Fi Certifié: 2007

Daniel Audet et Yvon Marois
19, route 108
Gould, Lingwick J0B 2Z0
Tél. 819 877-3446 / 1 888 305-3526
www.rueegouldrush.net
info@rueegouldrush.net
Aut.10, sortie 143, rte 112 est. À East Angus, rtes 214 et 108 est. De Québec, aut. 73 dir. Ste-Marie, rte 173 dir. Vallée-Jct, rte 112 dir.Thetford et Weedon, rte 257 sud.

Granby

Restaurant La Maison Chez-Nous

Table aux Saveurs du Terroir **certifiée**

La Maison Chez-Nous se veut un restaurant où l'accueil est chaleureux, l'ambiance conviviale et la cuisine raffinée: trois atouts réunis pour le plaisir de vos sens! Un festin gastronomique pour les yeux et les papilles. Daniel Lacroix, Chef-propriétaire, vous émerveillera avec sa créative culinaire nourrie d'ingrédients du terroir.

Spécialités: Fine cuisine régionale. Menu table d'hôte qui varie aux saisons. Mignons de boeuf AAA, arrivage de la mer, gibiers et délices maison.

Repas offerts: soir. Apportez votre vin. **Menus:** table d'hôte. **Nbr personnes:** 1-70. **Réservation:** recommandée, requise pour groupe.

Table d'hôte: 36-55$/pers. Taxes en sus. **Paiement:** IT MC VS. **Ouvert:** à l'année. Mer au dim.

A ♿ Certifié: 2009

Sophie Desrochers et Daniel Lacroix
847, rue Mountain
Granby J2H 0L5
Tél. 450 372-2991
Fax 450 375-4392
www.lamaisoncheznous.com
info@lamaisoncheznous.com
Aut.10, sortie 74. Boul. Pierre-Laporte direction Granby. 1re rue à gauche, rue Mountain.

Granby

Une Fleur au Bord de l'Eau ✦✦✦✦

Gîte du Passant **certifié**

Carole et Michel vous accueillent dans leur résidence de couleur framboise. Laissez-vous choyer en ce lieu de détente au bord du lac Boivin. Relaxez à la piscine. Voisin de la Route verte. Remise pour vélos. Le charme de la campagne en ville. En hiver, notre salon avec foyer saura vous réchauffer. Petits-déj. copieux. Certifié Bienvenue cyclistes !md P. 72.

Aux alentours: restos, théâtre, piste cyclable, zoo, parc, centre-ville, montagne, Rte des vins, CINLB, boutiques. **Chambres:** climatisées, certaines avec salle d'eau, balcon, cachet champêtre, peignoirs, bois franc. **Lits:** double, queen. **5 ch. S. de bain privée(s) ou partagée(s).** **Forfaits:** vélo, spectacle, divers.

2 pers: B&B 75-100$ **1 pers:** B&B 70-95$. **Enfant (12 ans et -):** B&B 20$. Taxes en sus. **Paiement:** AM ER MC VS. **Ouvert:** à l'année.

A AV ≈ @ Wi Fi ♿ Certifié: 1997

Carole Bélanger et Michel Iannantuono
90, rue Drummond
Granby J2G 2S6
Tél. 450 776-1141 / 1 888 375-1747
Fax 450 375-0141
www.unefleur.ca
fleur@unefleur.ca
Aut. 10 est, sortie 74 dir. Granby, au feu, rte 112 ouest à gauche. Au 2e feu, rue de La Gare à droite, rue Drummond à droite.

Granby

Verger Champêtre

Ferme d'élevage – Ferme fruitière – Verger – Jardin – Centre d'interprétation / Musée. Mention Spéciale Provinciale 2011 – Agrotourisme. Visitez notre ferme d'élevage: alpagas, agneaux et chèvres Boër, lamas, chevaux miniatures. Visite admissible avec achat de 20$. Vêtements et bas d'alpaga. Centre d'interprétation de la ferme. Activités: autocueillette de pommes et citrouilles en voiture tirée par chevaux ou tracteur. Gagnant des Grands Prix du tourisme des Cantons-de-l'Est 2011. P. 59.

Activités sur place: animation pour groupe scolaire, animation pour groupe, autocueillette, visite libre, mini-ferme, aire de jeux.

Paiement: IT MC VS. **Nbr personnes:** 10-60. **Réservation:** recommandée.
Ouvert: 15 juin - 31 déc. Tous les jours. 8h à 18h. **Services:** centre d'interprétation / musée, vente de produits, stationnement pour autobus, emballages-cadeaux, autres.

A ✕ AV ⚲ **Certifié: 2007**

Ferme Découverte **certifiée**

Thérèse Choinière et Mario Mailloux
2300, rue Cowie
Granby J2J 0H4
Tél. 450 379-5155
Fax 450 379-9531
www.vergerchampetre.com
Aut. 10, sortie 68 dir. Granby. Au 4e feu de circulation, rue Cowie à gauche. Suivre les panneaux bleus de signalisation.

Granby

Verger Champêtre

Ferme d'élevage – Ferme fruitière – Verger – Jardin. Mention Spéciale provinciale 2011 – Agrotourisme. Venez visiter notre ferme d'élevage: alpagas, agneaux et chèvres Boër, faire l'autocueillette de divers fruits en voiture tirée par des chevaux. Visite admissible avec achat de 20$ min. Produits: de lavande, vêtements et bas d'alpaga, saucisses... Centre d'interprétation de la ferme. Gagnant des Grands Prix du tourisme des Cantons-de-l'Est 2011. P. 59.

Produits: jus, tarte, sirop, miel, gelée, confitures, saucisses d'agneau, de chèvre, terrines, marinades, relish, pâtés à la viande, poulet... **Activités sur place:** animation pour groupe scolaire, animation pour groupe, autocueillette, visite libre, mini-ferme, aire de jeux.

Paiement: IT MC VS. **Nbr personnes:** 10-60. **Réservation:** recommandée. **Ouvert:** 15 juin - 31 déc. Tous les jours. 8h à 18h. **Services:** centre d'interprétation / musée, vente de produits, stationnement pour autobus, emballages-cadeaux, autres.

A ✕ AV ⚲ **Certifié: 2007**

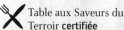
Relais du Terroir **certifié**

Thérèse Choinière et Mario Mailloux
2300, rue Cowie
Granby J2J 0H4
Tél. 450 379-5155
Fax 450 379-9531
www.vergerchampetre.com
Aut. 10, sortie 68 dir. Granby. Au 4e feu de circulation, rue Cowie à gauche. Suivre les panneaux bleus de signalisation.

Hatley, Massawippi

Plaisir Gourmand Hatley

Coup de Coeur du Public provincial 2011 – Restauration. Vous découvrirez la passion et l'amour du métier qui animent ses propriétaires ainsi qu'une cuisine créative mettant en valeur les produits du terroir québécois du Chef Éric Garand, proclamé chef de l'année 2007 Estrie SCCPQ. Classé parmi les 500 meilleures tables du Québec selon le Debeur et classé 4 étoiles selon Guide Resto *Voir*. P. 60.

Spécialités: le jarret d'agneau à l'ail grillé et notre crème brûlée à la lavande sont des plaisirs incontournables! Chef de l'année 2007 SCCPQ.

Repas offerts: soir. **Menus:** à la carte, table d'hôte, gastronomique. **Nbr personnes:** 2-30. **Réservation:** recommandée.

Table d'hôte: 30-45$/pers. Taxes en sus. **Paiement:** IT MC VS. **Ouvert:** à l'année. Mer au dim. Horaire variable – téléphoner avant.

A AV **Certifié: 2008**

Table aux Saveurs du Terroir **certifiée**

Jinny Dufour et Eric Garand
2225, route 143
Hatley J0B 4B0
Tél. 819 838-1061
Fax 819 838-5757
www.plaisirgourmand.com
info@plaisirgourmand.com
Aut. 10 est, sortie 121 dir. aut. 55 sud, sortie 21 dir. Ayer's Cliff, rte 208 à gauche, 4 km, rte 143 nord à gauche.

Lac-Brome

Gîte Symphonie NO 7 B&B ✹✹✹✹

Gîte du Passant **certifié**

Une maison centenaire située au coeur du village de Knowlton où s'harmonisent confort moderne et décor rustique sous le thème de la musique. Nous offrons une belle gamme d'éléments de bien-être dans une ambiance de détente conviviale. Salle à manger à aire ouverte sur le salon avec foyer. Petit-déjeuner haut de gamme servi sur la galerie en été.

Aux alentours: Route des vins, piste cyclable, sentier pédestre, golf, équitation, plage, marina, théâtre, galerie d'art, antiquaire. Chambres: climatisées, accès Internet, confort moderne, meubles antiques, décoration thématique. Lits: simple, double, queen, king, d'appoint, pour bébé. 3 ch. S. de bain privée(s). Forfaits: détente & santé, restauration, divers.

2 pers: B&B 92-122$ 1 pers: B&B 72-102$.

Réduction: long séjour. Ouvert: à l'année.

A ⟲ @Wi-Fi Certifié: 2011

Denise Lemay
7, rue Maple
Lac-Brome J0E 1V0
Tél. 450 242-1277 / 514 239-6342
www.symphonieno7.com
denise-lemay@sympatico.ca
Aut. 10, sortie 90, route 243 sud à droite vers Lac-Brome, 14 km. Au village de Knowlton, au premier arrêt, rue Victoria à droite, rue Maple à gauche.

Magog

Auberge aux Deux Pères ✹✹✹✹

Gîte du Passant **certifié**

Les chambres de l'Auberge Aux Deux Pères sont fraîches, lumineuses, aux couleurs de tons pastels apaisants de terre comme de la mousse, de jade et d'écume de mer, et avec des fenêtres aux bordures blanches et des couettes de coton blanc. Des portes françaises s'ouvrent sur une terrasse privée. Piscine à l'eau salée en saison avec vue sur le lac.

Aux alentours: lac Memphrémagog, Mont-Orford, pistes cyclables, Croisière Le Grand Cru, rue principale, Abbaye Saint-Benoît, spa, bains Chambres: accès Internet, confort moderne, peignoirs, luxueuses, spacieuses, vue sur lac. Lits: queen, king. 4 ch. S. de bain privée(s). Forfaits: charme, golf, plein air, détente & santé, romantique, ski alpin, automne, divers.

2 pers: B&B 99-135$ 1 pers: B&B 99-99$. Taxes en sus. Paiement: IT MC VS.

Réduction: hors saison, long séjour. Ouvert: à l'année.

A ✗ AV ⟲ @Wi-Fi 🚲 Certifié: 2009

Normand Lamothe et Bruce Riley
680, chemin des Pères
Magog J1X 5R9
Tél. 819 769-3115 / 514 616-3114
www.auxdeuxperes.com
info@auxdeuxperes.com
Autoroute 10, sortie 115 sud, direction Magog, Saint-Benoit-du-Lac. Chemin des Pères, 4 km.

Magog

Au Coq du Bonheur ✹✹✹✹

Gîte du Passant **certifié**

Venez découvrir le petit trésor de Magog! Une charmante maison au décor chaleureux où meubles et objets artisanaux, fabriqués par les propriétaires, agrémentent chaque pièce. Situé à quelques minutes du lac Memphrémagog et du centre-ville. Une journée passée à la maison ne sera pas suffisante. Nous servons un petit-déjeuner copieux. Certifié Bienvenue cyclistes !md

Aux alentours: mont Orford: sentiers de randonnée, station de ski. Chambres: climatisées, accès Internet, ensoleillées, entrée privée, chambre familiale. Lits: double, queen, divan-lit, d'appoint, pour bébé. 4 ch. S. de bain privée(s) ou partagée(s).

2 pers: B&B 100-115$ 1 pers: B&B 90-105$. Enfant (12 ans et -): B&B 35-40$. Taxes en sus. Paiement: IT MC VS.

Réduction: long séjour. Ouvert: à l'année.

AV ⟲ @Wi-Fi 🚲 Certifié: 2009

Roger Mancini et Thérèse Marchand
79, rue Bellevue
Magog J1X 3H3
Tél. / Fax 819 843-7203 Tél. 1 866 643-6745
www.giteetaubergedupassant.com/aucoqdubonheur
aucoqdubonheur@bellnet.ca
Aut.10, sortie 118 direction centre-ville de Magog, rue Merry à droite, rue Hatley à gauche, rue Bellevue à droite.

Magog

Au Gré du Vent

Ferme d'élevage. Laissez vos sens vous guider à travers les panoramas de la région. Vous serez séduits par les odeurs et les saveurs de la cuisine préparée par le chef propriétaire. Découvrez ses mets de veau, pintade, poulet et autres produits de la ferme. Les menus varient selon l'inspiration du moment. Apportez votre vin!

Spécialités: découvrez une cuisine raffinée du terroir, à partir de nos produits de la ferme, de notre potager et de produits régionaux.

Repas offerts: soir. Apportez votre vin. **Menus:** table d'hôte, gastronomique. **Nbr personnes:** 2-30. **Réservation:** requise.

Repas: 45-64$/pers. Taxes en sus. **Paiement:** IT MC VS. **Ouvert:** à l'année. Mar au sam. Horaire variable – téléphoner avant.

A ⛰ **Certifié: 2003**

✗ Table Champêtre **certifiée**

Patrick Bélanger
225, chemin Roy
Magog J1X 0N4
Tél. 819 843-9207
www.augreduvent.ca
info@augreduvent.ca
Aut. 10 est, sortie 115, rte 112, chemin Roy à gauche. Aut. 20 ouest, aut. 55 sud et aut. 10 ouest, sortie 115.

Magog

Au Manoir de la Rue Merry ✤✤✤✤

Lauréat Régional des Grands Prix du tourisme québécois. Au cœur de Magog, paisible maison centenaire au cachet ancien qui accroche bien des cœurs. Au gré des saisons, offrez-vous un répit dans une atmosphère chaleureuse. Profitez de la piscine chauffée, du jardin, du foyer et de nos coins lecture. Certificats-cadeaux. Forfaits. Remise vélos. Certifié Bienvenue cyclistes ![md]

Aux alentours: lac, pistes cyclables, golf, restos, théâtre, montagne, sentiers pédestres, ski alpin et de fond. **Chambres:** climatisées, accès Internet, cachet d'antan, meubles antiques, bois franc. **Lits:** double, queen, king. **5 ch. S. de bain privée(s). Forfaits:** charme, vélo, croisière, gastronomie, détente & santé, ski alpin, spectacle.

2 pers: B&B 100-125$ **1 pers:** B&B 90-115$. **Enfant (12 ans et -):** B&B 0-20$. Taxes en sus. **Paiement:** IT MC VS.

Réduction: hors saison. **Ouvert:** à l'année.

A ⚒ @ Wi Fi ⛰ **Certifié: 1998**

Gîte du Passant **certifié**

Yves Jacquemier et Dominique Jaillet
92, rue Merry Sud
Magog J1X 3L3
Tél. 819 868-1860 / 1 800 450-1860
www.manoirmerry.com
info@manoirmerry.com
Aut. 10, sortie 118, direction Magog, rue Merry, 4 km. 150 mètres après le pont.

Magog

Au Virage B&B ✤✤✤✤

Au cours de votre séjour, vous profitez d'une chaleureuse et confortable demeure construite en 1937 où le calme et la sérénité sont au rendez-vous. Vous serez à quelques minutes de marche de la plage et de toutes les activités de Magog. Certifié Bienvenue cyclistes ![md]

Aux alentours: mont Orford, centre de soins, plages, golf, vélo, pistes cyclables/glacées, boutiques, gastronomie, jazz, spectacles. **Chambres:** climatisées, cachet d'autrefois, tranquillité assurée, spacieuses, bois franc, terrasse. **Lits:** simple, double, queen, king, divan-lit. **5 ch. S. de bain privée(s) ou partagée(s). Forfaits:** charme, golf, détente & santé, ski alpin, spectacle, été, hiver, restauration.

2 pers: B&B 79-119$ **1 pers:** B&B 79-119$. **Enfant (12 ans et -):** B&B 15-25$. Taxes en sus. **Paiement:** IT MC VS.

Réduction: hors saison, long séjour. **Ouvert:** à l'année.

A @ Wi Fi ⛰ **Certifié: 2000**

Gîte du Passant **certifié**

Pascal Bolduc
172, rue Merry Nord
Magog J1X 2E8
Tél. 819 868-5828 / 819 571-6696
www.auvirage.ca
info@auvirage.com
Aut.10, sortie 118 dir. Magog, rte 141 sud, 3 km.

Magog

Aux Jardins Champêtres 📷 ★★★★

Réputée depuis 1993, notre auberge de charme est située à la campagne dans un décor des plus champêtres. Vue panoramique imprenable! Nos déj. 5 serv. et soupers 6 serv., de produits du terroir et servis dans notre verrière, combleront tous les appétits. Voir les spéciaux du mois sur notre site. Spa sur place. Forfait détente. Apportez votre vin. Certifié Table aux Saveurs du Terroir^md

Aux alentours: lac, parc, activités plein air, spa, théâtre, golf, galerie d'art, savonnerie artisanal. **Chambres:** climatisées, cachet champêtre, peignoirs, terrasse, vue panoramique. **Lits:** double, queen. **5 ch. S. de bain privée(s). Forfaits:** charme, gastronomie, golf, détente & santé, spectacle.

2 pers: B&B 109-150$ **PAM** 207-248$ **1 pers:** B&B 99-140$ **PAM** 148-189$. Taxes en sus. **Paiement:** IT MC VS.

Réduction: long séjour. **Ouvert:** à l'année.

A ● ✕ AV spa 🍽 🚲 **Certifié: 1994**

🏠 Auberge du Passant **certifiée**

Monique Dubuc
1575, chemin des Pères, R.R. 4
Magog J1X 5R9
Tél. 819 868-0665 / 1 877 868-0665
Fax 819 868-6744
www.auxjardinschampetres.com
auxjardinschampetres@qc.aira.com
Aut. 10 est, sortie 115 sud Magog/St-Benoît-du-Lac, 1,8 km, chemin des Pères à droite, 6,1 km. Aut. 20 ouest, 55 sud et 10 ouest, sortie 115.

Magog

Aux Jardins Champêtres 📷

Réputé depuis 1993! Un repas à notre table vous fera découvrir les saveurs estriennes en une seule visite. Chez nous tout est fait maison! Menu dégustation gargantuesque de 6 services. Salle privée pour groupe. Verrière. Située sur une route panoramique. Ambiance champêtre. Apportez votre vin. Voir nos spéciaux du mois sur notre site web.

Spécialités: découvrez les saveurs des Cantons-de-l'Est en une seule visite. Menu dégustation 6 services. Chez nous tout est fait maison.

Repas offerts: petit-déjeuner, brunch, midi, soir. Apportez votre vin. **Menus:** à la carte, table d'hôte, gastronomique. **Nbr personnes:** 1-80. **Réservation:** requise.

Table d'hôte: 35-49$/pers. Taxes en sus. **Paiement:** IT MC VS. **Ouvert:** à l'année. Horaire variable – téléphoner avant.

🚲 **Certifié: 2007**

🍴 Table aux Saveurs du Terroir **certifiée**

Monique Dubuc
1575, chemin des Pères, R.R. 4
Magog J1X 5R9
Tél. 819 868-0665 / 1 877 868-0665
Fax 819 868-6744
www.auxjardinschampetres.com
auxjardinschampetres@qc.aira.com
Aut. 10 est, sortie 115 sud Magog/St-Benoît-du-Lac, 1,8 km, chemin des Pères à droite, 6,1 km. Aut. 20 ouest, 55 sud et 10 ouest, sortie 115.

Magog

Bijou dans la Forêt ★★★★

Le décor qui vous attend est la forêt, les fleurs, les bassins. En hiver tout est blanc de neige. En été, vous entendrez les grenouilles, le chant des petits oiseaux, les colibris dansant et l'eau qui coule dans le ruisseau des bassins d'eau. Les fleurs parfument l'endroit et l'ombre des arbres vient apporter une climatisation.

Aux alentours: parc du Mont-Orford, Bleu Lavande, lac Memphrémagog et ses croisières et plusieurs autres activités. **Chambres:** accès Internet, cachet champêtre, couettes et oreillers en duvet, vue sur forêt. **Lits:** double, queen. **2 ch. S. de bain partagée(s). Forfaits:** charme, gastronomie, détente & santé, romantique, été, printemps, automne, hiver.

2 pers: B&B 115$ **1 pers:** B&B 105$.

Réduction: long séjour. **Ouvert:** à l'année.

A ● ✕ spa 🍽 @ Wi-Fi **Certifié: 2008**

🏠 Gîte du Passant **certifié**

Johanne Bouchard et Guy Poisson
34, rue de la Sterne
Magog J1X 0M6
Tél. 819 847-4844 / 514 232-1847
Fax 450 676-2261
www.giteetaubergedupassant.com/bijoudanslaforet
info@bijoudanslaforet.com
Aut. 10, sortie 118 direction Magog. À Magog, ch. Laurendeau à gauche, ch. Miller à droite, boul. Grande-Allée à gauche, rte 113, rue de la Sterne à droite, 2e maison.

Magog

Bijou dans la Forêt ★★★★

Découvrez un endroit paisible à 12 min de Magog! Notre chalet «Le Trappeur», bâti pièce sur pièce, est tout en bois. Situé dans un boisé, vous aurez toute l'intimité recherchée. En été, les coloris explosent! Fleurs, arbres, chants d'oiseaux, ruisseau, bassins d'eau... pour une relaxation inoubliable! Chez nous, les 4 saisons sont magnifiques!

Aux alentours: lac Memphrémagog et lac Lovering. Vous pouvez profiter du plan d'eau avec votre embarcation.

Maison(s): foyer, téléphone, DVD, cachet champêtre, meubles antiques, couettes et oreillers en duvet. **Lits:** double, queen, divan-lit, d'appoint. **2 maison(s). 2-3 ch. 6-8 pers.**
Forfaits: gastronomie, détente & santé, romantique, été, automne, hiver, restauration.

SEM 915-1800$ **WE** 605-1200$.

Réduction: long séjour. **Ouvert:** à l'année.

A AV spa @ Wi Fi **Certifié: 2011**

Maison de Campagne
certifiée

Johanne Bouchard et Guy Poisson
34, rue de la Sterne
Magog J1X 0M6
Tél. 819 847-4844 / 514 232-1847
Fax 450 676-2261
www.giteetaubergedupassant.com/bijoudanslaforet
info@bijoudanslaforet.com

Aut. 10, sortie 118 direction Magog. À Magog, ch. Laurendeau à gauche, ch. Miller à droite, boul. Grande-Allée à gauche, rte 113, rue de la Sterne à droite, 2e maison.

Magog

Ici et Maintenant ★★★★

Ici-Maintenant la belle vie! Nathalie vous accueille chaleureusement au coeur de Magog dans leur B&B centenaire. Déjeuner copieux santé servi sur la véranda fleurie durant la belle saison. Ici-Maintenant vous passerez un bon moment dans nos chambres douillettes et confortables décorées avec goût.

Aux alentours: randonnée pédestre, vélo, golf, croisière, pédalo, baignade, ski de fond, ski alpin, traîneau à chiens, patin, musée. **Chambres:** climatisées, TV, accès Internet, personnalisées, peignoirs, tranquillité assurée, bois franc. **Lits:** double, queen, king, divan-lit. **3 ch. S. de bain privée(s).**

2 pers: B&B 89-109$ **1 pers:** B&B 84-104$. **Enfant (12 ans et -):** B&B 0-30$. Taxes en sus. **Paiement:** IT MC VS.

Réduction: hors saison, long séjour. **Ouvert:** à l'année.

A AV @ Wi Fi **Certifié: 2008**

Gîte du Passant certifié

Nathalie Roy
121, rue Abbott
Magog J1X 2H4
Tél. 819 847-2744
www.ici-maintenant.net
info@ici-maintenant.net

Aut. 10, sortie 118 direction Magog, au feu de circulation, rue St-Patrice à gauche, 1re rue à gauche Abbott.

Magog, Orford

À l'Auberge de la Tour et Spa ★★★★

Superbe maison de campagne de 1887 avec cachet, située entre Magog et Orford contre un golf. Grand terrain avec grange et silo de bois. Profitez de la piscine chauffée, du spa extérieur en toutes saisons et du sauna infrarouge. Intérieur douillet et chaleureux avec foyer. Petit-déjeuner santé. Forfaits variés disponibles. Certifié Bienvenue cyclistes ![md]

Aux alentours: parc national du Mont-Orford, la Route verte, golf et lac Memphrémagog. **Chambres:** raffinées, cachet champêtre, ventilateur, tranquillité assurée, spacieuses, suite. **Lits:** double, queen. **5 ch. S. de bain privée(s). Forfaits:** vélo, gastronomie, golf, détente & santé, ski alpin, ski de fond, spectacle.

2 pers: B&B 99-135$ **1 pers:** B&B 90-125$. **Enfant (12 ans et -):** B&B 30$. Taxes en sus. **Paiement:** IT MC VS.

Réduction: hors saison, long séjour. **Ouvert:** à l'année.

✗ spa @ Wi Fi **Certifié: 2012**

Gîte du Passant certifié

Gilles et Véronique Ramière
1837, chemin Alfred-Desrochers
Magog, Orford J1X 6J4
Tél. 819 868-0763 / 1 877-668-0763
www.auberge-de-la-tour.com
info@auberge-de-la-tour.com

Aut. 10, sortie 118 dir. Orford. Rte 141, 2,5 km, ch. Alfred-Desrochers à droite, 500 m.

North Hatley

À la Cornemuse B&B ****

Petite auberge historique d'inspiration écossaise devenue un gîte au confort de qualité supérieure. Déj. gourmands servis sur de belles terrasses. Chambres de charme sises dans un écrin de boiseries et de meubles d'époque. Plusieurs forfaits disponibles à quelques pas du village et du lac. Lauréat des Grands Prix du tourisme des Cantons-de-l'Est. Certifié Bienvenue cyclistes ![md]

Aux alentours: piste cyclable, golf, kayak, croisières, tennis, plage, équitation, concerts, marché public, ski, raquette, traineau. **Chambres:** baignoire sur pattes, foyer, cachet d'antan, terrasse, vue sur lac, vue panoramique. **Lits:** simple, double, queen, d'appoint. **5 ch. S. de bain privée(s). Forfaits:** vélo, gastronomie, golf, détente & santé, romantique.

2 pers: B&B 99-129$ **1 pers:** B&B 99-109$. **Enfant (12 ans et -):** B&B 0-25$. Taxes en sus. **Paiement:** AM MC VS.

Réduction: hors saison, long séjour. **Ouvert:** à l'année.

A AV ☞ @ Wi Fi ♿ **Certifié: 2007**

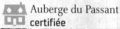

Gîte du Passant **certifié**

Diane Brisson
1044, rue Massawippi
North Hatley J0B 2C0
Tél. 819 842-1573
Fax 819 842-3553
www.cornemuse.qc.ca
info@cornemuse.qc.ca

Aut. 10, sortie 121, aut. 55 sud, sortie 29, rte 108 est dir. North Hatley, après le pont, rue Principale à droite, rue Massawippi à gauche.

North Hatley

Auberge le Coeur d'Or ★★★

Charmante auberge érigée en 1898 sur la rive nord du lac Massawippi. Venez vivre une expérience de détente et de gastronomie dans une ambiance de convivialité. Une attention toute particulière est apportée à notre literie et à la décoration de nos chambres, ainsi qu'à nos 2 cottages. En été, notre jardin de fleurs vivaces égaiera votre séjour! Certifié Bienvenue cyclistes ![md] Certifié Table aux Saveurs du Terroir[md]

Aux alentours: pêche sur lac, Bleu Lavande, randonnée pédestre, Route verte, agrotourisme, équitation, galerie d'art, ski fond & alpin. **Chambres:** climatisées, baignoire à remous, foyer, ensoleillées, peignoirs, romantiques, terrasse. **Lits:** double, queen, divan-lit, d'appoint, pour bébé. **8 ch. S. de bain privée(s). Forfaits:** vélo, gastronomie, plein air, romantique, régional, hiver, restauration, divers.

2 pers: B&B 75-185$ **PAM** 145-255$. Taxes en sus. **Paiement:** IT MC VS.

Réduction: hors saison, long séjour. **Ouvert:** à l'année. **Fermé:** 13 nov - 30 nov.

A 🐎 ✕ @ Wi Fi ♿ **Certifié: 2010**

Auberge du Passant **certifiée**

Carole Doyon et Dominique Freminet
85, rue School
North Hatley J0B 2C0
Tél. 819 842-4363
www.aubergelecoeurdor.com
info@aubergelecoeurdor.com

Aut. 10, sortie 121, aut. 55 sud sortie 29, route 108 est. À North Hatley, rue Main à droite, après le bureau de poste, rue School à gauche.

North Hatley

Auberge le Coeur d'Or

Nous vous offrons une fine cuisine du terroir élaborée avec des produits de qualité issus de l'agriculture bio. Venez découvrir le Lapin de Stanstead ou le foie gras cuit maison d'Orford, etc. Des fromages fermiers du Québec ou notre crème brûlée à la lavande de Bleu Lavande vous emballeront! À bientôt!

Spécialités: fine cuisine du terroir, utilisation de fruits et légumes bio favorisant les producteurs de la région immédiate du lac Massawippi.

Repas offerts: petit-déjeuner, soir. Apportez votre vin. **Menus:** table d'hôte. **Nbr personnes:** 1-32. **Réservation:** recommandée.

Table d'hôte: 39-47$/pers. Taxes en sus. **Paiement:** IT MC VS. **Ouvert:** à l'année. Tous les jours. Horaire variable – téléphoner avant. **Fermé:** 13 nov - 30 nov.

A @ Wi Fi ♿ **Certifié: 2010**

Table aux Saveurs du Terroir **certifiée**

Carole Doyon et Dominique Freminet
85, rue School
North Hatley J0B 2C0
Tél. 819 842-4363
www.aubergelecoeurdor.com
info@aubergelecoeurdor.com

Aut. 10, sortie 121, aut. 55 sud sortie 29, route 108 est. À North Hatley, rue Main à droite, après le bureau de poste, rue School à gauche.

North Hatley

Le Cachet ✦✦✦✦

Gîte du Passant **certifié**

Maison centenaire au cœur de North Hatley. Vue magnifique sur le village. Suites et chambres avec salle de bain privée, balcon, terrasse, téléphone, mini-frigo, TV, lit queen et air climatisé. Bain tourbillon double. Déjeuner continental raffiné. Bienvenue chez nous! Spa extérieur et sauna, accès à tous. Salle de massothérapie.

Aux alentours: restaurants, randonnée à pied, à cheval ou à vélo, lac Massawippi, parc du Mont-Orford, Mont-Joye. **Chambres:** climatisées, baignoire à remous, baignoire sur pattes, TV, balcon, cachet ancestral, peignoirs, entrée privée, suite. **Lits:** queen. **4 ch. S. de bain privée(s).**

2 pers: B&B 105-155$. **Enfant (12 ans et -):** B&B 25$. Taxes en sus. **Paiement:** IT.

Réduction: long séjour. **Ouvert:** à l'année.

A spa ⟿ @Wi⁻Fi ♿**Certifié: 2003**

Marcel Brassard
3105, chemin Capelton, route 108
North Hatley J0B 2C0
Tél. 819 842-4994 / 1 866 842-4994
Fax 819 842-1092
www.lecachetnorthhatley.com
gitelecachet@bellnet.ca
Aut. 10, sortie 121, aut. 55 sud, sortie 29, rte 108 est, chemin Capelton à gauche. Voisin de l'église Sainte-Elizabeth.

Notre-Dame-des-Bois

Haut Bois Dormant ✦✦✦

Gîte du Passant **certifié**

Coup de Coeur du Public provincial 2011 et régional 2009 - Hébergement. Au gré des saisons, cette maison victorienne, du début du siècle, saura vous charmer tant par sa luminosité exceptionnelle que par la vue inoubliable qu'elle offre sur le mont Mégantic. En collaboration avec la ferme Le Trécarré, le Chef Julie vous invite à sa table. Découvrez les saveurs du terroir: agneau, lapin, cerf rouge et confit de canard. P. 61.

Aux alentours: savourez l'air pur au mont Mégantic. De jour comme de nuit, la nature vous convie à un spectacle sublime et inoubliable. **Chambres:** ensoleillées, peignoirs, couettes et oreillers en duvet, vue sur montagne. **Lits:** simple, double, queen, king, d'appoint. **5 ch. S. de bain partagée(s). Forfaits:** gastronomie, plein air, ski de fond, été, automne, hiver, divers.

2 pers: B&B 90-95$ PAM 170-175$ **1 pers:** B&B 75$ PAM 115$. **Enfant (12 ans et -):** B&B 15-20$ PAM 35-50$. Taxes en sus. **Paiement:** AM IT MC VS.

Réduction: long séjour. **Ouvert:** à l'année. **Fermé:** 5 avr - 5 mai.

A ✕ @Wi⁻Fi**Certifié: 2008**

Julie Demers et Pascal Chagnon
33, rue Principale Ouest
Notre-Dame-des-Bois J0B 2E0
Tél. 819 888-2854
www.hautboisdormant.com
info@hautboisdormant.com
Aut.10 est, sortie 143, 610 est, rte 112 est. À East Angus, jct 214 est puis 253 sud vers Cookshire, au feu à gauche vers jct de la rte 212 est jusqu'à Notre-Dame-des-Bois.

Piopolis

Auberge au Soleil Levant ★★

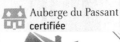

Auberge du Passant **certifiée**

Située aux abords du lac Mégantic et sur la Route des Sommets dans la magnifique région des Cantons-de-l'Est, vous serez séduit par le style campagnard de l'auberge, ainsi que par son ambiance chaleureuse. Restaurant, salle de réception et pub.

Aux alentours: monts Mégantic et Gosford, théâtre, concert, kayak, croisière, baignade, pêche, sentiers pédestres, équitation, etc. **Chambres:** climatisées, téléphone, TV, balcon, cachet champêtre, couettes en duvet, vue sur lac. **Lits:** double. **4 ch. S. de bain privée(s). Forfaits:** croisière, détente & santé, restauration.

2 pers: B&B 95-100$ PAM 145-150$ **1 pers:** B&B 90-95$ PAM 115-120$. **Enfant (12 ans et -):** B&B 15-20$. Taxes en sus. **Paiement:** IT MC VS.

Réduction: hors saison, long séjour. **Ouvert:** à l'année.

✕ @Wi⁻Fi**Certifié: 2010**

Karine Moisan
499, rue Principale
Piopolis G0Y 1H0
Tél. 819 583-5697 / 1 866 583-5697
Fax 819 582-5030
www.aubergeausoleillevant.com
aubergeausoleillevant@hotmail.com
Aut 10 est, sortie 143, rte 112 est East Angus, rte 253 sud Cookshire, rte 212 est La Patrie, rte 161 nord Lac-Mégantic, rte 263 Piopolis.

Roxton Pond

Vignoble Côte des Limousins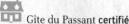

Ferme d'élevage – Vignoble. Située dans un décor typique des Cantons-de-l'Est, face au parc national de la Yamaska, la Côte des Limousins vous offre un vignoble et une Table Champêtre. Notre terrasse surplombe le lac du parc. La Table Champêtre Côte des Limousins est parmi les meilleures au Québec. Visitez notre site au www.cotedeslimousins.com

Spécialités: porc, agneau, lapin, canard.

Repas offerts: midi, soir. **Menus:** table d'hôte, gastronomique. **Nbr personnes:** 4-120. Min. de pers. exigé varie selon les saisons. **Réservation:** requise.

Repas: 45-75$/pers. Taxes en sus. **Paiement:** IT MC VS. **Ouvert:** à l'année. Horaire variable – téléphoner avant.

AV ♺ **Certifié: 2011**

Table Champêtre **certifiée**

Chantal Gareau et Bernard Brodeur
1980, boul. David-Bouchard
Roxton Pond J0E 1Z0
Tél. 450 361-8465 / 450 775-7056
Fax 450 361-1455
www.cotedeslimousins.com
b.brodeur@hotmail.com
Suivre les indications pour le parc national de la Yamaska. Le vignoble est situé à 900 mètres à l'est du parc. Coordonnées GPS: N45° 25.006 W072° 36.714 ALT: 127M

Saint-Adrien

Aux Délices des Caprices ✽✽✽✽

Notre gîte vous offre 4 chambres cordiales et chaleureuses, 2 salons, 1 salle à manger avec tables individuelles, 1 piscine creusée chauffée en été... Le confort des grandes chaînes avec un service personnalisé. Une visite de notre site vaut mille mots. Bienvenue à tous!

Aux alentours: Centre de bien-être Eau Soleil le Vent, mont Ham, pistes de motoneige et de 4 roues, centre de ski Mont-Glason. **Chambres:** TV, DVD, insonorisées, confort moderne, raffinées, peignoirs, ventilateur, luxueuses. **Lits:** double, queen, d'appoint. **4 ch. S. de bain privée(s). Forfaits:** détente & santé, été, printemps, automne, hiver, restauration.

2 pers: B&B 90-115$ PAM 140-165$ **1 pers:** B&B 85-110$ PAM 110-140$. Taxes en sus. **Paiement:** IT MC VS.

Réduction: hors saison, long séjour. **Ouvert:** à l'année.

✕ ≈ @ **Wi-Fi Certifié: 2011**

Gîte du Passant **certifié**

Denise Sauriol et Mike Hivon
1608, rue Principale
Saint-Adrien J0A 1C0
Tél. 819 828-0095
www.gitedelicesdescaprices.com
auxdelicesdescaprices@hotmail.com
Aut. 20, aut. 55 sud, sortie Richmond, rte 116 est, rte 255 sud, rte 216.

Saint-Joseph-de-Ham-Sud

Auberge - Restaurant La Mara ✽✽✽✽

Près du mont Ham. Auberge constituée d'anciens bâtiments de bois du 18e et 19e siècle, entourée de jardins, étangs, ruisseaux, sentiers sur un domaine de 10 acres. Le potager regorge de fines herbes, laitues, petits fruits, légumes et plus de 30 variétés de fleurs comestibles qui agrémentent en couleurs et en goûts la cuisine de l'auberge. Certifié Table aux Saveurs du Terroir[md] P. 32.

Aux alentours: mont Ham, ski de fond, raquette, baignade, jardin, pêche à la truite, salle de spectacle, canoé. **Chambres:** TV, accès Internet, balcon, cachet d'antan, meubles antiques, suite familiale. **Lits:** queen, d'appoint. **5 ch. S. de bain privée(s). Forfaits:** gastronomie, détente & santé, romantique, ski de fond, hiver, divers.

2 pers: B&B 75-90$ PAM 130-150$ **1 pers:** B&B 65$ PAM 85$. Enfant (12 ans et -): B&B 0-28$ PAM 0-38$. Taxes en sus. **Paiement:** AM ER IT MC VS.

Réduction: long séjour. **Ouvert:** à l'année.

A ● 🛏 ✕ **AV** @ **Wi-Fi Certifié: 2008**

Auberge du Passant **certifiée**

Daniel Lamoureux
127, chemin Gosford Sud
Saint-Joseph-de-Ham-Sud J0B 3J0
Tél. / Fax 819 877-5189
www.aubergelamara.com
aubergelamara@yahoo.ca
Aut. 10, à Sherbrooke, sortie 143, sortie 7. Rte 216 à gauche, passer Stoke jusqu'à St-Camille. Passer devant l'église, aller jusqu'à Ham-sud, ch. Gosford à droite, 1,2 km.

Saint-Joseph-de-Ham-Sud

Auberge - Restaurant La Mara

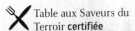

Table aux Saveurs du Terroir **certifiée**

Près du mont Ham. Auberge constituée d'anciens bâtiments de bois du 18e et 19e siècle, entourée de jardins, étangs, ruisseaux, sentiers sur un domaine de 10 acres. Le potager regorge de fines herbes, laitues, petits fruits, légumes et plus de 30 variétés de fleurs comestibles qui agrémentent en couleurs et en goûts la cuisine de l'auberge. P. 32.

Spécialités: fine cuisine concoctée à partir de produits locaux: agneau, canard, wapiti, bison. Fleurs, légumes, fines herbes de notre jardin.

Repas offerts: petit-déjeuner, soir. Apportez votre vin. **Menus:** à la carte, table d'hôte, gastronomique. **Nbr personnes:** 1-65. **Réservation:** requise.

Table d'hôte: 29-37$/pers. Taxes en sus. **Paiement:** AM ER IT MC VS. **Ouvert:** à l'année. Mar au dim. Horaire variable – téléphoner avant.

A AV **Certifié:** 2008

Daniel Lamoureux
127, chemin Gosford Sud
Saint-Joseph-de-Ham-Sud J0B 3J0
Tél. / Fax 819 877-5189
www.aubergelamara.com
aubergelamara@yahoo.ca
Aut. 10, à Sherbrooke, sortie 143, sortie 7. Rte 216 à gauche, passer Stoke jusqu'à St-Camille. Passer devant l'église, aller jusqu'à Ham-sud, ch. Gosford à droite, 1,2 km.

Sainte-Cécile-de-Milton

Cidrerie Les Vergers de la Colline 📷

Ferme Découverte **certifiée**

Cidrerie – Ferme fruitière – Verger. La famille Lasnier est propriétaire de vergers à Sainte-Cécile-de-Milton depuis 1927. Josée, Michel et Marc-Antoine Lasnier vous reçoivent maintenant, dans leur magnifique cidrerie et confiturerie, au cœur des collines montérégiennes, où vous en aurez plein les yeux et plein la bouche.

Activités sur place: autocueillette, dégustation, mini-ferme, balade en charrette, aire de jeux, observation des activités de transformation, nourrir les animaux, autres.

Visite: autres tarifs. **Paiement:** IT MC VS. **Nbr personnes:** 10-30. **Réservation:** requise pour groupe. **Ouvert:** 10 mars - 24 déc. Mar au dim. 9h à 18h. **Fermé:** 25 déc - 9 mars.
Services: aire de pique-nique, terrasse, bar-restaurant, vente de produits, dépliant explicatif ou panneaux français et anglais, emballages-cadeaux, autres.

A ✕ AV **Certifié:** 2005

Josée et Michel Lasnier
5, route 137
Sainte-Cécile-de-Milton J0E 2C0
Tél. 450 777-2442 / 450 578-1819
Fax 450 956-0742
www.lesvergersdelacolline.com
info@lesvergersdelacolline.com
Entre Granby et St-Hyacinthe. Aut. 20, sortie 130 sud, route 137 sud. Aut.10, sortie 68, rte 139 nord, rte 112 ouest, rte 137 nord.

Sainte-Cécile-de-Milton

Cidrerie Les Vergers de la Colline 📷

Relais du Terroir **certifié**

Cidrerie – Verger. La famille Lasnier est propriétaire de vergers à Sainte-Cécile-de-Milton depuis 1927. Josée, Michel et Marc-Antoine Lasnier vous reçoivent maintenant, dans leur magnifique cidrerie et confiturerie, au cœur des collines montérégiennes, où vous en aurez plein les yeux et plein la bouche.

Produits: cidre de glace, mistelle, cidres tranquilles, tous récipiendaires de prestigieux prix; succulentes tartes & confitures maison. **Activités sur place:** animation pour groupe scolaire, autocueillette, dégustation, mini-ferme, balade en charrette, aire de jeux, nourrir les animaux, autres.

Visite: autres tarifs. **Paiement:** IT MC VS. **Nbr personnes:** 10-30. **Réservation:** requise pour groupe. **Ouvert:** 10 mars - 24 déc. Mar au dim. 9h à 18h. **Fermé:** 25 déc - 9 mars.
Services: aire de pique-nique, terrasse, bar-restaurant, vente de produits, dépliant explicatif ou panneaux français et anglais, emballages-cadeaux, autres.

A AV **Certifié:** 2005

Josée et Michel Lasnier
5, route 137
Sainte-Cécile-de-Milton J0E 2C0
Tél. 450 777-2442 / 450 578-1819
Fax 450 956-0742
www.lesvergersdelacolline.com
info@lesvergersdelacolline.com
Entre Granby et St-Hyacinthe. Aut. 20, sortie 130 sud, route 137 sud. Aut.10, sortie 68, rte 139 nord, rte 112 ouest, rte 137 nord.

Sherbrooke

La Maison Canty ✵✵✵✵

Fort d'une grande tradition d'accueil, nous vous ouvrons les portes de notre gîte. Situé à Sherbrooke, arrondissement St-Elie d'Orford, c'est sous le thème de l'Irlande que nos trois chambres sont mises à votre disposition pour un séjour mémorable: La Marguerite, La Jacqueline et La Marie-Claire (suite). P. 62.

Aux alentours: mont Orford, North Hatley, lac des Nations à Sherbrooke, golf Longchamps, golf Sherbrooke, piste cyclable, restaurants. **Chambres:** climatisées, avec salle d'eau, TV, accès Internet, cachet champêtre, bois franc, suite. **Lits:** double, queen, d'appoint. **3 ch. S. de bain privée(s). Forfaits:** vélo, famille, gastronomie, golf, détente & santé, ski alpin, ski de fond.

2 pers: B&B 109-129$ **1 pers:** B&B 99-119$. **Enfant (12 ans et -):** B&B 25$. Taxes en sus. **Paiement:** AM MC VS.

Réduction: hors saison. **Ouvert:** à l'année.

A AV @**WFi Certifié: 2008**

Gîte du Passant **certifié**

Diane et Hervé Demers
689, chemin Gendron
Sherbrooke J1R 0J6
Tél. 819 823-1124 / 1 866 823-1124
Fax 819 823-0595
www.lamaisoncanty.com
info@lamaisoncanty.com
Aut. 10 ou 55, sortie 137, direction rte 220 ouest. Après IGA, 2e route, chemin Gendron à droite.

Sherbrooke

La Villa du Lac ✵✵✵

Le gîte est situé sur le bord du lac Magog à 10 minutes de Sherbrooke et de Magog. L'utilisation d'une chaloupe et d'un canot est comprise dans les tarifs. Le Vignoble Le Cep d'Argent et le terrain de golf Venise sont à proximité. Pour les adeptes de ski, le mont Orford est à 10 minutes. Un garage et des outils sont à la disposition des cyclistes.

Chambres: climatisées, baignoire à remous, avec lavabo, TV, accès Internet, ensoleillées, vue sur lac. **2 ch. S. de bain partagée(s). Forfaits:** famille.

2 pers: B&B 95-105$ **1 pers:** B&B 75-85$.

Réduction: hors saison, long séjour. **Ouvert:** à l'année.

A ◆ ≈ @**WFi Certifié: 2012**

Gîte du Passant **certifié**

Hugues Bélisle
9985, des Riverains
Sherbrooke J1N 3H6
Tél. / Fax 819 864-9780 Tél. 819 345-5244
pages.videotron.ca/villalac
hbelisle@videotron.ca
Aut. 10, sortie 128, rue Albert-Dion à droite, chemin de Venise jusqu'à la rue Des Riverains. Traverser la voie ferrée et tourner à droite.

Stoke

Miellerie Lune de Miel 🐝

Miellerie – Centre d'interprétation / Musée. Fascinante visite guidée sur la vie des abeilles et la production du miel. Observation des abeilles au travail. Visite d'une ruche géante. En avant-midi, film d'animation pour les enfants (3 à 8 ans). En après-midi, visite commentée avec vidéo et ouverture d'une ruche. Dégustation parmi nos 15 variétés de miel. Boutique, aire de jeux et animaux.

Particularités: 15 variétés de miels purs. Tartinades de miel avec fruits frais, gelée royale pure, pollen, propolis, chandelles en cire d'abeille, etc **Activités sur place:** animation pour groupe scolaire, animation pour groupe, animation pour enfant, dégustation, visite commentée français et anglais, mini-ferme.

Visite: adulte: 8$, enfant: 6$ tarif de groupe. **Paiement:** IT MC VS. **Nbr personnes:** 1-100. **Réservation:** requise pour groupe. **Ouvert:** à l'année. Tous les jours. **Services:** aire de pique-nique, centre d'interprétation / musée, vente de produits, dépliant explicatif ou panneaux français et anglais.

A ♿ 🚶 🐴 AV Certifié: 2009

Ferme Découverte **certifiée**

Carole Huppé
252, rang 3 Est
Stoke J0B 3G0
Tél. 819 346-2558
Fax 819 346-9360
www.miellerielunedemiel.com
info@miellerielunedemiel.com
Aut. 10 ou 55, sortie 143, aut. 610 sortie 7, dir. Stoke à gauche, 4 km, à droite.

Stoke

Miellerie Lune de Miel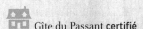

Miellerie – Centre d'interprétation / Musée. Fascinante visite guidée sur la vie des abeilles et la production du miel. Observation des abeilles au travail. Visite d'une ruche géante. En avant-midi, film d'animation pour les enfants (3 à 8 ans). En après-midi, visite commentée avec vidéo et ouverture d'une ruche. Dégustation parmi nos 15 variétés de miel. Boutique, aire de jeux et animaux.

Produits: 15 variétés de miels purs. Tartinade de miel aux fruits, chocolats, bonbons, gelée royale, propolis, pollen, emballages. cadeaux, etc. **Activités sur place:** animation pour groupe scolaire, animation pour groupe, animation pour enfant, dégustation, visite commentée français et anglais, mini-ferme.

Visite: adulte: 8$, enfant: 6$ tarif de groupe. **Paiement:** IT MC VS. **Nbr personnes:** 1-100. **Réservation:** requise pour groupe. **Ouvert:** à l'année. Tous les jours. **Services:** aire de pique-nique, centre d'interprétation / musée, vente de produits, dépliant explicatif ou panneaux français et anglais.

A ♿ 🚶 🐴 AV **Certifié: 2009**

Relais du Terroir **certifié**

Carole Huppé
252, rang 3 Est
Stoke J0B 3G0
Tél. 819 346-2558
Fax 819 346-9360
www.miellerielunedemiel.com
info@miellerielunedemiel.com
Aut. 10 ou 55, sortie 143, aut. 610 sortie 7, dir. Stoke à gauche, 4 km, à droite.

Sutton

B&B Domaine Tomali-Maniatyn ⁂⁂⁂⁂

Gîte de qualité blotti dans un cadre bucolique et tranquille, sur les pentes du mont Sutton. Suites chaleureuses avec vue panoramique, piscine intérieure chauffée, accès direct aux pistes de ski, à la Route verte et aux sentiers de randonnée du Corridor appalachien. Ski à proximité: Sutton (1 min), Jay Peak, Bromont, Owl's Head (20 min).

Aux alentours: monts Sutton, Orford, Jay Peak, Bromont, Arbre en Arbre, Route des vins, lac Brome, parcours de golf. **Chambres:** téléphone, TV, accès Internet, insonorisées, tranquillité assurée, luxueuses, vue splendide. **Lits:** queen, divan-lit. **5 ch. S. de bain privée(s). Forfaits:** détente & santé, hiver, divers.

2 pers: B&B 135-220$ **1 pers:** B&B 120-200$. **Enfant (12 ans et -):** B&B 20-50$. Taxes en sus. **Paiement:** IT MC VS.

Réduction: hors saison, long séjour. **Ouvert:** à l'année.

A AV ≋ @ 🚲 **Certifié: 2007**

Gîte du Passant **certifié**

Alicja Bedkowska
377, ch. Maple
Sutton J0E 2K0
Tél. 450 538-6605
www.maniatyn.com
info@maniatyn.com
Aut. 10, sortie 68, rte 139 sud. À Sutton, ch. Maple dir. Mont-Sutton à gauche, 2 km, à droite.

Sutton

Les Caprices de Victoria (2007) ⁂⁂⁂⁂

Maison victorienne centenaire. Pour un moment d'évasion, un amalgame où parfums, coloris et décor se côtoient harmonieusement. Baignoires sur pieds, foyers, terrain bordé d'un ruisseau, bain tourbillon extérieur, sauna et bain vapeur. Déjeuner gastronomique. Massage sur place. Nouveau: soins de santé spa, rituels complets (enveloppements, etc.). Certifié Bienvenue cyclistes !ᵐᵈ

Aux alentours: au village, au cœur des montagnes, vignobles, antiquaires, sentiers en forêt, canards. Restaurants à distance de marche. **Chambres:** climatisées, baignoire sur pattes, foyer, accès Internet, balcon, cachet victorien, peignoirs. **Lits:** queen. **5 ch. S. de bain privée(s). Forfaits:** gastronomie, détente & santé, romantique, ski alpin, divers.

2 pers: B&B 135-174$ **1 pers:** B&B 125-165$. Taxes en sus. **Paiement:** IT. **Ouvert:** à l'année.

A spa @ Wi-Fi 🚲 **Certifié: 2005**

Gîte du Passant **certifié**

Maryse Desrosiers
63, rue Principale Nord
Sutton J0E 2K0
Tél. / Fax 450 538-1551
www.capricesdevictoria.qc.ca
b.b@capricesdevictoria.qc.ca
De Québec, aut. 20, aut. 55, sortie 139. De Montréal, aut. 10, sortie 68. D'Ottawa, aut. 417, aut. 10, sortie 68.

Waterloo

Les Matins de Victoria ✦✦✦✦

Gîte du Passant **certifié**

Vous serez certainement charmé par l'histoire et la beauté de cette maison victorienne érigée depuis 1870. Elle a su marier son caractère d'hier au confort d'aujourd'hui. Des petits bouts d'histoire vous côtoient dans chacune de ses pièces. Nous sommes situés au coeur de la ville de Waterloo, sur une rue faisant partie du circuit du patrimoine. Certifié Bienvenue cyclistes !ᵐᵈ

Aux alentours: lac Waterloo, pistes cyclables l'Estriade, Campagnarde et Montagnarde, parc de la Yamaska, golf et ski de fond. **Chambres:** climatisées, baignoire sur pattes, accès Internet, cachet d'autrefois, peignoirs. **Lits:** double, queen, d'appoint. **5 ch. S. de bain privée(s) ou partagée(s). Forfaits:** vélo, gastronomie, golf, spectacle, théâtre, restauration.

2 pers: B&B 80-125$ **1 pers:** B&B 70-110$. **Enfant (12 ans et -):** B&B 25-40$. Taxes en sus. **Paiement:** IT MC VS.

Réduction: long séjour. **Ouvert:** à l'année.

A @ Wi Fi ⚲ **Certifié: 2004**

Gynette Nault et Marcel Coté
950, rue Western C.P. 1237
Waterloo J0E 2N0
Tél. 450 539-5559 / 1 877 539-5559
www.lesmatinsdevictoria.com
info@lesmatinsdevictoria.com
Aut. 10 sortie 88, boul. Horizon à gauche dir.
Waterloo, à l'arrêt, à droite, rue Western.

Waterloo, Shefford

L'Oasis du Canton ✦✦✦✦

Gîte du Passant **certifié**

Un accueil chaleureux vous attend dans un endroit paisible invitant à la détente; la combinaison parfaite pour faire le plein d'énergie. L'été, prélassez-vous au soleil au bord de la piscine. Un BBQ est aussi à votre disposition. L'hiver, détendez-vous au salon près du foyer. L'endroit parfait pour trouver la tranquillité tout au long de l'année.

Aux alentours: Zoo de Granby, Knowlton, ski, glissade d'eau, parc Yamaska, vignobles, théâtres, vélo, équitation. **Chambres:** bureau de travail, ensoleillées, confort moderne, peignoirs, ventilateur, romantiques, bois franc, terrasse, entrée privée, vue sur forêt, vue sur campagne. **Lits:** double, queen, king, d'appoint. **3 ch. S. de bain privée(s). Forfaits:** gastronomie, détente & santé.

2 pers: B&B 115$ PAM 165-185$ **1 pers:** B&B 85$ PAM 110-120$. **Enfant (12 ans et -):** B&B 20$ PAM 35$.

Réduction: hors saison, long séjour. **Ouvert:** à l'année.

A ● 🛏 ✕ AV 🏊 ⚲ **Certifié: 2006**

Madeleine Fortin
200, chemin Lequin
Shefford J2M 1K4
Tél. 450 539-2212 / 1 877 827-2212
Fax 514 634-0034
www.giteetaubergedupassant.com/oasisducanton
berdavid@qc.aira.com
Aut. 10, sortie 88, boul. Horizon à gauche. À l'arrêt,
Western Furlford à gauche, chemin Lequin à droite.

Waterville

La Mère Veilleuse ✦✦✦✦

Gîte du Passant **certifié**

Dès votre entrée, vous serez heureux d'être dans cette magnifique maison victorienne de 1878. L'escalier qui mène aux chambres est extraordinaire. La salle à manger vous ravira avec son vieux poêle à bois. Au salon, les fauteuils confortables, le foyer vous combleront. Le bonheur, la paix qui se dégagent et le souci du détail valent le détour!

Chambres: baignoire sur pattes, foyer, ensoleillées, sous les combles, spacieuses. **Lits:** double, queen. **5 ch. S. de bain privée(s) ou partagée(s).**

2 pers: B&B 100-145$ **1 pers:** B&B 85-130$. **Ouvert:** à l'année.

A AV **Certifié: 2011**

Odette Noreau
710, Principale Sud
Waterville J0B 3H0
Tél. 819 837-3075
www.terroiretsaveurs.com/la-mere-veilleuse
b&blamereveilleuse@videotron.ca
Aut. 10, sortie 121, aut. 55 S, sortie 29, rte 108 E dir.
North Hatley. Après le pont, rue Sherbrooke, rte 143
N à g., à l'arrêt rue Gosselin à g.

Weedon, Saint-Gérard

Le Presbytère St-Gérard ✦✦✦✦

Un accueil chaleureux aux accents du sud de la France dans un presbytère centenaire. Offrez un voyage à vos papilles avec notre cuisine catalane et languedocienne et dégustez notre «seiche à la rouille sétoise». Déjeuners copieux, originaux et savoureux. Détente assurée avec notre service de massothérapie sur place.

Aux alentours: ski de fond, raquettes à 50 mètres. Pavillon de la Faune, lac Aylmer, mont Ham, chemin des cantons, Route des Sommets. **Chambres:** baignoire à remous, ensoleillées, raffinées, meubles antiques, peignoirs, bois franc. **Lits:** simple, double, queen. 4 ch. S. de bain privée(s) ou partagée(s). **Forfaits:** gastronomie, détente & santé, divers.

2 pers: B&B 78-110$ **PAM** 138-170$ **1 pers:** B&B 68-100$ **PAM** 98-130$.

Réduction: long séjour. **Ouvert:** à l'année.

⬤ 🐎 ✕ AV **Certifié: 2008**

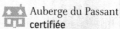

Auberge du Passant
certifiée

Régine Tourreau
191, rue Principale
Weedon J0B 3J0

Tél. 819 877-2164 / 819 437-8183
www.lepresbytere.org
infopresbytere@gmail.com

De Montréal, aut.10 est dir. Sherbrooke (Thetford Mines), rte 112 est. De Québec, aut. 73, sortie 82, rte 112 ouest. De Trois-Rivières, aut. 55, rte 112 ouest.

Autres établissements

Brigham

📷 **Bleuetière Les Delisle,** 1110, chemin Nord, Brigham, J2K 4R7. Tél.: 450 263-4556 Fax: 450 263-4316 info@bleuetierelesdelisle.ca - www.bleuetierelesdelisle.ca

Ferme fruitière. Services offerts: activités, vente de produits.

Canton-de-Hatley

📷 **Le Potager d'Émylou,** 105, chemin d'Haskell Hill, Canton-de-Hatley, J0B 2C0. Tél.: 819 562-4205   Fax: 819 562-4394 fermehaskell@hotmail.com - www.terroiretsaveurs.com/le-potager-d-emylou

Ferme maraîchère. Services offerts: activités, vente de produits.

Cookshire-Eaton

📷 **Ferme La Généreuse,** 540, chemin Labonté, Cookshire-Eaton, J0B 1M0. Tél./Fax: 819 875-5156, 819 875-1945 info@lagenereuse.com - www.lagenereuse.com

Ferme fruitière - Ferme maraîchère - Verger. Services offerts: résidence de tourisme.

Dunham

📷 **Érablière Hilltop,** 4329, chemin Symington, Dunham, J0E 1M0. Tél.: 450 295-2270 e.hilltop@hotmail.com - www.terroiretsaveurs.com/erabliere-hilltop

Érablière. Services offerts: restauration.

Dunham

📷 **La Colline aux Bleuets,** 2259, chemin Beattie, Dunham, J0E 1M0. Tél.: 450 295-2417   Fax: 450 295-3451 info@ecoda.ca - www.ecoda.ca/bleuets

Ferme fruitière. Services offerts: activités, vente de produits, gîte.

Dunham

📷 **Paradis des Fruits Dunham,** 519, chemin Bruce (route 202), Dunham, J0E 1M0. Tél.: 450 295-2667 Fax: 450 295-2738 paradisdesfruits@sympatico.ca - www.terroiretsaveurs.com/paradis-des-fruits-dunham

Ferme fruitière - Miellerie - Verger - Services offerts: activités, vente de produits.

Farnham

Érablière Lebeau, 1460, chemin Delorme, Farnham, J2N 2P9. Tél.: 450 293-3019, 450 531-9512 Fax: 450 293-5237
fermelebeau@sympatico.ca - www.erablierelebeau.com

Érablière. **Services offerts:** activités, vente de produits, restauration.

Farnham

Le Verger Kessler, 1300, rue Saint-Paul, Farnham, J2N 2L1. Tél./Fax: 450 293-3907
eddie.kessler@videotron.ca - www.terroiretsaveurs.com/le-verger-kessler

Ferme fruitière. **Services offerts:** activités, vente de produits.

Granby

Érablière Bernard, 1268, Denison Ouest, Granby, J2G 8C6. Tél.: 450 375-5238
sarahbernard@videotron.ca - www.terroiretsaveurs.com/erabliere-bernard

Érablière. **Services offerts:** restauration.

Magog

Verger Familial CR, 60, chemin Fitch-Bay, Magog, J1X 3W2. Tél.: 819 868-0600
chiasson.ricard@sympatico.ca - www.terroiretsaveurs.com/verger-familial-cr

Ferme maraîchère - Verger. **Services offerts:** activités, vente de produits.

Marbleton

Érablière du Lac d'Argent, 1050, chemin Carette, Marbleton, J0B 2L0. Tél.: 819 887-6392, 819 887-6623 Fax: 819 887-1030
sebas.rodrigue@sympatico.ca - www.terroiretsaveurs.com/erabliere-du-lac-d-argent

Érablière - Ferme laitière. **Services offerts:** activités, vente de produits, restauration.

Marbleton

Gîte et Ferme du Lac d'Argent, 943, du Lac, Marbleton, J0B 2L0. Tél.: 819 887-6392, 819 887-6623 Fax: 819 887-1030
sebas.rodrigue@sympatico.ca - www.terroiretsaveurs.com/gite-et-ferme-du-lac-d-argent

Érablière - Ferme laitière. **Services offerts:** activités, gîte.

Sainte-Catherine-de-Hatley

Ferme de l'étang aux bouleaux, 100, chemin Les Sommets, Sainte-Catherine-de-Hatley, J0B 1W0. Tél.: 819 571-6612, 819 846-4548
beaucher@sympatico.ca - www.terroiretsaveurs.com/ferme-de-l-etang-aux-bouleaux

Ferme fruitière - Ferme maraîchère. **Services offerts:** activités, vente de produits.

Sainte-Catherine-de-Hatley

Rose des Champs, 2424, chemin Benoît, Sainte-Catherine-de-Hatley, J0B 1W0. Tél.: 819 345-4243, 819 838-4243
benoitn@videotron.ca - www.rosedeschamps.com

Horticulture ornementale. **Services offerts:** activités, vente de produits.

Stanstead

Bleu Lavande, 891, chemin Narrow, Stanstead, J0B 3E0. Tél.: 819 876-5851, 1 888 876-5851 Fax: 819 876-2574
info@bleulavande.ca - www.terroiretsaveurs.com/bleu-lavande

Ferme de grandes cultures - Ferme florale. **Services offerts:** activités, vente de produits.

Sutton

Au Diable Vert, 169, chemin Staines, Sutton, J0E 2K0. Tél.: 450 538-5639 Fax: 450 538-2059
info@audiablevert.com - www.audiablevert.com

Ferme d'élevage. **Services offerts:** activités, vente de produits, auberge, camping, restauration.

Centre-du-Québec

Saveurs régionales

Cette région est riche en événements agroalimentaires. Le Festival des fromages de Warwick, le Festival du Cochon (Sainte-Perpétue), le Festival du Bœuf (Inverness), le Festival de la Canneberge (Villeroy), le Festival de l'Érable (Plessisville)... bref, voilà bien moult occasions de chatouiller vos palais.

- La région et ses nombreuses fromageries vous proposent un circuit gourmand des plus intéressants pour découvrir les fromages au lait de vache, de chèvre et de brebis.

- Là où l'oie des neiges fait escale, des producteurs ont développé un élevage d'appellation contrôlée. Découvrez-la sous forme de rillettes, de terrines, de pâtés ou de confits.

- La culture de la canneberge a pris un essor tellement considérable que l'on a créé à Saint-Louis-de-Blandford un centre d'interprétation.

- À ne pas oublier, l'esturgeon fumé d'Odanak et de Notre-Dame-de-Pierreville, un pur délice traditionnel hérité des Abénaquis.

- Plus au sud, place à un paysage dominé par les érablières. À vrai dire, c'est un royaume d'érablières et de cabanes où se sucrer le bec.

- Saveur cocasse... Même si l'on ne s'entend pas sur son lieu de naissance (Warwick, Drummondville ou Victoriaville), la « poutine » est bien originaire du Centre-du-Québec.

Quoi voir? Quoi faire?

- Le Village Québécois d'Antan, un retour au XIXe siècle (Drummondville).

- Théâtre d'été de Gilles Latulippe au Centre culturel de Drummondville.

- Arrêtez-vous chez le plus important producteur de roses de l'est du Canada, Rose Drummond (Drummondville).

- Parc Marie-Victorin: cinq magnifiques jardins thématiques de 3 km (Kingsey Falls).

- Musée du Bronze d'Inverness (Économusée): production d'objets d'art; découverte du joli village d'Inverness.

- Le moulin Michel de Gentilly, moulin à farine où l'on moud toujours le grain de façon ancestrale (Bécancour).

- Le Centre de la biodiversité du Québec, un laboratoire naturel en plein air (Bécancour).

- Le Musée des religions du monde, axé sur les grandes traditions religieuses (Nicolet).

- Le Musée des Abénakis, idéal pour s'initier aux cultures autochtones (Odanak).

- Lieu historique national de la Maison Wilfrid-Laurier (Arthabaska).

- La récolte (de la fin sept. à la fin oct.) des canneberges et le Centre d'interprétation de la canneberge (Saint-Louis-de-Blandford).

Faites le plein de nature

- Ski de randonnée, balade ou glissade sur tube au mont Arthabaska (Victoriaville).

- Randonnée pédestre au Parc régional de la rivière Gentilly (Sainte-Marie-de-Blandford).

- Glissade, raquette, ski de fond à la Courvalloise de Drummondville.

- Pour un parcours d'aventure en forêt, D'Arbre en Arbre (Drummondville).

- Observation de l'oie des neiges au Centre d'interprétation de Baie-du-Febvre.

- En longeant la rivière Saint-François (de Saint-François-du-Lac à Bécancour): 80 km de campagne et de superbes panoramas.

De petits trésors à découvrir...

Jeune, dynamique et ouverte sur le monde, la région du Centre-du-Québec déborde de vitalité avec ses succulents produits du terroir et ses festivals des plus variés. Laissez-la vous étonner!

Bien nommée, cette région située à mi-chemin entre Montréal et Québec allie avec simplicité et originalité agrotourisme, plein air, golf, vélo, motoneige, quad, culture et patrimoine.

De nombreux antiquaires jalonneront votre route, et de nombreux festivals vous attireront tout au long de l'année. Son réputé Mondial des Cultures de Drummondville (juillet) et son formidable Festival Rétro Pop de Victoriaville (juin) ne sont qu'une minime facette de la diversité de ses festivités.

Dans cette région où les plaines et les vallons se côtoient pour vous offrir de doux et jolis paysages, vous trouverez aussi une grande variété de produits du terroir. Son territoire étant occupé à 85% par le secteur agricole, le Centre-du-Québec a de quoi avoir fière allure en agrotourisme!

- Envie de vélo? Le parc linéaire des Bois-Francs (77 km) et le Circuit des Traditions (57 km) traversent des campagnes pittoresques, des forêts et d'accueillants milieux urbains.
- La piste cyclable qui traverse la forêt de Drummond est l'un des secrets les mieux gardés du Circuit des Traditions.
- Le lac Saint-Pierre (Réserve de la biosphère de l'UNESCO), où l'on retrouve 40% des milieux humides du Saint-Laurent et la plus importante héronnière du monde

Le saviez-vous?

On récolte la canneberge en inondant ses plants que l'on bat mécaniquement pour en détacher le fruit. On élève ensuite le niveau de l'eau pour la faire flotter et l'empêcher d'être retenue dans les herbes. On appelle aussi ce petit fruit: pomme des prés, atoca et airelle, entre autres. Si les marins ignoraient sa haute teneur en vitamine C, ils savaient à tout le moins qu'elle les protégeait du scorbut. Les Amérindiens la consommaient pour prévenir les infections urinaires et soigner les troubles de digestion. On a donc tout intérêt à découvrir ce merveilleux petit fruit, et autrement qu'en traditionnelle gelée accompagnant la dinde. Séchée, elle est un délice!

Clin d'œil sur l'histoire

Au temps des premiers colons, la fabrication du sirop d'érable était bien établie chez les différentes cultures indigènes. Les Amérindiens n'avaient cependant pas les matériaux nécessaires pour chauffer un récipient à très haute température. Ils utilisaient donc des pierres chauffées qu'ils lançaient dans l'eau d'érable pour la faire bouillir. Une autre méthode consistait à laisser l'eau d'érable geler la nuit pour ensuite enlever la couche de glace le lendemain, répétant l'opération jusqu'à ce qu'il ne reste qu'un épais sirop. Le sirop d'érable constituait un élément important de l'alimentation, de la culture et de la religion des Amérindiens.

Victoriaville

À la Vallée des Roseaux (Gîte)

Lisette Beaulieu et Alphonse Côté
56, rue Laurier Ouest
Victoriaville
G6P 6P3
819 357-8443
www.vallee-des-roseaux.com
P. 95.

L'Association de l'Agrotourisme et du Tourisme Gourmand du Québec* est fière de rendre hommage aux hôtes Lisette Beaulieu et Alphonse Côté du gîte À LA VALLÉE DES ROSEAUX, qui se sont illustrés de façon remarquable par l'expérience exceptionnelle qu'ils font vivre à leur clientèle. C'est dans le cadre des Prix de l'Excellence 2011 que les propriétaires de cet établissement, certifié Gîte du Passant^md depuis 2010, se sont vu décerner le « Coup de Cœur du Public Provincial » dans le volet : hébergement.

« Les hôtes de ce gîte se démarquent par leur présence chaleureuse et leur grande disponibilité. On pourrait même aller jusqu'à dire : « Demandez et vous recevrez », tellement le visiteur est comblé d'attentions. Et quoi de mieux que d'être invité à vous prélasser dans de magnifiques jardins fleuris. Un endroit tout à fait idyllique qui incarne le charme et la chaleur d'une maison d'autrefois typiquement québécoise des années 1800. Des hôtes qui se démarquent et que vous aurez plaisir à rencontrer en parcourant les routes et circuits gourmands de leur région. »

Félicitations !

*L'Association de l'Agrotourisme et du Tourisme Gourmand du Québec est propriétaire des marques de certification : Gîte du Passant^MT, Auberge du Passant^MT, Maison de Campagne ou de Ville, Table aux Saveurs du Terroir^MD, Table Champêtre^MT, Relais du Terroir^MD et Ferme Découverte.

Bécancour

Auberge Godefroy

L'Auberge Godefroy est située à mi-chemin entre Montréal et Québec, à quelques minutes de Trois-Rivières. Membre du réseau Hôtellerie Champêtre, l'Auberge Godefroy se distingue par sa table réputée, ses délicates attentions et sa qualité distinctive d'un centre de villégiature exclusif. P.92.

Spécialités: notre chef et sa brigade réalisent des plats avec des produits choisis le plus près de nous, aux tendances et aux saveurs actuelles.

Repas offerts: petit-déjeuner, brunch, midi, soir. **Menus:** à la carte, table d'hôte, gastronomique. **Nbr personnes:** 1-140. **Réservation:** recommandée, requise pour groupe.

Table d'hôte: 36-67$/pers. Taxes en sus. **Paiement:** AM ER IT MC VS. **Ouvert:** à l'année. Tous les jours.

A ⌖ AV @ Wi-Fi **Certifié: 2011**

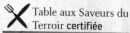

Table aux Saveurs du Terroir **certifiée**

Guy Boisclair
17575, boul. Bécancour
Bécancour G9H 1A5
Tél. 819 233-2200
Fax 819 233-2288
www.aubergegodefroy.com
info@aubergegodefroy.com
Aut. 40 est, sortie 196 sud, sortie 176. Aut. 40 ouest, dir. aut. 55 sud, sortie 176. Aut. 20 est ou ouest, sortie 210, direction aut. 55 nord.

Bécancour

L'Angélaine 📷

Boutique du terroir. Prix Réalisation 2007 - Agrotourisme. Depuis plus de 30 ans, L'Angélaine crée pour vous des tricots et tissages de mohair de qualité métiers d'art. C'est dans cet esprit que nous accueillons les visiteurs afin de leurs transmettre notre passion pour les fibres textiles naturelles. Découvrez notre pavillon d'interprétation du mohair ainsi que notre chaleureuse boutique.

Produits: tricots et tissages en mohair: chaussettes Kidmohair Originales, tuques, mitaines, chandails ainsi que les collections prêt-à-porter. **Activités sur place:** animation pour groupe, animation pour enfant, audio-visuel français et anglais, visite commentée français et anglais.

Visite: adulte: 6$, enfant: 0-4$ tarif de groupe. Taxes en sus. **Paiement:** IT MC VS. **Nbr personnes:** 1-60. **Réservation:** recommandée, requise pour groupe. **Ouvert:** à l'année. Tous les jours. 10h à 17h. Horaire variable. **Services:** centre d'interprétation / musée, vente de produits, dépliant explicatif ou panneaux français et anglais, stationnement pour autobus.

A ✂ AV 🚲 **Certifié: 2005**

Relais du Terroir **certifié**

Michèle Lanteigne
12285, boul. Bécancour
Bécancour G9H 2K4
Tél. 819 222-5702 / 1 877 444-5702
Fax 819 222-5690
www.langelaine.com
info@langelaine.com
Aut. 40, sortie 55 sud, aut. 20, sortie 55 nord, sur la rive sud du pont Laviolette, sortie Ste-Angèle dir. rte 132 est.

Bécancour, St-Grégoire

Regard sur le Fleuve ✹✹✹✹

Coup de Coeur du Public régional 2006 et 2008. Sur les rives du Saint-Laurent, à dix minutes du centre-ville de Trois-Rivières, venez découvrir le calme de la campagne et admirer nos couchers de soleil. Accueil, confort, piscine et jardins vous attendent. Le déjeuner gourmand vous sera servi avec une magnifique vue sur le fleuve. En saison, vous pourrez admirer les hérons, canards et oies.

Aux alentours: Centre de biodiversité, musée, golf, piste cyclable, patin, ski de fond, équitation, théâtre, resto. **Chambres:** insonorisées, ensoleillées, confort moderne, ventilateur, tranquillité assurée, bois franc. **Lits:** simple, queen. **3 ch. S. de bain privée(s).** **Forfaits:** vélo, régional, printemps.

2 pers: B&B 85$ 1 pers: B&B 75-77$. Enfant (12 ans et -): B&B 20$.

Réduction: long séjour. **Ouvert:** à l'année.

🌊 @ Wi-Fi 🚲 **Certifié: 2002**

Gîte du Passant **certifié**

Rita et André Caya
18440, boul. Bécancour (rue Gaillardetz)
Saint-Grégoire G9H 2G5
Tél. 819 233-2360
Fax 819 233-2963
www.giteetaubergedupassant.com/regardsurlefleuve
ritagc@tlb.sympatico.ca
À Trois-Rivières, traverser le pont Laviolette, sortie 176 Sainte-Angèle. Face au fleuve, boul. Bécancour ouest à gauche, 1,6 km.

Faites-vous plaisir...

détente • gastronomie • évasion • confort

AUBERGE GODEFROY

HÔTEL • SPA • GOLF

À mi-chemin entre Montréal et Québec

GOÛTEZ LE SEPTIÈME CIEL À L'AUBERGE GODEFROY !

Notre chef Stéphane Hubert et sa brigade réalisent des plats à partir de produits québécois choisis le plus près de nous, aux tendances et aux saveurs actuelles.

FORFAIT EXPÉRIENCE GASTRONOMIQUE

Hébergement d'une nuit • Un petit déjeuner
Un souper menu dégustation de 7 services
Accès à l'Espace Aqua-Détente 4 saisons et autres activités offertes sur place

À partir de **159 $** *par personne, en occupation double, service inclus, taxes en sus.*

1.855.233.0991

À 10 minutes du centre-ville de Trois-Rivières
WWW.AUBERGEGODEFROY.COM

CARTES CADEAUX DISPONIBLES

Drummondville

Auberge à la Bonne Vôtre ✤✤✤

L'Auberge à la Bonne Vôtre, un havre de paix champêtre au cœur de la ville de Drummondville. Des chambres douillettes au décor soigné. Une table où les saveurs locales et québécoises sont préparées avec raffinement. Que ce soit pour un séjour en amoureux ou une réunion d'affaires, nous vous accueillons avec simplicité et efficacité. Certifié Table aux Saveurs du Terroir^md

Aux alentours: musée populaire de la photographie, piste cyclable la Route verte, Village Québécois d'Antan. **Chambres:** climatisées, accès Internet, balcon, cachet d'autrefois, romantiques, entrée privée. **Lits:** queen. **4 ch. S. de bain privée(s) ou partagée(s).**

2 pers: B&B 85-99$ **1 pers:** B&B 85-99$. Taxes en sus. **Paiement:** AM IT MC VS. **Ouvert:** à l'année.

A ✕ AV @Wi-Fi ♻Certifié: 2007

Auberge du Passant certifiée

Pascal Allard et Diane Bouchard
207, rue Lindsay
Drummondville J2C 1N8
Tél. 819 474-0008 / 1 866 474-0008
www.alabonnevotre.ca
info@alabonnevotre.ca

Aut. 20, sortie 177 centre-ville de Drummondville, boul. St-Joseph à droite, 5 min, rue St-Georges à gauche, rue Lindsay à droite.

Drummondville

Auberge à la Bonne Vôtre

La cuisine chez nous est intuitive et intègre les produits locaux. L'atmosphère est feutrée et conviviale à la fois. On aime se rencontrer chez nous entre amis ou en amoureux. L'été, nous vous invitons à notre terrasse fleurie et champêtre. Nous apprêtons pintade, cerf et foie gras d'une manière qui surprendra agréablement votre palais.

Spécialités: la cuisine chez nous est intuitive et intègre les produits locaux. Nous apprêtons pintade, foie gras et cerf de façon surprenante.

Repas offerts: midi, soir. **Menus:** à la carte, table d'hôte. **Nbr personnes:** 1-125. **Réservation:** recommandée, requise pour groupe.

Table d'hôte: 19-38$/pers. Taxes en sus. **Paiement:** AM IT MC VS. **Ouvert:** à l'année.

A AV @Wi-Fi ♻Certifié: 2007

Table aux Saveurs du Terroir certifiée

Pascal Allard et Diane Bouchard
207, rue Lindsay
Drummondville J2C 1N8
Tél. 819 474-0008 / 1 866 474-0008
www.alabonnevotre.ca
info@alabonnevotre.ca

Aut. 20, sortie 177 centre-ville de Drummondville, boul. St-Joseph à droite, 5 min, rue St-Georges à gauche, rue Lindsay à droite.

Drummondville, Saint-Cyrille-de-Wendover

L'Oasis ✤✤✤

L'Oasis, à mi-chemin entre Montréal et Québec est situé sur un grand terrain entouré d'arbres et de fleurs, d'un jardin d'eau et du murmure de la cascade. À l'intérieur, une touche européenne. Non-fumeur. Déjeuners variés et produits maison servis au solarium. À 7 km du centre-ville et en face à la piste cyclable...

Aux alentours: Village d'Antan, Légendes Fantastiques, le Mondial des cultures, théâtre, festival du cochon, piste cyclable. **Chambres:** climatisées, foyer, ensoleillées, couettes et oreillers en duvet, spacieuses, terrasse. **Lits:** simple, queen, pour bébé. **4 ch. S. de bain privée(s) ou partagée(s).**

2 pers: B&B 65-75$ **1 pers:** B&B 45$. Enfant (12 ans et -): B&B 10$.

Réduction: long séjour. **Ouvert:** à l'année.

A ●🐾 AV ♻Certifié: 1996

Gîte du Passant certifié

Johanna Beier Putzke
3500, route 122
Saint-Cyrille-de-Wendover J1Z 1C3
Tél. 819 397-2917
www.giteetaubergedupassant.com/oasis

Aut. 20, sortie 185, 2 km. À l'église, rte 122 à droite, 1 km.

Durham-Sud

Gîte touristique Prés et Vallons ❊❊❊

🏠 Gîte du Passant **certifié**

Gîte situé à la croisée du Centre-du-Québec, de l'Estrie et de la Montérégie. Vous vous retrouverez en pleine nature dans un environnement enchanteur propice à la détente où la prairie et les collines dominent, reliées par des routes de campagne paisibles. Certifié Bienvenue cyclistes !md

Aux alentours: Centre Pierre Boogaerts-Art du Chi, Moulin à laine Ulverton, Centre de ski de fond Richmond-Melbourne, Jardins lumières. **Chambres:** certaines avec lavabo, accès Internet, ensoleillées, raffinées, vue sur campagne. **Lits:** simple, double, queen, d'appoint. **3 ch. S. de bain partagée(s).**

2 pers: B&B 90-110$ PAM 122-170$ **1 pers:** B&B 80-100$ PAM 96-130$. **Paiement:** IT MC VS. **Ouvert:** à l'année.

A ●❈🐾✕ @Wi-Fi Certifié: 2012

Gaétan Morin et Patrice Godin
415, chemin Mooney
Durham-Sud J0H 2C0
Tél. 819 858-2782 / 819 469-3190
www.pres-et-vallons.ca
info@pres-et-vallons.ca
Aut. 55 N, sortie 98, chemin Mooney à gauche, 4 km. Aut. 55 S, sortie Halte du Moulin, garder la droite, chemin Porter à droite, chemin Mooney à gauche, 3 km.

Saint-Elphège

Gîte Espace Temps ❊❊❊

🏠 Gîte du Passant **certifié**

André et Sophie, deux artistes multidisciplinaires, vous ouvrent leur univers créatif avec simplicité et sobriété. Maison de campagne ancestrale, confortable, chaleureuse, entourée de grands espaces naturels, jardin ornemental, terrasse. Généreux déj. santé et table d'hôte. Massothérapie, activités, repos, détente. Au plaisir de vous rencontrer!

Aux alentours: kayak, Forêt Drummond, arbre en arbre, ferme, Musée des Abénakis, Route verte, randonnée pédestre, raquette, ski fond. **Chambres:** certaines avec lavabo, cachet champêtre, peignoirs, couettes en duvet, terrasse. **Lits:** simple, double, queen. **4 ch. S. de bain partagée(s). Forfaits:** vélo, à la ferme, plein air, détente & santé, spectacle, restauration.

2 pers: B&B 75-80$ PAM 100-115$ **1 pers:** B&B 55-60$ PAM 80-95$. **Taxes en sus.**

Réduction: long séjour. **Ouvert:** à l'année.

A ✕ AV spa 🚲 Certifié: 2009

Sophie Ferrero et André Gauthier
540, Ste-Marie
Saint-Elphège J0G 1J0
Tél. 450 568-3959
www.giteespacetemps.com
info@giteespacetemps.com
Aut. 20, sortie 181, rang St-Anne à droite, 12 km, rang St-Jean-Baptiste à gauche, 14 km, rang Ste-Marie à gauche, 0.5 km.

Saint-Rémi-de-Tingwick

Ferme des Hautes Terres 📷

🧺 Relais du Terroir **certifié**

Boucherie & charcuterie – Boutique du terroir – Ferme d'élevage. La ferme a ses racines dans les plus beaux paysages de St-Rémi. Spécialités: élevage vaches, veaux et porcs en pâturage. Venez découvrir nos techniques d'élevage uniques et même surprenantes qui s'inspirent de la tradition et de l'ingéniosité. En suivant l'agricultrice, refaites le chemin qui conduit nos viandes, de nos champs à votre assiette.

Produits: viandes, charcuteries, feuilletés et plusieurs autres produits au goût unique préparés à la ferme avec nos viandes de veau et de porc **Activités sur place:** animation pour groupe scolaire, animation pour groupe, audio-visuel français, balade en charrette, participation aux activités à la ferme.

Visite: adulte: 8$, enfant: 5$ tarif de groupe, autres tarifs. **Paiement:** IT MC VS. **Nbr personnes:** 2-50. **Réservation:** recommandée, requise pour groupe. **Ouvert:** 25 juin - 4 sept. Jeu au sam. 9h30 à 16h30. Horaire variable – téléphoner avant. **Fermé:** 5 sept - 24 juin. **Services:** aire de pique-nique, vente de produits, dépliant explicatif ou panneaux français.

Valérie Houle
801, rangs 8 et 9
Saint-Rémi-de-Tingwick J0A 1K0
Tél. / Fax 819 359-2900
www.fermedeshautesterres.com
hautesterres@fermedeshautesterres.com
Aut. 20, sortie 210 St-Albert, rue Principale à droite, rte Warwick à gauche. Continuer en dépassant les villes de Warwick et Tingwick, rang 7 à gauche, rang 8 et 9 à gauche.

AV Certifié: 2011

Saint-Valère

Gîte L'Entre-Deux ✦✦✦✦

Notre accueil chaleureux et notre grande disponibilité feront en sorte que votre séjour parmi nous sera des plus agréables. S'ajoutent à cela: spa, piscine, véranda, terrasse, feu de camp et une salle de séjour avec billard pouvant servir de salle de réunion. Pour un séjour familial ou amical. Possibilité de prendre la maison clef en main.

Aux alentours: forêt éducative, sentiers de motoneige et VTT, antiquaires, parc Marie-Victorin. Visite d'une ferme laitière robotisée. **Chambres:** certaines climatisées, cachet ancestral, peignoirs, ventilateur, suite familiale. **Lits:** simple, queen, king, divan-lit. **3 ch. S. de bain privée(s) ou partagée(s). Forfaits:** vélo, à la ferme, motoneige, ski alpin, ski de fond, traîneaux à chiens.

2 pers: B&B 80-105$ PAM 110-135$ **1 pers:** B&B 60-85$ PAM 75-100$. **Enfant (12 ans et -):** B&B 25$. **Paiement:** AM MC VS.

Réduction: hors saison, long séjour. **Ouvert:** à l'année.

🐎 AV spa ⚓ @ Wi-Fi **Certifié: 2011**

Jacinthe Chabot et Réal Landry
1235, rang Landry
Saint-Valère G0P 1M0
Tél. 819 353-1955 / 1 866 353-1955
Fax 819 353-1985
www.terroiretsaveurs.com/entre-deux
lentredeux@telwarwick.net

Aut. 20, sortie 210, route 955 sud direction St-Albert. Faire environ 12 km, rang Landry à gauche. 2e maison à droite.

Saint-Valère

Gîte L'Entre-Deux ✦✦✦✦

De la ville à la campagne! Offrez-vous un séjour en famille ou entre amis dans une grande maison ancestrale avec cuisine ouverte et moderne autour de son îlot rassembleur. Détente assurée avec spa extérieur, piscine et feu de camp. Salle de séjour avec billard pouvant également servir de salle de réunion. Alors, faites comme chez-vous!

Aux alentours: accessible par un sentier boisé se trouve la forêt éducative. La plus grande ferme laitière au Québec à moins de 4 km.

Maison(s): foyer, téléphone, TV, CD, DVD, confort moderne, cachet d'autrefois, terrasse, vue sur campagne. **Lits:** queen, king, divan-lit. **1 maison(s). 4 ch. 1-10 pers. Forfaits:** à la ferme, famille, motoneige, ski alpin, ski de fond, traîneaux à chiens.

SEM 950-1200$ WE 450-650$. Taxes en sus. **Paiement:** AM MC VS.

Réduction: hors saison. **Ouvert:** à l'année.

🐎 AV spa ⚓ @ Wi-Fi **Certifié: 2011**

Jacinthe Chabot et Réal Landry
1235, rang Landry
Saint-Valère G0P 1M0
Tél. 819 353-1955 / 1 866 353-1955
Fax 819 353-1985
www.terroiretsaveurs.com/entre-deux
lentredeux@telwarwick.net

Aut. 20, sortie 210, route 955 sud direction St-Albert. Faire environ 12 km, rang Landry à gauche. 2e maison à droite.

Victoriaville

À la Vallée des Roseaux (Gîte) ✦✦✦✦

Coup de Coeur du Public provincial 2011 - Hébergement. Une parcelle de campagne dans l'imaginaire des visiteurs. Notre gîte incarne le charme et la chaleur d'une maison d'autrefois typiquement québécoise et régionale des années 1866. Accueil personnalisé, services de qualité, magnifique jardin qui réveille les sens. Gloriette, repos, calme, détente. Boisé, sentier, découverte, merveille de la nature. P. 90.

Aux alentours: Musée Laurier, Hôtel des Postes, mont Arthabaska, Théâtre Laurier, golf, vélo, sentier pédestre. **Chambres:** baignoire sur pattes, sous les combles, cachet champêtre, tranquillité assurée. **Lits:** simple, double, divan-lit, d'appoint. **2 ch. S. de bain privée(s).**

2 pers: B&B 82-87$ **1 pers:** B&B 62-67$. **Enfant (12 ans et -):** B&B 20$. **Ouvert:** à l'année.

🚲 **Certifié: 2010**

Lisette Beaulieu et Alphonse Côté
56, rue Laurier Ouest
Victoriaville G6P 6P3
Tél. 819 357-8443
Fax 819 260-0892
www.vallee-des-roseaux.com

De Montréal, aut. 20, sortie 122-161. De Québec, aut. 20, sortie 162. À Victoriaville, boul. Industriel, boul. Bois-Francs, rue Laurier O. à droite. 5e maison après église.

Warwick

Gîte Aux Plaisirs Partagés ✹✹✹✹

Dans la ville de Warwick surnommée la Fleur des Bois-Francs venez découvrir l'accueil chaleureux de notre gîte. Une maison ancestrale de la fin des années 1800, dans un décor champêtre qui n'attend que vous pour partager son histoire et vous y accueillir. Votre passage chez nous marquera votre voyage et vous repartirez remplis de beaux souvenirs. Certifié Bienvenue cyclistes ![md]

Aux alentours: parc Marie-Victorin, ski Mont Gleason, 6 parcours de golf, Théâtre des Grands-Chênes, festival des hommes forts. **Chambres:** climatisées, avec lavabo, TV, accès Internet, cachet d'antan, peignoirs, ventilateur, terrasse. **Lits:** simple, queen, king, divan-lit. **5 ch. S. de bain privée(s) ou partagée(s). Forfaits:** vélo, golf, motoneige, ski alpin, théâtre, été, traîneaux à chiens, divers.

2 pers: B&B 91-101$ 1 pers: B&B 75-85$. Enfant (12 ans et -): B&B 0-10$. Taxes en sus. **Paiement:** IT MC VS. **Ouvert:** à l'année.

A ✕ **AV** spa **@** **Wi Fi** ⚲**Certifié: 2008**

 **Gîte du Passant certifié**

Agnès Borel Girodet
164, rue St-Louis
Warwick J0A 1M0
Tél. / Fax 819 358-9560 Tél. 819 806-9560
www.auxplaisirspartages.qc.ca
gite@auxplaisirspartages.qc.ca
Aut. 20, sortie 210. Rte 955 dir. St-Albert. À St-Albert, dir. Warwick, 10 km.

Warwick

Gîte du Champayeur ✹✹✹✹

Coup de Coeur du Public régional 2009. Le Champayeur c'est un accueil chaleureux et convivial, la sérénité de ses salons et le confort douillet de ses chambres. Profitez du jardin fleuri et du spa rafraichissant. Notre déjeuner aux saveurs centricoises vous comblera. Garage sécuritaire pour vélos et motos. Certifié Bienvenue cyclistes ![md]

Aux alentours: Maison des fromages, parc Marie-Victorin, ski Mont-Gleason. Pistes cyclables, 6 magnifiques golfs. Antiquaires. **Chambres:** climatisées, baignoire à remous, confort moderne, personnalisées, peignoirs, romantiques. **Lits:** simple, queen, king, d'appoint. **4 ch. S. de bain privée(s). Forfaits:** vélo, gastronomie, golf, détente & santé, romantique, ski alpin, spectacle.

2 pers: B&B 99-109$ 1 pers: B&B 89-99$. Enfant (12 ans et -): B&B 30$. Taxes en sus. **Paiement:** MC VS.

Réduction: hors saison, long séjour. **Ouvert:** à l'année.

A ✕ **AV** spa **@** **Wi Fi** ⚲**Certifié: 2007**

 **Gîte du Passant certifié**

Jacques Charlebois
5, rue de l'Hôtel-de-Ville
Warwick J0A 1M0
Tél. 819 358-9101 / 819 358-9155
www.champayeur.qc.ca
info@champayeur.qc.ca
Aut. 20, sortie 210. Rte 955 dir. St-Albert. À St-Albert, dir. Warwick, 10 km.

Autres établissements

Drummondville

Ferme du Bassin, 1040, rang Saint-Jean-Baptiste, Drummondville, J1Z 2E4. Tél.: 450 568-6991
info@ferme.ca - www.ferme.ca

Ferme d'élevage. Services offerts: activités.

Drummondville

Rose Drummond Inc., 210, boul. Lemire Ouest, Drummondville, J2B 8A9. Tél.: 819 474-3488, 1 888 767-3210 Fax: 819 474-1500
info@rose.ca - www.terroiretsaveurs.com/rose-drummond

Horticulture ornementale. Services offerts: activités, vente de produits.

Ham-Nord

Les Jardins de la Cité, 689, 8e rang, Ham-Nord, G0P 1A0. Tél.: 819 344-2916, poste 227, 819 795-8396 Fax: 819 344-2033
ventes@lesjardinsdelacite.com - www.lesjardinsdelacite.com

Ferme maraîchère - Jardin - Serriculture. Services offerts: activités, vente de produits.

Princeville

Verger des Bois Francs inc, 304, route 116 Est, Princeville, G6L 4K6. Tél./Fax: 819 364-5783, 819 364-3276
vergebf@tlb.sympatico.ca - www.terroiretsaveurs.com/verger-des-bois-francs

Verger. Services offerts: activités, vente de produits.

Saint-Louis-de-Blandford

Centre d'Interprétation de la Canneberge, 80, rue Principale, C.P. 144, Saint-Louis-de-Blandford, G0Z 1B0.
Tél.: 819 364-5112 Fax: 819 364-5767
info@canneberge.qc.ca - www.canneberge.qc.ca

Ferme fruitière. Services offerts: activités, vente de produits.

Saint-Wenceslas

Érablière Chez les P'tits Prince, 1785, rang 9, Saint-Wenceslas, G0Z 1J0. Tél./Fax: 819 224-4222
info@chezlespetitsprince.com - www.terroiretsaveurs.com/erabliere-chez-les-p-tits-prince

Érablière. Services offerts: activités, vente de produits, restauration.

Tingwick

Vignoble Les Côtes du Gavet, 1690, route Gavet, C.P. 535 Warwick, Tingwick, J0A 1M0. Tél.: 819 850-3391
Fax: 819 752-7630
info@cotesgavet.com - www.terroiretsaveurs.com/vignoble-les-cotes-du-gavet

Vignoble. Services offerts: activités, vente de produits.

Warwick

Vergers des Horizons inc., 67, rue Saint-Louis, Warwick, J0A 1M0. Tél./Fax: 819 358-2790
pomnath.lemieux@sympatico.ca - www.terroiretsaveurs.com/vergers-des-horizons

Verger. Services offerts: activités, vente de produits.

terroiretsaveurs.com

Envie d'une escapade gourmande?

© Verger Pedneault (Charlevoix) © Photos : François Rivard

Réservez le forfait « Terroir & Saveurs » !

Ce forfait a été développé pour ceux qui souhaitent découvrir et déguster les produits du Québec. Il comprend :

- deux nuits d'hébergement dans un Gîte ou une Auberge du Passant MD certifié incluant un petit-déjeuner préparé avec des produits locaux ;
- un souper aux saveurs régionales dans une Table aux Saveurs du Terroir MD ou une Table Champêtre MD certifiée ;
- une ou deux visites de Relais du Terroir MD certifiés ;
- un cocktail de bienvenue aux saveurs régionales et un cadeau du terroir.

Pour plus d'information ou pour réservation :
www.terroiretsaveurs.com

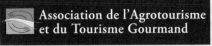

Association de l'Agrotourisme et du Tourisme Gourmand

Charlevoix

Saveurs régionales

Sur la Route des Saveurs, où les producteurs et les restaurateurs se sont unis pour vous faire connaître leurs produits et leurs bonnes tables, laissez-vous tenter par:

- la soupe aux gourganes, le pâté de sauvagine, le pâté croche de L'Isle-aux-Coudres et les plats de canard ou d'oie;

- le porc, le poulet biologique, le dindon, le veau et l'agneau de Charlevoix, des appellations bien connues qui font le délice des gourmets, sans oublier l'émeu;

- les fromages, dont le Migneron, le Ciel de Charlevoix et le cheddar de Saint-Fidèle, la truite, le confit et le foie gras de canard, les terrines et pâtés de canard, les herbes salées, la bière et les pains artisanaux et plusieurs autres délices.

Quoi voir? Quoi faire?

- À Baie-Saint-Paul : galeries d'art, boutiques, Centre d'art, Économusée du fromage et centre d'exposition, entre autres.
- Les Éboulements, Port-au-Persil, Saint-Joseph-de-la-Rive et Saint-Irénée sont parmi les plus beaux villages du Québec.
- L'Économusée® du papier de la Papeterie Saint-Gilles (Saint-Joseph-de-la-Rive).
- Le Musée maritime de Charlevoix et ses goélettes. Audioguide disponible (Saint-Joseph-de-la-Rive).
- Tour de l'île aux Coudres (en voiture ou en vélo).
- Golf : trois terrains.
- Le Domaine Forget, ses concerts et son festival international de juin à août (Saint-Irénée).
- La Malbaie et ses environs : Fairmont Le Manoir Richelieu, le Casino de Charlevoix, le Musée de Charlevoix, la Forge-menuiserie Cauchon, le Centre écologique de Port-au-Saumon, les Jardins du cap à l'Aigle.

- À Baie-Sainte-Catherine : Centre d'interprétation et d'observation de Pointe-Noire du Parc marin du Saguenay–Saint-Laurent, diverses croisières aux baleines.
- Des croisières et des excursions un peu partout. Des évènements de toutes sortes.
- Route des Saveurs.

Faites le plein de nature

- Ski alpin au Massif de Charlevoix avec son sublime panorama sur le fleuve.
- Mont Grand-Fonds: ski alpin, raquette, ski de fond (La Malbaie).
- Le Sentier des caps de Charlevoix: marche, raquette, vues magnifiques sur le fleuve.
- Un superbe spectacle d'oies blanches sur le parcours de la Cime (octobre).
- Le parc national des Grands-Jardins: une faune et une flore exceptionnelles (Saint-Urbain).
- Le parc national des Hautes-Gorges-de-la-Rivière-Malbaie, à voir absolument. Une foule d'activités.

Montagnes et escarpements magistraux!

© François Rivard

Lorsque les caps et les falaises tombent abruptement vers les eaux salées du fleuve et que les vallées et les montagnes se succèdent en une enfilade de panoramas incroyables, vous saurez que vous êtes dans Charlevoix...

La nature fit tellement bien les choses dans Charlevoix que l'UNESCO reconnut en 1989 le caractère exceptionnel de son patrimoine naturel en lui accordant le statut international de Réserve mondiale de la biosphère.

En longeant le fleuve Saint-Laurent, vous y verrez des villages installés au creux des baies, au sommet des caps ou bien agrippés à flanc de montagne. En quittant les berges, vous pénétrerez dans un territoire sauvage et montagneux. Vous y verrez les plus hautes parois rocheuses de l'est du Canada et traverserez de longs plateaux entrecoupés de tapis de lichens. Absolument vivifiant!

Après avoir pris le traversier pour Saint-Joseph-de-la-Rive, vous pourrez explorer, en voiture ou vélo, la charmante île aux Coudres. Depuis toujours, peintres, poètes et écrivains ont succombé à la beauté charlevoisienne. Il en sera ainsi pour vous! Au temps des couleurs automnales, c'est un pur ravissement que d'y faire un séjour.

- Sentier l'Acropole des Draveurs, pour une superbe randonnée (Saint-Aimé-des-Lacs).
- Envie de vélo? De Saint-Siméon à Baie-Sainte-Catherine: un itinéraire splendide de 37 km.
- Le Parc d'Aventure en montagne, Les Palissades – L'Ascension (Saint-Siméon).
- Kayak de mer.

Le saviez-vous?

Charlevoix est essentiellement un immense cratère (de Baie-Saint-Paul à La Malbaie) causé par la chute d'un colossal météorite il y a 350 millions d'années. Un bolide de 2 km de diamètre pesant 15 milliards de tonnes qui creusa une demi-lune de 56 km de diamètre dans le Bouclier canadien, tout en s'enfonçant à 5 km sous la surface! Le ressac de 768 m qu'il provoqua créa le mont des Éboulements. Lorsque vous amorcerez votre descente vers Baie-Saint-Paul, vous « entrerez » alors dans le cratère. Si vous montez le mont du Lac des Cygnes (parc national des Grands-Jardins), vous dominerez alors la couronne d'effondrement au pourtour du cratère. Ironiquement, n'eût été la chute de ce colossal météorite, Charlevoix aurait présenté un paysage austère.

Clin d'œil sur l'histoire

Vous êtes ici dans une des premières régions où s'est développé le tourisme en Amérique du Nord! Dès la fin du XVIIIe siècle, la beauté des paysages y attirait déjà de nombreux visiteurs. Au début du XXe siècle, la région devint si populaire qu'on y construisit le luxueux Manoir Richelieu de 250 chambres à Murray Bay, aujourd'hui La Malbaie (Pointe-au-Pic). La haute société québécoise, canadienne et américaine s'y rendait en croisière sur de luxueux bateaux à vapeur.

Pour plus d'information sur la région de Charlevoix: 1 800 667-2276
www.Tourisme-Charlevoix.com

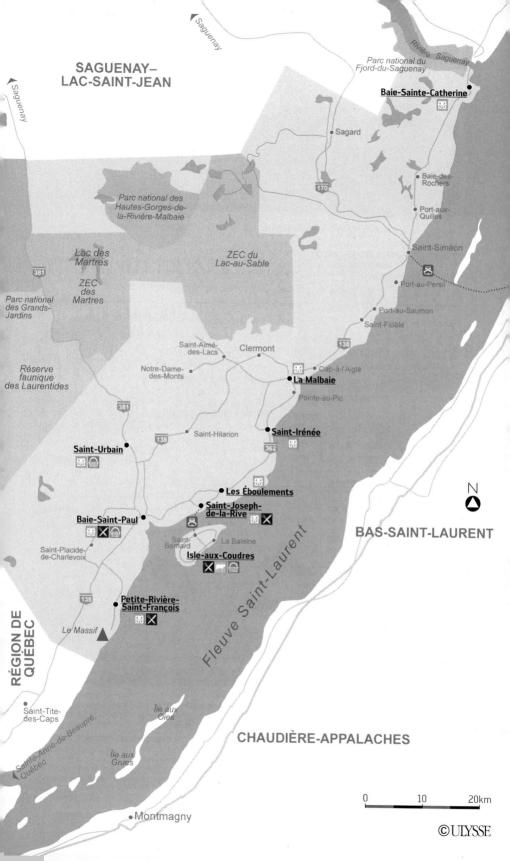

La Malbaie
La Maison Dufour-Bouchard

Micheline Dufour et Bernard Bouchard
18-1, rue Laure-Conan
La Malbaie
G5A 1H8
418 665-4982
www.charlevoix.qc.ca/maisondufourbouchard
maisondufourbouchard@hotmail.com
P. 109.

L'Association de l'Agrotourisme et du Tourisme Gourmand du Québec* est fière de rendre hommage à Micheline Dufour du gîte À LA MAISON DUFOUR-BOUCHARD, qui s'est illustrée de façon remarquable par l'expérience exceptionnelle qu'elle fait vivre à sa clientèle. C'est dans le cadre des Prix de l'Excellence 2011 que la propriétaire de cet établissement, certifié Gîte du Passant[md] depuis 1998, s'est vu décerner le «Coup de Cœur du Public Provincial» dans le volet : hébergement.

« Dès l'arrivée, les visiteurs tombent sous le charme de ces hôtes, leur chaleur humaine et leur bonne humeur. Incontestablement, on se rappelle tout particulièrement du sourire permanent de l'hôtesse. Habitée par une joie de vivre, elle sait communiquer avec passion les beautés de son coin de pays. Des invités chouchoutés qui prendront plaisir à savourer des petits-déjeuners qualifiés d'incroyables et à profiter d'un magnifique jardin. Ces hôtes n'ont qu'un seul souci, celui de dorloter leurs clients. Les visiteurs disent même qu'ils les font sentir comme des rois et des reines, rien de moins ! Leur devise : tout ce qu'on donne de soi est autant de bonheur pour qui le reçoit. »

Félicitations !

Maison frizzi
Couette et café

55, Côteaux-sur-mer
La Malbaie, Qc G5A 3B6
Tél. : 418-665-4668
lamaisonfrizzi@hotmail.com

GÎTE *du Passant* CERTIFIÉ ★★★★

AUBERGE & SPA
La maison sous les pins

352, rue F.-A.-Savard, Saint-Joseph-de-la-Rive
418 635-2583   info@maisonsouslespins.com

www.maisonsouslespins.com
1 877 529-7994

Baie-Saint-Paul

À la Chouette ❀❀❀❀

Coup de Coeur du Public régional 2010. 7 fois en nomination pour la qualité de l'accueil. Maison spacieuse, colorée, lumineuse. Au coeur de la ville, havre de paix jouissant côté cour de la vaste campagne: paysage magnifique, chants d'oiseaux, brise de fleuve. Restos à 5 min de marche. Petits-déj. raffinés. Généreuse bibliothèque sur Charlevoix et le Québec. Piano, terrasses, jardins.

Aux alentours: à 5 min de marche: restos, galeries d'art, centre de santé. À proximité: parcs nationaux, randonnées, kayak, vélo, golf. **Chambres:** accès Internet, balcon, raffinées, cachet champêtre, tranquillité assurée, vue panoramique. **Lits:** simple, queen, king. **5 ch. S. de bain privée(s). Forfaits:** croisière, golf, plein air, spectacle.

2 pers: B&B 120-150$ **1 pers:** B&B 110-140$. **Enfant (12 ans et -):** B&B 20$. Taxes en sus. **Paiement:** MC VS.

Réduction: hors saison, long séjour. **Ouvert:** 15 avr - 15 déc.

A @ Wi Fi **Certifié: 1992**

🏠 Gîte du Passant **certifié**

Ginette Guérette et François Rivard
2, rue Leblanc
Baie-Saint-Paul G3Z 1W9
Tél. 418 435-3217 / 1 888 435-3217
www.alachouette.com
chouettephoto@hotmail.com
À Baie-St-Paul, rte 362 est. À l'église, rue Ste-Anne à droite, rue Leblanc, 2e à droite. Rte 362 ouest, à l'église, rue Ste-Anne à gauche. Grande maison bleue de bois.

Baie-Saint-Paul

À la Chouette ★★★★

Accueillant groupes de 6, 8 ou 16 personnes. Magnifique maison centenaire conjuguant avec bonheur un confort de qualité supérieure et un chaleureux cachet. Partez en raquettes derrière la maison jusqu'au fleuve. Maison colorée, lumineuse, aérée. Fenestration abondante. Décoration soignée. Couettes et oreillers de duvet.

Aux alentours: parc national des Grands-Jardins à 30 minutes, parc national des Hautes-Gorges-de-la-Rivière-Malbaie. **Maison(s):** foyer, raffinées, cachet champêtre, tranquillité assurée, lumineuses, vue panoramique. **Lits:** simple, double, queen, king, divan-lit. **1 maison(s). 7 ch. 16 pers. Forfaits:** croisière, golf, plein air, ski alpin, spectacle, traîneaux à chiens, divers.

SEM 1995-3325$ WE 1295$. Taxes en sus.

Réduction: hors saison, long séjour. **Ouvert:** à l'année.

A @ Wi Fi **Certifié: 2011**

🏠 Maison de Campagne **certifiée**

Ginette Guérette et François Rivard
2, rue Leblanc
Baie-Saint-Paul G3Z 1W9
Tél. 418 435-3217 / 1 888 435-3217
www.alachouette.com
chouettephoto@hotmail.com
À Baie-St-Paul, rte 362 est. À l'église, rue Ste-Anne à droite, rue Leblanc, 2e à droite. Rte 362 ouest, à l'église, rue Ste-Anne à gauche. Grande maison bleue de bois.

Baie-Saint-Paul

Au Clocheton ❀❀❀❀

Coup de Coeur du Public régional 2007. Notre maison centenaire, dont le jardin s'étend jusqu'à la rivière, est située sur l'une des rues les plus pittoresques de Baie-St-Paul et à quelques pas des bons restaurants et des galeries d'art. Des déjeuners copieux, aux saveurs régionales et produits maison, vous attendent.

Aux alentours: ski Le Massif, parcs des Grands-Jardins et des Hautes-Gorges, Isle-aux-Coudres, Sentier des Caps. **Chambres:** avec lavabo, accès Internet, raffinées, cachet ancestral, meubles antiques, ventilateur. **Lits:** double, queen. **4 ch. S. de bain privée(s) ou partagée(s). Forfaits:** croisière, ski alpin, spectacle, traîneaux à chiens.

2 pers: B&B 85-130$ **1 pers:** B&B 80-120$. Taxes en sus. **Paiement:** MC VS.

Réduction: hors saison, long séjour. **Ouvert:** à l'année. **Fermé:** 1 nov - 15 déc.

@ Wi Fi **Certifié: 1992**

🏠 Gîte du Passant **certifié**

Johanne et Laurette Robin
50, rue Saint-Joseph
Baie-Saint-Paul G3Z 1H7
Tél. 418 435-3393 / 1 877 435-3393
Fax 418 435-6432
www.auclocheton.com
info@auclocheton.com
De Québec, dir. Ste-Anne-de-Beaupré, rte 138 est, 100 km. À Baie-St-Paul, rte 362 est, à l'église, après le pont, 1re rue à droite.

Baie-Saint-Paul

Au Perchoir ✿✿✿✿

Gîte du Passant **certifié**

À 4 km du centre-ville, gîte de confort supérieur perché à flanc de montagne, vue spectaculaire sur le fleuve St-Laurent. A 15 min à pied du fleuve. Salle de séjour et salle à manger pourvues de grandes fenêtres, ambiance chaleureuse, boiseries. Site paisible et enchanteur. Idéal pour le repos et le ressourcement. Déj. généreux à saveur maison.

Aux alentours: Isle-aux-Coudres, golf, kayak, randonnée pédestre, ski de randonnée, patinage, galeries d'art, boutiques, restaurants. **Chambres:** accès Internet, balcon, raffinées, cachet champêtre, bois franc, terrasse, entrée privée, vue sur fleuve, vue panoramique. **Lits:** queen, divan-lit. **3 ch. S. de bain privée(s). Forfaits:** ski alpin, spectacle.

2 pers: B&B 120-150$ **1 pers:** B&B 115-145$. **Enfant (12 ans et -):** B&B 15$. Taxes en sus. **Paiement:** MC VS.

Réduction: hors saison, long séjour. **Ouvert:** à l'année. **Fermé:** 1 nov - 30 nov.

A ● @🛜 **Certifié: 1996**

Jacinthe Tremblay et Réjean Thériault
443, ch. Cap-aux-Rets
Baie-Saint-Paul G3Z 1C1
Tél. 418 435-6955 / 1 800 435-6955
www.auperchoir.com
info@auperchoir.com
Rte 138 E. À Baie-St-Paul, rte 362 est, 3 km. À l'enseigne «Au Perchoir», ch. Cap-aux-Rets à droite, 2e maison à gauche après la croix.

Baie-Saint-Paul

Gîte Noble Quêteux ✿✿✿✿

Gîte du Passant **certifié**

À flanc de montagne, maison bicentenaire, tout en bois, offre depuis 2 siècles l'hospitalité aux «nobles quêteux»! Décor paisible et douillet. Foyer. Déj. copieux aux saveurs maison et régionales. Ch. avec vue sur le fleuve. Lit queen. Forfaits: ski Massif, traîneau à chiens, resto... Venez, un sourire vous attend! Internet sans fil Wi-Fi.

Aux alentours: parc nationaux, nature, baleines, kayak, galeries d'art, boutiques, ski, raquette, ski et... la Route des saveurs! **Chambres:** foyer, accès Internet, cachet d'antan, murs en bois rond, vue sur fleuve, vue panoramique. **Lits:** double, queen, d'appoint. **5 ch. S. de bain privée(s) ou partagée(s). Forfaits:** charme, croisière, gastronomie, détente & santé, romantique, ski alpin.

2 pers: B&B 90-105$ **1 pers:** B&B 85-100$. **Enfant (12 ans et -):** B&B 0-30$. Taxes en sus. **Paiement:** MC VS.

Réduction: hors saison, long séjour. **Ouvert:** à l'année. **Fermé:** 20 oct - 10 déc.

A ● 🚗 AV @🛜 **Certifié: 2000**

Marie Lou Jacques et Claude Marin
8, Côte-du-Quêteux
Baie-Saint-Paul G3Z 2C7
Tél. 418 240-2352 / 1 866 744-2352
Fax 418 240-2377
www.noblequeteux.com
info@noblequeteux.com
Rte 138 est, 4 km avant Baie-St-Paul, au bureau d'info touristique à droite. À la sortie, 300 m, 1re rue à droite.

Baie-Saint-Paul

Le Domaine de la Vallée du Bras 📷

Relais du Terroir **certifié**

Ferme fruitière – Centre d'interprétation / Musée – Producteur d'alcools fins. Le Domaine de la Vallée du Bras est situé sur un coteau de la rivière du même nom dans la région de Charlevoix. Notre cuvée OMERTO est élaborée selon la technique de vinification à partir de tomates ancestrales du terroir. Servir frais en apéritif la cuvée «Sec et Moelleux».

Produits: Omerto Sec ou Moelleux, vin de tomates bio certifié ECOCERT. 18% alcool. **Activités sur place:** dégustation, observation nature et faune, randonnée pédestre.

Visite: adulte: 4$, tarif de groupe. **Paiement:** IT MC VS. **Nbr personnes:** 4-15. **Réservation:** requise. **Ouvert:** à l'année. Tous les jours. Horaire variable – téléphoner avant. **Services:** aire de pique-nique, stationnement pour autobus.

A 🚗 **Certifié: 2012**

Pascal Miche
328, rang St-Antoine Nord
Baie-Saint-Paul G3Z 2C3
Tél. 418 435-6872
Fax 1 888 453-5956
www.domainevb.ca
pascal@domainevb.ca
Rte 138 est, à Baie St-Paul suivre direction du Domaine de la Vallée du Bras.

Baie-Saint-Paul

Mouton Noir Restaurant Bistro

Thierry Ferré vous propose une cuisine bistro d'inspiration française rehaussée de produits du terroir. Saveurs et fraîcheur, en toute simplicité, pour le plaisir de vos papilles. Le chef a remporté le premier prix «Créatifs de la Route de l'érable 2009» avec sa cocotte en croûte d'épaule de porc bio érable et coriandre. Terrasse. Fermé en avril.

Spécialités: mise en valeur des produits de Charlevoix: agneau, veau, porc, lapin, fromages et autres tels le bison, le saumon, etc.

Repas offerts: midi, soir. **Menus:** à la carte, table d'hôte, gastronomique. **Nbr personnes:** 1-60. **Réservation:** recommandée.

Table d'hôte: 30-38$/pers. Taxes en sus. **Paiement:** AM IT MC VS. **Ouvert:** à l'année. Tous les jours. Horaire variable – téléphoner avant. **Fermé:** 1 nov - 30 nov.

A Certifié: 2011

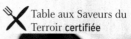

Table aux Saveurs du Terroir **certifiée**

© Fédération des producteurs acéricoles du Québec

Thierry Ferré
43, rue Sainte-Anne
Baie-Saint-Paul G3Z 0C8
Tél. 418 240-3030
Fax 418 240-2197
www.moutonnoirresto.com
info@moutonnoirresto.com
Rte 138, à Baie St-Paul, route 362, à l'église, rue Sainte-Anne à droite.

Baie-Sainte-Catherine

Gîte Entre Mer et Monts ✦✦✦

Tantôt emporté par la fureur des flots, tantôt enchanté par la tranquillité des bois, Notre-Dame de l'Espace veille sur notre village. Table d'hôte. Ne manquez surtout pas les crêpes aux bleuets de Réal. 3 chambres avec lavabo. Billets croisières, traîneau à chiens. Prix régional 1994-95. Qualité prix est notre devise. Internet sans fil Wi-Fi.

Aux alentours: sentiers pédestres, croisière sur le fjord du Saguenay et aux baleines, golf, observation de l'ours noir. **Chambres:** certaines avec lavabo, peignoirs, vue sur fleuve, vue sur montagne, vue sur jardin. **Lits:** simple, double, queen. **5 ch. S. de bain partagée(s).** **Forfaits:** croisière, ski de fond.

2 pers: B&B 55-63$ **1 pers:** B&B 45-50$. **Enfant (12 ans et -):** B&B 20$. **Paiement:** MC VS. **Ouvert:** à l'année.

● ✕ @ WiFi ⚲ Certifié: 1990

Gîte du Passant **certifié**

Anne-Marie et Réal Savard
476, route 138
Baie-Sainte-Catherine G0T 1A0
Tél. 418 237-4391 / 1 877 337-4391
Fax 418 237-4252
www.entre-mer-et-monts.com
anne.berube23@sympatico.ca
Rte 138 est dir. La Malbaie. Au pont, dir. Tadoussac. À Baie-Ste-Catherine, suivre les panneaux bleus, 1 km. De Tadoussac, le traversier, 5,3 km.

Isle-aux-Coudres

La Roche Pleureuse

Construit en 1930, l'établissement tire son nom d'une source particulière qui, au fil du temps, est devenue légende. La Roche Pleureuse fait partie intégrante du patrimoine insulaire. Notre salle à manger avec sa table gastronomique comblera vos attentes. Notre terrasse vous offre une vue plongeante sur le fleuve Saint-Laurent.

Spécialités: découvrez une table où les produits régionaux sont à l'honneur, tout en conservant une touche de fine cuisine.

Repas offerts: petit-déjeuner, midi, soir. **Menus:** à la carte, table d'hôte, gastronomique. **Nbr personnes:** 1-200. **Réservation:** recommandée, requise pour groupe.

Table d'hôte: 17-37$/pers. Taxes en sus. **Paiement:** AM IT MC VS. **Ouvert:** 5 mai - 27 oct. Tous les jours.

A ♿ AV @ WiFi Certifié: 2010

Table aux Saveurs du Terroir **certifiée**

Pierre Mazières
2901, chemin des Coudriers
Isle-aux-Coudres G0A 2A0
Tél. 418 438-2734 / 1 800 463-6855
Fax 418 438-2471
www.rochepleureuse.com
info@rochepleureuse.com
Route 138 est jusqu'à Baie-St-Paul. Route 362 jusqu'à St-Joseph-de-la-Rive. Prendre le traversier pour l'Isle-aux-Coudres. Tourner à gauche à l'intersection.

Isle-aux-Coudres

Verger Pedneault

Cidrerie – Ferme fruitière – Verger. À l'Isle-aux-Coudres, cet ÉCONOMUSÉE® de la pomiculture fabrique des produits fins de pommes, poires, prunes et bleuets: cidres, mistelles, apéritifs, digestifs, crèmes, jus. Ce magnifique site et ses vergers vous accueillent pour des promenades inoubliables. Médaillé d'or et d'argent à 6 reprises et Lauréat des Grands Prix du tourisme en 2008.

Activités sur place: autocueillette, dégustation, visite libre, randonnée pédestre, participation aux récoltes.

Visite: gratuite, tarif de groupe. **Paiement:** IT MC VS. **Nbr personnes:** 1-50. **Réservation:** requise pour groupe. **Ouvert:** à l'année. Tous les jours. 8h à 19h. Horaire variable. **Services:** aire de pique-nique, centre d'interprétation / musée, vente de produits, dépliant explicatif ou panneaux français et anglais, stationnement pour autobus, emballages-cadeaux, remise pour vélo, autres.

A 🐄 **AV Certifié: 2005**

Ferme Découverte **certifiée**

Michel, Marie-Claire Pedneault et Eric Desgagnés
3384, ch. des Coudriers
Isle-aux-Coudres G0A 3J0
Tél. 418 438-2365 / 1 888 438-2365
Fax 418 438-1361
www.vergerpedneault.com
verpedno@isleauxcoudres.com
À Baie-St-Paul, rte 362 jusqu'à Les Éboulements, secteur St-Joseph-de-la-Rive. Prendre le traversier gratuit vers l'Isle-aux-Coudres. Sur l'île, à gauche à la 1re intersection.

Isle-aux-Coudres

Verger Pedneault

Cidrerie – Ferme fruitière – Verger. À l'Isle-aux-Coudres, cet ÉCONOMUSÉE® de la pomiculture fabrique des produits fins de pommes, poires, prunes et bleuets: cidres, mistelles, apéritifs, digestifs, crèmes, jus. Ce magnifique site et ses vergers vous accueillent pour des promenades inoubliables. Médaillé d'or et d'argent à 6 reprises et Lauréat des Grands Prix du tourisme en 2008.

Produits: produits alcoolisés, moûts de pomme et pomme de glace, beurre, gelée, sirop, miel de pomme, confitures, jus de pomme brut, vinaigre... **Activités sur place:** autocueillette, dégustation, visite libre, randonnée pédestre, participation aux récoltes.

Visite: gratuite, tarif de groupe. **Paiement:** IT MC VS. **Nbr personnes:** 1-50. **Réservation:** requise pour groupe. **Ouvert:** à l'année. Tous les jours. 8h à 19h. Horaire variable. **Services:** aire de pique-nique, centre d'interprétation / musée, vente de produits, dépliant explicatif ou panneaux français et anglais, stationnement pour autobus, emballages-cadeaux, remise pour vélo, autres.

A 🐄 **AV Certifié: 2005**

Relais du Terroir **certifié**

Michel, Marie-Claire Pedneault et Eric Desgagnés
3384, ch. des Coudriers
Isle-aux-Coudres G0A 3J0
Tél. 418 438-2365 / 1 888 438-2365
Fax 418 438-1361
www.vergerpedneault.com
verpedno@isleauxcoudres.com
À Baie-St-Paul, rte 362 jusqu'à Les Éboulements, secteur St-Joseph-de-la-Rive. Prendre le traversier gratuit vers l'Isle-aux-Coudres. Sur l'île, à gauche à la 1re intersection.

La Malbaie

Gîte E.T. Harvey ✦✦✦

Le gîte est situé près du fleuve et des montagnes, ainsi vous pourrez profiter des activités touristiques et culturelles. La demeure se veut accueillante en tout temps. Endroit calme et enchanteur. Vous pourrez ainsi savourer les déjeuners copieux et variés. Jardin fleuri avec piscine pour vous rafraîchir. Bienvenue chez nous!

Aux alentours: Hautes-Gorges, casino, ski, concert, vélo, golf, patin, croisière, galerie d'art, équitation. **Chambres:** climatisées, avec lavabo, tranquillité assurée, spacieuses, lumineuses, bois franc. **Lits:** double. **3 ch. S. de bain partagée(s). Forfaits:** croisière, gastronomie, golf, motoneige, ski alpin, ski de fond.

2 pers: B&B 62$ 1 pers: B&B 50$. Enfant (12 ans et -): B&B 20$. **Ouvert:** à l'année.

A AV 🚲 **Certifié: 1998**

Gîte du Passant **certifié**

Etudienne Tremblay et Jacques Harvey
19, rue Laure-Conan
La Malbaie G5A 1H8
Tél. 418 665-2779
Fax 418 665-4650
www.giteetaubergedupassant.com/et_harvey

Routes 138 et 362, sur le bord du fleuve, rue Laure-Conan avant ou après le feu de circulation du centre d'achat, 3e maison à droite, de la route 362.

La Malbaie

Gîte la Tourelle du Cap ✦✦✦✦

Coup de Coeur du Public régional 2009. Maison champêtre située à flanc de montagne avec vue splendide sur le fleuve. Piano, poêle à bois, bois franc ajoutent à son charme. Suites spacieuses avec bain sur pieds, foyer et balcon. La Tourelle et ses 2 étages vous invitent à une escapade romantique. Un copieux déjeuner de 4 services aux saveurs maison vous attend. Séjour inoubliable!

Aux alentours: parc national des Hautes-Gorges, casino, croisière aux baleines, ski alpin, ski de fond, golf, kayak, randonnées, musée. **Chambres:** baignoire sur pattes, foyer, TV, balcon, cachet champêtre, suite luxueuse, vue sur fleuve. **Lits:** simple, double, queen. **4 ch. S. de bain privée(s).** **Forfaits:** charme, croisière, romantique, ski alpin, ski de fond.

2 pers: B&B 105-165$ **1 pers:** B&B 90-150$. Taxes en sus. **Paiement:** MC VS.

Réduction: hors saison, long séjour. **Ouvert:** à l'année.

A AV @ **Wi-Fi** **Certifié: 2008**

 Gîte du Passant **certifié**

Annick Boudreault et André Groleau
1515, boul. Malcolm-Fraser
La Malbaie G5A 2N1
Tél. 418 665-3495
Fax 418 665-8288
www.tourelleducap.com
info@tourelleducap.com
De Québec, rte 138 est jusqu'à La Malbaie, 1er rue à gauche, traverser le pont, boul. Malcolm-Fraser à droite. Tout droit 7,5 km.

La Malbaie

La Maison Dufour-Bouchard ✦✦✦✦

Coup de Coeur du Public provincial 2011 et régional 2003, 2008 - Hébergement. Votre bien-être étant le centre de nos préoccupations, une kyrielle d'attentions spéciales vous attend. Spa ext., foyer int. et ext., douches massages à multi-jets et bain thérapeutique. Nos déjeuners, une aventure gastronomique orchestrée autour de la complicité de recettes familiales et de produits régionaux. Informez-vous de nos forfaits. P. 102.

Aux alentours: casino Charlevoix, Domaine Forget, excursions aux baleines, parc des Hautes-Gorges. **Chambres:** certaines climatisées, baignoire à remous, TV, DVD, accès Internet, vue sur jardin. **Lits:** queen, divan-lit. **3 ch. S. de bain privée(s) ou partagée(s).** **Forfaits:** croisière, spectacle.

2 pers: B&B 70-80$ **1 pers:** B&B 65$. **Enfant (12 ans et -):** B&B 20$. **Paiement:** VS.

Réduction: hors saison. **Ouvert:** à l'année.

A AV spa @ **Wi-Fi** **Certifié: 1998**

Gîte du Passant **certifié**

Micheline Dufour
18-1, rue Laure-Conan
La Malbaie G5A 1H8
Tél. 418 665-4982
www.charlevoix.qc.ca/maisondufourbouchard
maisondufourbouchard@hotmail.com
Rte 138 est dir. La Malbaie. De la Maison du tourisme, 1re rue à droite, rue Laure-Conan. Rte 362 jusqu'à La Malbaie, 2e rue après le centre d'achat. Maison à gauche.

La Malbaie

La Maison Frizzi ✦✦✦✦

Coup de Coeur du Public régional 2000 et 1995-96. Surplombant les nuances du fleuve, une chaleureuse maison autrichienne, éloignée de l'artère principale pour votre calme et confort. Entrée privée, foyer, balcon, terrasse et jardins fleuris. La convivialité de notre table n'a d'égal que la couleur et la variété de nos succulents petits-déjeuners. P. 103.

Aux alentours: parc des Hautes-Gorges, fjord, baleines, golf, spa, Domaine Forget, galeries d'art, musée, casino. **Chambres:** avec lavabo, balcon, insonorisées, ventilateur, spacieuses, entrée privée, vue sur fleuve. **Lits:** simple, double, queen, king, d'appoint. **4 ch. S. de bain partagée(s).** **Forfaits:** croisière, golf, spectacle.

2 pers: B&B 90-95$ **1 pers:** B&B 85-90$. **Enfant (12 ans et -):** B&B 20$. **Paiement:** MC VS.

Réduction: hors saison. **Ouvert:** 1 mai - 30 oct. **Fermé:** 31 oct - 30 avr.

A AV @ **Wi-Fi** **Certifié: 1993**

Gîte du Passant **certifié**

Raymonde Vermette
55, rue Côteau-sur-Mer
La Malbaie G5A 3B6
Tél. 418 665-4668
Fax 418 665-1143
www.giteetaubergedupassant.com/maisonfrizzi
lamaisonfrizzi@hotmail.com
À Baie St-Paul, rte 362 est dir. La Malbaie. Du golf Fairmont Manoir Richelieu, 2 km, à droite. Du pont Leclerc, rte 362 ouest, 4,4 km, Côteau-sur-Mer à gauche.

La Malbaie

La Maison sous les Lilas ❀❀❀❀

Une demeure ancestrale entourée de jardins odorants. Les lilas et les roses rivalisent pour vous offrir leurs splendeurs parfumées. Son intérieur saura vous charmer par son mobilier d'époque, ses 3 cheminées de pierres, ses oeuvres de maîtres. Au petit déj.: gelée de lilas au vin blanc, terrines, pain maison, quelques délices pour votre plaisir.

Aux alentours: parc des Hautes-Gorges, musées, casino, ski fond, ski, kayak, canot, randonnées, voile, golf, vélo, pêche, baleine. **Chambres:** ensoleillées, raffinées, cachet ancestral, romantiques, luxueuses, poutres, vue sur fleuve. **Lits:** double, queen. **4 ch. S. de bain privée(s) ou partagée(s).**

2 pers: B&B 80-105$ **1 pers:** B&B 75-100$. **Ouvert:** à l'année. **Fermé:** 12 jan - 28 avr.

A AV @ **WiFi** Certifié: 2003

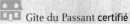
Gîte du Passant **certifié**

Suzanne Rémillard
649, rue Saint-Raphaël
La Malbaie G5A 2P1
Tél. 418 665-8076
www.giteetaubergedupassant.com/sousleslilas
lamaisonsousleslilas@hotmail.com
Rte 138, dir. La Malbaie. À Cap-à-l'Aigle, rue St-Raphaël. À la limite est des Jardins du cap à l'Aigle.

Les Éboulements

Gîte Villa des Roses ❀❀❀

Maison ancestrale en face de l'Isle-aux-Coudres. Aménagement au goût d'antan. Grande galerie permettant d'admirer les montagnes et le fleuve, entre les maisons, tout en vous berçant. Un paradis à découvrir au coeur des attraits touristiques de la région. Déjeuner varié à volonté, agrémenté de petites gâteries préparées avec amour par vos hôtes.

Aux alentours: Domaine Forget (concerts), croisière, golf, vélo, randonnée pédestre, ski de fond snomoneige, traîneau à chiens. **Chambres:** avec lavabo, ensoleillées, cachet ancestral, meubles antiques, ventilateur, lucarnes. **Lits:** double. **5 ch. S. de bain privée(s) ou partagée(s).**

2 pers: B&B 65-85$ **1 pers:** B&B 55-60$. **Enfant (12 ans et -):** B&B 0-20$.

Réduction: hors saison. **Ouvert:** à l'année.

AV Certifié: 1999

Gîte du Passant **certifié**

Pierrette Simard et Léonce Tremblay
290, rue du Village
Les Éboulements G0A 2M0
Tél. 418 635-2733
www.giteetaubergedupassant.com/villadesroses

À Baie-St-Paul, rte. 362 est dir. Les Éboulements.

Les Éboulements

Le Nichouette ❀❀❀

Nichée entre les montagnes et le fleuve, cette maison bicentenaire vous offre calme, rêve et bien-être. Ses chambres familiales et confortables avec salle de bain privée, ses meubles d'antan, son accueil souriant et le délice de ses pâtisseries et confitures maison en font un véritable «Nid-Chouette».

Aux alentours: boutiques, galeries, moulin banal, papeterie, casino, parcs, table gourmande, Relais du Terroir. **Chambres:** meubles antiques, ventilateur, chambre familiale, vue sur fleuve, vue sur montagne. **Lits:** simple, double. **3 ch. S. de bain privée(s).**

2 pers: B&B 68$ **1 pers:** B&B 58$. **Enfant (12 ans et -):** B&B 0-12$. **Paiement:** MC VS.

Réduction: hors saison. **Ouvert:** 1 mai - 31 oct. **Fermé:** 1 nov - 30 avr.

A 🐾 AV Certifié: 1995

Gîte du Passant **certifié**

Gilberte Tremblay
216, rue du Village
Les Éboulements G0A 2M0
Tél. 418 635-2458
www.maisondecampagnelenichouette.com
ni_chouette@sympatico.ca
De Québec, dir. Ste-Anne-de-Beaupré, rte 138 E. jusqu'à Baie-St-Paul, env. 100 km. À Baie-St-Paul, rte 362 E. jusqu'aux Éboulements, 20 km. De La Malbaie, rte 362 O., 25 km.

Les Éboulements

Le Nichouette ★★★

Nichée entre les montagnes et le fleuve, au coeur de Charlevoix, ce Nichouette vous émerveillera. Cette confortable maison bicentenaire est située sur une ancienne ferme. Mariant meubles d'antan et confort moderne, son atmosphère chaleureuse vous enchantera. Ses chambres familiales, avec salle de bain privée en font une destination rêvée !

Aux alentours: musées, boutiques, randonnées pédestres, vélo, kayak, équitation, théâtre d'été.

Maison(s): téléphone, TV, confort moderne, meubles antiques, lucarnes, vue sur fleuve, vue sur montagne. **Lits:** simple, double. **1 maison(s). 3 ch. 1-9 pers.**

SEM 800$ **WE** 500$ **JR** 225$. **Paiement:** MC VS.

Réduction: long séjour. **Ouvert:** 1 mai - 31 oct.

AV Certifié: 2010

🏠 Maison de Campagne certifiée

Gilberte Tremblay
216, rue du Village
Les Éboulements G0A 2M0
Tél. 418 635-2458
www.maisondecampagnelenichouette.com
ni_chouette@sympatico.ca

De Québec, dir. Ste-Anne-de-Beaupré, rte 138 E. jusqu'à Baie-St-Paul, env. 100 km. À Baie-St-Paul, rte 362 E. jusqu'aux Éboulements, 20 km. De La Malbaie, rte 362 O., 25 km.

Les Éboulements, Saint-Joseph-de-la-Rive

Auberge de la Rive de Charlevoix

C'est dans l'atmosphère chaleureuse de notre salle à manger que notre chef saura surprendre vos papilles gustatives. Les produits du terroir sont à l'honneur dans votre assiette. Vous pourrez y découvrir le Charlevoix en petits plats merveilleux. Au plaisir de vous recevoir chez-nous!

Spécialités: notre cuisine reflète les couleurs et saveurs de tout Charlevoix accompagnées des produits du terroir.

Repas offerts: petit-déjeuner, midi, soir. **Menus:** à la carte, table d'hôte, gastronomique. **Nbr personnes:** 1-73. **Réservation:** recommandée.

Table d'hôte: 23-35$/pers. Taxes en sus. **Paiement:** AM ER IT MC VS. **Ouvert:** à l'année. Tous les jours.

A AV @Wifi**Certifié: 2010**

🍴 Table aux Saveurs du Terroir certifiée

Lyne Girard
280, rue de L'Église
Les Éboulements, Saint-Joseph-de-la-Rive G0A 3Y0
Tél. 418 635-2846 / 1 888-935-2846
Fax 418 635-1045
www.aubergedelarive.net
info@aubergedelarive.net

À Baie-St-Paul, route panoramique, route 362 direction Les Éboulements. Descendre la côte en direction de St-Joseph-de-la-Rive, rue de l'Église à gauche.

Les Éboulements, Saint-Joseph-de-la-Rive

Auberge la Maison sous les Pins ★★★

La Maison sous les Pins, construite en 1943, a d'abord été la maison familiale du capitaine Maurice Desgagnés. Depuis 1982, elle est devenue une auberge, accueillant des visiteurs à la recherche de moments de douceur. À deux pas, un riche patrimoine culturel à découvrir: papeterie St-Gilles, musée... Nouveau: service de massothérapie offert. Certifié Table aux Saveurs du Terroir[md] P. 103.

Aux alentours: Papeterie St-Gilles, Musée maritime de Charlevoix, Santons de Charlevoix, randonnée pédestre, vélo à l'Isle-aux-Coudres. **Chambres:** certaines climatisées, TV, décoration thématique, peignoirs, terrasse, vue sur jardin. **Lits:** simple, queen. **8 ch. S. de bain privée(s). Forfaits:** croisière, détente & santé, ski alpin, ski de fond, spectacle, hiver.

2 pers: B&B 115-155$ **1 pers:** B&B 100-140$. **Enfant (12 ans et -):** B&B 20$. Taxes en sus. **Paiement:** IT MC VS.

Réduction: hors saison, long séjour. **Ouvert:** à l'année.

🍴 AV spa @Wifi**Certifié: 2008**

🏠 Auberge du Passant certifiée

Huguette Thibault et André Latreille
352, rue F.A. Savard
Les Éboulements, Saint-Joseph-de-la-Rive G0A 3Y0
Tél. 418 635-2583 / 1 877 529-7994
www.maisonsouslespins.com
info@maisonsouslespins.com

De Québec, rte 138 est, à Baie-St-Paul, route du fleuve (362) et suivre les indications de l'Isle-aux-Coudres.

Les Éboulements, Saint-Joseph-de-la-Rive

Auberge la Maison sous les Pins

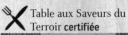

La Maison sous les Pins a d'abord été la maison familiale du capitaine Maurice Desgagnés. Elle est devenue une auberge depuis 1982. À deux pas, un riche patrimoine culturel à découvrir: Papeterie St-Gilles, Musée maritime et les Santons de Charlevoix, la promenade des capitaines. À seulement 1 km du débarcadère pour aller à L'Isle-aux-Coudres. P. 103.

Spécialités: table d'hôte ou à la carte: poisson, canard, pintade, veau, pâtes, steak. En été, le menu terrasse propose des grillades.

Repas offerts: petit-déjeuner, midi, soir. **Menus:** à la carte, table d'hôte. **Nbr personnes:** 1-25. Min. de pers. exigé varie selon les saisons. **Réservation:** recommandée, requise pour groupe.

Table d'hôte: 38-43$/pers. Taxes en sus. **Paiement:** IT MC VS. **Ouvert:** à l'année. Horaire variable – téléphoner avant. **Fermé:** 1 nov - 30 nov.

@Wi Fi **Certifié: 2012**

Huguette Thibault et André Latreille
352, rue F.A. Savard
Les Éboulements, Saint-Joseph-de-la-Rive G0A 3Y0
Tél. 418 635-2583 / 1 877 529-7994
www.maisonsouslespins.com
info@maisonsouslespins.com
De Québec, rte 138 est, à Baie-St-Paul, route du fleuve (362) et suivre les indications de l'Isle-aux-Coudres.

Les Éboulements, Saint-Joseph-de-la-Rive

Maison du Patrimoine ★★★

Maison monumentale d'inspiration anglaise et située sur une ferme ancestrale acquise avant 1759 et transmise de génération en génération. Loin de la circulation, dominant le fleuve, protégée des vents par la montagne et bordée d'un ruisseau, elle vous charmera.

Aux alentours: traversier, plages, fermes, musées, casino, golf, Le Massif, Mont Grand-Fonds, etc.

Maison(s): téléphone, TV, cachet ancestral, meubles antiques, vue sur fleuve. **1 maison(s).** 4 ch. 1-8 pers.

SEM 950-1250$. Taxes en sus. **Ouvert:** à l'année.

AV ⚓ **Certifié: 2012**

Céline Tremblay et Patricia Tremblay
242, Côte des Cèdres
Les Éboulements, Saint-Joseph-de-la-Rive G0A 3Y0
Tél. 418 831-3454 / 418 635-2675
www.terroiretsaveurs.com/maison-du-patrimoine
patriciatremblay@videotron.ca
À Baie St-Paul, rte 362 dir. Les Eboulements. Descendre la côte, rue Félix-Antoine Savard jusqu'au fleuve. Côte des Cèdres à droite, en face de la rue de l'Église.

Petite-Rivière-Saint-François

Auberge La Côte d'Or ★★★★

Découvrez l'unique auberge 4 étoiles de moins de 10 ch. dans Charlevoix à 10 min de Baie-St-Paul et 5 min du Massif. Vue spectaculaire sur le fleuve et les montagnes dans un décor champêtre et chaleureux propice au calme et à la détente. Salle de massages. Spa 4 saisons. Boutique-atelier de souvenirs d'artisanat de bois (stages disponibles). Certifié Table aux Saveurs du Terroir[md]

Aux alentours: randonnées pédestres, croisière aux baleines, golf, kayak, casino, hélico, ski, raquettes (Le Massif, Sentier des Caps). **Chambres:** baignoire à remous, foyer, accès Internet, romantiques, vue sur fleuve, vue panoramique. **Lits:** simple, queen, king. **9 ch.** S. de bain privée(s). **Forfaits:** charme, croisière, gastronomie, détente & santé, romantique, ski alpin, divers.

2 pers: B&B 112-170$ PAM 182-240$ **1 pers:** B&B 86-125$ PAM 121-160$. Taxes en sus. **Paiement:** AM IT MC VS.

Réduction: hors saison, long séjour. **Ouvert:** à l'année.

A ✕ AV spa @Wi Fi **Certifié: 2003**

Jean-Michel Dirand et Sylvie Bardou
348, rue Principale
Petite-Rivière-Saint-François G0A 2L0
Tél. 418 632-5520 / 1 877 632-5520
Fax 418 632-5589
www.quebecweb.com/lacotedor
aubergelacotedor@charlevoix.net
Rte 138 est, à l'indication Petite-Rivière-St-François à droite, 4 km.

Petite-Rivière-Saint-François

Auberge La Côte d'Or

Salle à manger panoramique avec une vue spectaculaire sur le fleuve St-Laurent, vous offrant une table d'hôte 5 services et déjeuners mettant à l'honneur une cuisine d'inspiration française, aux saveurs du terroir de la région, dans l'unique auberge 4 étoiles de moins de 10 chambres dans Charlevoix à 10 min de Baie-St-Paul et 5 min du Massif.

Spécialités: terrine de gibier, poêlée de foie de canard, effeuillade aux 3 fromages, bavette de boeuf Angus au Ciel de Charlevoix, caille royale...

Repas offerts: petit-déjeuner, soir. **Menus:** à la carte, table d'hôte, gastronomique. **Nbr personnes:** 1-30. **Réservation:** requise.

Table d'hôte: 39-50$/pers. Taxes en sus. **Paiement:** AM IT MC VS. **Ouvert:** à l'année. Tous les jours. Horaire variable – téléphoner avant.

A AV @WiFi **Certifié: 2007**

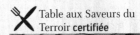

Table aux Saveurs du Terroir **certifiée**

Jean-Michel Dirand et Sylvie Bardou
348, rue Principale
Petite-Rivière-Saint-François G0A 2L0
Tél. 418 632-5520 / 1 877 632-5520
Fax 418 632-5589
www.quebecweb.com/lacotedor
aubergelacotedor@charlevoix.net
Rte 138 est, à l'indication Petite-Rivière-St-François à droite, 4 km.

Petite-Rivière-Saint-François

Auberge la Courtepointe ★★★

Nichée entre le fleuve St-Laurent et le Massif de Petite-Rivière-St-François, se dresse une charmante auberge de village; l'Auberge La Courtepointe. Un endroit chaleureux et accueillant où vous vous sentirez tout de suite à votre aise.

Aux alentours: centre de ski Le Massif, Baie-St-Paul, Casino de La Malbaie. **Chambres:** certaines climatisées, TV, balcon, vue sur fleuve, vue sur montagne. **Lits:** double, queen. **14 ch. S. de bain privée(s). Forfaits:** croisière, golf, plein air, détente & santé, ski alpin, restauration.

2 pers: B&B 130-180$ **PAM** 214-264$ **1 pers:** B&B 110-160$ **PAM** 154-204$. Taxes en sus. **Paiement:** IT MC VS.

Réduction: hors saison, long séjour. **Ouvert:** 1 déc - 15 oct. **Fermé:** 15 avr - 15 juin.

✗ @WiFi **Certifié: 2008**

Auberge du Passant **certifiée**

Isabelle Lussier
8, rue Racine
Petite-Rivière-Saint-François G0A 2L0
Tél. 418 632-5858 / 514 886-6540
Fax 418 632-5786
www.aubergecourtepointe.com
courtepointe@bellnet.ca
Rte 138 est, à l'indication Petite-Rivière-St-François à droite, rue Racine à gauche.

Petite-Rivière-Saint-François

Gîte l'Écureuil ✦✦✦✦

Entre mer et montagnes, c'est dans un site enchanteur qu'est nichée notre maison. Confort douillet, goûtez nos déj. santé à saveur belgo québécoise. Tout comme Gabrielle Roy, romancière qui a passé de nombreux étés dans ce paysage de carte postale, venez donc vous ressourcer au coeur de la nature calme et reposante. Spa, salon avec foyer.

Aux alentours: Le Massif, Sentier des caps, randonnées pédestres, kayak de mer et de rivière, croisières baleines. **Chambres:** accès Internet, balcon, insonorisées, ventilateur, tranquillité assurée, bois franc, vue sur fleuve. **Lits:** simple, double, queen. **4 ch. S. de bain privée(s). Forfaits:** croisière, ski alpin.

2 pers: B&B 100$ **1 pers:** B&B 85$. **Enfant (12 ans et -):** B&B 20$. Taxes en sus. **Paiement:** VS.

Réduction: hors saison, long séjour. **Ouvert:** à l'année.

AV spa @WiFi **Certifié: 2002**

Gîte du Passant **certifié**

Viviane De Bock et Éric Velghe
264, rue Principale
Petite-Rivière-Saint-François G0A 2L0
Tél. 418 632-1058 / 1 877 632-1058
Fax 418 632-1059
www.gitelecureuil.com
viviane@gitelecureuil.com
Rte 138 est, 90 km de Québec. À l'indication Petite-Rivière-St-François, à droite, 2,5 km.

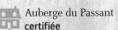

Saint-Irénée

La Luciole ✳✳✳

Cette grande maison typique, des années 20, est située directement au bord du fleuve à hauteur de mer. À quelques pas de la plage, cette ancienne auberge offre une ambiance chaleureuse avec ses 5 chambres, ses galeries (vue imprenable du fleuve) et ses boiseries intérieures. Ambiance de calme et de détente, se veut un endroit idéal pour le repos.

Aux alentours: Domaine Forget, galeries d'art, casino, parcs des Grands-Jardins et Hautes-Gorges, golf... **Chambres:** cachet d'antan, cachet d'autrefois, tranquillité assurée, bois franc, vue sur fleuve. **Lits:** double, queen, king. **5 ch. S. de bain privée(s) ou partagée(s). Forfaits:** spectacle, divers.

2 pers: B&B 79-119$. Taxes en sus. **Paiement:** IT MC VS.

Réduction: hors saison. **Ouvert:** 15 juin - 15 oct.

A ⚓ @ **Wi-Fi** **Certifié: 2006**

🏠 Gîte du Passant **certifié**

Jean-Pierre, Claude, Debbie et France
35, chemin des Bains
Saint-Irénée G0T 1V0
Tél. 1 866 452-8283 / 514 717-5834
www.laluciole.ca
laluciole.ca@gmail.com
Rte 138 est. À Baie-St-Paul, rte 362 est dir.
St-Irénée, 25 km.

Saint-Urbain

Centre de l'Émeu de Charlevoix et Chez Gertrude 📷 ✳✳✳

Ferme d'élevage. Coup de Coeur du public régional 1999 et Prix Réalisation 2004 - Mention spéciale. Idéale pour famille ou amis. Ouverte depuis 30 ans. Maison ancestrale et spacieuse située au coeur de Charlevoix, à 10 min du mont du Lac des Cygnes et Baie-St-Paul. Très confortable. Boutique avec une gamme de produits corporels et gourmands dérivés de l'émeu. Cadeau terroir si 3 nuits et plus. Mai-oct: visite autoguidée incl. www.gertrude.qc.ca P. 104.

Aux alentours: mont du Lac des Cygnes, Baie-St-Paul, vélo, ski. **Direct:** sentiers Les Florents et Les Pointes, rivière saumonée, émeus.

Maison(s): TV, cachet d'antan, meubles antiques, ventilateur, spacieuses, terrasse, vue sur montagne. **Lits:** simple, double, queen. **1 maison(s). 4 ch. 1-10 pers. Forfaits:** à la ferme, gastronomie.

SEM 800-1105$ **WE** 200-530$ **JR** 200-410$. **Paiement:** MC VS.

Réduction: long séjour. **Ouvert:** à l'année.

A AV **Certifié: 1993**

🏠 Maison de Campagne à la Ferme **certifiée**

Raymonde et Gertrude Tremblay
706, rue Saint-Édouard (rte 381)
Saint-Urbain G0A 4K0
Tél. 418 639-2205 / 418 667-5443
Fax 418 639-1130
www.emeucharlevoix.com
info@emeucharlevoix.com
De Québec, route 138 est. Après Baie-St-Paul, faire 10 km, route 381 nord (ou St-Édouard) à droite, faire 4 km. Ferme située à droite, surveillez les 2 gros émeus en bois.

Saint-Urbain

Centre de l'Émeu de Charlevoix et Chez Gertrude 📷

Boutique du terroir – Ferme d'élevage. Prix Réalisation 2004 - Mention spéciale. Venez découvrir la plus grande ferme d'émeus au Canada créée en 1997, un centre unique dans la mise en valeur des produits dérivés. Boutique renouvelée avec terrasse. Visites guidées ou autoguidées. Essai de produits corporels, dégustation, recettes et prêt-à-manger. Incontournable à tous âges, seul ou en groupe. Votre mieux-être au naturel! P. 104.

Produits: émeus de tous âges, huile d'émeu 100% pure, produits hydratants ou anti-inflammatoires, viande maigre savoureuse, prêts-à-manger variés **Activités sur place:** animation pour groupe, dégustation, visite autoguidée, visite commentée français et anglais, observation des activités de la ferme, autres.

Visite: adulte: 3-6$, enfant: 1-3$ tarif de groupe. **Paiement:** IT MC VS. **Nbr personnes:** 1-55. **Réservation:** requise pour groupe. **Ouvert:** 18 mai - 14 oct. Tous les jours. 9h à 17h. Horaire variable. **Services:** terrasse, vente de produits, dépliant explicatif ou panneaux français et anglais, stationnement pour autobus, emballages-cadeaux, autres.

A AV **Certifié: 1993**

🧺 Relais du Terroir **certifié**

Raymonde et Gertrude Tremblay
706, rue Saint-Édouard (rte 381)
Saint-Urbain G0A 4K0
Tél. 418 639-2205 / 418 667-5443
Fax 418 639-1130
www.emeucharlevoix.com
info@emeucharlevoix.com
De Québec, route 138 est. Après Baie-St-Paul, faire 10 km, route 381 nord (ou St-Édouard) à droite, faire 4 km. Ferme située à droite, surveillez les 2 gros émeus en bois.

Autres établissements

Les Éboulements

Les Jardins du Centre, 91, rang Centre, Les Éboulements, G0A 2M0. Tél.: 418 635-2387 Fax: 418 635-2812
jardins.centre@sympatico.ca - www.terroiretsaveurs.com/les-jardins-du-centre

Érablière - Ferme fruitière. Services offerts: activités, vente de produits, résidence de tourisme.

Chaudière-Appalaches

Saveurs régionales

La région de Chaudière-Appalaches est un château fort de la production acéricole avec ses nombreuses érablières où se sucrer le bec, mais bien d'autres délices gourmands y sont à l'honneur :

- des fromages, dont le Riopel et le cheddar de l'île aux Grues. Une tarte aux pommes garnie du cheddar de l'île aux Grues, un vrai régal!

- des cidres, des vins, des chocolats, des pâtisseries et pains artisanaux;

- des cultures maraîchères, dont de délicieuses tomates non hybrides donnant les plus belles formes et couleurs de rouge, de jaune et de mauve;

- aux traditionnelles productions s'ajoutent des élevages de cailles, de faisans, de perdrix, de lapins, de veaux, de cerfs, de sangliers et de bisons;

- des fruits sauvages (fraises, framboises, amélanchiers, petites merises);

- pour les amoureux de foie gras, confit et pâtés d'oies et canards gavés;

- le pavé d'esturgeon, voilà un grand classique tout à fait délicieux!

Quoi voir? Quoi faire?

- Moulin du Portage (Lotbinière) et Domaine Joly-De Lotbinière (Sainte-Croix).
- Héritage Kinnear's Mills où un guide vous racontera la vie des ancêtres du village.
- Musée minéralogique et minier et visite souterraine de 350 m (Thetford Mines).
- À Lévis : Lieu historique national du Canada des Forts-de-Lévis, Maison Alphonse-Desjardins, Terrasse de Lévis...
- La Maison J.-A.-Vachon, une pâtisserie devenue une véritable institution (Sainte-Marie).
- Musée Marius Barbeau (Saint-Joseph-de-Beauce).
- Village des défricheurs (Saint-Prosper).
- Le plus long pont couvert du Québec, d'une longueur de 154 m (Notre-Dame-des-Pins).
- Excursion à l'île aux Grues et au Lieu historique national du Canada de la Grosse-Île-et-le-Mémorial-des-Irlandais. Festival de la Mi-Carême (mars).
- Centre des Migrations, Festival de l'Oie Blanche, Carrefour mondial de l'accordéon (Montmagny).
- Musée maritime du Québec (L'Islet).
- Saint-Jean-Port-Joli : galeries d'art, musées, sculptures, théâtre...
- Seigneurie des Aulnaies, les splendeurs de l'époque du régime seigneurial (Saint-Roch-des-Aulnaies).

Faites le plein de nature

- Les sentiers pédestres des 3 Monts de Coleraine.
- Parc national de Frontenac : activités nautiques, randonnée pédestre, vélo...
- Parc des Chutes-de-la-Chaudière : chutes de 35 m, belvédères, passerelle (près de Charny).
- Éco-Parc des Etchemins : plage, glissades, pique-nique, canot, kayak...
- Archipel de L'Isle-aux-Grues : kayak, vélo...
- Parc régional du Massif du Sud : sentiers pédestres écotouristiques.
- Parc régional des Appalaches : marche, kayak, canot, chutes, ponts suspendus, belvédères... (Sainte-Lucie-de-Beauregard).

Un secret champêtre fort bien gardé...

On y vient pour voir se côtoyer, en une belle harmonie, une nature généreuse et un patrimoine où subsistent de superbes manoirs, seigneuries et moulins. Certains villages sont même reconnus parmi les plus beaux du Québec.

Partout en longeant le fleuve Saint-Laurent (Route des Navigateurs), vous vous régalerez de voir une succession de charmants villages côtiers. Entre les escarpements passablement élevés, vous jouirez d'une vue imprenable sur le fleuve et de saisissants couchers de soleil et aurores boréales en hiver.

Grimpant lentement vers les contreforts des Appalaches, s'opposent à la côte de pittoresques paysages agricoles, urbains, forestiers et miniers. Sans oublier la belle rivière Chaudière, qui prend sa source dans le lac Mégantic et sillonne magnifiquement la région jusqu'au fleuve.

Offrant une agréable variété d'attraits et d'activités dans ses sept secteurs touristiques (Lotbinière, région de Thetford, Lévis, La Beauce, Les Etchemins, Bellechasse et la Côte-du-Sud), la région de Chaudière-Appalaches est chaleureusement animée en toutes saisons. C'est aussi un lieu de prédilection pour le plein air, le cyclotourisme et l'observation des oiseaux, dont le fascinant spectacle des oies blanches. Bref, une région bucolique à souhait!

- Envie de vélo? Parcours des Anses (15 km, Lévis), Parc linéaire de la MRC de Lotbinière (25 km), Véloroute de la Chaudière (45 km), Piste Saint-Daniel-Lambton (8 km), Cycloroute de Bellechasse (75 km entièrement asphaltée), etc.

Le saviez-vous?

Des centaines de milliers d'oies blanches font halte chaque année sur les battures du Saint-Laurent, dont celles de Montmagny, pour se gaver et refaire leurs réserves de graisses énergétiques. Présentes au printemps après avoir parcouru vingt escale 900 km depuis la côte est américaine, les oies blanches migrent vers l'Arctique canadien pour aller nidifier. Lorsque le gel entrave leur alimentation, elles reviennent à l'automne plus nombreuses qu'au printemps. Et lorsqu'à nouveau le gel arrive annonçant cette fois-ci notre hiver, elles partent vers le sud. Tentez de repérer les oies qui font le guet, le cou bien droit et prêtes à donner l'alerte. Et c'est l'envol...

Clin d'œil sur l'histoire

En 1831, afin de protéger la Nouvelle-France de l'épidémie de choléra qui sévissait en Europe, on fit de la Grosse Île une station de quarantaine pour les immigrants qui arrivaient en grand nombre. Cette première vague d'immigration fut marquante, mais pas autant que celle de 1847. C'est la Grande Famine en Europe, et cette petite île, accueillant tout au plus 1 000 personnes à la fois, est vite débordée avec plus de 100 000 immigrants, la plupart des Irlandais. Plus de 10 000 personnes y moururent. Aujourd'hui un important site patrimonial, cette île a joué un rôle considérable dans l'histoire du peuplement du Québec, du Canada et même des États-Unis, pour avoir freiné pendant plus de 100 ans le développement de diverses maladies et épidémies.

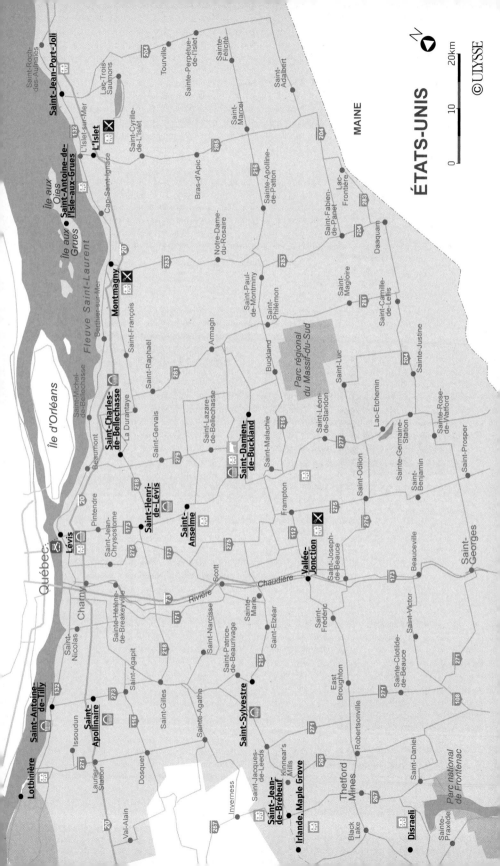

Irlande, Maple Grove

Manoir d'Irlande

Rose-Hélène Robidas et Florian Fortin
175 ch. Gosford
Irlande, Maple Grove
G6H 2N7
418 428-2874
1 877 447-2027
www.manoirdirlande.com
manoirdirlande@hotmail.com
P. 124.

L'Association de l'Agrotourisme et du Tourisme Gourmand du Québec* est fière de rendre hommage aux hôtes Rose-Hélène Robidas et Florian Fortin du gîte le MANOIR D'IRLANDE, qui se sont illustrés de façon remarquable par l'expérience exceptionnelle qu'ils font vivre à leur clientèle. C'est dans le cadre des Prix de l'Excellence 2011 que les propriétaires de cet établissement, certifié Gîte du Passant[md] depuis 2004, se sont vu décerner le « Coup de Cœur du Public Provincial » dans le volet : hébergement.

« La chaleur et le grand cœur de ces hôtes, sont les mots qui reviennent sans cesse dans les témoignages des gens qui ont séjourné à ce gîte. Vous serez conquis par ces hôtes qui ont su aussi concocter de succulents repas gourmands servis dans un cadre de détente enjolivé de douce musique. Leur magnifique maison patrimoniale, rehaussée d'un riche décor du 19e siècle, est un endroit où le calme procure une sensation de bien-être, un retour à l'essentiel... Cette ambiance est le fruit de la grande générosité d'hôtes qui savent se faire discrets et qui savent aussi vous amuser en vous racontant les contes des petits génies habitant leur jardin. De jolies histoires de gnomes, pour vous faire rêver. »

Félicitations !

*L'Association de l'Agrotourisme et du Tourisme Gourmand du Québec est propriétaire des marques de certification : Gîte du Passant[MD], Auberge du Passant[MD], Maison de Campagne ou de Ville, Table aux Saveurs du Terroir[MD], Table Champêtre[MD], Relais du Terroir[MD] et Ferme Découverte.

Lévis

Au Manoir de Lévis - Gîte le Rosier

Carole Hamelin et André Mailhot
473, rue Saint-Joseph
Lévis
G6V 1G9
418 833-6233
1 866 626-6473
www.bblerosier.com
aumanoirdelevis@bellnet.ca
P. 124.

L'Association de l'Agrotourisme et du Tourisme Gourmand du Québec* est fière de rendre hommage aux hôtes Carole Hamelin et André Mailhot du gîte AU MANOIR DE LÉVIS – GÎTE LE ROSIER, qui se sont illustrés de façon remarquable par leurs efforts à promouvoir et mettre en valeur les produits du terroir québécois. C'est dans le cadre des Prix de l'Excellence 2011 que les propriétaires de cet établissement, certifié Gîte du Passant[md] depuis 2006, se sont vu décerner une « Mention Spéciale Provinciale » dans le volet : hébergement.

« Les propriétaires de cet établissement éprouvent et partagent une belle fierté; celle d'encourager les producteurs et artisans de leur région. Considérant comme leur devoir de vous faire connaître et apprécier toute cette richesse, vous ne manquerez pas de retrouver à la table de leur petit-déjeuner une belle variété de produits régionaux. Cette belle fierté va même jusqu'à vous faire découvrir divers produits allant du savon artisanal aux paniers cadeaux débordants de gâteries chocolatées. Et l'on ne manquera pas non plus de vous suggérer les bons restaurants, les diverses activités dont des visites des producteurs locaux, afin que rayonne, tel qu'elle le mérite, la belle région de Chaudière-Appalaches. »

Félicitations !

*L'Association de l'Agrotourisme et du Tourisme Gourmand du Québec est propriétaire des marques de certification : Gîte du Passant[MD], Auberge du Passant[MD], Maison de Campagne ou de Ville, Table aux Saveurs du Terroir[MD], Table Champêtre[MD] Relais du Terroir[MD] et Ferme Découverte.

L'Islet
Auberge des Glacis

Nancy Lemieux et André Anglehart
46, Route de la Tortue
L'Islet
G0R 1X0
418 247-7486
1 877 245-2247
www.aubergedesglacis.com
info@aubergedesglacis.com
P. 123, 126.

L'Association de l'Agrotourisme et du Tourisme Gourmand du Québec* est fière de rendre hommage aux hôtes Nancy Lemieux et André Anglehart de la table de l'AUBERGE DES GLACIS, qui se sont illustrés de façon remarquable par leurs efforts à promouvoir et mettre en valeur les produits du terroir québécois. C'est dans le cadre des Prix de l'Excellence 2011 que les propriétaires de cet établissement, certifié Table aux Saveurs du Terroir[md] depuis 2007, se sont vu décerner une « Mention Spéciale Provinciale » dans le volet : restauration.

« Les propriétaires, ainsi que le Chef Olivier Raffestin, de cette magnifique auberge se démarquent par leur ingéniosité culinaire et leur volonté à vous faire goûter toute la richesse du terroir et des saveurs de leur région. Et c'est si peut dire, car avec un menu élaboré avec près de 95% de produits régionaux, il s'agit là d'un engagement hors du commun à vous faire savourer tout ce que la région de Chaudière-Appalaches a de bon. Leur collaboration étroite avec les producteurs et les fournisseurs de la région, ainsi que leur grande créativité ont su s'unir pour vous offrir un menu composé de produits régionaux à l'année longue. Installé dans un ancien moulin à farine, cet établissement assure aussi la mise en valeur du patrimoine bâti de la région. »

Félicitations !

*L'Association de l'Agrotourisme et du Tourisme Gourmand du Québec est propriétaire des marques de certification : Gîte du Passant[MD], Auberge du Passant[MD], Maison de Campagne ou de Ville, Table aux Saveurs du Terroir[MD], Table Champêtre[MD], Relais du Terroir[MD] et Ferme Découverte.

Saint-Jean-de-Brébeuf
À l'Aurore Boréale

Denise Lavoie et Alain Tousignant
612, chemin Craig
Saint-Jean-de-Brébeuf
G6G 0A1
418 453-3588
www.giteetaubergedupassant.com/alauroreboreale
alauroreboreale@sympatico.ca
P. 130.

L'Association de l'Agrotourisme et du Tourisme Gourmand du Québec* est fière de rendre hommage aux hôtes Denise Lavoie et Alain Tousignant de l'auberge À l'AURORE BORÉALE, qui se sont illustrés de façon remarquable par l'expérience exceptionnelle qu'ils font vivre à leur clientèle. C'est dans le cadre des Prix de l'Excellence 2011 que les propriétaires de cet établissement, certifié Auberge du Passant^md depuis 2007, se sont vu décerner le « Coup de Cœur du Public Provincial » dans le volet : hébergement.

« Ce qui caractérise les hôtes de ce gîte est sans contredit leur accueil chaleureux. Très attentionnés et disponibles envers leurs clients, dès le premier contact téléphonique, rien ne manquera pour vous satisfaire. Un petit présent pour l'un et des fleurs d'anniversaire pour l'autre... Dans la quiétude des lieux, sur le bord d'une belle rivière, vous serez conviés à un excellent petit-déjeuner que vous n'oublierez pas. Tout près de l'auberge, un magnifique circuit historique permettra aux cyclotouristes de découvrir cette belle auberge au cachet champêtre. »

Félicitations !

*L'Association de l'Agrotourisme et du Tourisme Gourmand du Québec est propriétaire des marques de certification : Gîte du Passant^MD, Auberge du Passant^MD, Maison de Campagne ou de Ville, Table aux Saveurs du Terroir^MD, Table Champêtre^MD, Relais du Terroir^MD et Ferme Découverte

Disraeli

Gîte Dolorès ✤✤✤✤

Dans l'ambiance d'une maison centenaire, Nicole et Jean-Denis vous accueillent chaleureusement et offrent 2 suites confortables, un déjeuner copieux, des espaces extérieurs propices à l'intimité ou la rencontre. Jardin, piscine, 2 stationnements et accès aux handicapés. Une visite vous convaincra que c'était cette hospitalité que vous cherchiez.

Aux alentours: Pavillon de la Faune et croisière, parc Frontenac, mont Adstock, golf, ski, visites minières, motoneige, VTT. **Chambres:** climatisées, téléphone, TV, accès Internet, cachet champêtre, suite. **Lits:** queen. **2 ch. S. de bain privée(s).**

2 pers: B&B 90$ 1 pers: B&B 85$.

Réduction: long séjour. **Ouvert:** à l'année.

A 🐴 🏊 @ **Wi-Fi** Certifié: 2009

Nicole Daigle
536, av. Champlain
Disraeli G0N 1E0
Tél. 418 449-2795
www.giteetaubergedupassant.com/gitedolores
dolores@tlb.sympatico.ca
Aut. 20, sortie 253, rte 165, direction rte 112. À Disraeli, 536 sur la rte 112. De Québec par la rte 73 ou de Sherbrooke: direction rte 112.

Irlande, Maple Grove

Manoir d'Irlande ✤✤✤✤

Coup de Coeur du Public provincial 2011 et régional 2005, 2007 - Hébergement. Presbytère patrimonial anglican en pierre, 1840, style anglais d'esprit néogothique, boiseries, moulures et rosaces d'époque, poêle à bois Royal Bélanger 1915, grand salon avec foyer, majestueuse salle à manger. Baigné en pleine nature, retiré de la route, un boisé d'érables et de conifères lui confère un attrait enchanteur en toutes saisons. Certifié Bienvenue cyclistes ![md] P. 119.

Aux alentours: jardins, musées, lacs, golfs, théâtre, ornithologie, circuit historique des chemins Craig et Gosford, pont couvert. **Chambres:** certaines climatisées, baignoire sur pattes, TV, accès Internet, cachet d'antan, suite. **Lits:** double, queen, king, d'appoint, pour bébé. **5 ch. S. de bain privée(s) ou partagée(s). Forfaits:** charme, famille, gastronomie, golf, romantique, spectacle, théâtre, restauration.

2 pers: B&B 74-139$ PAM 144-204$ 1 pers: B&B 64-129$ PAM 99-164$. Enfant (12 ans et -): B&B 15$ PAM 40$. Taxes en sus. **Paiement:** MC VS.

Réduction: long séjour. **Ouvert:** 1 mai - 30 déc. **Fermé:** 31 déc - 30 avr.

✗ AV @ **Wi-Fi** Certifié: 2004

Rose-Hélène Robidas et Florian Fortin
175 ch. Gosford
Irlande, Maple Grove G6H 2N7
Tél. 418 428-2874 / 1 877 447-2027
www.manoirdirlande.com
manoirdirlande@hotmail.com
Aut. 20 E, sortie 228, rte 165 S, rte 216 O, 2,4 km. ou Aut. 20 O, sortie 253, rte 265 S, rte 165 S, rte 216 O, 2,4 km. Ou rte 112, rte 165 N, rte 216 O, 2,4 km.

Lévis

Au Manoir de Lévis - Gîte le Rosier ✤✤✤✤

Mention Spéciale provinciale 2011 – Hébergement. Coup de Coeur du Public régional 2008. Venez séjourner dans une magnifique maison victorienne de l'an 1890. Accueil chaleureux et familial. Située au bord du fleuve Saint-Laurent, elle offre une superbe vue sur la chute Montmorency et l'île d'Orléans. P. 120.

Aux alentours: à 3,5 km du traversier, Vieux-Québec, vue sur les Grands Feux de Loto-Québec de notre terrasse. **Chambres:** climatisées, baignoire sur pattes, accès Internet, cachet ancestral, originales. **Lits:** simple, double, queen. **5 ch. S. de bain privée(s). Forfaits:** vélo, croisière, théâtre, divers.

2 pers: B&B 100-120$ 1 pers: B&B 75-85$. Enfant (12 ans et -): B&B 15-20$. Taxes en sus. **Paiement:** IT MC VS.

Réduction: long séjour. **Ouvert:** à l'année.

● AV @ **Wi-Fi** 🚲 Certifié: 2006

Carole Hamelin et André Mailhot
473, rue Saint-Joseph
Lévis G6V 1G9
Tél. 418 833-6233 / 1 866 626-6473
Fax 418 833-1089
www.bblerosier.com
aumanoirdelevis@bellnet.ca
Aut. 20, sortie 327, Mgr Bourget nord, rue St-Joseph à droite.

Lévis

Au Plumard ✤✤✤✤

Coup de Coeur du Public régional 2010. Bienvenue dans notre demeure bien conservée, qui saura sans aucun doute vous charmer. Nous sommes au coeur des activités du Vieux-Lévis et à quelques enjambées du Vieux-Québec, où il sera possible de s'y rendre par le traversier et ce, en tout temps. Notre accueil et notre hébergement sont notre fierté. On vous attend bientôt!

Aux alentours: le Vieux-Québec, fort no. 1, maison Alphonse Desjardins, terrasse de Lévis, golf, théâtre d'été Beaumont St-Michel. **Chambres:** climatisées, bureau de travail, TV, accès Internet, raffinées, peignoirs, vue panoramique. **Lits:** simple, queen, divan-lit, d'appoint. **5 ch. S. de bain privée(s).**

2 pers: B&B 115-135$ **1 pers:** B&B 100-120$. **Enfant (12 ans et -):** B&B 25$. Taxes en sus. **Paiement:** MC VS.

Réduction: long séjour. **Ouvert:** à l'année.

A @Wi-Fi ♿ Certifié: 2008

Gîte du Passant **certifié**

Anne Fleury et André Carrier
5865, rue St-Georges
Lévis G6V 4K9
Tél. 418 835-4574 / 418 580-1046
www.auplumardcouetteetcafe.com
auplumard@hotmail.com
Aut. 20, sortie 325 nord, Lévis centre-ville, rue Kennedy jusqu'au bout, 1, 75 km, rue St-Georges à droite, faire.5 km, quelques mètres après le 1er arrêt, entrée à gauche.

Lévis

Clos Lambert inc. 📷

Vignoble. Vignoble à thématique médiévale: tour et chai. Culture de la vigne sans pesticide, ni herbicide et ni engrais chimiques. Dégustation, vente, rencontres familiales, mariages, 5 à 7 et réunions d'affaires. Salle d'exposition pour artistes. Colonie de merles-bleus. Spécialités: mousseux et vins de type médiéval. Visite libre gratuite.

Produits: mousseux, méthode traditionnelle et cuve fermée. Vins médiévaux épicés servis chauds ou froids. **Activités sur place:** dégustation, visite libre, visite commentée français et anglais, visite commentée français, participation aux vendanges.

Visite: adulte: 5$, enfant gratuit, autres tarifs. **Paiement:** IT MC VS. **Nbr personnes:** 1-50. **Réservation:** recommandée, requise pour groupe. **Ouvert:** 24 juin - 15 oct. Jeu au dim. 13h à 17h. Horaire variable – téléphoner avant. **Services:** aire de pique-nique, terrasse, vente de produits, salle de réception, réunion, stationnement pour autobus, emballages-cadeaux.

A 🐎 AV ♿ Certifié: 2011

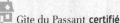 Relais du Terroir **certifié**

Raymond Lambert
690, route de la Rivière-Etchemin
Lévis G6Z 2K9
Tél. 418 834-6006 / 418 933-5614
www.closlambert.com
raylambert@sympatico.ca
Aut. 20, Lévis, sortie rue Commerciale, au 7e feu de circulation, route de la Rivière à gauche, 3 km.

Lévis

La Maison sous l'Orme ✤✤✤✤

La campagne à la ville. Tranquillité assurée à 7 min de marche du traversier pour le Vieux-Québec. Quartier pittoresque, près de la piste cyclable et des restaurants. Belle ancestrale de 1870, véranda couverte avec vue sur le fleuve. Petit-déjeuner 3 services, tables individuelles avec service. Au rez-de-chaussée, suite familiale avec cuisinette. Certifié Bienvenue cyclistes !md

Aux alentours: traversier Vieux-Québec, croisières Saint-Laurent. **Chambres:** climatisées, TV, accès Internet, cachet champêtre, meubles antiques, suite, vue sur fleuve. **Lits:** simple, queen. **5 ch. S. de bain privée(s). Forfaits:** croisière, gastronomie, détente & santé, romantique, spectacle, divers.

2 pers: B&B 120-125$ **1 pers:** B&B 110-115$. **Enfant (12 ans et -):** B&B 10-15$. Taxes en sus. **Paiement:** IT MC VS.

Réduction: hors saison, long séjour. **Ouvert:** à l'année.

A AV @Wi-Fi ♿ Certifié: 2000

Gîte du Passant **certifié**

Carole Proulx et Mario Dulmaine
1, rue Saint-Félix
Lévis G6V 5J1
Tél. 418 833-0247 / 1 888 747-0247
www.sousorme.com
sous.orme@qc.aira.com
Aut. 20, sortie 325 nord, rte 132 ou traversier dir. Maison Alphonse-Desjardins, descendre Guénette, rue Wolfe à droite et après le 3e arrêt, 1re rue, St-Félix à gauche.

L'Isle-aux-Grues, Saint-Antoine

Gîte le Nichoir ✸✸✸

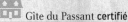

Gîte du Passant **certifié**

Situé sur l'une des plus belles îles du St-Laurent, on convie à la détente avec vue sur le fleuve. En été, vous pourrez bénéficier des différentes attractions de l'Isle-aux-Grues. Au printemps, le retour des oies blanches...

Aux alentours: grenier, exposition Mi-Carême, fromagerie, église, sentier pédestre à pointe aux Pins, observation d'oiseaux, piscine. **Chambres:** TV, ensoleillées, lumineuses, vue sur fleuve, vue sur montagne, vue splendide. **Lits:** simple, double. **2 ch. S. de bain privée(s). Forfaits:** vélo, croisière, famille, plein air.

2 pers: B&B 80-85$ **1 pers:** B&B 75-80$. **Enfant (12 ans et -):** B&B 5-10$. Taxes en sus. **Paiement:** MC VS. **Ouvert:** à l'année.

Chantal Vézina
120, chemin Basse-Ville
Saint-Antoine-de-l'Isle-aux-Grues G0R 1P0
Tél. / Fax 418 248-4518
www.gitelenichoir.com
cvcv@globetrotter.net
Aut 20, sortie Montmagny centre-ville, rte 132, boul. Taché à droite, av. du Quai à gauche. Suivre les indications de la traverse.

◆ ⚓ @ **Certifié:** 2004

L'Islet, Saint-Eugène

Auberge des Glacis ★★★

Auberge du Passant **certifiée**

L'Auberge des Glacis est un trésor niché au creux d'un vaste domaine, entre le fleuve et la montagne. Une page d'histoire de la Côte-du-Sud est gravée sur les murs de pierres de cet ancien moulin seigneurial, datant de 1841. Dans une salle à manger chaleureuse, découvrez les saveurs uniques de la table gourmande concoctée avec les produits d'ici. Certifié Bienvenue cyclistes !md Certifié Table aux Saveurs du Terroir[md] P. 121, 123.

Aux alentours: croisières à Grosse-Île et l'Isle-aux-Grues, golf, musées, parc des Appalaches, village de Saint-Jean-Port-Joli. **Chambres:** accès Internet, insonorisées, cachet d'autrefois, mur en pierres, suite, vue sur rivière. **Lits:** simple, double, queen, king, divan-lit, d'appoint, pour bébé. **16 ch. S. de bain privée(s). Forfaits:** charme, vélo, croisière, gastronomie, golf, détente & santé, romantique, ski de fond.

2 pers: B&B 144-224$ PAM 242-322$ **1 pers:** B&B 122-162$ PAM 172-212$. **Enfant (12 ans et -):** B&B 20-25$ PAM 35-50$. Taxes en sus. **Paiement:** AM ER IT MC VS.

Réduction: hors saison, long séjour. **Ouvert:** à l'année.

Nancy Lemieux et André Anglehart
46, Route de la Tortue
L'Islet G0R 1X0
Tél. 418 247-7486 / 1 877 245-2247
Fax 418 247-7182
www.aubergedesglacis.com
info@aubergedesglacis.com
Aut. 20 est, sortie 400 dir. St-Eugène-de-l'Islet à gauche, rang Lamartine à gauche, rte de la Tortue à gauche.

A ✗ ⚓ @ Wi Fi ⚲ **Certifié:** 2007

L'Islet, Saint-Eugène

Auberge des Glacis

Table aux Saveurs du Terroir **certifiée**

Mention Spéciale provinciale 2011 – Restauration. L'Auberge des Glacis est un trésor niché au creux d'un vaste domaine, entre le fleuve et la montagne. Une page d'histoire de la Côte-du-Sud est gravée sur les murs de pierres de cet ancien moulin seigneurial, datant de 1841. La table d'hôte présente environ 55 produits d'ici. P. 121, 123.

Spécialités: dans une salle à manger chaleureuse, découvrez les saveurs uniques de la table gourmande concoctée avec 55 produits d'ici.

Repas offerts: petit-déjeuner, brunch, soir. **Menus:** table d'hôte, gastronomique. **Nbr personnes:** 2-45. **Réservation:** recommandée, requise pour groupe.

Table d'hôte: 54$/pers. Taxes en sus. **Paiement:** AM ER IT MC VS. **Ouvert:** à l'année. Tous les jours.

Nancy Lemieux et André Anglehart
46, Route de la Tortue
L'Islet G0R 1X0
Tél. 418 247-7486 / 1 877 245-2247
Fax 418 247-7182
www.aubergedesglacis.com
info@aubergedesglacis.com
Aut. 20 est, sortie 400 dir. St-Eugène-de-l'Islet à gauche, rang Lamartine à gauche, rte de la Tortue à gauche.

A @ Wi Fi ⚲ **Certifié:** 2007

Lotbinière

La Maison de l'Inspecteur ✤✤✤✤

Venez vous détendre dans notre magnifique maison victorienne datant de 1912 offrant 4 ch. avec salle de bain, vaste terrain paysagé avec vue sur le fleuve et piscine creusée. Goûtez nos petits-déjeuners accompagnés de jus frais, de confitures et terrines fait maison. Laissez-vous dorloter dans notre salle de soins au son du chant des oiseaux.

Aux alentours: Domaine Joly de Lotbinière et son jardin, Moulin du Portage et sa salle de spectacles. **Chambres:** climatisées, baignoire sur pattes, raffinées, meubles antiques, bois franc, vue sur fleuve. **Lits:** simple, queen. **4 ch. S. de bain privée(s). Forfaits:** détente & santé.

2 pers: B&B 90$ **1 pers:** B&B 70$. **Enfant (12 ans et -):** B&B 20$. **Paiement:** MC VS.

Réduction: hors saison, long séjour. **Ouvert:** à l'année.

A 🐎 ⚓ 🚲 **Certifié: 2008**

🏠 Gîte du Passant **certifié**

Pierre Couture et Lise Provost
7406, rue Marie-Victorin
Lotbinière G0S 1S0
Tél. 418 796-3317
www.terroiretsaveurs.com/la-maison-de-l-inspecteur
lamaisondelinspecteur@globetrotter.net
De Québec, rte 132 ouest, 65 km. De Montréal, aut. 20 est, sortie 253, rte 265 nord jusqu'à Deschaillons, rte 132 est.

Montmagny

Chez Octave Auberge Restaurant ★★★

Une maison de pierres de 1847 au cœur du Vieux-Montmagny, décor de charme à la fois antique et contemporain. 7 ch. au cachet unique, confortables avec salle de bain privée. Une cuisine raffinée, classique et actualisée, décor glamour style bistro européen, foyer, terrasse avec fontaine. Arrêt gourmand. Certifié Bienvenue cyclistes !^{md} Certifié Table aux Saveurs du Terroir^{md}

Aux alentours: Grosse-Île, Isle-aux-Grues, golf, vélo, théâtre, musée, parc, fleuve, boutiques. **Chambres:** TV, accès Internet, confort moderne, cachet ancestral, peignoirs, mur en pierres, poutres. **Lits:** double, queen, king, divan-lit, pour bébé. **7 ch. S. de bain privée(s). Forfaits:** charme, vélo, croisière, golf, détente & santé, romantique, ski alpin, théâtre.

2 pers: B&B 119-159$ PAM 189-229$ **1 pers:** B&B 99-149$ PAM 135-185$. **Enfant (12 ans et -):** B&B 0-15$ PAM 0-25$. Taxes en sus. **Paiement:** IT MC VS.

Réduction: hors saison, long séjour. **Ouvert:** à l'année. **Fermé:** 23 déc - 4 fév.

A 🐎 ✗ **AV** @**Wi-Fi** 🚲 **Certifié: 2000**

🏠 Auberge du Passant **certifiée**

Maripier Boutin et Sébastien Nègre
100, rue Saint-Jean-Baptiste Est
Montmagny G5V 1K3
Tél. 418 248-3373
Fax 418 248-7957
www.chezoctave.com
chezoctave@gmail.com
Aut. 20 est, sortie 376 ou 378 dir. centre-ville ou rte panoramique 132. Sentiers de motoneige 75 et 55.

Montmagny

Chez Octave Auberge Restaurant

Chez Octave vous propose une table d'exception! Une cuisine raffinée à la fois classique et actualisée dans un décor glamour au style bistro européen au coin du foyer ou sur notre magnifique terrasse. Des plats de bistro traditionnels revisités aux desserts gourmands en passant par nos classiques sur le grill & mijotés. Arrêt gourmand.

Spécialités: plats bistro traditionnels revisités: tartare, bavette, fish&chip, canard confit, foie gras, fromages d'ici, crème brûlée, mi-cuit...

Repas offerts: petit-déjeuner, midi, soir. **Menus:** à la carte, table d'hôte, gastronomique. **Nbr personnes:** 1-95. **Réservation:** recommandée, requise pour groupe.

Table d'hôte: 12-45$/pers. Taxes en sus. **Paiement:** IT MC VS. **Ouvert:** à l'année. Horaire variable. **Fermé:** 23 déc - 4 fév.

A AV @**Wi-Fi** 🚲 **Certifié: 2007**

🍴 Table aux Saveurs du Terroir **certifiée**

Maripier Boutin et Sébastien Nègre
100, rue Saint-Jean-Baptiste Est
Montmagny G5V 1K3
Tél. 418 248-3373
Fax 418 248-7957
www.chezoctave.com
chezoctave@gmail.com
Aut. 20 est, sortie 376 ou 378 dir. centre-ville ou rte panoramique 132. Sentiers de motoneige 75 et 55.

Saint-Anselme

Douces Évasions ✤✤✤✤

Aux portes de la Beauce, un endroit de rêve décoré en vue d'assurer bonheur, confort, évasion et détente. Boudoirs, salon, foyer, bain tourbillon, etc. Amoureux du plein air: foyer extérieur, piscine chauffée, patio, terrasse, arbres, jardin d'eau et de fleurs, verrière. Séjourner à Douces Évasions est énergisant et enrichissant.

Aux alentours: golf, piste cyclable de 74 km, natation, descente rivière en canoë, marche, théâtre d'été, ski, raquette, massothérapie. **Chambres:** climatisées, baignoire à remous, baignoire sur pattes, accès Internet, raffinées, peignoirs. **Lits:** double, queen. **4 ch. S. de bain privée(s) ou partagée(s). Forfaits:** vélo, golf, motoneige, détente & santé, ski alpin, ski de fond, divers.

2 pers: B&B 85$ 1 pers: B&B 65$. Enfant (12 ans et -): B&B 15$. Ouvert: à l'année.

≈ @ Wi-Fi Certifié: 1997

🏠 Gîte du Passant **certifié**

Gabrielle Corriveau et Gérard Bilodeau
540, route Bégin (rte 277)
Saint-Anselme G0R 2N0
Tél. 418 885-4533 / 418 882-6809
Fax 418 885-9033
www.giteetaubergedupassant.com/doucesevasions
gabycor@videotron.ca

20 min de Québec. Aut. 20, sortie 325 sud dir. Lac Etchemin, à l'entrée Saint-Anselme à droite, maison toiture de tuiles rouges.

Saint-Antoine-de-Tilly

Fromagerie Bergeron

Fromagerie – Boutique du terroir. La Fromagerie Bergeron est une entreprise familiale établit à Saint-Antoine-de-Tilly depuis 1989. Nous fabriquons des fromages affinés à pâtes fermes de type Gouda. Il nous fera plaisir de vous accueillir à notre comptoir de vente, afin de découvrir nos produits. En été, nous ouvrons notre crèmerie et notre centre d'interprétation.

Produits: notre Maître fromager fabrique 9 variétés de fromages tous à pâte ferme. Ce sont des fromages doux ou moyennement doux. **Activités sur place:** animation pour groupe scolaire, animation pour groupe, audio-visuel français.

Visite: tarif de groupe. **Nbr personnes:** 20-50. **Réservation:** requise. **Ouvert:** à l'année. Tous les jours. 9h à 18h. Horaire variable. **Fermé:** 25 déc - 26 déc. **Services:** aire de pique-nique, centre d'interprétation / musée, vente de produits, dépliant explicatif ou panneaux français, stationnement pour autobus.

A ♿ Certifié: 2012

🧺 Relais du Terroir **certifié**

Mélanie Laflamme
3837, route Marie-Victorin
Saint-Antoine-de-Tilly G0S 2C0
Tél. 418 886-2234 poste 227
Fax 418 226-2102
www.fromagesbergeron.com
bergeron@fromagesbergeron.com

Aut. 20, sortie 291 dir. Saint-Apollinaire/Saint-Antoine-de-Tilly, rte 273 N, rte 132 ou Marie-Victorin. La fromagerie se trouve à gauche.

Saint-Apollinaire

Le Canard Goulu Inc. 📷

Ferme d'élevage. Entreprise artisanale, Le Canard Goulu se spécialise dans l'élevage, le gavage et la transformation du canard de Barbarie. Elle réalise et contrôle, avec éthique, toutes les étapes de production, du caneton âgé d'un jour à la vente et la distribution de produits de foie gras et de canard.

Produits: magret, confit de canard, rillettes, cassoulet, foie gras, plats mijotés, ainsi que certaines exclusivités. **Activités sur place:** dégustation, visite libre, mini-ferme.

Visite: gratuite. **Paiement:** IT. **Ouvert:** à l'année. Tous les jours. 10h à 17h. **Services:** aire de pique-nique, vente de produits, dépliant explicatif ou panneaux français.

A Certifié: 2006

🧺 Relais du Terroir **certifié**

Marie-Josée Garneau et Sébastien Lesage
524, rang Bois Joly Ouest
Saint-Apollinaire G0S 2E0
Tél. 418 881-2729
Fax 418 881-4186
www.canardgoulu.com
admin@canardgoulu.com

Aut. 20, sortie 291. Suivre les panneaux bleus de signalisation touristique.

Saint-Charles-de-Bellechasse

Le Ricaneux

Ferme fruitière – Producteur d'alcools fins. Le Ricaneux est une ferme familiale spécialisée dans la production de petits fruits. Établie en 1988, c'est la plus ancienne et plus importante entreprise de fabrication artisanale de boissons alcoolisées de petits fruits au Québec. On y transforme fraise, framboise, casseille, sureau blanc, aronia, amélanchier. Nouveaux: Suroy et Ciel de Vent.

Produits: Le Ricaneux produit des apéritifs et rosé mousseux de fraises et framboises, le Portageur, vin fortifié de type porto, vins de table. **Activités sur place:** animation pour groupe, dégustation, visite autoguidée, visite commentée français et anglais, sentier d'interprétation, observation des activités de transformation.

Visite: gratuite, tarif de groupe. **Paiement:** IT MC VS. **Réservation:** requise pour groupe. **Ouvert:** à l'année. Tous les jours. 10h à 18h. Horaire variable. **Services:** aire de pique-nique, centre d'interprétation / musée, vente de produits, dépliant explicatif ou panneaux français et anglais, stationnement pour autobus, emballages-cadeaux, autres.

A 👤♿👤 **AV Certifié: 2005**

Relais du Terroir **certifié**

Nathalie McIsaac
5540, rang Sud-Est
Saint-Charles-de-Bellechasse G0R 2T0
Tél. 418 887-3789
www.ricaneux.com
info@ricaneux.com
Aut. 20 E., sortie 337 dir. St-Charles ou aut. 20 O., sortie 348 dir. La Durantaye ou rte 132 dir. St-Charles, suivre les panneaux bleus pour «Vin artisanal Le Ricaneux».

Saint-Damien-de-Buckland

Cassis et Mélisse

Fromagerie fermière. Tous les jours, après la traite du matin, Gary apporte le lait bio de ses caprins à la fromagerie où Aagje, la fromagère, le transforme. Un jour elle fabrique des fromages frais, l'autre jour des fromages à affiner. Des chèvres en pâtures jusqu'aux fromages fermiers, il y a tant de richesses à partager... Visites inoubliables pour petits et grands.

Particularités: ne manquez pas nos jeux de piste pour découvrir les mystères de la ferme, ainsi que les ateliers pour enfants les fins de semaine. **Activités sur place:** animation pour groupe scolaire, animation pour groupe, animation pour enfant, dégustation, visite commentée français et anglais.

Visite: gratuite, tarif de groupe. Taxes en sus. **Paiement:** IT MC VS. **Nbr personnes:** 2-50. **Réservation:** requise pour groupe. **Ouvert:** à l'année. Tous les jours. 10h à 18h. Horaire variable. **Services:** aire de pique-nique, vente de produits, dépliant explicatif ou panneaux français, emballages-cadeaux, remise pour vélo, autres.

A 🐄 **Certifié: 2011**

Ferme Découverte **certifiée**

Aagje Denys et Gary Cooper
212, rang de la Pointe-Lévis
Saint-Damien-de-Buckland G0R 2Y0
Tél. 418 789-3137
Fax 418 789-2137
www.fromagechevre.ca
aagje.denys@hotmail.com
Aut. 20, sortie 337, rte 279 sud dir. St-Damien, 3,5 km après le village St-Damien à gauche dir. Armagh, 4 km.

Saint-Damien-de-Buckland

Cassis et Mélisse  ✦✦✦

Fromagerie fermière. Pour un séjour «campagne et intimité», rythmé par des moments privilégiés avec les voisins caprins, au moment des soins, et des balades dans les environs. En famille ou entre amis, installez-vous dans notre loft avec cuisine équipée et salle de séjour. Le matin, savourez notre succulent petit-déjeuner élaboré avec des produits frais de la ferme.

Aux alentours: Cycloroute Bellechasse, golf, agrotourisme, ski de randonnée, Parc des chutes d'Armagh. **Chambres:** ensoleillées, spacieuses, lumineuses, suite familiale, vue sur campagne. **Lits:** simple, double, divan-lit. **1 ch. S. de bain privée(s). Forfaits:** à la ferme.

2 pers: B&B 120$ **1 pers:** B&B 80$. **Enfant (12 ans et -):** B&B 10$. Taxes en sus. **Paiement:** AM IT MC VS. **Ouvert:** à l'année.

A 🐄 **@WiFi Certifié: 2011**

Gîte du Passant à la Ferme **certifié**

Aagje Denys et Gary Cooper
212, rang de la Pointe-Lévis
Saint-Damien-de-Buckland G0R 2Y0
Tél. 418 789-3137
Fax 418 789-2137
www.fromagechevre.ca
aagje.denys@hotmail.com
Aut. 20, sortie 337, rte 279 sud dir. St-Damien, 3,5 km après le village St-Damien à gauche dir. Armagh, 4 km.

Saint-Damien-de-Buckland

Cassis et Mélisse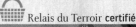

Relais du Terroir **certifié**

Fromagerie fermière. De la «Faisselle», toute fraîche et moulée à la louche, au «Tire-Lune», la tomme vieillie... Laissez-vous séduire par notre gamme de fromages fermiers bio ainsi que d'autres produits coups de cœur de la région. Une expérience authentique et gourmande dans une atmosphère chaleureuse, en toute simplicité. Avez-vous déjà goûté notre Petit Caprino?

Produits: fromages frais et affinés, natures et aromatisés, lait de chèvre, saucisses et terrines de chevreau, quiches, savons au lait de chèvre. **Activités sur place:** animation pour groupe, dégustation, visite libre, visite commentée français et anglais, visites offertes en d'autres langues, autres.

Visite: gratuite, tarif de groupe. **Paiement:** AM IT MC VS. **Nbr personnes:** 1-50. **Réservation:** recommandée, requise pour groupe. **Ouvert:** à l'année. Tous les jours. 10h à 18h. **Services:** aire de pique-nique, vente de produits, dépliant explicatif ou panneaux français, emballages-cadeaux, autres.

A 🐄 **Certifié: 2011**

Aagje Denys et Gary Cooper
212, rang de la Pointe-Lévis
Saint-Damien-de-Buckland G0R 2Y0
Tél. 418 789-3137
Fax 418 789-2137
www.fromagechevre.ca
aagje.denys@hotmail.com
Aut. 20, sortie 337, rte 279 sud dir. St-Damien,
3,5 km après le village St-Damien à gauche dir.
Armagh, 4 km.

Saint-Henri-de-Lévis

Verger et Vignoble Casa Breton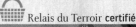

Relais du Terroir **certifié**

Cidrerie – Ferme fruitière – Verger – Vignoble. Verger & Vignoble Casa Breton, situé dans la magnifique vallée de la rivière Etchemin, exploite un verger, un vignoble et une bleuetière. Les fruits sont en partie transformés en vins, cidres, jus, moût de pommes, vinaigres, beurres, gelées et autres surprises du chef. Découvrez ce domaine unique. Salle pour réception et réunion d'affaires.

Produits: les cidres, vins et autres produits maison proviennent des fruits cultivés avec soin selon une approche de développement durable. **Activités sur place:** autocueillette, dégustation, visite commentée français et anglais, visites offertes en d'autres langues, participation aux vendanges.

Visite: gratuite, enfant gratuit, tarif de groupe. **Paiement:** IT MC VS. **Nbr personnes:** 2-60. **Réservation:** requise pour groupe. **Ouvert:** à l'année. Tous les jours. 10h à 18h. Horaire variable – téléphoner avant. **Services:** aire de pique-nique, terrasse, vente de produits, salle de réception, réunion, stationnement pour autobus, emballages-cadeaux.

A ✕ **AV Certifié: 2011**

Jean-Paul Breton et Lisette Casabon
270, Jean-Guérin Ouest
Saint-Henri-de-Lévis G0R 3E0
Tél. 418 882-2929
Fax 418 882-0625
www.casabreton.com
casabreton@casabreton.com
De Québec, aut. 20 est, sortie 318, route 275 jusqu'à
la route 173, 10 km, tourner à droite, 500 m chemin
Jean-Guérin-ouest à gauche, 1 km.

Saint-Jean-de-Brébeuf

À l'Aurore Boréale ✺✺✺✺

Auberge du Passant
certifiée

Coup de Coeur du Public provincial 2011 - Hébergement. Notre gîte est situé sur le bord de la rivière Bullard. Venez relaxer au son de la rivière en été comme en hiver. Chambres douillettes avec leur salle de bain privée. Profitez également d'une bonne table sur réservation. Circuit historique des chemins Craig et Gosford, 1re diligence reliant Québec et Boston. Massage. P. 122.

Aux alentours: venez découvrir le chemin des artisans sur deux fins de semaine, pendant la fête des couleurs. Théâtre. **Chambres:** cachet champêtre, meubles antiques, peignoirs, ventilateur, vue sur rivière. **Lits:** double, queen. **4 ch. S. de bain privée(s). Forfaits:** charme, vélo, croisière, golf, motoneige, romantique, ski alpin, ski de fond.

2 pers: B&B 90$ PAM 160$ 1 pers: B&B 75$ PAM 110$. Enfant (12 ans et -): B&B 20$ PAM 45$. Taxes en sus. **Paiement:** VS.

Réduction: long séjour. **Ouvert:** à l'année.

A ◆ ✕ 〰 **Certifié: 2007**

Denise Lavoie et Alain Tousignant
612, chemin Craig
Saint-Jean-de-Brébeuf G6G 0A1
Tél. 418 453-3588
Fax 418 453-2730
www.giteetaubergedupassant.com/alauroreboreale
alauroreboreale@sympatico.ca
Aut. 20, sortie 228, rte 165 sud dir. Thetford Mines,
rte 216 est à gauche, chemin Craig.

Saint-Jean-Port-Joli

Au Boisé Joli ❀❀❀

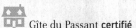

Gîte du Passant **certifié**

Authentique maison canadienne (1785) située en bordure du fleuve Saint-Laurent. Au Boisé Joli vous accueille chaleureusement au coeur de la capitale de la sculpture sur bois. Venez vous faire gâter dans un cadre antique et décontracté, reposez-vous dans une chambre spacieuse et douillette, dégustez un savoureux et copieux petit-déjeuner.

Aux alentours: restaurants, boutiques, galeries d'art, marina, parc des sculptures, musées, piste cyclable, théâtre, érablières, nage. **Chambres:** accès Internet, ensoleillées, cachet ancestral, tranquillité assurée, spacieuses. **Lits:** simple, double, queen, d'appoint, pour bébé. **5 ch. S. de bain partagée(s). Forfaits:** vélo, croisière, gastronomie, golf, détente & santé, spectacle, théâtre, automne.

2 pers: B&B 75-90$ **1 pers:** B&B 70-85$. **Enfant (12 ans et -):** B&B 20$. Taxes en sus. **Paiement:** IT MC VS.

Réduction: hors saison, long séjour. **Ouvert:** 1 mai - 31 oct.

A ⚘ AV ≋ @ Wi Fi ⚲ **Certifié: 1994**

Thierry Bessière
41, de Gaspé Est
Saint-Jean-Port-Joli G0R 3G0
Tél. 418 252-1005
Fax 418 598-6774
www.auboisejoli.com
auboisejoli@videotron.ca

Autoroute 20 est, sortie 414, route 204 nord, route 132 est. Gîte 300 m après l'église du même côté de la route. Maison blanche au toit rouge avec grand orme devant.

Saint-Sylvestre

Cabane à Sucre Napert

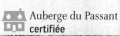

Relais du Terroir **certifié**

Érablière. Au coeur de l'érablière, chez nous, l'hospitalité traditionnelle est rigoureusement conservée et notre table offre une chaude ambiance beauceronne. Notre passé est notre meilleur référence. C'est dans un décor champêtre que nous vous accueillerons. Ouvert Quatre Saisons pour le repas des sucres, mariage, fêtes, méchoui, Noël en automne, etc.

Produits: sirop d'érable, sucre d'érable (dur, granulé, mou, pépites), tire d'érable (contenant ou sur neige), bonbons et beurre d'érable. **Activités sur place:** dégustation, rencontre avec le producteur pour se familiariser avec les productions, les produits et/ou les procédés de transformation.

Visite: gratuite, enfant gratuit. **Nbr personnes:** 2-400. **Réservation:** requise. **Ouvert:** à l'année. Tous les jours. Horaire variable – téléphoner avant. **Services:** terrasse, bar-restaurant, centre d'interprétation / musée, vente de produits, salle de réception, réunion, stationnement pour autobus.

A ⚘ ✕ AV **Certifié: 2011**

Denys Pelletier
449, route Montgomery, C.P. 35
Saint-Sylvestre G0S 3C0
Tél. 418 596-2293 / 1 800 463-8344
Fax 418 596-3225
www.napert.ca
info@napert.ca

Vallée-Jonction

Auberge des Moissons ❀❀❀

Auberge du Passant **certifiée**

L'Auberge des Moissons est un resto-gîte situé à Vallée-Jonction. Dans un décor ancestral, cette maison possède un restaurant pouvant accueillir jusqu'à 60 convives, 2 terrasses avec vue imprenable sur la vallée de la Chaudière. 4 chambres confortables décorées avec des souvenirs de famille. Accueil chaleureux et convivial, vous serez charmés. Certifié Table aux Saveurs du Terroir^md P. 123.

Aux alentours: Véloroute de la Chaudière, Musée Marius-Barbeau, Route des charmes et des saveurs de la Beauce, Le Forgeron d'Or, etc. **Chambres:** climatisées, baignoire sur pattes, avec lavabo, accès Internet, cachet d'autrefois. **Lits:** double. **4 ch. S. de bain partagée(s). Forfaits:** vélo, gastronomie, golf, motoneige, romantique, restauration.

2 pers: B&B 85-100$ **1 pers:** B&B 75-90$. **Enfant (12 ans et -):** B&B 15$. Taxes en sus. **Paiement:** IT MC VS.

Réduction: hors saison, long séjour. **Ouvert:** à l'année.

A ⚘ ✕ @ Wi Fi ⚲ **Certifié: 2011**

Marie Cliche
512, route Kennedy
Vallée-Jonction G0S 3J0
Tél. 418 253-1447
Fax 418 253-1449
www.aubergedesmoissons.com
aubergedesmoissons@axion.ca

Aut. 73 sud, sortie 81, route 112 à droite, à la 1re lumière, route Kennedy à gauche, à la 2e lumière, tout droit direction sud.

Vallée-Jonction

Auberge des Moissons

Maison ancestrale construite en 1829 et transformée en resto-gîte. L'Auberge des Moissons possède une salle à dîner pouvant accueillir 60 personnes (réunions familiales ou d'affaires, mariages, etc.), 2 terrasses avec vue imprenable sur la vallée de la Chaudière. Halte idéale pour motoneigistes et cyclistes. Venez goûter aux saveurs de la Beauce. P. 123.

Spécialités: cuisine française, bio, santé et améliorée aux produits du terroir. Nous avons aussi des spécialités maison (créations).

Repas offerts: brunch, midi, soir. Menus: à la carte, table d'hôte, gastronomique. Nbr personnes: 1-60. Réservation: requise pour groupe.

Table d'hôte: 27-30$/pers. Taxes en sus. Paiement: IT MC VS. Ouvert: à l'année. Mer au dim.

A @Wi Fi Certifié: 2011

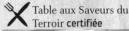

Table aux Saveurs du Terroir **certifiée**

Marie Cliche
512, route Kennedy
Vallée-Jonction G0S 3J0
Tél. 418 253-1447
Fax 418 253-1449
www.aubergedesmoissons.com
aubergedesmoissons@axion.ca

Aut. 73 sud, sortie 81, route 112 à droite, à la 1re lumière, route Kennedy à gauche, à la 2e lumière, tout droit direction sud.

Autres établissements

Lévis

La P'tite Ferme du Sous-Bois, 1495, rue Commerciale, Lévis, G6Z 2L2. Tél.: 418 839-0343, 418 473-7676 Fax: 418 839-5518 laptitefermedusous-bois@hotmail.com - www.laptitefermedusous-bois.com

Ferme d'élevage. Services offerts: activités, vente de produits.

Saint-Agapit

Miellerie Prince Leclerc, 239, rang Haut-de-la-Paroisse, Saint-Agapit, G0S 1Z0. Tél.: 418 888-3323 Fax: 418 888-4843 prince.leclerc@oricom.ca - www.terroiretsaveurs.com/miellerie-prince-leclerc

Hydromellerie - Miellerie. Services offerts: activités, vente de produits.

Saint-Elzéar

Verger à Ti-Paul, 260, rang Bas Saint-Jacques, Saint-Elzéar, G0S 2J0. Tél.: 418 387-1333 Fax: 418 387-1841 www.levergeratipaul.com

Ferme fruitière - Verger. Services offerts: activités, vente de produits.

Saint-Georges-de-Beauce

Cidrerie du Haut St-Jean, division Les Roy de la Pomme Enr., 1020, avenue Saint-Jean-de-la-Lande, Saint-Georges-de-Beauce, G5Z 0M2. Tél.: 418 227-3633 Fax: 418 227-9078 roypomme@globetrotter.net - www.terroiretsaveurs.com/cidrerie-du-haut-st-jean-division-les-roy-de-la-pomme

Cidrerie - Verger. Services offerts: activités, vente de produits.

Saint-Henri-de-Lévis

Érablière Réal Bruneau, 830, route 277 (Campagna), Saint-Henri-de-Lévis, G0R 3E0. Tél.: 418 882-0630, 418 882-0530 Fax: 418 882-0530 chantal_bruneau@hotmail.com - www.terroiretsaveurs.com/erabliere-real-bruneau

Érablière - Services offerts: activités, vente de produits, restauration.

Saint-Nicolas

Ferme Genest, 2091, route Marie-Victorin, Saint-Nicolas, G7A 4H4. Tél.: 418 831-9967, 418 520-9967 Fax: 418 831-5389 info@fermegenest.com - www.fermegenest.com

Ferme fruitière - Ferme maraîchère - Verger. Services offerts: activités, vente de produits.

Saint-Nicolas

Les Bleuets du Vire-Crêpes, 975, chemin Saint-Joseph, Saint-Nicolas, G7A 2A1. Tél.: 418 836-2955 Fax: 418 836-4113
anneladouceur@videotron.ca - www.terroiretsaveurs.com/les-bleuets-du-vire-crepes

Ferme fruitière. Services offerts: activités, vente de produits.

Sainte-Agathe-de-Lotbinière

Ferme Pédagogique Marichel, 809, rang Bois Franc, Sainte-Agathe-de-Lotbinière, G0S 2A0. Tél.: 418 599-2949
Fax: 418 599-2959
info@fermemarichel.com - www.fermemarichel.com

Ferme d'élevage. Services offerts: activités, camp de vacances, restauration.

Sainte-Marie

Cabane Chez Athanas (Ferme J.L.R. Langevin inc.), 1505, rang Saint-Étienne Nord, Sainte-Marie, G6E 3A7.
Tél.: 418 387-7880, 418 387-0235 Fax: 418 387-2752
fermejlr@globetrotter.net - www.terroiretsaveurs.com/cabane-chez-athanas-ferme-j-l-r-langevin-inc

Érablière - Ferme laitière. Services offerts: activités, vente de produits, restauration.

Thetford Mines

Fruitière Mario Nadeau, 2347, chemin des Bois-Francs, Thetford Mines, G6H 3C8. Tél.: 418 335-7979
nadeau.mario@cgocable.ca - www.terroiretsaveurs.com/fruitiere-mario-nadeau

Ferme fruitière - Services offerts: activités, vente de produits.

Côte-Nord

Saveurs régionales

Évidemment, les produits de la mer sont à l'honneur, et on peut les trouver frais de façon générale. L'une des choses qui frappent le plus les visiteurs est la rareté des fruits et des légumes frais. Ceci s'explique par l'éloignement de la région et son climat trop rude pour l'agriculture.

Toutefois, cela est largement compensé par l'abondance des bons produits frais des eaux froides du Saint-Laurent. Crevettes nordiques, pétoncles Princesse, concombres de mer, myes, crabes, mactres de Stimpson abondent donc dans cette région de mer. Les couteaux de mer ou les buccins, moins traditionnels, sont aussi des bons mollusques à déguster.

Outre la mer, il y aussi les forêts et leur généreux gibier à chasser. Souvent cuites avec du lard salé, les viandes sauvages font aussi partie du menu typique dans les foyers de la Côte-Nord.

Plus méconnus, des petits fruits de saison agrémentent les saveurs de la région. De la catherinette aux lingonnes et à l'airelle du Nord, le plus populaire de ces petits fruits est la chicoutai, aussi connue sous le nom de «plaquebière». Ce n'est que dans la région de Duplessis que l'on déguste la chicoutai et l'airelle du Nord. On en fait d'excellentes confitures, des pâtisseries et des boissons alcoolisées.

Quoi voir? Quoi faire?

- Tadoussac, avec l'une des plus belles baies du monde!
- Au parc national du Saguenay, la Maison des Dunes et le centre d'interprétation « Le Béluga ».
- Le centre d'interprétation Archéo-Topo, pour mieux connaître l'emblème du Canada, le castor (Les Bergeronnes).
- Pour une plongée sous-marine interactive, le Centre de découverte du milieu marin (Les Escoumins).
- À Baie-Comeau, Manic-2 et surtout Manic-5, le plus grand barrage à voûtes et contreforts au monde. Incroyable! Goûtez au pain banique au Musée Amérindien et Inuit (Godbout).
- Région témoin de plusieurs naufrages, le Musée Louis-Langlois vous racontera l'un d'eux (Pointe-aux-Anglais).
- L'archipel de Sept-Îles, pour observer les petits pingouins, les guillemots à miroir et les marmettes.
- À Longue-Pointe-de-Mingan et Havre-Saint-Pierre, faites une halte aux centres d'interprétation.
- La Maison Johan-Beetz, un détour des plus sympathiques (Baie-Johan-Beetz).

Faites le plein de nature

- Randonnée pédestre ou kayak de mer au Parc marin du Saguenay–Saint-Laurent, remarquable atout du patrimoine naturel.
- Au Banc de sable de Portneuf-sur-Mer et au Parc Nature de Pointe-aux-Outardes, observation des oiseaux et de superbes plages.
- Expédition aux baleines avec les guides de la Station de recherche des îles Mingan, expérience unique pour ceux qui n'ont pas peur du large (Longue-Pointe-de-Mingan).
- La réserve faunique de Port-Cartier–Sept-Îles, d'une tranquillité inoubliable.
- Pause revigorante à la Chute Manitou.
- La réserve de parc national du Canada de l'Archipel-de-Mingan et ses spectaculaires monolithes et macareux!
- Excursion dans l'arrière-pays et le site spectaculaire du Trait de scie.
- Le Centre Boréal du Saint-Laurent est un parc d'aventure à découvrir en kayak de mer, bateau de croisière, randonnée ou vélo de montagne (Baie-Comeau)

Une grande séductrice qui fait rêver...

Si la Côte-Nord n'existait pas, il aurait fallu inventer cet extraordinaire paysage plus grand que nature! Plus qu'une région de barrages et de mines, ouvrez grand les yeux, c'est une véritable panoplie de beautés naturelles.

Trésor de faune, de flore, d'îles, de plages et de forêts, la Côte-Nord se découvre en randonnée pédestre, en kayak de mer et en croisière. Il faut aussi s'arrêter dans les villes et villages côtiers qui parsèment la Route des Baleines le long du fleuve Saint-Laurent. Pour saisir toute la démesure de la Côte-Nord, rendez-vous jusqu'à Natashquan, là où prend fin le réseau routier du Québec, comme si l'on était au bout du monde. Les magnifiques paysages ne s'arrêtent toutefois pas là... Par voie maritime ou en motoneige, parcourez la pittoresque Basse-Côte-Nord. De quoi rêver éveillé!

S'ajoutent à ces richesses l'archipel de Mingan, l'île d'Anticosti et, partout dans la région, des gens colorés qui prennent plaisir à vous raconter leur pays. Si vous prenez la direction de la Côte-Nord, c'est aussi pour la fascination qu'exercent les plus beaux mammifères marins de la planète. La Côte-Nord est l'un des cinq meilleurs endroits au monde pour observer les baleines, présentes en grand nombre de juin à août.

- L'île d'Anticosti et ses paysages somptueux de rivières, de canyons, de grottes et de forêts. Un petit bijou de nature!

Le saviez-vous?

La baleine à bosse est sans doute la plus acrobatique des baleines avec ses impressionnants bonds. Ses nageoires pectorales, qui peuvent atteindre 5 m de long, lui servent non pas à nager mais à changer de direction. Les baleines retiennent leur souffle longtemps, voire 120 minutes pour le cachalot. Fait étonnant, leurs poumons ne sont pas gros, ce qui les avantage, car la plongée en eaux profondes exerce une forte pression sur ceux-ci et sur leur cage thoracique. Elles emmagasinent donc l'air dans leurs muscles et leur sang, en plus d'économiser leur énergie en ralentissant leur rythme cardiaque et en abaissant leur température.

Clin d'œil sur l'histoire

Point de convergence des Inuits et des nations amérindiennes depuis les temps immémoriaux, la Côte-Nord était également connue des Européens avant même la découverte du Canada par Jacques Cartier en 1534. Au XVe siècle, elle était fréquentée par les pêcheurs basques et bretons qui y faisaient, eux aussi, la chasse aux cétacés. La précieuse graisse de baleine, fondue sur place dans de grands fours, servait à la fabrication de chandelles et de pommades. À l'exploitation de la pêche et des fourrures, succède au XXe siècle celle des forêts, des rivières (projets hydroélectriques) et des mines (fer, titane).

Pour plus d'information sur la Côte-Nord: 1 888 463-5319 (Manicouagan).
1 888 463-0808 (Duplessis), www.tourismecote-nord.com

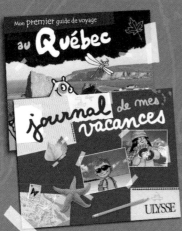

En Haute-Côte-Nord...

La P'tite Baleine
Bergeronnes

AGRICOTOURS
2001
PRIX EXCELLENCE
RÉGIONAL
COUP DE CŒUR DU PUBLIC

Un accueil aux couleurs des saisons boréales

Photos Le Cyclope

(418) 232-6756
www.giteetaubergedupassant.com/baleine

Bergeronnes

La Bergeronnette ✹✹✹

Charmant et coloré gîte, aux airs classiques et jazzés, situé au coeur des Bergeronnes. Observation des mammifères marins du rivage, excursion aux baleines en zodiac, kayak, cyclisme. Au plaisir de vous rencontrer!

Aux alentours: excursion aux baleines, cyclisme, marche, théâtre, expédition en kayak de mer, golf. **Chambres:** avec lavabo, accès Internet, peignoirs, ventilateur, couettes et oreillers en duvet. **Lits:** double. **4 ch. S. de bain partagée(s).**

2 pers: B&B 80$ **1 pers:** B&B 70$. Taxes en sus. **Paiement:** IT MC VS.

Réduction: long séjour. **Ouvert:** 15 mai - 15 oct.

A AV @ W|F| **Certifié: 2007**

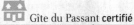

Gîte du Passant **certifié**

Anne Roberge et Daniel Brochu
65, rue Principale
Bergeronnes G0T 1G0
Tél. 418 232-6642 / 1 877 232-6605
Fax 418 232-1285
www.bergeronnette.com
info@bergeronnette.com
Rte 138 est, à 22 km de Tadoussac.

Bergeronnes

La P'tite Baleine ✹✹✹

De sa véranda centenaire, Petite Baleine berce et cause. Un sourire s'ouvre et invite. De pièce en pièce, l'âme respire les parfums d'hier. Nostalgique, un piano noir. Au lit, une catalogne pour rêve! La nappe effleure le cristal et joue la coquette au bal des confitures où trône la chicouté. Ô «Cendrillon du Nord», tu charmes nos matins d'ici. P. 138.

Aux alentours: Cap-de-Bon-Désir, école de la mer, musée, sentier Morillon, croisières baleines, observation ours et oiseaux, théâtre. **Chambres:** certaines avec lavabo, ensoleillées, cachet ancestral, meubles antiques, suite. **Lits:** simple, double, queen. **5 ch. S. de bain partagée(s).**

2 pers: B&B 87$ **1 pers:** B&B 77$. **Enfant** (12 ans et -): B&B 25$. **Ouvert:** à l'année.

AV @ W|F| **Certifié: 1997**

Gîte du Passant **certifié**

Geneviève Ross
50, rue Principale
Bergeronnes G0T 1G0
Tél. 418 232-6756 / 418 232-2000
Fax 418 232-2001
www.giteetaubergedupassant.com/baleine
laptitebaleine@bell.net
Place de l'église, au centre du village.

Forestville

Auberge des Trois Bouleaux ✹✹✹

Maison de bois dans la forêt boréale à 17km de Forestville fonctionnant à l'énergie solaire. Accès par une route gravelée en été, motoneige en hiver. Située en bordure du beau lac Cymac, nous vous accueillons dans un décor rustique et douillet appelant à la détente dans une ambiance conviviale. Déjeuners copieux et variés servis à votre heure.

Aux alentours: pêche, pêche blanche, randonnée, raquette, canot sur lac, descente de rivière, cueillette de fruits sauvages. **Chambres:** couettes en duvet, spacieuses, vue sur lac, vue sur forêt. **Lits:** queen. **2 ch. S. de bain partagée(s). Forfaits:** plein air, été, printemps, automne, hiver.

2 pers: B&B 70$ PAM 110$ **1 pers:** B&B 60$ PAM 80$. **Enfant** (12 ans et -): B&B 10$ PAM 20$.

Réduction: long séjour. **Ouvert:** à l'année.

A ◆ 🐎 ✕ AV ⚓ @ **Certifié: 2012**

Gîte du Passant **certifié**

Nicole Matte et Jacques Renaud
3, Lac Cymac
Forestville G0T 1E0
Tél. 418 587-3724 / 450 635-3137
www.terroiretsaveurs.com/auberge-des-trois-bouleaux
jacques.reneaud@xplornet.com
Rte 138 Est. À Forestville, au feu de circulation, rue Verreault à gauche, 4 km. Route gravelée à gauche pour 13 km, suivre les panneaux de signalisation pour l'auberge.

Portneuf-sur-Mer

La Maison Fleurie ✹✹

Coup de Coeur du Public régional 2002. Aller chez Thérèse, c'est comme visiter une bonne amie de la Côte-Nord qui écrit, fait du théâtre et de la photo. Crêpes, confitures et fous rires vous attendent dans cette maison centenaire au passé coloré du temps du cinéma et de l'épicerie. Bienvenue dans ce pays grand comme le vent, la mer et la forêt.

Aux alentours: piste cyclable, sentiers, observation d'oiseaux, de baleines et des kilomètres de plage. Ateliers, boutiques d'artistes. **Chambres:** personnalisées, tranquillité assurée, originales, vue sur fleuve. **Lits:** simple, double. **3 ch. S. de bain partagée(s).**

2 pers: B&B 55$ **1 pers:** B&B 45$. **Enfant (12 ans et -):** B&B 15$. **Ouvert:** à l'année.

@ **Certifié: 1989**

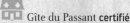

Gîte du Passant **certifié**

Thérèse Fournier
193, rue Principale, C.P. 40
Portneuf-sur-Mer G0T 1P0
Tél. 418 238-2153
www.giteetaubergedupassant.com/maisonfleurie
lamaisonfleurie@hotmail.com

Rte 138 E, 288 km de Québec. Prendre la 2e sortie, 4e maison après l'église côté est. 84 km de Tadoussac. Des traversiers: 17 km de Forestville et 135 km de Baie-Comeau.

Sacré-Coeur

Centre de Vacances Ferme 5 Étoiles 🔲 ✹✹✹

Érablière – Ferme d'élevage. Notre site avec son milieu naturel, ses vastes espaces avec accès au fjord du Saguenay et ses 32 espèces d'animaux (orignal, loups, bisons, chevreuils, etc.) offre un contact unique avec la nature. Venez nourrir les animaux, cueillir les œufs le matin. Ch. de style champêtre et cuisine maison à saveurs régionales. Activités 4 saisons sur place.

Aux alentours: safari à l'ours, observation des bélugas, pêche au saumon, croisières aux baleines, musées, golf, sentiers pédestres... **Chambres:** climatisées, certaines avec lavabo, accès Internet, cachet champêtre, chambre familiale. **Lits:** simple, double. **4 ch. S. de bain partagée(s). Forfaits:** à la ferme, croisière, famille, motoneige, été, hiver, traîneaux à chiens.

2 pers: B&B 79-89$ PAM 129-139$ **1 pers:** B&B 79$ PAM 104$. **Taxes en sus. Paiement:** AM IT MC VS. **Ouvert:** à l'année.

A ✕ AV ⚓ @ Wi Fi ♿ **Certifié: 1991**

Gîte du Passant à la Ferme **certifié**

Stéphanie Deschênes et Yanick Morin
465, route 172 Ouest
Sacré-Coeur G0T 1Y0
Tél. 418 236-4833 / 1 877 236-4551
Fax 418 236-1404
www.ferme5etoiles.com
info@ferme5etoiles.com

De Tadoussac, dir. Chicoutimi. 17 km de l'intersection des rtes 138-172 et 6 km de l'église. De Chicoutimi-Nord, rte 172 sud à droite, 60 m avant la halte routière.

Tadoussac

À la Maison Hovington ✹✹✹✹

Vue imprenable sur le fjord et le fleuve dans une des plus belles baies au monde. Vous serez charmés par cette chaleureuse maison tout en bois construite en 1865. Confort douillet, commodités répondant aux besoins actuels. Petit-déj. copieux aux saveurs du terroir. Forfaits baleines et fjord. Rapport qualité/prix excellent. À proximité de tout. Certifié Bienvenue cyclistes !md P. 137.

Aux alentours: croisières, golf, tennis, randonnée, kayak, natation, safari à l'ours et vélo. **Chambres:** foyer, personnalisées, cachet ancestral, bois franc, vue sur fleuve, vue sur lac. **Lits:** simple, double, queen, king. **5 ch. S. de bain privée(s). Forfaits:** vélo, croisière, golf, été.

2 pers: B&B 105-125$ **1 pers:** B&B 90-100$. **Enfant (12 ans et -):** B&B 25$. **Taxes en sus. Paiement:** IT MC VS. **Ouvert:** 1 mai - 31 oct.

A AV @ Wi Fi ♿ **Certifié: 1990**

Gîte du Passant **certifié**

Lise et Paulin Hovington
285, rue des Pionniers
Tadoussac G0T 2A0
Tél. 418 235-4466 / 514 913-4525
Fax 418 235-4897
www.maisonhovington.com
paulinhovington@hotmail.com

Rte 138 Est dir. Tadoussac, à la sortie du traversier, 1re rue à droite, rue des Pionniers, 285.

Tadoussac

Auberge Maison Gauthier et les Suites de l'Anse ★★

Au cœur du village de Tadoussac, la Maison Gauthier et Les Suites de l'Anse marient l'ancien et le nouveau. Située à proximité de la rivière Saguenay et sur les rives du lac, cette auberge vous offre charme, confort et commodités. Copieux petits-déj. buffet aux saveurs de la région. Idéal pour famille. Prix exceptionnel hors saison. Certifié Bienvenue cyclistes !md

Aux alentours: croisières, golf, tennis, randonnée pédestre, lac, natation. **Chambres:** TV, accès Internet, décoration thématique, ventilateur, vue sur montagne, vue sur lac. **Lits:** double, queen, divan-lit, d'appoint. **25 ch. S. de bain privée(s). Forfaits:** vélo, croisière, golf, été, divers.

2 pers: B&B 95-140$. **1 pers:** B&B 90-120$. **Enfant (12 ans et -):** B&B 20$. Taxes en sus. **Paiement:** IT MC VS.

Réduction: hors saison. **Ouvert:** 15 mai - 15 oct.

A 🏇 **AV** 🏊 @ 📶 🚲 **Certifié: 1990**

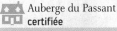

Auberge du Passant **certifiée**

Lise et Paulin Hovington
159, rue du Bateau-Passeur
Tadoussac G0T 2A0
Tél. 418 235-4525 / 514 913-4525
Fax 418 235-4897
www.maisongauthier.com
paulinhovington@hotmail.com
Rte 138 est dir. Tadoussac, à la sortie du traversier, 250 m à gauche.

Tadoussac

Hôtel Tadoussac

La table gastronomique du William puise ses arômes et ses couleurs tant du terroir généreux de la région de Charlevoix (réputée pour sa cuisine raffinée d'inspiration saisonnière) que de la fraîcheur des produits de la mer de la Côte-Nord. Cet établissement est un lieu de prédilection pour admirer l'une des plus belles baies du monde. P. 33.

Spécialités: cuisine inspirée des produits du terroir québécois. On y savoure des poissons et fruits de mer et une variété de gibiers.

Repas offerts: soir. **Menus:** à la carte, table d'hôte, gastronomique. **Nbr personnes:** 1-35. **Réservation:** recommandée, requise pour groupe.

Table d'hôte: 55-75$/pers. Taxes en sus. **Paiement:** AM IT MC VS. **Ouvert:** 11 mai - 7 oct. Tous les jours. Horaire variable.

A ♿ @ 📶 🚲 **Certifié: 2011**

Table aux Saveurs du Terroir **certifiée**

Fabrice Piquet
165, rue Bord de l'Eau
Tadoussac G0T 2A0
Tél. 418 235-4421 / 418 235-2525, poste 7568
Fax 418 235-4607
www.hoteltadoussac.com
fpiquet@silverbirchhotels.com
Rte 138 est jusqu'à Tadoussac. À la sortie du traversier, 1re rue à droite, rue des Pionniers. Suivre les indications pour Hôtel Tadoussac.

Tadoussac

La Magie des Baleines ❋❋❋

Vous êtes invités à venir partager mon nid d'aigle offrant une vue imprenable sur le fleuve, entouré d'arbres et de granit. Les balcons vous inviteront à demeurer plus longtemps pour un ressourcement garanti. Déposez vos bagages pour quelques jours, il y a tant à faire autour. Les gens plus sensibles ressentiront bien ce haut lieu vibratoire.

Aux alentours: sentiers, baleines, ornithologie, safari à l'ours, pêche au saumon, natation en lac, kayak, archéologie et histoire. **Chambres:** accès Internet, ensoleillées, cachet particulier, entrée privée, vue sur campagne. **Lits:** queen. **3 ch. S. de bain privée(s). Forfaits:** croisière.

2 pers: B&B 98$ **1 pers:** B&B 88$. **Enfant (12 ans et -):** B&B 15-25$.

Réduction: long séjour. **Ouvert:** 10 juin - 15 oct. **Fermé:** 15 juin - 22 juin.

A ◆ @ 📶 🚲 **Certifié: 2012**

Gîte du Passant **certifié**

Jocelyne Lessard
21, des Érables
Tadoussac G0T 2A0
Tél. 418 235-4713
www.lamagiedesbaleines.com
magiebaleines@hotmail.com
Rte 138 jusqu'à Tadoussac. À la sortie du traversier, 1,9 km, rue des Érables à droite. Le gîte est situé à gauche au fond du cul-de-sac.

Gaspésie

Saveurs régionales

La Gaspésie tire ses saveurs de la mer, mais elle a aussi son terroir agricole.

On n'a qu'à penser aux petits pois de Cap-d'Espoir ou aux pommes, poires et cerises de la péninsule, qu'un mûrissement tardif rend délicieux.

Il faut goûter aux espèces provenant de l'estuaire et du golfe du Saint-Laurent: bourgot, concombre de mer, oursin, crabe des neiges, laitue de mer... dans le cadre du programme Fourchette Bleue.

Dans la vallée de la Matapédia, la cueillette des «têtes de violon» (jeunes pousses de fougères) est fort populaire au printemps. Servies en accompagnement du saumon ou de la truite, elles font le délice des Matapédiens.

Bien entendu, le homard, la morue et le hareng sont à l'honneur. Vous y trouverez aussi de nombreux fumoirs.

Et la crevette de Matane, direz-vous? Cette crevette nordique qui ne remonte pourtant pas le fleuve jusqu'à Matane est pêchée au large de la péninsule. Le nom de la ville lui a été accolé parce que c'est à Matane que s'est installée la première usine de transformation des crevettes. Vous aurez tout de même le plaisir de la déguster partout dans la région.

Quoi voir? Quoi faire?

- Les Jardins de Métis (Grand Métis), merveille du monde! Une splendeur le long du littoral.
- Le Centre d'interprétation de la Baie-des-Capucins, seul marais salé du côté nord de la péninsule (Cap-Chat, Capucins).
- Le Centre d'interprétation de l'Énergie éolienne Éole et son éolienne de 110 m, la plus haute au monde (Cap-Chat).
- Exploramer, à Sainte-Anne-des-Monts, lieu de découvertes du milieu marin.
- La mine d'agates à ciel ouvert du mont Lyall (réserve faunique des Chic-Chocs).
- Mont-Saint-Pierre, capitale du vol libre.
- Le village en chanson de Petite-Vallée et son populaire festival (fin juin à début juillet).
- À marée basse, le rocher Percé se dresse à 86 m. Sans oublier l'île Bonaventure!
- Le Magasin Général Historique Authentique 1928 de L'Anse-à-Beaufils.
- L'Économusée du salage et séchage de la morue (Sainte-Thérèse-de-Gaspé).
- Le Site historique du Banc-de-Pêche-de-Paspébiac.
- Le Bioparc de la Gaspésie et la Grotte de Saint-Elzéar (au nord de Bonaventure).
- Le Village gaspésien de l'héritage britannique (Britville) de New Richmond et les plages de Carleton-sur-Mer.

Faites le plein de nature

- Parc national de la Gaspésie avec 25 des 40 plus hauts sommets du Québec.
- Hauts lieux de randonnée pédestre: mont Jacques-Cartier (1268 m) et mont Albert (1154 m). Exceptionnels!
- Le sentier du mont Olivine (mont Albert) et sa vue spectaculaire sur les Chic-Chocs.
- Observation des caribous aux monts Jacques-Cartier, McGerrigle et Albert.
- Le parc national du Canada Forillon et la fin de la longue chaîne des Appalaches au Québec (Gaspé).
- Le parc national de Miguasha, réserve paléontologique inscrite sur la Liste du patrimoine mondial de l'UNESCO.
- La réserve faunique des Chic-Chocs et ses paysages saisissants.

Mythique, grandiose et spectaculaire!

Cliché que tout cela? Pourtant c'est insuffisant, car la Gaspésie est vraiment d'une inlassable beauté. La mer, les falaises, les forêts, les montagnes et les hauts sommets bousculent le paysage de façon saisissante.

Que l'on parle des sublimes et sauvages parcs nationaux (Gaspésie, Forillon, Miguasha), des plus hautes montagnes québécoises à couper le souffle (les monts Jacques-Cartier et Albert), de l'une des plus belles baies au monde (la baie des Chaleurs), de l'envoûtant rocher Percé, de la mystérieuse île Bonaventure, de la séduisante vallée de la Matapédia, des pittoresques paysages et villages de l'arrière-pays et de la côte ou des multiples splendeurs qui ceinturent la péninsule... voyez par vous-même, la Gaspésie mérite plus que d'en faire seulement le «tour». Découvrez-la en profondeur!

Dès votre première excursion, vous serez attaché à ce «bout du monde» où l'air est marin et la mer ensorcelante. Elle vous ira droit au cœur et vous voudrez y retourner. Alors, sortez des sentiers battus et osez son hiver! Le Québec est un pays nordique, et la Gaspésie en est son joyau. C'est donc sous la neige que les contrastes scintillants de la côte, du ciel et de la mer sont les plus impressionnants. Imaginez, le bonheur à ski, en raquettes, en motoneige...

- La réserve faunique de Matane et ses nombreux orignaux.
- La réserve faunique de Port-Daniel, petit coin de paradis méconnu.
- Le belvédère de Matapédia: une incroyable vue sur les rivières à saumons Ristigouche et Matapédia, reconnues mondialement.

Le saviez-vous?

La plus importante colonie de fous de Bassan du monde niche sur l'île Bonaventure. Il faut voir ces 120 000 volatiles former un immense tapis blanc sur les crêtes de l'île. Les couples restent unis pendant des années et, à chacun de leurs retours sur l'île, reprennent leur nid pour couver conjointement leur progéniture. En plongeant vertigineusement sur sa proie aquatique, le fou de Bassan peut faire gicler une gerbe d'écume de 3 m de hauteur. Heureusement, un réseau de petites poches d'air sous sa peau amortit le choc. Grâce aux courants d'air formés à la crête des vagues, cet acrobate de l'air peut voler pendant de longues heures en ne donnant que quelques coups d'ailes.

Clin d'œil sur l'histoire

C'est en Gaspésie que Jacques Cartier planta la croix de prise de possession du Canada au nom du roi de France en 1534. Si la Gaspésie est le berceau de l'histoire de la Nouvelle-France, elle marque aussi le début de sa fin lors de la conquête britannique. Brillant, le général Wolfe? À qui le dites-vous! En 1758, suivant un plan de combat bien établi, il débarque à Gaspé. Un peu plus de 15 jours lui suffisent pour ravager la côte gaspésienne et la vider de ses occupants. Ses arrières ainsi protégées, il pourra poursuivre son avancée. Une année plus tard, il prendra la ville de Québec.

Pour plus d'information sur la Gaspésie: 1 800 463-0323
www.gaspesiejetaime.com

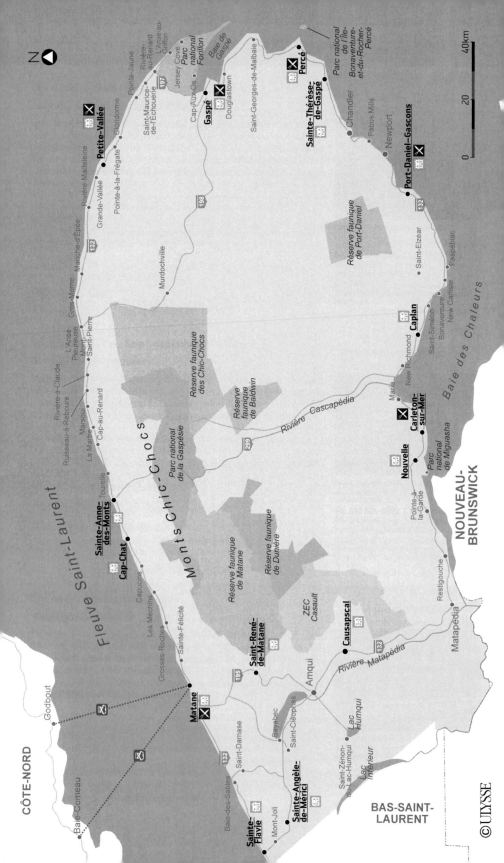

PRIX de L'EXCELLENCE
2011
Association de l'Agrotourisme
et du Tourisme Gourmand
Coup de Cœur du Public

Sainte-Flavie

Au Gîte à la Chute

Gabriel Parent
571, route de la Mer
Sainte-Flavie
G0J 2L0
418 775-9432
1 877 801-2676
www.gitealachute.ca
gitealachute@globetrotter.net
P. 157.

L'Association de l'Agrotourisme et du Tourisme Gourmand du Québec* est fière de rendre hommage à Gabriel Parent d'AU GÎTE À LA CHUTE, qui s'est illustré de façon remarquable par l'expérience exceptionnelle qu'il fait vivre à sa clientèle. C'est dans le cadre des Prix de l'Excellence 2011 que le propriétaire de cet établissement, certifié Gîte du Passant^md depuis 1992, s'est vu décerner le « Coup de Cœur du Public Provincial » dans le volet : hébergement.

« Situé sur un site enchanteur, ce gîte vous offrira des moments de grande harmonie avec la nature. L'atmosphère, teintée de convivialité, d'humour et de bonne humeur, est contagieuse. Les petits-déjeuners concoctés avec les produits locaux, les soupers servis devant des couchers de soleil époustouflants, les magnifiques points de vue de la mer... voilà bien un lieu grandement apprécié. Et, pour qui le souhaite, tout cet enchantement se termine parfois devant un joli feu de camp. Voilà ce qu'on appelle un moment de pure douceur... »

Félicitations !

*L'Association de l'Agrotourisme et du Tourisme Gourmand du Québec est propriétaire des marques de certification : Gîte du Passant^MC, Auberge du Passant^MC, Maison de Campagne ou de Ville, Table aux Saveurs du Terroir^MC, Table Champêtre^MC, Relais du Terroir^MC et Ferme Découverte.

Sainte-Flavie
Centre d'Art Marcel Gagnon

Guillaume Gagnon
564, route de la Mer
Sainte-Flavie
G0J 2L0
418 775-2829
1 866 775-2829
www.centredart.net
reservation@centredart.net
P. 158.

L'Association de l'Agrotourisme et du Tourisme Gourmand du Québec* est fière de rendre hommage à Guillaume Gagnon de l'auberge du CENTRE D'ART MARCEL GAGNON, qui s'est illustré de façon remarquable par l'expérience exceptionnelle qu'il fait vivre à sa clientèle. C'est dans le cadre des Prix de l'Excellence 2011 que le propriétaire de cet établissement, certifié Auberge du Passant[md] depuis 2005, s'est vu décerner le « Coup de Cœur du Public Provincial » dans le volet : hébergement.

« Une visite incontournable s'impose à ce lieu de dépaysement et d'enchantement où l'art et la mer s'unissent de façon originale. Les propriétaires ont certes acquis les secrets de la réussite pour accueillir autant de clientèle, année après année. En 2009, ils ont fièrement fêté leur 25e anniversaire ! En ce lieu, vous trouverez une belle histoire de famille et une équipe qui sont l'âme et le cœur de ce succès. Pour vous plaire, cette auberge vous offre aussi un service de restauration, une boutique de souvenirs, un coin lecture, une galerie d'art et une série de belles sculptures grandeur nature que la marée enveloppe à chacune de ses montées. Les amateurs de belles vues et d'atmosphère chaleureuse seront ravis. »

Félicitations !

*L'Association de l'Agrotourisme et du Tourisme Gourmand du Québec est propriétaire des marques de certification : Gîte du Passant[MD], Auberge du Passant[MD], Maison de Campagne ou de Ville, Table aux Saveurs du Terroir[MD], Table Champêtre[MD], Relais du Terroir[MD] et Ferme Découverte

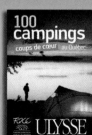

Cap-Chat

Gîte Le Perchoir ✿✿✿

Maison ancestrale située à proximité du fleuve St-Laurent, du sentier de motoneige «Trans-Québec 5», du parc de la Gaspésie et de la réserve Matane. La propriété s'étend sur 180 acres, offrant de nombreuses possibilités récréatives. Certaines unités avec mini-frigo et micro-ondes. Exposition d'oeuvres d'art. Cuve de relaxation (spa) 4 saisons.

Aux alentours: parc national de la Gaspésie, parc éolien, galeries d'art, musée, théâtre d'été, sortie en mer, hébertisme aérien, golf. **Chambres:** TV, DVD, cachet ancestral, peignoirs, chambre familiale, vue sur fleuve, vue sur montagne. **Lits:** simple, double, queen, d'appoint, pour bébé. **3 ch. S. de bain partagée(s). Forfaits:** motoneige, été, automne, hiver, divers.

2 pers: B&B 72-80$ **1 pers:** B&B 62-70$. **Enfant (12 ans et -):** B&B 10-15$. **Paiement:** AM MC VS.

Réduction: hors saison, long séjour. **Ouvert:** à l'année.

A ◆ ⚡ AV spa @WiFi **Certifié: 2008**

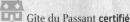

Gîte du Passant **certifié**

Maggie Durette
97, route du Village-du-Cap (route du Cap)
Cap-Chat G0J 1E0
Tél. 418 786-9282 / 1 888 786-1399
Fax 418 786-1399
www.giteetaubergedupassant.com/giteleperchoir
gite_leperchoir_bb@yahoo.ca
Rte 132 E, à Cap-Chat, à la rivière, rue des Fonds à droite, rte du Cap à droite. 2e rte fermée l'hiver: rte 132 E, à ÉOLE, Chemin du Cap à droite, Village-du-Cap à gauche.

Caplan

Au Jaune Soleil ✿✿✿✿

À quelques pas de la mer dans un décor pittoresque et floral, cette demeure(1903) de style anglais ne passe pas inaperçue. Profitez d'un accueil des plus chaleureux et d'une ambiance de détente. Petits-déjeuners gourmets composés de produits du terroir. Les 4 chambres avec salle de bain privée offrent à nos visiteurs un confort incomparable.

Aux alentours: pêche au saumon, piste cyclable, kayak de mer, randonnée pédestre, plage. **Chambres:** accès Internet, ensoleillées, raffinées, cachet ancestral, meubles antiques, romantiques. **Lits:** queen. **4 ch. S. de bain privée(s).**

2 pers: B&B 115$ **1 pers:** B&B 100$. **Paiement:** IT MC VS. **Ouvert:** 15 mai - 15 oct.

@WiFi ⚡ **Certifié: 2012**

Gîte du Passant **certifié**

Carol Boiteau
253, boul. Perron Ouest
Caplan G0C 1H0
Tél. 418 388-5058
www.aujaunesoleil.com
jasmine_gallant@hotmail.com
Rte 132, à Caplan, boul. Perron ouest.

Caplan

Gîte des Lilas ✿✿✿✿

Pour un séjour de qualité avec repos assuré. Le Gîte des Lilas vous offre un accueil chaleureux dans un cadre enchanteur avec vue sur la baie des Chaleurs. Pierrette et Jean-François vous invitent à venir profiter de l'air salin et vivifiant de la Gaspésie. Bienvenue !

Aux alentours: sentiers pédestres, Pointe-Taylor (canot, kayak, piste cyclable), plage aménagée, Village gaspésien héritage britannique **Chambres:** avec lavabo, TV, cachet d'antan, meubles antiques, ventilateur, suite, chambre familiale. **Lits:** queen, d'appoint. **3 ch. S. de bain privée(s) ou partagée(s). Forfaits:** golf.

2 pers: B&B 65-125$ **1 pers:** B&B 55-85$. **Enfant (12 ans et -):** B&B 10-20$. **Paiement:** IT MC VS.

Réduction: hors saison, long séjour. **Ouvert:** 15 mai - 15 oct.

A AV @WiFi ⚡ **Certifié: 2008**

Gîte du Passant **certifié**

Pierrette Michaud et Jean-François Laframboise
108, chemin des Lilas
Caplan G0C 1H0
Tél. 418 388-2925 / 1 888 388-2925
Fax 418 388-2488
www.gaspesie.com/lilas
lilasgit@globetrotter.net
Route 132 est, à Caplan, rue des Lilas.

Carleton-sur-Mer

Restaurant La Seigneurie

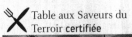

Les amateurs de gastronomie sauront certainement apprécier la fine cuisine de notre chef de renommée, faisant honneur aux produits frais du terroir gaspésien. Laissez-vous tenter par les nombreux arrivages de la mer que notre chef vous propose à tous les jours...

Spécialités: produits du terroir, fruits de mer, homard en haute saison.

Repas offerts: petit-déjeuner, brunch, soir. **Menus:** à la carte, table d'hôte. **Nbr personnes:** 1-140. **Réservation:** recommandée, requise pour groupe.

Table d'hôte: 25-55$/pers. Taxes en sus. **Paiement:** AM IT MC VS. **Ouvert:** 24 juin - 30 sept. Tous les jours.

A AV @ WiFi **Certifié: 2012**

Stéphane Boudreau
482, boulevard Perron
Carleton-sur-Mer G0C 1J0
Tél. 418 364-3355 / 1 800-463-9099
Fax 418 364-6165
www.baiebleue.com
reservations@baiebleue.com

Causapscal

Gîte des Tilleuls ✦✦✦✦

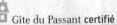

Gîte du Passant **certifié**

Le Gîte des Tilleuls est situé en plein coeur de Causapscal, dans l'une des plus belles régions du Québec; la Vallée de la Matapédia. Chez nous, les immenses tilleuls chantent avec le vent et veillent sur la maison. L'ambiance de calme et de bien-être qui règne à l'intérieur enveloppe les visiteurs dès leur arrivée. Petits-déj. servis à la carte. Certifié Bienvenue cyclistes !md

Aux alentours: site historique Matamajaw, pêche au saumon, piste de motoneige et de quad, Fort Causapscal, golf, SIA. **Chambres:** climatisées, TV, confort moderne, cachet champêtre, peignoirs, couettes en duvet. **Lits:** double, queen, d'appoint, pour bébé. **5 ch. S. de bain privée(s) ou partagée(s). Forfaits:** gastronomie, golf, motoneige, plein air, ski alpin, été, printemps, automne, hiver.

2 pers: B&B 70-100$ **1 pers:** B&B 60-85$. **Enfant (12 ans et -):** B&B 0-15$. Taxes en sus. **Paiement:** AM IT MC VS.

Réduction: long séjour. **Ouvert:** à l'année.

A ✗ @ ✤ **Certifié: 2006**

La Famille Rivard (Claude, Lise & Jessica)
107, rue Saint-Jacques Sud
Causapscal G0J 1J0
Tél. 418 756-5050 / 1 877 846-5050
Fax 418 756-5051
www.gite-tilleuls.ca
info@gite-tilleuls.ca

Aut. 20 est. À Cacouna, rte 132 est. dir. Rimouski. À Ste-Flavie, dir. Mont-Joli à droite. Continuez sur cette route jusqu'à Causapscal et profitez du paysage!

Gaspé

Auberge du Saumonier Lodge ✦✦✦✦

Gîte du Passant **certifié**

Auberge confortable, tranquille. À 8 min du centre de Gaspé et 10 min du fameux parc Forillon. Copieux petit-déj. avec vue sur la rivière à saumon et sur un spectacle d'oiseaux colibris pour vous divertir. Aussi disponible: pêche au saumon de l'Atlantique avec guide sur les 3 plus belles rivières de Gaspé. Classifié pourvoirie 4 étoiles.

Aux alentours: parc national Forillon, pêche saumon de l'Atlantique, guide et instructeur, plages magnifiques, baleines, rocher Percé. **Chambres:** certaines avec lavabo, accès Internet, tranquillité assurée, terrasse, vue sur rivière. **Lits:** simple, double, queen, king. **4 ch. S. de bain privée(s) ou partagée(s). Forfaits:** croisière, famille, gastronomie, golf, plein air, théâtre, automne, divers.

2 pers: B&B 110-140$ **1 pers:** B&B 110-140$. **Paiement:** MC VS. **Ouvert:** 15 mai - 15 oct. **Fermé:** 16 oct - 14 mai.

A ✗ AV ≋ @ WiFi ✤ **Certifié: 2008**

Elie Elmaleh
282, montée Cortéréal
Gaspé G4X 6S2
Tél. / Fax 418 368-2172 Tél. 1 877 368-2172
www.aubergedusaumonierlodge.com
lisaetelie@cgocable.ca

Rte 132 O, pont St-Majorique, Cortéréal à gauche. De Rivière-au-Renard, rte 197 dir. St-Majorique, continuer jusqu'au 282, 3 km. Ne prenez pas Rte 132 vers Gaspé.

Gaspé

Auberge La Maison William Wakeham ★★★

Située en plein cœur de Gaspé, cette maison, construite en 1860, attire bien des regards, car elle constitue un élément majeur de notre patrimoine architectural. Terrasse avec vue sur l'embouchure de la rivière York et sur la baie de Gaspé. Endroit enchanteur, tant par notre accueil courtois, notre service personnalisé que notre cuisine raffinée. Certifié Bienvenue cyclistes !md Certifié Table aux Saveurs du Terroirmd

Aux alentours: parc national Forillon, rocher Percé, marina, golf, promenade, 3 rivières à saumon. **Chambres:** climatisées, TV, accès Internet, cachet victorien, terrasse, suite familiale, vue sur baie. **Lits:** simple, queen, d'appoint. **8 ch. S. de bain privée(s) ou partagée(s). Forfaits:** gastronomie, détente & santé, divers.

2 pers: B&B 105-169$ **1 pers:** B&B 95-149$. **Enfant (12 ans et -):** B&B 0-20$. Taxes en sus. **Paiement:** IT MC VS.

Réduction: long séjour. **Ouvert:** 15 mars - 31 déc. **Fermé:** 1 jan - 14 mars.

A ✕ AV spa @ Wi-Fi ♿ **Certifié: 2007**

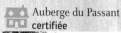

Auberge du Passant certifiée

Desmond Ogden
186, rue de la Reine
Gaspé G4X 1T6
Tél. 418 368-5537 / 418 368-5792
Fax 418 368-5602
www.maisonwakeham.ca
maisonww@hotmail.fr

Rte 132. Au centre-ville de Gaspé, rue de la Reine à gauche, sens unique vers la fin à droite. De Murdochville, rte 198, rue de la Reine à gauche, 300 m.

Gaspé

Auberge La Maison William Wakeham

Bâtiment historique de 1860. Hébergement et services 3 étoiles. Salle à manger de renom 44 places. Repas servis: matin, midi, soir. 8 ch. uniques évoquant l'histoire. Lits queen, AC, salles de bain privées, réceptions avec chapiteaux disponibles. Endroit tranquille et paisible. Grande terrasse avec vue sur la rivière York. Cuisine professionnelle.

Spécialités: cuisine du marché, fruits de mer, grillades de choix, salades santé, pâtes fraîches et desserts maison. Lauréat 2007 et 2008.

Repas offerts: brunch, midi, soir. **Menus:** à la carte, table d'hôte, gastronomique. **Nbr personnes:** 1-44. **Réservation:** recommandée.

Table d'hôte: 25-45$/pers. Taxes en sus. **Paiement:** IT MC VS. **Ouvert:** 15 mars - 31 déc. Tous les jours. **Fermé:** 1 jan - 14 mars.

A AV ♿ **Certifié: 2007**

Table aux Saveurs du Terroir certifiée

Desmond Ogden
186, rue de la Reine
Gaspé G4X 1T6
Tél. 418 368-5537 / 418 368-5792
Fax 418 368-5602
www.maisonwakeham.ca
maisonww@hotmail.fr

Rte 132. Au centre-ville de Gaspé, rue de la Reine à gauche, sens unique vers la fin à droite. De Murdochville, rte 198, rue de la Reine à gauche, 300 m.

Gaspé

Café de l'Anse du Centre Culturel Le Griffon

Magnifique café avec terrasse en bord de mer. Cuisine régionale utilisant les produits locaux. Table sans prétention au sympathique cachet maritime. Sur place: atelier d'artistes, exposition, Internet. Le Centre culturel Le Griffon est un organisme à but non lucratif géré par des bénévoles qui ont à coeur la mise en valeur de la culture maritime.

Spécialités: déjeuner du capitaine, marmite du pêcheur, boules à la morue, brandade de morue, poissons fumés, bavette à l'échalote, gâteaux maison.

Repas offerts: petit-déjeuner, brunch, midi, soir. **Menus:** à la carte, gastronomique. **Nbr personnes:** 1-50. **Réservation:** non requise.

Table d'hôte: 21-28$/pers. Taxes en sus. **Paiement:** IT MC VS. **Ouvert:** à l'année. Horaire variable – téléphoner avant.

A AV @ Wi-Fi ♿ **Certifié: 2008**

Table aux Saveurs du Terroir certifiée

Nathalie Spooner
557, boul. du Griffon
Gaspé G4X 6A5
Tél. 418 892-0115 / 418 892-5679
www.lanseaugriffon.ca
info@lanseaugriffon.ca

Situé dans le parc national Forillon, à 35 minutes de Gaspé. Rte 132, à L'Anse-au-Griffon, côté mer.

Gaspé

Domaine du Centaure 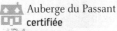 ★★★

Serge Côté
1713, boul. Forillon
Gaspé G4X 6L1
Tél. 418 892-5525 / 1 877 892-5525
www.domaineducentaure.com
centaure@globetrotter.net
Rte 132 est jusqu'à Cap-aux-Os (parc Forillon),
2 km à l'ouest de l'église catholique, du côté de la
montagne.

Auberge du Passant certifiée

Panorama sur la mer et les chevaux dans une ambiance rustique. Expéditions à cheval dans les monts Chic-Chocs. Situé à flanc de montagne, bordé au nord par le parc national Forillon et au sud par la baie de Gaspé. Déjeuners copieux, soupers gastronomiques et produits du terroir vous seront servis. Classifié centre de vacances 3 étoiles. Certifié Table aux Saveurs du Terroir[md]

Aux alentours: parc national Forillon, équitation (forfaits et randonnée), kayak, plongée sous-marine, plages, randonnée pédestre, vélo **Chambres:** cachet particulier, meubles antiques, lucarnes, bois franc, chambre familiale, vue sur mer. **Lits:** double. **5 ch. S. de bain privée(s). Forfaits:** charme, plein air, divers.

2 pers: B&B 70$ PAM 110-135$ 1 pers: B&B 60$ PAM 80-100$. Enfant (12 ans et -): B&B 20$ PAM 10-22$. Taxes en sus. **Paiement:** IT MC VS.

Réduction: long séjour. **Ouvert:** 1 juin - 30 sept.

A ✕ AV @ Wi Fi ♿ **Certifié: 2010**

Gaspé

Domaine du Centaure

Serge Côté
1713, boul. Forillon
Gaspé G4X 6L1
Tél. 418 892-5525 / 1 877 892-5525
www.domaineducentaure.com
centaure@globetrotter.net
Rte 132 est jusqu'à Cap-aux-Os (parc Forillon),
2 km à l'ouest de l'église catholique, du côté de la
montagne.

Table aux Saveurs du Terroir certifiée

Panorama sur la mer et les chevaux dans une ambiance rustique. Expéditions à cheval dans les monts Chic-Chocs. Situé à flanc de montagne, bordé au nord par le parc national Forillon et au sud par la baie de Gaspé. Petits-déjeuners copieux, soupers gastronomiques, produits du terroir vous seront servis.

Spécialités: Le Chef vous fera découvrir son coin de pays dans votre assiette. Traditions et innovations régionales sont au menu. Bienvenue!

Repas offerts: petit-déjeuner, brunch, soir. **Menus:** à la carte, table d'hôte. **Nbr personnes:** 1-30. **Réservation:** recommandée, requise pour groupe.

Table d'hôte: 30-45$/pers. Taxes en sus. **Paiement:** IT MC VS. **Ouvert:** 1 juin - 30 sept. Tous les jours.

A AV @ Wi Fi ♿ **Certifié: 2010**

Matane

Auberge la Seigneurie ★★★

Marie-Ève Audy
621, rue Saint-Jérôme
Matane G4W 3B9
Tél. 418 562-0021
Fax 418 562-4455
www.aubergelaseigneurie.com
info@aubergelaseigneurie.com
À Matane, avenue du Phare, après «Tim Horton», rue
Druillette à droite, au 148. Accueil et stationnement
au 621 St-Jérôme.

Auberge du Passant certifiée

Ancien site de la Seigneurie Fraser, au confluent de la rivière Matane et du fleuve St-Laurent. Près du centre-ville, maison ancestrale, terrain boisé, balcons et balançoires. Accueil sympathique et chaleureux. Certifié Bienvenue cyclistes ![md] Certifié Table aux Saveurs du Terroir[md] P. 33.

Aux alentours: promenade des Capitaines, maison de la culture, église de style Dom Bellot, piste cyclable. **Chambres:** TV, accès Internet, meubles antiques, romantiques, spacieuses, bois franc. **Lits:** double, queen, king, d'appoint. **12 ch. S. de bain privée(s) ou partagée(s). Forfaits:** vélo, gastronomie, golf, motoneige, romantique, traîneaux à chiens.

2 pers: B&B 69-159$. Enfant (12 ans et -): B&B 15$. Taxes en sus. **Paiement:** IT MC VS.

Réduction: hors saison, long séjour. **Ouvert:** à l'année.

A ✕ AV @ Wi Fi ♿ **Certifié: 1997**

Matane

Auberge la Seigneurie

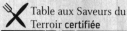

Table aux Saveurs du Terroir **certifiée**

Notre chef saura vous faire vivre une expérience gastronomique dont les plus fins gourmets se souviendront longtemps. Notre carte évolue au fil des saisons, vous offrant une fine cuisine savoureuse avec des variations moléculaires. La table de l'Auberge vous offre des produits frais de la région et du terroir québécois. P. 33.

Spécialités: cuisine moléculaire, saumon fumé à l'érable, carré de porc en robe de grué de cacao sauce au porto caramélisé, bison et gelée de sapin.

Repas offerts: petit-déjeuner, midi, soir. **Menus:** à la carte, table d'hôte. **Nbr personnes:** 1-50. **Réservation:** recommandée, requise pour groupe.

Table d'hôte: 25-40$/pers. Taxes en sus. **Paiement:** IT MC VS. **Ouvert:** à l'année. Mar au sam. Horaire variable.

A AV @Wi-Fi &Certifié: 2012

Marie-Ève Audy
621, rue Saint-Jérôme
Matane G4W 3B9
Tél. 418 562-0021
Fax 418 562-4455
www.aubergelaseigneurie.com
info@aubergelaseigneurie.com
À Matane, avenue du Phare, après «Tim Horton», rue Druillette à droite, au 148. Accueil et stationnement au 621 St-Jérôme.

Matane, Saint-René

Gîte des Sommets ✱✱✱

Gîte du Passant à la Ferme **certifié**

Ferme d'élevage. Situé sur les plateaux des Chics-Chocs, gîte rénové à l'ancienne, sur la route menant au village de St-Nil. Village défriché durant la crise économique et qui s'est éteint en 1970 avec 15 autres villages de l'arrière-pays gaspésien. Près: réserve faunique de Matane. Souper sur rés. Fermette: chèvres et bassecour. Activités en pleine nature.

Aux alentours: réserve faunique de Matane, rivière, snowmobile, érablière, centre d'interprétation en forêt. **Chambres:** ensoleillées, cachet champêtre, tranquillité assurée, originales, vue sur champs. **Lits:** double, d'appoint, pour bébé. **3 ch. S. de bain partagée(s).**

2 pers: B&B 55$ PAM 85$ **1 pers:** B&B 40$ PAM 55$. **Enfant (12 ans et -):** B&B 20$ PAM 28$. **Ouvert:** à l'année.

✗ AV @Certifié: 1999

Marie-Hélène Mercier et Louis-Philippe Bédard
161, route 10e et 11e Rang
Saint-René-de-Matane G0J 3E0
Tél. 418 224-3497
www.giteetaubergedupassant.com/sommets
gitedessommets@globetrotter.net
De Matane, rte 195 sud, à l'église de St-René, 5,5 km vers le sud, route du 10e et 11e Rang à gauche, 6,2 km.

Nouvelle

À l'Abri du Clocher ✱✱✱✱

Gîte du Passant **certifié**

Cet ancien presbytère (1896) vous offre une halte hors du commun. Vous serez charmés par cette vaste demeure ancestrale superbement restaurée et aménagée avec goût. Accueil attentionné laissant place à l'intimité. Déj. copieux aux saveurs régionales. Situé en retrait de la rte principale, vous apprécierez le confort et la tranquillité des lieux.

Aux alentours: 5 min du parc national de Miguasha, 200 mètres de la piste cyclable, 15 min de Carleton. **Chambres:** baignoire sur pattes, accès Internet, cachet champêtre, spacieuses, chambre familiale. **Lits:** simple, double, queen. **3 ch. S. de bain privée(s).**

2 pers: B&B 85-95$ **1 pers:** B&B 75-85$. **Enfant (12 ans et -):** B&B 25$. **Paiement:** IT MC VS.

Réduction: long séjour. **Ouvert:** 1 mai - 15 oct.

AV @Wi-Fi &Certifié: 2001

Sylvie Landry et Sylvain Savoie
5, rue de l'Église
Nouvelle G0C 2E0
Tél. 418 794-2580 / 1 877 794-2580
www.giteetaubergedupassant.com/labriduclocher
info@alabriduclocher.com
Rte 132 est ou ouest, au centre du village, en retrait de la rte 132, voisin de l'église.

Percé

À l'Abri du Vent ✹✹✹✹

Gîte du Passant **certifié**

Nous habitons au centre du village, derrière l'église. Endroit tranquille, surtout la nuit. Ici, vous pourrez relaxer, garer l'auto et partir à pied. Toutes nos chambres ont été rajeunies, agrandies, mobilier, s.b. privée. Solarium et patio pour bavarder. Notre classification est de 4 soleils, mais nos prix sont très raisonnables. Au plaisir!

Aux alentours: excursions en mer, montagne, pêche, golf, restos. Natifs d'ici, nous saurons vous aider dans vos choix d'activités. **Chambres:** accès Internet, confort moderne, bois franc, entrée privée, chambre familiale, vue sur mer. **Lits:** simple, double, queen. **5 ch. S. de bain privée(s). Forfaits:** croisière, plein air.

2 pers: B&B 79-89$ **1 pers:** B&B 69-79$. **Enfant (12 ans et -):** B&B 20-30$. **Paiement:** MC VS.

Réduction: hors saison. **Ouvert:** 15 mai - 1 nov.

A ● AV @ Wi Fi ✼ **Certifié: 2010**

Ginette Gagné et Michel Méthot
44, Cap Barré
Percé G0C 2L0
Tél. / Fax 418 782-2739 Tél. 1 866 782-2739
www.alabriduvent.ca
info@alabriduvent.ca
Route 132 est jusqu'à Percé. Rue du Cap Barré, dernière maison. Sommes situés derrière l'église du village.

Percé

Auberge Au Pirate 1775 ✹✹✹✹

Auberge du Passant **certifiée**

Une histoire d'amour dans une maison de style, construite au 18e siècle directement sur la mer. Pauline et Jean-François vous proposent des séjours douillets dans un décor de rêve. Votre table est mise sur la véranda, face au rocher Percé. L'auberge et le restaurant sont inscrits aux meilleurs guides de voyage. Animaux acceptés. Certifié Table aux Saveurs du Terroir[md] P. 147.

Aux alentours: accès direct à la plage, au rocher Percé et aux bateaux pour les excursions à l'île et aux baleines. **Chambres:** TV, ensoleillées, ventilateur, spacieuses, suite familiale, suite luxueuse, vue sur mer. **Lits:** simple, double, queen, divan-lit. **5 ch. S. de bain privée(s). Forfaits:** charme, gastronomie, romantique, divers.

2 pers: B&B 125-250$ **1 pers:** B&B 100-200$. **Enfant (12 ans et -):** B&B 35-40$. **Taxes en sus. Paiement:** IT MC VS. **Ouvert:** 10 juin - 10 oct.

A 🐾 ✗ AV ≈ @ Wi Fi ✼ **Certifié: 2001**

Pauline Vaillancourt
169, route 132
Percé G0C 2L0
Tél. 418 782-5055
Fax 418 782-5680
www.giteetaubergedupassant.com/pirate1775
aupirate@bmcable.ca
Rte 132, au centre du village, côté mer, une maison peinte en bleu.

Percé

Auberge Au Pirate 1775

Table aux Saveurs du Terroir **certifiée**

Une histoire d'amour dans une maison de style, construite au 18e siècle directement sur la mer. Pauline et Jean-François vous proposent des séjours douillets dans un décor de rêve. Votre table est mise sur la véranda, face au rocher Percé. L'auberge et le restaurant sont inscrits aux meilleurs guides de voyage. Animaux acceptés. P. 147.

Spécialités: soupe de poissons d'ici et sa rouille. Brandade de morue salée et gratinée. Festin pour 2 avec vin inclus.

Repas offerts: soir. **Menus:** à la carte, table d'hôte, gastronomique. **Nbr personnes:** 1-34. **Réservation:** recommandée, requise pour groupe.

Table d'hôte: 40-50$/pers. **Taxes en sus. Paiement:** IT MC VS. **Ouvert:** 10 juin - 10 oct. Tous les jours.

A ✼ **Certifié: 2007**

Pauline Vaillancourt
169, route 132
Percé G0C 2L0
Tél. 418 782-5055
Fax 418 782-5680
www.giteetaubergedupassant.com/pirate1775
aupirate@bmcable.ca
Rte 132, au centre du village, côté mer, une maison peinte en bleu.

Percé

Au Presbytère ✦✦✦✦

Coup de Coeur du Public régional 2003 et 2008. Maison centenaire et patrimoniale située dans la paisible rue de l'Église, dont l'emplacement et l'ambiance unique vous assureront paix et tranquillité. Un déjeuner généreux et inventif, la vue sur le rocher, le village à deux pas, l'Internet de pointe... et plus! Bref, une bonne adresse! Chambres familiales disponibles.

Aux alentours: parc du Rocher-Percé, île Bonaventure, excursions, plongée, kayak, sentiers, musée, théâtre, plage et plus encore! **Chambres:** ensoleillées, cachet particulier, tranquillité assurée, lumineuses, vue sur mer. **Lits:** simple, double, queen. **5 ch. S. de bain privée(s) ou partagée(s).**

2 pers: B&B 82-114$ **1 pers:** B&B 79-89$. **Enfant (12 ans et -):** B&B 20-25$. Taxes en sus. **Paiement:** MC VS.

Réduction: hors saison. **Ouvert:** 15 mai - 15 oct.

A ✕ AV @ Wi Fi ♻ **Certifié: 2001**

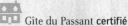

Gîte du Passant certifié

Michel Boudreau
47, rue de l'Église, C.P. 178
Percé G0C 2L0
Tél. 418 782-5557 / 1 866 782-5557
Fax 418 782-5587
www.perce-gite.com
info@perce-gite.com
Face à la rue du Quai, au centre du village, prendre la rue de l'Église jusqu'à l'extrémité.

Percé

Gîte du Capitaine ✦✦✦

Une vue extraordinaire! Un endroit calme un peu retiré du centre-ville. Belles chambres avec vue sur la mer. Des petites attentions à tout moment qui font la différence (pause thé, I-Pad à disposition). Le petit-déjeuner maison est une superbe réalisation qui vous mettra d'excellente humeur pour votre journée de découverte.

Aux alentours: rocher Percé, île Bonaventure, mont Saint-Anne, chute aux esmeralds, croisières, magasin générale historique. **Chambres:** accès Internet, tranquillité assurée, spacieuses, lumineuses, vue sur mer, vue splendide. **Lits:** simple, double, queen. **4 ch. S. de bain privée(s).** **Forfaits:** croisière.

2 pers: B&B 110$ **1 pers:** B&B 110$. Taxes en sus. **Paiement:** ER. **Ouvert:** 20 juin - 15 oct.

A @ Wi Fi ♻ **Certifié: 2009**

Gîte du Passant certifié

Daria Portmann et Urs Kaech
10, chemin du Belvédère
Percé G0C 2L0
Tél. 418 782-5559 / 1 877 512-5559
www.giteducapitaine.com
bienvenue@giteducapitaine.com
Route 132 jusqu'à Percé. Le gîte est voisin du Camping du Phare, à environ 2 km du centre-ville de Percé, en direction de Chandler.

Percé, Sainte-Thérèse-de-Gaspé

Gîte du Moulin à Vent ✦✦✦

Séjournez dans ce pittoresque village de pêcheurs. En entrant, un ancien pêcheur, sculpté dans la porte par un artiste de St-Jean-Port-Joli, vous accueille. Copieux déjeuners servis dans une spacieuse salle à manger de style Bahutier et attenante à la cuisine aux couleurs ensoleillées. Patio, poêle B.B.Q. disponibles.

Aux alentours: Musée de la pêche, visite de l'usine de poissons, glissades d'eau, Go Car, magasin historique. **Chambres:** TV, accès Internet, confort moderne, personnalisées, raffinées, peignoirs, bois franc. **Lits:** double, queen. **5 ch. S. de bain privée(s) ou partagée(s).**

2 pers: B&B 65-80$ **1 pers:** B&B 45-60$. **Enfant (12 ans et -):** B&B 15$. **Paiement:** ER. **Ouvert:** 1 juin - 29 sept.

AV @ ♻ **Certifié: 1998**

Gîte du Passant certifié

Janine Desbois
247, route 132, C.P. 10
Sainte-Thérèse-de-Gaspé G0C 3B0
Tél. 418 385-4922 / 1 866-385-3103
Fax 418 385-3103
www.giteetaubergedupassant.com/moulinavent
moulinavent@bmcable.ca
Rte 132 ouest, à Ste-Thérèse, à mi-chemin entre le quai et l'église. Moulin à Vent, en face du restaurant le Bria.

Petite-Vallée

La Maison Lebreux ★★

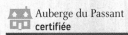

Auberge du Passant certifiée

Sur une longue pointe qui s'avance dans la mer, en retrait de la route 132 et à une heure (70 km) du parc Forillon, notre maison centenaire ouvre grand ses portes pour vous offrir un accueil familial dans un cadre tout à fait exceptionnel. Cuisine traditionnelle où poissons et fruits de mer sont à l'honneur. Certifié Table aux Saveurs du Terroir[md]

Aux alentours: salle de spectacle du Théâtre de la Vieille Forge. Café-bistro. **Chambres:** certaines avec lavabo, chambre familiale, vue sur mer, vue sur montagne. **Lits:** double, queen. **8 ch. S. de bain partagée(s). Forfaits:** famille, motoneige, spectacle, théâtre, automne, restauration.

2 pers: B&B 63-78$ PAM 113-128$ **1 pers:** B&B 53-58$ PAM 78-83$. **Enfant (12 ans et -):** B&B 13-17$ PAM 23-28$. Taxes en sus. **Paiement:** IT MC VS. **Ouvert:** à l'année.

✗ AV @ Wi Fi **Certifié: 1981**

Denise Lebreux et Simon Côté
2, rue Longue-Pointe
Petite-Vallée G0E 1Y0
Tél. 418 393-2662 / 1 866 393-2662
Fax 418 393-3105
www.lamaisonlebreux.com
lamaisonlebreux@globetrotter.net
Rte 132 est jusqu'à Petite-Vallée. À l'entrée du village, rue Longue-Pointe à gauche, à l'embranchement à gauche.

Petite-Vallée

La Maison Lebreux ★★

Maison de Campagne certifiée

En bordure de mer, de magnifiques chalets, entièrement équipés pour un séjour autonome, vous procureront la détente désirée. Vous endormir et vous réveiller au bruit des vagues, surprendre le coucher ou le lever du soleil sur la mer; voilà ce qui vous attend ici! Animaux domestiques acceptés à un coût supplémentaire. Certifié Table aux Saveurs du Terroir[md]

Aux alentours: salle de spectacle du Théâtre de la Vieille Forge. Café-bistro.

Maison(s): téléphone, TV, ventilateur, tranquillité assurée, vue sur mer, vue sur fleuve, vue splendide. **Lits:** double, divan-lit. **4 maison(s). 2 ch. 4-6 pers. Forfaits:** spectacle, théâtre, été.

SEM 675-700$ **JR** 104-114$. Taxes en sus. **Paiement:** IT MC VS.

Réduction: hors saison. **Ouvert:** à l'année.

🐾 ✗ **Certifié: 1981**

Denise Lebreux et Simon Côté
2, rue Longue-Pointe
Petite-Vallée G0E 1Y0
Tél. 418 393-2662 / 1 866 393-2662
Fax 418 393-3105
www.lamaisonlebreux.com
lamaisonlebreux@globetrotter.net
Rte 132 est jusqu'à Petite-Vallée. À l'entrée du village, rue Longue-Pointe à gauche, à l'embranchement à gauche.

Petite-Vallée

La Maison Lebreux

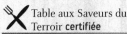

Table aux Saveurs du Terroir certifiée

Salle à manger avec vue imprenable sur la mer et pouvant accueillir 30 personnes autour de grandes tables favorisant la convivialité. Cuisine traditionnelle où poissons et fruits de mer sont offerts dans un menu table d'hôte. Carte des vins: québécois et importations.

Spécialités: bouillabaisse de poissons et fruits de mer gaspésienne. Petits fruits en saison, sirop d'érable, confitures, pain et desserts maison.

Repas offerts: petit-déjeuner, soir. **Menus:** table d'hôte. **Nbr personnes:** 1-20. Min. de pers. exigé varie selon les saisons. **Réservation:** recommandée, requise pour groupe.

Table d'hôte: 25-30$/pers. Taxes en sus. **Paiement:** IT MC VS. **Ouvert:** à l'année. Horaire variable.

AV @ Wi Fi **Certifié: 2007**

Denise Lebreux et Simon Côté
2, rue Longue-Pointe
Petite-Vallée G0E 1Y0
Tél. 418 393-2662 / 1 866 393-2662
Fax 418 393-3105
www.lamaisonlebreux.com
lamaisonlebreux@globetrotter.net
Rte 132 est jusqu'à Petite-Vallée. À l'entrée du village, rue Longue-Pointe à gauche, à l'embranchement à gauche.

Port-Daniel

Gîte la Conche Saint-Martin ※※※※

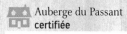

Auberge du Passant **certifiée**

Grand Prix du tourisme régional 2005. Maison en bois rond de style scandinave. Tranquillité assurée. Du gîte, vous apercevez la vue splendide du barachois sous le coucher du soleil. Excellent endroit pour les adeptes d'ornithologie. Du balcon, on peut observer: hérons, outardes, pygargues à tête blanche. Déj. 4 à 5 services différent chaque jour. Certifié Table aux Saveurs du Terroir[md]

Aux alentours: réserve faunique, le tunnel ferroviaire (190 m), plage sablonneuse. **Chambres:** balcon, cachet champêtre, murs en bois rond, tranquillité assurée, vue sur rivière. **Lits:** double, queen, d'appoint. **3 ch. S. de bain privée(s). Forfaits:** charme, gastronomie, été.

2 pers: B&B 90-120$ PAM 210-240$ **1 pers:** B&B 80-110$ PAM 140-170$. **Enfant (12 ans et -):** B&B 35$ PAM 75$. Taxes en sus. **Paiement:** MC VS. **Ouvert:** à l'année.

A ◆ ✕ AV @ ᵂⁱFᵢ ♻ **Certifié: 2006**

Daniel Deraiche
252, route de la Rivière
Port-Daniel G0C 2N0

Tél. 418 396-2481 / 1 877 396-2491
www.giteetaubergedupassant.com/
laconchesaintmartin
laconchesaint-martin@navigue.com

Arrivé à Port-Daniel, suivre l'enseigne Réserve faunique de Port-Daniel. Tourner au chemin de la Rivière à gauche, après le dépanneur à gauche. GPS: 48.196231, -64.967308.

Port-Daniel

Gîte la Conche Saint-Martin

Table aux Saveurs du Terroir **certifiée**

Le Chef Daniel est un passionné et un artiste qui réalise des plats raffinés au caractère unique, à partir de produits régionaux. Table gourmande cinq services ou trois services. L'amour pour la nature de Daniel s'exprime sur ses toiles exposées au gîte.

Spécialités: nous vous convions à la découverte du terroir «terre et mer»: poissons, fruits de mer, gibier.

Repas offerts: soir. Apportez votre vin. **Menus:** gastronomique. **Nbr personnes:** 2-16. Min. de pers. exigé varie selon les saisons. **Réservation:** recommandée, requise pour groupe.

Table d'hôte: 40$/pers. Taxes en sus. **Paiement:** MC VS. **Ouvert:** à l'année.

A AV @ ᵂⁱFᵢ ♻ **Certifié: 2007**

Daniel Deraiche
252, route de la Rivière
Port-Daniel G0C 2N0

Tél. 418 396-2481 / 1 877 396-2491
www.giteetaubergedupassant.com/
laconchesaintmartin
laconchesaint-martin@navigue.com

Arrivé à Port-Daniel, suivre l'enseigne Réserve faunique de Port-Daniel. Tourner au chemin de la Rivière à gauche, après le dépanneur à gauche. GPS: 48.196231, -64.967308.

Sainte-Angèle-de-Mérici

La Guimontière ※※※

Gîte du Passant **certifié**

Situé à 14 km de Ste-Flavie et du fleuve, au coeur du village de Ste-Angèle, centre naturel de la région métissienne. Piscine creusée, petit-déjeuner copieux servi à votre heure. Descente en canot et kayak sur la rivière Métis à 300 m, aéroport de Mont-Joli. Rimouski: 48 km.

Aux alentours: parc Mont-Comi, Jardins de Métis, pêche au saumon, golf de la Pointe, aéroport de Mont-Joli, plage de Ste-Luce. **Chambres:** avec salle d'eau, TV, cachet d'antan, ventilateur, spacieuses, terrasse, vue sur montagne. **Lits:** simple, double, queen, king, d'appoint, pour bébé. **5 ch. S. de bain partagée(s). Forfaits:** famille, motoneige, romantique, ski alpin, automne, hiver.

2 pers: B&B 80$ **1 pers:** B&B 50$. **Enfant (12 ans et -):** B&B 10-20$. **Paiement:** IT. **Ouvert:** à l'année.

A 🐎 AV 🏊 @ ♻ **Certifié: 1999**

Jeanne-Mance Guimont
515, av. Bernard-Lévesque
Sainte-Angèle-de-Mérici G0J 2H0

Tél. 418 775-5542 / 418 725-9135
Fax 418 775-5722
www.giteetaubergedupassant.com/guimontiere
jeannemanceguimont@globetrotter.net

Aut. 20 et rte 132 est. À Ste-Flavie dir. Mont-Joli. Après Mont-Joli, 12 km. Au village, boul. de la Vallée à droite.

Sainte-Anne-des-Monts

Chez Marthe-Angèle ✱✱✱

Maison de style bungalow, spacieuse et confortable, avec un grand stationnement et près de tous les services. Venez partager notre coin de pays! Vous serez enchantés de découvrir les attraits du milieu rural et l'accueil chaleureux de ses habitants. Bienvenue à tous les visiteurs!

Aux alentours: Exploramer, parc de la Gaspésie, parc du Petit-Bois pour randonnée pédestre, golf, baignade. **Chambres:** certaines avec lavabo, bureau de travail, TV, ventilateur, chambre familiale. **Lits:** simple, double, queen. **5 ch. S. de bain partagée(s).**

2 pers: B&B 70-75$ 1 pers: B&B 55$. Enfant (12 ans et -): B&B 10-15$.

Réduction: long séjour. **Ouvert:** à l'année.

AV Certifié: 1983

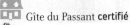

Gîte du Passant **certifié**

Marthe-Angèle Lepage
268, 1re avenue Ouest
Sainte-Anne-des-Monts G4V 1E5
Tél. / Fax 418 763-2692
www.giteetaubergedupassant.com/marthe_angele

Rte 132 dir. Ste-Anne-des-Monts. Avant le pont à gauche. 1re avenue à gauche.

Sainte-Flavie

Au Gîte à la Chute ✱✱✱✱

Coup de Coeur du Public provincial 2011 - Hébergement. Site d'une rare beauté face au St-Laurent. Maison datant de 1926. Venez vous détendre près de la chute, petit coin spécialement aménagé. Succulent petit-déj. Vue sur la mer, couchers de soleil inoubliables. Petit pont couvert qui traverse le ruisseau pour vous guider au petit lac à truite. Accès direct au fleuve. Restaurant fruits de mer à 125 m. P. 145.

Aux alentours: Jardins de Métis, Centre d'Art Marcel Gagnon, Route des Arts, Vieux Moulin, Musée de la mer, parc national du Bic. **Chambres:** accès Internet, peignoirs, ventilateur, couettes en duvet, bois franc, vue sur fleuve. **Lits:** queen. **5 ch. S. de bain privée(s) ou partagée(s).** **Forfaits:** golf, divers.

2 pers: B&B 85-105$ 1 pers: B&B 75-95$. Enfant (12 ans et -): B&B 15$. **Paiement:** MC VS. **Ouvert:** à l'année.

A @ ᵂⁱFi ♿ **Certifié: 1992**

Gîte du Passant **certifié**

Gabriel Parent
571, route de la Mer
Sainte-Flavie G0J 2L0
Tél. 418 775-9432 / 1 877 801-2676
Fax 418 775-5747
www.gitealachute.ca
gitealachute@globetrotter.net
Aut. 20 est jusqu'à Mont-Joli. À droite, rte 132 est direction Matane. Gîte à 1 km passé l'église de Ste-Flavie.

Sainte-Flavie

Au Gîte du Vieux Quai ✱✱✱✱

Gîte de style suisse situé dans le secteur centre du village où seul le trafic local est autorisé. Copieux petits-déjeuners 3 services servis face au fleuve et le quai. Possibilité d'une suite de 2 chambres communicantes avec accès direct au balcon et salle de bain privée. Nos couchers de soleil vous feront vivre des moments magiques. Certifié Bienvenue cyclistes !ᵐᵈ

Aux alentours: Jardins de Métis, Sous-marin Onondaga, galeries d'arts, golf, musée, boutiques souvenirs, sentiers de marche. **Chambres:** accès Internet, balcon, cachet particulier, ventilateur, couettes en duvet, vue sur fleuve. **Lits:** simple, queen, divan-lit, d'appoint. **4 ch. S. de bain partagée(s).** **Forfaits:** plein air, régional, été, printemps, automne.

2 pers: B&B 79-85$ 1 pers: B&B 79$. Enfant (12 ans et -): B&B 20$. **Paiement:** IT MC VS.

Réduction: hors saison, long séjour. **Ouvert:** 1 mai - 31 oct. **Fermé:** 1 nov - 30 avr.

A AV @ ᵂⁱFi ♿ **Certifié: 2004**

Gîte du Passant **certifié**

Pierrette Chiasson
457, route de la Mer Ouest
Sainte-Flavie G0J 2L0
Tél. 418 775-9111 / 1 866 575-9111
www.giteetaubergedupassant.com/vieuxquai
pierrette.jean-guy@cgocable.ca
Que vous fassiez le tour de la Gaspésie du côté sud ou le nord (route 132), vous êtes certains de passer devant le Gîte du Vieux Quai, à 8 km à l'ouest des Jardins de Métis.

Sainte-Flavie

Centre d'Art Marcel Gagnon ★★★

Coup de Coeur du Public provincial 2011 - Hébergement. Lieu de dépaysement et d'enchantement sur le bord du fleuve. L'auberge offre: salle à manger, cuisine régionale, vue sur le fleuve et les sculptures, boutique, librairie, salles d'exposition regroupant les artistes peintres Ghislaine Carrier, Marcel, Guillaume et Jean-Pierre Gagnon. Vivez l'expérience de l'art, la mer et la bonne table ! P. 146.

Aux alentours: Route des Arts, Vieux Moulin, galerie d'art extérieure à Mont-Joli, Jardins de Métis, parc de la rivière Mitis, golf. **Chambres:** TV, accès Internet, cachet champêtre, ventilateur, bois franc, vue sur fleuve. **Lits:** simple, double, queen, divan-lit, d'appoint, pour bébé. **10 ch. S. de bain privée(s). Forfaits:** divers.

2 pers: B&B 99-129$ **1 pers:** B&B 89-119$. Taxes en sus. **Paiement:** IT MC VS.

Réduction: hors saison. **Ouvert:** 27 avr - 29 sept. **Fermé:** 30 sept - 26 avr.

♿ 🚶 🍽 @ Wi-Fi 🚲 **Certifié: 2005**

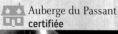

Auberge du Passant **certifiée**

Guillaume Gagnon
564, route de la Mer
Sainte-Flavie G0J 2L0
Tél. 418 775-2829 / 1 866 775-2829
Fax 418 775-9548
www.centredart.net
reservation@centredart.net

À Ste-Flavie, au feu de circulation, 1 km à l'est en longeant le fleuve. 8 km à l'ouest des Jardins de Métis. 3 km au sud de Mont- Joli et à la fin de l'autoroute 20 à gauche.

Sainte-Flavie

Gîte Entre Chien et Loup ❋❋❋

Nous vous accueillons dans un décor magnifique situé sur le bord du fleuve Saint-Laurent. Vous pourrez y admirer les magnifiques couchers de soleil, faire un petit feu à la brunante, vous promener sur le bord de l'eau, et surtout, vous reposer dans nos chambres style champêtre. Les déjeuners vous seront servis à l'intérieur face au fleuve.

Chambres: confort moderne, cachet champêtre, peignoirs, tranquillité assurée, vue sur fleuve. **Lits:** double. **3 ch. S. de bain partagée(s).**

2 pers: B&B 75-85$ **1 pers:** B&B 65-75$.

Réduction: long séjour. **Ouvert:** à l'année.

A ● 🚗 @ 🚲 **Certifié: 2011**

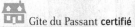

Gîte du Passant **certifié**

Brigitte Dupras et Denis Wolford
788, route de la Mer
Sainte-Flavie G0J 2L0
Tél. 418 785-0812 / 418 750-7763
www.terroiretsaveurs.com/gite-entre-chien-et-loup
giteentrechienetloup@live.ca

Aut. 20, route 132. À Sainte-Flavie, au feu de circulation de Ste-Flavie, faire 5,3 km.

Autres établissements

Baie-des-Sables

Fromagerie du Littoral, 200, route 132 Est, Baie-des-Sables, G0J 1C0. Tél.: 418 772-1314, 418 772-6020 Fax: 418 772-6020
beaulieuc@globetrotter.net - www.terroiretsaveurs.com/fromagerie-du-littoral

Fromagerie fermière. Services offerts: activités, vente de produits.

Grande-Vallée

Les Jardins de France, 85, Saint-François-de-Xavier, Grande-Vallée, G0E 1K0. Tél.: 418 393-3244, 418 393-3008
Fax: 418 393-3280
mareehaute@globetrotter.net - www.lamareehaute.ca

Ferme fruitière - Verger – Vignoble. Services offerts: activités, vente de produits, résidence de tourisme, restauration.

Maria

Rucher des Framboisiers-Le Petit Jardin de l'Abeille, 1059, Dimock Creek, Maria, G0C 1Y0. Tél.: 418 759-3027
Fax: 418 759-3020
forj@globetrotter.net - www.terroiretsaveurs.com/rucher-des-framboisiers-le-petit-jardin-de-l-abeille

Hydromellerie - Miellerie. Services offerts: activités, vente de produits.

Percé

La Fermette d'Antan, 556, rang de l'Irlande, Percé, G0C 2L0. Tél.: 418 782-2348
lafermettedantan@globetrotter.net - www.terroiretsaveurs.com/la-fermette-d-antan

Miellerie. Services offerts: activités, vente de produits.

Saint-Elzéar-de-Bonaventure

Ferme Bos G. Farm, 253, chemin Principal, Saint-Elzéar-de-Bonaventure, G0C 2W0. Tél./Fax: 418 534-3765
bosg@navigue.com - www.terroiretsaveurs.com/ferme-bos-g-farm

Ferme d'élevage. Services offerts: activités, vente de produits.

Saint-Siméon

Ferme Paquet et Fils Inc., 291, boul. Perron Ouest, Saint-Siméon, G0C 3A0. Tél.: 418 534-3212
www.terroiretsaveurs.com/ferme-paquet-et-fils-inc

Ferme de grandes cultures - Ferme d'élevage - Ferme fruitière - Ferme maraîchère. Services offerts:
activités, vente de produits.

Saint-Siméon

Ferme R. Bourdages et Fils, 253, rue du Viaduc, Saint-Siméon, G0C 3A0. Tél.: 418 534-2700 Fax: 418 534-5507
contact@fermebourdages.com - www.fermebourdages.com

Ferme maraîchère. Services offerts: activités, vente de produits.

Saint-Ulric-de-Matane

Vignoble Carpinteri, 3141, chemin du Pont Couvert, Saint-Ulric-de-Matane, G0G 3H0. Tél.: 418 737-4305, 418 566-5016
Fax: 418 562-6887
tony@vignoblecarpinteri.com - www.terroiretsaveurs.com/vignoble-carpinteri

Vignoble. Services offerts: activités, vente de produits.

Val-Brillant

La Vallée de la Framboise Inc., 34, route Lauzier, Val-Brillant, G0J 3L0. Tél.: 418 742-3787 Fax: 418 742-3481
chantalparadis@globetrotter.net - www.terroiretsaveurs.com/la-vallee-de-la-framboise

Ferme fruitière. Services offerts: activités, vente de produits.

Îles de la Madeleine

Saveurs régionales

Les Îles de la Madeleine sont l'occasion de découvrir le savoir-faire culinaire des Madelinots. On dit qu'ils sont passés maîtres dans l'art d'apprêter ce qu'ils puisent de la mer si généreuse. Découvrez:

- le pot-en-pot, une savoureuse préparation de fruits de mer ou de poissons et de pommes de terre en croûte;
- la bouillabaisse, les croque-monsieur aux fruits de mer, la mousse de crabe;
- le homard frais durant la saison (début mai à début juillet);
- le crabe des neiges, les pétoncles, les moules, le hareng, le maquereau;
- la chair du phoque, une viande remarquablement tendre et maigre avec un petit goût de mer.
- Il faut goûter à la bière brassée à partir de l'orge battue par le vent et l'air marin des Îles. Rendez-vous à la première microbrasserie québécoise à malter ses céréales de façon artisanale: «À l'abri de la tempête». Découvrez le «Barbocheux», un petit *shooter* de bagosse.
- Aussi le veau des «Nathael», un veau 100% madelinot, la Fromagerie artisanale du Pied-de-Vent où l'on fabrique le fromage au lait cru. «Le bon goût frais des Îles de la Madeleine» est un regroupement de producteurs locaux et de restaurateurs. Recherchez cette appellation apposée sur les produits, gage d'authenticité et de fraîcheur.

Quoi voir? Quoi faire?

- Visitez le Centre d'interprétation du phoque (Grande-Entrée).
- Osez une escapade aux Économusées du Poisson fumé (Havre-aux-Maisons) et du Sable (Havre-Aubert).
- Le Musée Elie à François et le Centre d'interprétation de la mariculture (L'Étang-du-Nord).
- Au Site historique de la Grave, à l'Aquarium des Îles et au Musée de la Mer, plus de 300 ans d'histoire (Havre-Aubert) vous promettent des heures instructives.
- Explorez le Musée historique de l'Île d'Entrée, qui relate l'histoire de l'occupation de l'île. Grimpez la Big Hill, la plus haute colline des îles avec ses 174 m.
- Amusez-vous durant le concours des châteaux de sable des Îles de la Madeleine, qui se déroule depuis 1986 chaque mois d'août (Havre-Aubert).

- Admirez l'église en bois de La Vernière de L'Étang-du-Nord, l'une des plus imposantes églises de bois encore existantes en Amérique du Nord.
- Fréquentez la plage de la Grande Échouerie (Grosse Île).

Faites le plein de nature

- Prévoyez des excursions guidées en kayak de mer pour explorer les joyaux du littoral et admirer les falaises.
- Admirez le Sentier maritime pour sa voie navigable conçue pour les petites embarcations pour la découverte des îles.
- Rendez-vous à la réserve écologique de l'Île-Brion pour une visite éducative, une randonnée pédestre ou en kayak de mer.
- La Martinique et la réserve nationale de faune de la Pointe-de-l'Est pour l'observation de près de 200 espèces d'oiseaux.

Un espace exceptionnel au milieu du golfe du Saint-Laurent...

© Denis Jr. Tangney | iStockphoto.com

La douceur du relief, l'harmonie des couleurs, la fraîcheur des lieux, la mer omniprésente, les dunes blondes et les falaises de grès rouge... Tout pour séduire le visiteur en quête d'une nature sculptée par le vent et les vagues.

La région des Îles de la Madeleine est située en plein cœur du golfe du Saint-Laurent. Toutes les îles, sauf l'île d'Entrée, sont raccordées entre elles par des dunes. L'ensemble des îles forme un croissant allongé sur une distance de 65 km.

La pêche est l'activité principale aux Îles de la Madeleine. La variété de poissons et de fruits de mer est impressionnante. Voilà une belle occasion pour aller se balader sur les quais à l'arrivée des bateaux.

Les îles sont paradisiaques pour les sports de vent. Elles sont classées comme l'une des 10 meilleures destinations de sports de glisse et de vent à travers le monde. La variété des sites et la vélocité des vents satisferont les attentes de tous les adeptes.

La région offre de tout: des plages, des dunes, des routes panoramiques, des activités culturelles et sportives, des sites de plein air, des bonnes tables et des cafés où flâner dans une ambiance décontractée et un climat maritime.

- Envie de *kitesurf*, planche à voile, voilier, kayak de mer, plongée sous-marine? Les îles offrent une variété de sites pour les pratiquer, et l'on y donne des cours des plus reconnus.
- Plusieurs sentiers de randonnée pédestre et pistes cyclables vous permettent de découvrir un univers paisible et enchanteur.

Le saviez-vous?

Les dunes offrent une protection importante contre l'assaut de l'eau de mer sur la contamination de la nappe d'eau souterraine par l'eau salée. Elles empêchent aussi le vent de charrier le sable qui envahirait de précieux habitats naturels tels les lagunes et les étangs. Elles offrent également une protection pour les infrastructures routières, de même qu'un milieu de vie important pour des plantes et animaux qui viennent y chercher abri et nourriture.

Clin d'œil sur l'histoire

Les Îles de la Madeleine furent initialement appelées par le peuple micmac Memquit, par la suite rebaptisées les «Araynes» par Jacques Cartier, puis dénommées les Îles Madeleine et finalement les Îles de la Madeleine, par François Doublet de Honfleur. Ce dernier, concessionnaire des îles, voulait ainsi honorer son épouse, Madeleine Fontaine. Les Micmacs nommaient poétiquement l'archipel Menagoesenog, mot signifiant «îles balayées par la vague». On y compte près de 13 000 habitants dont l'origine est acadienne à 85%. Le reste de la population est québécoise, écossaise, irlandaise ou anglaise.

Pour plus d'information sur les Îles de la Madeleine: 1 877 624-4437
www.tourismeilesdelamadeleine.com

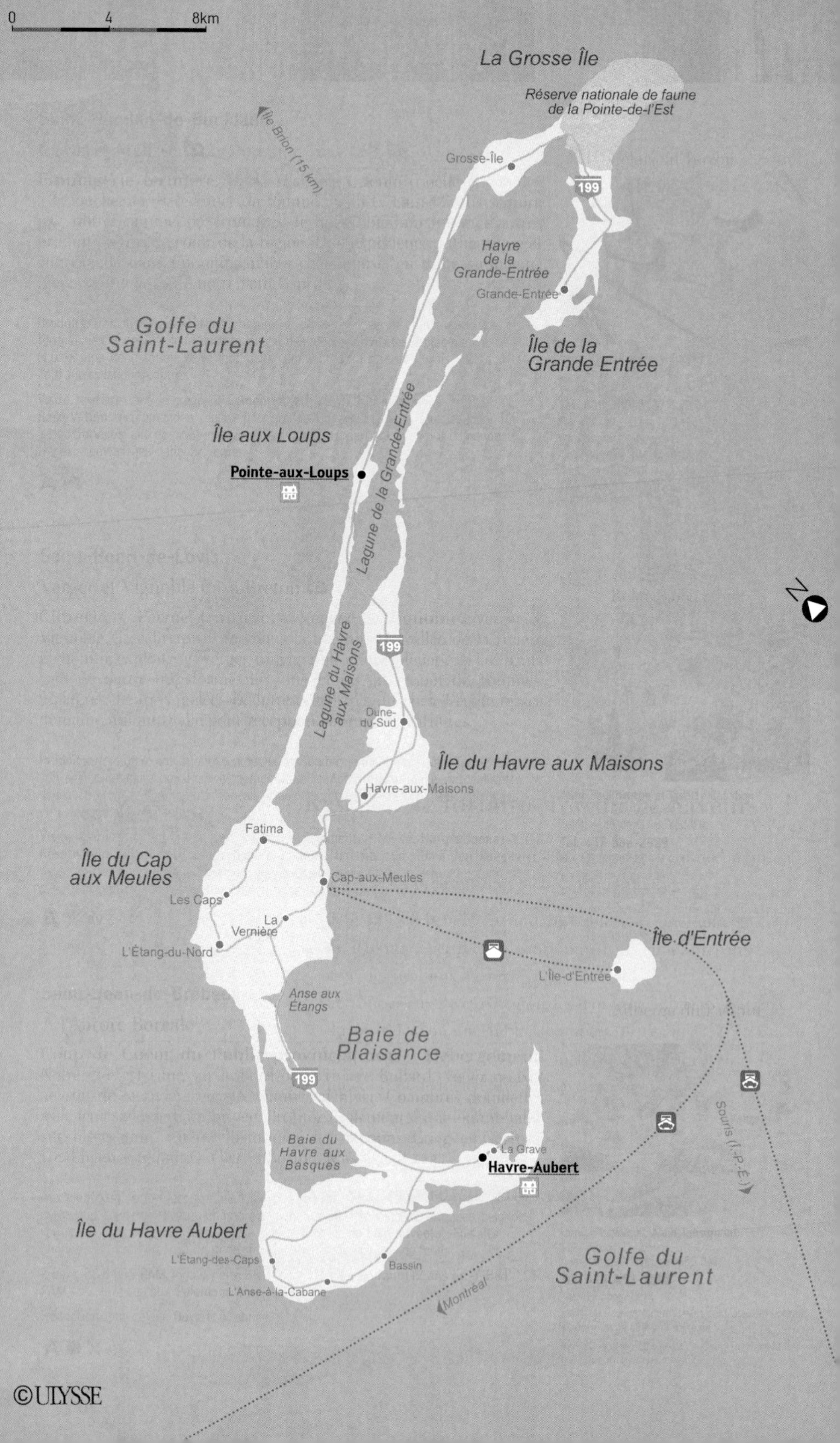

La Grosse Île

Réserve nationale de faune
de la Pointe-de-l'Est

0   4   8km

Île Brion (15 km)

Grosse-Île

199

Golfe du
Saint-Laurent

Havre
de la
Grande-Entrée

Grande-Entrée

Île de la
Grande Entrée

Île aux Loups

Pointe-aux-Loups

Lagune de la Grande-Entrée

N

Lagune du Havre
aux Maisons

199

Dune-
du-Sud

Île du Havre aux Maisons

Havre-aux-Maisons

Fatima

Île du Cap
aux Meules

Cap-aux-Meules

Île d'Entrée

Les Caps

La
Vernière

L'Île-d'Entrée

L'Étang-du-Nord

Anse aux
Étangs

Baie de
Plaisance

Souris (Î.-P.-É.)

199

Baie du
Havre aux
Basques

La Grave

Havre-Aubert

Île du Havre Aubert

L'Étang-des-Caps

Bassin

Golfe du
Saint-Laurent

L'Anse-à-la-Cabane

Montréal

©ULYSSE

Havre-Aubert

Le Berceau des Îles ✻✻✻✻

Le Berceau des Île est une entreprise diversifiée. On vous offre l'hébergement de type gîte avec déjeuner ou en résidence de tourisme. Nous faisons aussi la location de voitures récentes et anciennes. Le gîte est situé près du Site Historique de La Grave et de la plage de Havre-Aubert, là où se tient le Concours de Châteaux de Sable des Îles.

Aux alentours: Site Historique de La Grave, théâtre, spectacle, restaurant et café, plages et mer. **Chambres:** TV, CD, DVD, balcon, cachet champêtre, spacieuses, lumineuses, suite familiale, vue sur mer. **Lits:** double, queen, divan-lit. **3 ch. S. de bain privée(s). Forfaits:** romantique, printemps, hiver.

2 pers: B&B 95-150$ **1 pers:** B&B 95-150$. **Enfant (12 ans et -):** B&B 5-10$. Taxes en sus.

Réduction: hors saison, long séjour. **Ouvert:** à l'année.

A AV @ **Wi Fi** ⚲ **Certifié: 2010**

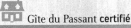
Gîte du Passant **certifié**

Christine Lagacé et André Poirier
701, route 199
Havre-Aubert G4T 9C3
Tél. 418 937-5614 / 418 937-7824
Fax 418 937-5893
www.berceaudesiles.com
berceau@sympatico.ca
Suivre route 199 sur l'île d'Havre-Aubert. Surveiller l'enseigne Berceau des Îles à gauche.

Pointe-aux-Loups

La Maison de Christine ★★★★

Maison toute neuve (2004), très luxueuse (4 étoiles), dotée de 2 salles de bain. Elle est située dans un site enchanteur, en bordure d'une lagune avec vue sur un petit quai et une flottille de chaloupes, dans un lieu d'une absolue tranquillité. Vous aurez droit en prime à de magnifiques levers de soleil et à la plage de la Dune du Nord tout près.

Aux alentours: sport nautique, théâtre, restaurant,

Maison(s): DVD, ensoleillées, cachet champêtre, meubles antiques, bois franc, vue sur mer. **Lits:** double, queen. **1 maison(s). 3 ch. 6 pers.**

SEM 1000-2150$. Taxes en sus.

Réduction: hors saison, long séjour. **Ouvert:** 1 mai - 31 oct.

A AV @ **Wi Fi** ⚲ **Certifié: 2010**

Maison de Campagne **certifiée**

Christine Lagacé et André Poirier
52, chemin du Quai Sud
Pointe-aux-Loups G4T 8B4
Tél. 418 937-5614 / 418 937-7824
Fax 418 937-5893
www.berceaudesiles.com
berceau@sympatico.ca

Autres établissements

Havre-aux-Maisons

📷 **Le Barbocheux,** 475, chemin du Cap-Rouge, Havre-aux-Maisons, G4T 5C8. Tél.: 418 969-2114 Fax: 418 969-2173
info@bagossedesiles.com - www.bagossedesiles.com

Ferme fruitière. Services offerts: activités, vente de produits.

L'Étang-du-Nord

📷 **À l'abri de la Tempête,** 286, chemin Coulombe, L'Étang-du-Nord, G4T 3V5. Tél.: 418 986-5005 Fax 418 986-5013
info@alabridelatempete.com - www.terroiretsaveurs.com/a-l-abri-de-la-tempete

Microbrasserie. Services offerts: activités, vente de produits.

Lanaudière

Saveurs régionales

Au printemps, le sirop coule à flots dans Lanaudière, qui compte un grand nombre de cabanes à sucre, tant familiales que commerciales. La tradition acéricole est bien implantée, et vous pourrez allégrement vous sucrer le bec avec une belle variété de produits d'érable de qualité, dont le vin d'érable.

Considérée comme le caveau à légumes de Montréal, il n'est pas surprenant d'y retrouver de nombreuses cultures maraîchères.

Les fromages au lait de chèvre et de vache, dont plusieurs sont de lait cru, contribuent délicieusement aux saveurs régionales.

Même du vin! Lanaudière compte maintenant sept vignobles à découvrir!

D'autres feront de leurs fraises un vin, de leur miel un excellent nectar, de leurs grains une bonne farine traditionnelle et de leurs petits fruits et fleurs de succulents vinaigres.

Quoi voir? Quoi faire?

- Vivez la campagne lanaudoise et ses spécialités régionales par le biais des quatre circuits inscrits sur les Chemins de campagne (Sainte-Béatrix).
- Le Chemin du Roy, de Repentigny à Saint-Barthélemy (route 138): un fleuve de découvertes.
- Jolis quartiers du Vieux-L'Assomption et du Vieux-Terrebonne avec son Site historique de l'Île-des-Moulins.
- La patinoire de la rivière L'Assomption, deux corridors de 9 km (aller-retour). La plus longue au Québec. Plaisir garanti!
- Le Festival de Lanaudière à Joliette et ses concerts sous les étoiles à l'Amphithéâtre (fin juin à début août).
- Le Lieu historique national Sir-Wilfrid-Laurier, premier Canadien français élu premier ministre du Canada (Saint-Lin–Laurentides).
- Le Festival Mémoires et Racines (juillet): accordéonistes, tapeurs de pieds, joueurs de cuillères, souffleux de ruine-babines… (Saint-Charles-de-Borromée).
- Les Jardins du Grand-Portage (Saint-Didace) et les villages de Saint-Donat et de Saint-Côme, sympathiques villages et portes d'entrée du parc du Mont-Tremblant.
- L'été, un nombre considérable de parcours de golf sont offerts.

Faites le plein de nature

- Îles de Berthier: sentier d'interprétation de 8 km (Sainte-Geneviève-de-Berthier).
- Le parc des chutes Dorwin et le parc des Cascades (Rawdon).
- Arbraska, parc d'aventure en forêt (Rawdon).
- Le parc régional de la Forêt Ouareau, un classique de la randonnée pédestre. Son sentier des Contreforts est l'un des plus beaux tronçons du Sentier national dans la région de Lanaudière pour la raquette (Saint-Donat).
- La Montagne Coupée: ski de fond et randonnée pédestre (Saint-Jean-de-Matha).
- Les parcs régionaux des Chutes-Monte-à-Peine-et-des-Dalles (Sainte-Mélanie) et des Sept-Chutes (Saint-Zénon).

Tout en vert et en musique!

De sa plaine à son piémont et jusqu'aux montagnes sauvages, vous y ferez le plein d'air pur. Par son patrimoine, vous serez charmé, et par sa culture, vous serez littéralement transporté avec de sublimes envolées musicales.

Lanaudière, c'est trois régions en une... Au sud, la plaine du Saint-Laurent, parsemée de villes et villages. Au centre, le piémont et ses nombreux attraits naturels. Et au nord, le plateau laurentien, un royaume du plein air où la Matawinie fait office de capitale de la motoneige! De merveilleuses chutes et cascades enjolivent aussi cette région verdoyante et abondante en plans d'eau, avec ses 10 000 lacs. Un autre petit joyau: les îles de Berthier de l'archipel du lac Saint-Pierre (Réserve de la biosphère reconnue par l'UNESCO).

Si Lanaudière recèle de fantastiques paysages, elle compte aussi une étonnante richesse patrimoniale avec ses musées, ses maisons et ses bâtiments historiques. On ne saurait oublier son apport au domaine musical avec, entre autres, le célèbre Festival de Lanaudière: une prestigieuse célébration de la musique classique.

En randonnée, en vélo, en canot, en moto, en quad, en motoneige, en skis de fond, en traîneau à chiens ou en raquettes, découvrez une région où le goût de la fête, les plaisirs de la bonne table et l'accueil chaleureux vous laisseront de précieux souvenirs.

- Le parc national du Mont-Tremblant: le sentier de la Corniche, la chute aux Rats... Sublime!
- Les réserves fauniques Rouge-Matawin et Mastigouche, des oasis de tranquillité en toutes saisons pour les amateurs de plein air.
- Ski alpin (Rawdon, Saint-Côme, Saint-Donat).
- Lac Archambault (Saint-Donat).

Le saviez-vous?

Les origines de la ceinture fléchée, dites de L'Assomption et symbole de la région, restent mystérieuses. Chose certaine, c'est dans Lanaudière qu'elle naquit et que sa technique de tissage en forme de V coloré devint unique. Elle en séduira plus d'un, pour devenir un apparat d'habit des nations canadienne-française, amérindienne et métisse, voire même un symbole politique pour avoir été portée par les patriotes des Rébellions de 1837-1838. Au XIXe siècle, cette étoffe plaisait tellement aux Amérindiens qu'elle fit l'objet de troc contre de la fourrure. Bien des artisanes furent engagées par la Compagnie de la Baie d'Hudson pour tisser cette précieuse monnaie d'échange.

Clin d'œil sur l'histoire

Si certains passés façonnent le patrimoine, d'autres forment le paysage, comme celui du petit village de Saint-Ignace-du-Lac englouti sous le réservoir Taureau. En pleine phase d'industrialisation, le Québec avait besoin d'énergie pour alimenter ses usines de pâtes et papiers. C'est ainsi qu'en 1931 les 700 âmes de ce village furent contraintes à l'exil pour faire place au barrage hydroélectrique qui en noya la région sur plus de 45 km de long et 250 km de circonférence. Ce réservoir, dont le pourtour n'est que plages de sable fin, fait aujourd'hui le bonheur des plaisanciers.

Pour plus d'information sur la région de Lanaudière: www.lanaudiere.ca
450 834-2535 (Montréal et région), 1 800 363-2788 (extérieur)

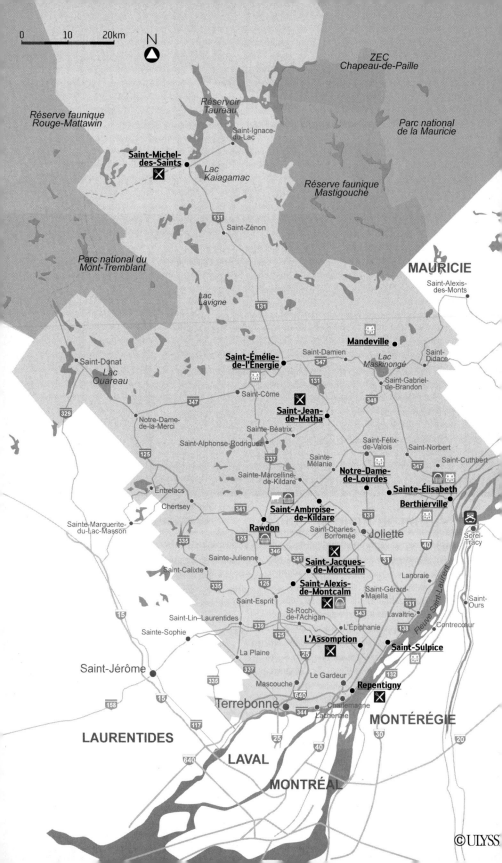

Berthierville

Gîte de l'Oie Blanche B&B ✳✳✳

Coup de Coeur du Public régional 2010. Pour un séjour inoubliable dans une maison ancestrale, plus que centenaire, on vous offre une hospitalité chaleureuse. De plus, vous apprécierez nos petits-déjeuners copieux 4 services. Nous vous promettons un séjour mémorable. Nous sommes assurés que votre visite sera agréable et relaxante pour un moment de bonheur et de détente bien mérité... Certifié Bienvenue cyclistes !ᵐᵈ

Aux alentours: Chemin du Roy, Route verte, Chapelle des Cuthbert, Musée Gilles Villeneuve, golf, croisières. **Chambres:** climatisées, baignoire sur pattes, avec salle d'eau, TV, accès Internet, cachet ancestral. **Lits:** double, queen. **4 ch. S. de bain privée(s) ou partagée(s). Forfaits:** charme, vélo, golf, détente & santé, romantique.

2 pers: B&B 65-110$ **1 pers:** B&B 65-110$. **Enfant (12 ans et -):** B&B 10$. Taxes en sus.

Réduction: hors saison, long séjour. **Ouvert:** à l'année.

🐴 AV @ Wi-Fi 🚲 **Certifié: 2006**

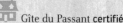
Gîte du Passant **certifié**

Réjean Desjardins
980, rue Montcalm
Berthierville J0K 1A0
Tél. / Fax 450 836-6592 Tél. 514 743-6580
www.gitedeloieblanche.com
info@gitedeloieblanche.com
Aut. 40, sortie 144, av. Gilles-Villeneuve à gauche, rue Montcalm à droite.

L'Assomption

La Seigneurie des Patriotes 📷

Érablière – Ferme d'élevage. À deux pas de Montréal, fondée en 1995, La Seigneurie des Patriotes est une ferme d'élevage exotique multifonctionnelle ayant conservée la mémoire et le patrimoine de notre passé. Nos personnages d'époque vous proposent de partager différents menus aux saveurs lanaudoises dans un décor champêtre. Offrons 3 salles privées et un chapiteau.

Spécialités: noisettes de daim, sauce et gelée de Porto, volaille fermière, le tout agrémenté de succulents produits d'érable.

Repas offerts: brunch, midi, soir. **Menus:** gastronomique. **Nbr personnes:** 10-140. **Réservation:** requise.

Repas: 48-50$/pers. **Ouvert:** à l'année. Tous les jours.

AV 🚲 **Certifié: 2009**

Table Champêtre **certifiée**

Micheline Lamothe
573, Montée Ste-Marie
L'Assomption J5W 5E1
Tél. 450 588-7206
www.seigneuriedespatriotes.qc.ca
seigneuriedespatriotes@hotmail.com
Aut. 40 est, sortie 110, au 2e accès, rte 343 nord dir. Joliette, à l'église traverser le pont, Montée Ste-Marie, 2,9 km.

L'Assomption

Resto le Prieuré

Ambiance feutrée d'une jolie maison ancestrale datant de 1750. Notre spécialité : cuisine gastronomique française mettant en valeur les produits du Québec. Pour vos réunions d'affaires, un repas plus intime ou même un mariage dans notre chapelle, le Prieuré vous offre une cuisine raffinée dans un décor chaleureux. P. 33.

Spécialités: carpaccio de betteraves de l'Assomption, petite crème brûlée au foie gras de St-Louis-de-Gonzague et à l'érable, canard du Lac Brome.

Repas offerts: midi, soir. **Menus:** à la carte, table d'hôte, gastronomique. **Nbr personnes:** 1-44. **Réservation:** requise.

Table d'hôte: 35-55$/pers. Taxes en sus. **Paiement:** IT MC VS. **Ouvert:** à l'année. Mar au sam. Horaire variable – téléphoner avant. **Fermé:** 15 juil - 30 juil.

@ Wi-Fi **Certifié: 2012**

Table aux Saveurs du Terroir **certifiée**

Thierry Burat
402, boul. L'Ange-Gardien
L'Assomption J5W 1S5
Tél. 450 589-6739
www.leprieure.ca
restoleprieure@hotmail.ca

Mandeville

Domaine la Maison Chouette ❋❋❋❋

C'est une maison victorienne à la mode d'autrefois. Elle est pimpante et bien chouette d'où lui vient son appellation. C'est un endroit de repos et de détente. Elle est située au pied d'une montagne et face à une rivière. Venez vous régaler de nos délicieuses crêpes aux petits fruits. Parlons aussi anglais, espagnol, allemand.

Aux alentours: Zec des nymphes, réserve faunique, motoneige, véhicule tout-terrain, pêche et chasse. **Chambres:** TV, unité pour fumeur, balcon, ensoleillées, raffinées, meubles antiques, ventilateur. **Lits:** simple, double, queen, pour bébé. **4 ch. S. de bain privée(s) ou partagée(s). Forfaits:** gastronomie, plein air, détente & santé, romantique, ski de fond, divers.

2 pers: B&B 65-90$ **PAM** 95-130$.

Réduction: long séjour. **Ouvert:** à l'année.

A ● 🐄 Certifié: 2008

🏠 Gîte du Passant **certifié**

Lauretta Lévesque
155, ch. Côte à Menick
Mandeville J0K 1L0
Tél. 450 835-5557
Fax 450 835-0083
www.giteetaubergedupassant.com/
domainelamaisonchouette; laurettalev1@bell.net

Aut. 40 sortie 144, rte 158 à droite dir. St-Cuthbert, rte 347 dir. St-Gabriel-de-Brandon, rte 348 dir. Mandeville, rg Mastigouche, Zec des Nymphes à g., ancien ch. Lac Rose.

Notre-Dame-de-Lourdes

Auberge le Louis-Philippe II ❋❋❋❋

Coup de Coeur du Public régional 2009. À 10 min de Joliette, Le Louis Philippe II vous accueille dans un décor de carte postale. Située à flanc de montagnes, l'auberge reflète une imposante stature sur son propre lac. Ce domaine vous offre toutes les activités des plaisirs de la campagne. Les chambres vous garantissent confort et commodités. Spa extérieur fonctionnel 12 mois. P. 167.

Aux alentours: chutes Monte-à-Peine, baignade, parachutisme, vélo, circuit les Chemins de campagne, ski de fond et motoneige... **Chambres:** baignoire à remous, foyer, TV, accès Internet, peignoirs, ventilateur, vue sur lac. **Lits:** queen, king, divan-lit. **5 ch. S. de bain privée(s). Forfaits:** charme, gastronomie, golf, détente & santé, spectacle, théâtre, parachutisme, divers.

2 pers: B&B 80-140$ **1 pers:** B&B 60-120$. **Enfant (12 ans et -):** B&B 15$. Taxes en sus. **Paiement:** AM IT MC VS.

Réduction: long séjour. **Ouvert:** à l'année.

A ● AV spa ⚓ @🛜 Certifié: 2008

🏠 Gîte du Passant **certifié**

5650, rue Principale
Notre-Dame-de-Lourdes J0K 1K0
Tél. / Fax 450 753-5019
Tél. 1 866 753-5019
www.lelouisphilippe2.com
info@lelouisphilippe2.com

Aut. 40, sortie 122, aut. 31 nord, sortie rte 131 nord, 7e feu, rue Principale à gauche, 4,5 km.

Rawdon

La Terre des Bisons 📷

Ferme d'élevage. Une entreprise jeune et dynamique qui oeuvre dans le domaine de l'élevage depuis 1994. Venez visiter la ferme et notre kiosque pour vous procurer de la viande. Nous offrons notre «tartin». Nouveau cette année, la laine de bison en vente à notre kiosque. Venez photographier les bisonneaux et caresser notre bisonne domestiquée «Buffy».

Visite: adulte: 10$, enfant: 6$ tarif de groupe. Taxes en sus. **Paiement:** IT. **Nbr personnes:** 2-50. **Réservation:** requise. **Ouvert:** à l'année. Mer au dim. 10h à 17h.

A AV Certifié: 2011

🧺 Relais du Terroir **certifié**

Josée Toupin et Alain Demontigny
6855, chemin Parkinson
Rawdon J0K 1S0
Tél. 450 834-6718 / 450 898-6716
www.terredesbisons.com
info@terredesbisons.com

Rte 125 nord dir. Rawdon. Route 337, rue Queen à gauche, 6e avenue à droite. Suivre les panneaux bleus de signalisation touristique.

Repentigny

Restaurant Flaveurs

Table gourmande située dans une maison au charme d'autrefois à quelques kilomètres de Montréal. Magnifique terrasse avec vue sur le fleuve. Notre accueil, notre service personnalisé ainsi que notre cuisine réconfortante vous feront vivre un moment des plus agréables.

Spécialités: Marie-Josée et Patrick vous reçoivent dans une ambiance chaleureuse pour découvrir leur cuisine métissée et les produits du terroir.

Repas offerts: petit-déjeuner, soir. **Menus:** à la carte, table d'hôte. **Nbr personnes:** 1-38. **Réservation:** recommandée, requise pour groupe.

Table d'hôte: 30-45$/pers. Taxes en sus. **Paiement:** AM IT MC VS. **Ouvert:** à l'année. Mer au dim. Horaire variable.

A @Wi-Fi &% **Certifié: 2011**

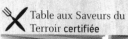

Table aux Saveurs du Terroir **certifiée**

Marie-Josée Hétu et Patrick Giroux
271, rue Notre-Dame
Repentigny J6A 2R8
Tél. / Fax 450 585-7171
www.restaurant-flaveurs.com
restaurantflaveurs@bellnet.ca
Aut. 40 est, sortie 96 - Charlemagne E, faire 1, 5 k
rue Notre-Dame, secteur Repentigny, tourner à gauche, faire 2 km.

Saint-Alexis-de-Montcalm

Domaine des Trois Gourmands 📷

Ferme d'élevage. En plein coeur d'un décor féérique découvrez une variété de produits fabriqués artisanalement, visitez nos installations à la fine pointe de la technologie, notre mini-ferme, notre boutique ou participez à la transformation de produits d'érable personnalisés et pourquoi ne pas terminer votre séjour par un bon repas à notre Table Champêtre. P. 167.

Produits: ailes, cuisses, poitrines, rillettes, terrine, fondant de foie de pintades, beurre d'érable, chocolat, gelée, pacanes à l'érable, etc. **Activités sur place:** animation pour groupe, dégustation, audio-visuel français, visite commentée français, mini-ferme, randonnée en traîneau ou voiture à cheval.

Visite: adulte: 6$, enfant: 4$ **Paiement:** IT MC VS. **Nbr personnes:** 2-60. **Réservation:** non requise. **Ouvert:** à l'année. Lun au ven. 10h à 15h. **Services:** bar-restaurant, vente de produits, salle de réception, réunion, stationnement pour autobus, emballages-cadeaux.

A 🚌 ✕ AV **Certifié: 2010**

Relais du Terroir **certifié**

Jean-François Perron, Sophie Landriault et Sylvie Plante
293, la Petite Ligne
Saint-Alexis-de-Montcalm J0K 1T0
Tél. 450 831-3003 / 514 513-3329
Fax 450 831-2011
www.3gourmands.com
info@3gourmands.com
Rte 158 est, à Saint-Alexis-de-Montcalm, au 1er
clignotant à gauche, rang Petite-Ligne, faire 6 km
à droite.

Saint-Alexis-de-Montcalm

Domaine des Trois Gourmands 📷

Ferme d'élevage. Vivez une expérience culinaire exceptionnelle! Cette Table Champêtre saura vous séduire par sa cuisine gastronomique, la multitude de services, la qualité des installations, ainsi qu'une gamme de produits du terroir de qualité provenant de sa propre ferme. Notre chef se fera un plaisir de vous recevoir pour un dîner ou pour une grande réception. P. 167.

Spécialités: entre amis, venez déguster l'effiloché ou le suprême de pintade et terminez par une crème brûlée au beurre d'érable et bien plus...

Repas offerts: brunch, midi, soir. **Menus:** table d'hôte, gastronomique. **Nbr personnes:** 2-175. **Réservation:** requise.

Repas: 25-150$/pers. Taxes en sus. **Paiement:** IT MC VS. **Ouvert:** à l'année. Horaire variable – téléphoner avant.

A AV @Wi-Fi **Certifié: 2010**

Table Champêtre **certifi**

Jean-François Perron, Sophie Landriault et Sylvie Plante
293, la Petite Ligne
Saint-Alexis-de-Montcalm J0K 1T0
Tél. 450 831-3003 / 514 513-3329
Fax 450 831-2011
www.3gourmands.com
info@3gourmands.com
Rte 158 est, à Saint-Alexis-de-Montcalm, au 1er
clignotant à gauche, rang Petite-Ligne, faire 6 km
à droite.

Saint-Ambroise-de-Kildare

Bergerie des Neiges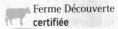

Ferme Découverte certifiée

Ferme d'élevage. Beau temps, mauvais temps, visitez à votre rythme une ferme ovine en activité. Le parcours autoguidé vous amène au coeur de la bergerie pour y découvrir l'histoire inspirante et les secrets de notre élevage et surtout différentes races de moutons et d'animaux de ferme. Rencontrez des bergers passionnés. Site enchanteur, fruit de 27 ans de passion.

Activités sur place: animation pour groupe, visite autoguidée, audio-visuel français, visite commentée français et anglais, audioguide français, cours / ateliers.

Visite: adulte: 6$, enfant: 4$ tarif de groupe, autres tarifs. Taxes en sus. **Paiement:** IT VS. **Nbr personnes:** 1-60. **Réservation:** requise pour groupe. **Ouvert:** à l'année. Horaire variable. **Services:** aire de pique-nique, centre d'interprétation / musée, vente de produits, dépliant explicatif ou panneaux français, autres.

A AV **Certifié: 2008**

Desneiges Pepin et Pierre Juillet
1401, Rang 5 (Principale)
Saint-Ambroise-de-Kildare J0K 1C0
Tél. 450 756-8395
www.bergeriedesneiges.com
info@bergeriedesneiges.com
Aut. 40, sortie 122, aut. 31 N., rte 158 O., 1er feu, rue St-Pierre à dr., dir. St-Ambroise, boul. Manseau à g., rte 343 N., Beaudry à dr., 15 km. Au feu, rang 5 à g., 2,7 km.

Saint-Ambroise-de-Kildare

Bergerie des Neiges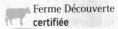

Relais du Terroir certifié

Ferme d'élevage. Lauréat régional des Grands Prix du tourisme québécois 2008 et 2010. Fiers éleveurs d'agneaux depuis 27 ans, nous transformons à la ferme nos viandes et charcuteries 100% agneau dans notre boucherie artisanale. La boutique aménagée dans la belle victorienne propose aussi laine du pays, couettes de laine et idées cadeaux sous le thème de l'agneau.

Produits: choix de découpes d'agneau sous-vide fraîches et congelées, charcuteries 100% agneau (saucisses, merguez, pâtés, cretons, saucissons). **Activités sur place:** animation pour groupe, visite autoguidée, audio-visuel français, visite commentée français et anglais, audioguide français, cours / ateliers.

Visite: adulte: 6$, enfant: 4$ tarif de groupe, autres tarifs. Taxes en sus. **Paiement:** IT VS. **Nbr personnes:** 1-60. **Réservation:** requise pour groupe. **Ouvert:** à l'année. Horaire variable. **Services:** aire de pique-nique, centre d'interprétation / musée, vente de produits, dépliant explicatif ou panneaux français et anglais, autres.

A AV **Certifié: 2008**

Desneiges Pepin et Pierre Juillet
1401, Rang 5 (Principale)
Saint-Ambroise-de-Kildare J0K 1C0
Tél. 450 756-8395
www.bergeriedesneiges.com
info@bergeriedesneiges.com
Aut. 40, sortie 122, aut. 31 N., rte 158 O., 1er feu, rue St-Pierre à dr., dir. St-Ambroise, boul. Manseau à g., rte 343 N., Beaudry à dr., 15 km. Au feu, rang 5 à g., 2,7 km.

Saint-Jacques-de-Montcalm

La Maison de Bouche

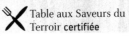

Table aux Saveurs du Terroir certifiée

Un retour aux sources pour cet établissement qui souligne ses 20 ans d'ouverture. À 50 min de Montréal, au cœur d'une région agricole, se niche dans un écrin de verdure la Maison de Bouche. Une belle d'autrefois caressant 172 printemps vous attend chaleureusement. Une cuisine française travaillée avec l'amour des produits du terroir québécois.

Spécialités: agneau, lapin, faisan, canard, poulet de grain.

Repas offerts: soir. Apportez votre vin. **Menus:** table d'hôte, gastronomique. **Nbr personnes:** 12-22. Min. de pers. exigé varie selon les saisons. **Réservation:** requise pour groupe.

Table d'hôte: 65$/pers. **Ouvert:** à l'année. Mer au dim.

Certifié: 2012

Dominique Kubala
2372, rang St-Jacques
Saint-Jacques-de-Montcalm J0K 2R0
Tél. 450 839-6382 / 450 756-7530
www.maisondebouche.com
info@maisondebouche.com
Aut. 25 nord jusqu'à St-Esprit, rte 158 est jusqu'à St-Jacques. Au feu de circulation, rte 341 nord à gauche, 1,3 km.

Saint-Jean-de-Matha

Auberge la Montagne Coupée

Halte gastronomique dont la réputation n'est plus à faire, la table de l'auberge vous offre une fine cuisine évolutive aux saveurs du terroir, servie dans une ravissante salle à manger entièrement vitrée, où la splendeur du paysage vous charmera autant que l'originalité et la créativité du menu par le chef Daniel Komarnicki.

Spécialités: ris de veau caramélisé à la bière d'épinette, souris d'agneau de Kamouraska, foie gras trois façons et bien d'autres fins délices.

Repas offerts: petit-déjeuner, midi, soir. **Menus:** à la carte, table d'hôte, gastronomique. **Nbr personnes:** 1-125. **Réservation:** recommandée, requise pour groupe.

Table d'hôte: 17-47$/pers. Taxes en sus. **Paiement:** IT MC VS. **Ouvert:** à l'année. Tous les jours.

A AV @WiFi **Certifié: 2010**

Table aux Saveurs du Terroir **certifiée**

Marie Préfontaine et Suzie Beaudry
1000, chemin de la Montagne Coupée
Saint-Jean-de-Matha J0K 2S0
Tél. 450 886-3891 / 450 886-3831 poste 612
Fax 450 886-5401
www.montagnecoupee.com
daniel.komarnicki@montagnecoupee.com
Aut. 40 est, sortie 122 direction Joliette. Aut. 31 nord et rte 131 nord jusqu'à St-Jean-de-Matha.

Saint-Michel-des-Saints

Auberge du Lac Taureau

Pour vivre une expérience gourmande aux saveurs d'ici, notre auberge en forêt, en bois rond, situé sur le bord du majestueux lac Taureau vous propose une expérience et un séjour unique et de haute qualité. Service professionnel et attentionné: détente et santé, activités en nature et gastronomie régionale, confort et convivialité. P. 33.

Spécialités: une fine cuisine régionale hors du commun et digne des fins gourmets dans un décor rustique de bois avec vue imprenable sur le lac.

Repas offerts: petit-déjeuner, midi, soir. **Menus:** à la carte, table d'hôte, gastronomique, méchoui, cabane à sucre. **Nbr personnes:** 1-300. **Réservation:** requise.

Table d'hôte: 39-70$/pers. **Paiement:** AM IT MC VS. **Ouvert:** à l'année. Tous les jours. Service inclus. Taxes en sus.

A @WiFi **Certifié: 2012**

Table aux Saveurs du Terroir **certifiée**

Mikael Uhtio
1200, chemin Baie du Milieu
Saint-Michel-des-Saints J0K 3B0
Tél. 450 833-1919 / 1 877 822-2623
Fax 450 833-1870
www.lactaureau.com
bperrault@lactaureau.com
De Montréal, aut 40 E, sortie 122. Aut 31 N et rte 131 N. À St-Michel-des-Saints, ch. des Aulnaies à gauche, ch.Manawan à droite, Auberge à droite.

Saint-Sulpice

Gîte de l'Île Ronde ✱✱✱✱

30 minutes de Montréal, gîte sur une île au coeur du St-Laurent. Accessible seulement par bateau. Stationnement au quai de St-Sulpice. 3 km de sentier, boisé, gazebo, hamac et belvédère avec vue sur le fleuve. Silence et nature, couchers de soleil splendides. Voisin d'un vignoble, salle de réception. Quai pour plaisanciers. Massothérapie. Certifié Bienvenue cyclistes !md

Aux alentours: vignoble, golf, salle de spectacle, restaurants, Chemin du Roy, pêche sur place. **Chambres:** balcon, cachet champêtre, meubles antiques, peignoirs, ventilateur, vue sur fleuve. **Lits:** simple, double, queen. **2 ch. S. de bain privée(s). Forfaits:** vélo, croisière, famille, romantique, été.

2 pers: B&B 145$ **1 pers:** B&B 100$. **Enfant (12 ans et -):** B&B 35$. Taxes en sus. **Paiement:** MC VS. **Ouvert:** 7 juil - 31 oct.

A AV 🚲 **Certifié: 2009**

Gîte du Passant **certifié**

Guy Vandandaigue et Ghislaine Mercier
1, Île Ronde, C.P. 99
Saint-Sulpice J5W 4L9
Tél. / Fax 450 589-2688 Tél. 514 497-9211
www.ileronde.com
info@ileronde.com
Aut. 40 est direction Trois-Rivières, sortie 108, voie d'accès pour 2 km. Rte 343 à droite, rue Notre-Dame à gauche, quai en face de l'église de St-Sulpice.

Sainte-Élisabeth

Gîte Arts et Passions ✦✦✦✦

🏠 Gîte du Passant **certifié**

Notre gîte vous séduira par son décor enchanteur, chaleureux et très confortable. Vous serez impressionnés par le souci du détail, les lieux de détente, son petit jardin d'eau et l'atelier où vous pourrez expérimenter des moments magiques et divertissants. Vivez une expérience de haute gastronomie avec notre excellent déjeuner 5 services. Certifié Bienvenue cyclistes !^md

Aux alentours: courgerie, Comptoir du Cerf, SCIRBI, musée Gilles-Villeneuve, Jardin des iris, parachutisme, chapelle des Cuthbert. **Chambres:** foyer, TV, cachet particulier, meubles antiques, décoration thématique, peignoirs, luxueuses. **Lits:** double, queen, d'appoint. **3 ch. S. de bain privée(s) ou partagée(s). Forfaits:** vélo, à la ferme, golf, automne.

2 pers: B&B 85-135$ **1 pers:** B&B 65-115$. **Enfant (12 ans et -):** B&B 15$. **Paiement:** AM IT MC VS.

Réduction: hors saison, long séjour. **Ouvert:** à l'année.

🐎 AV spa ♨ @ Wi-Fi **Certifié: 2011**

Alain Rivest et Christine Carrier
2232, Principale
Sainte-Élisabeth J0K 2J0
Tél. 450 752-2650 / 450 271-2800
Fax 450 752-6543
www.giteartsetpassions.com
artsetpassions@hotmail.com

Sainte-Élisabeth

La Courgerie 📷

🧺 Relais du Terroir **certifié**

Ferme maraîchère. Des centaines de variétés de cucurbitacées! Pascale et Pierre vous partagent leur savoir-faire pour jardiner et cuisiner courges, citrouilles et potirons. Découvrez des couleurs d'automne extraordinaires sur une ferme unique et de délicieuses gourmandises et créations à la boutique !

Produits: recettes, confitures, marinades et autres créations culinaires à base de courges et autres cucurbitacées. **Activités sur place:** animation pour groupe, autocueillette, dégustation, visite libre.

Visite: adulte: 3$, enfant: 3$ tarif de groupe. **Paiement:** ER IT MC VS. **Nbr personnes:** 1-50. **Réservation:** requise pour groupe. **Ouvert:** 1 août - 31 oct. Jeu au lun. 10h à 17h. **Services:** aire de pique-nique, centre d'interprétation / musée, vente de produits, dépliant explicatif ou panneaux français et anglais.

A AV **Certifié: 2011**

Pascale Coutu et Pierre Tremblay
2321, Grand rang Saint-Pierre
Sainte-Élisabeth J0K 2J0
Tél. 450 752-2950 / 1 800 711-2021
www.lacourgerie.com
info@lacourgerie.com
Aut. 40, sortie Berthierville, rte 158 ouest, rte 345 nord jusqu'à Ste-Élisabeth. En entrant dans le village, suivre la signalisation touristique de La Courgerie.

Sainte-Émélie-de-l'Énergie

À la Belle Étoile ✦✦✦✦

🏠 Gîte du Passant **certifié**

Située sur une colline, notre belle maison canadienne vous offre une vue superbe sur les montagnes environnantes. Chambres luxueuses avec salle de bain privée, télévision, foyer, air climatisé. Relaxez-vous au bord de notre piscine ou dans notre spa thérapeutique! Et pour les gourmands (les groupes seulement): table d'hôte - cuisine belge.

Aux alentours: plusieurs parcs régionaux, ski alpin du Val St-Côme, golf et super glissades de St-Jean-de-Matha, plage, motoneige. **Chambres:** climatisées, baignoire à remous, foyer, TV, accès Internet, luxueuses, bois franc, vue panoramique. **Lits:** double, queen. **5 ch. S. de bain privée(s). Forfaits:** motoneige, plein air, détente & santé, romantique, été, hiver, restauration.

2 pers: B&B 95-120$ PAM 143-168$ **1 pers:** B&B 85-110$ PAM 109-134$. **Enfant (12 ans et -):** B&B 10$ PAM 25$. Taxes en sus. **Paiement:** IT MC VS.

Réduction: long séjour. **Ouvert:** à l'année.

A ✕ AV spa ♨ @ Wi-Fi **Certifié: 2008**

Johnny et Tatiana Henry
31, chemin du Grand Rang
Sainte-Émélie-de-l'Énergie J0K 2K0
Tél. 450 886-0478
Fax 450 886-1812
www.alabelleetoile.ca
info@alabelleetoile.ca
De Montréal, aut.40 est, sortie 122, aut.31 nord dir. Joliette, rte 131 nord jusqu'à Ste-Émélie, au 1 feu au centre du village tout droit rte 347, le gîte est à 600m.

Autres établissements

L'Assomption

Ferme André Cormier, 160, rang L'Achigan, L'Assomption, J5W 3M7. Tél./Fax: 450 589-5019
info@fermecormier.com - www.terroiretsaveurs.com/ferme-andre-cormier

Ferme de grandes cultures - Ferme fruitière - Ferme maraîchère - Serriculture. Services offerts: activités, vente de produits.

L'Épiphanie

Authentik, 260, chemin Petit Esprit, L'Épiphanie, J5X 2M4. Tél.: 450 588-2875
nicolelatondeuse@hotmail.com - www.terroiretsaveurs.com/authentik

Ferme d'élevage. Services offerts: activités, vente de produits.

Lanoraie

Bleuetière Asselin, 296, rang Saint-Henri, Lanoraie, J0K 1E0. Tél.: 450 887-1983 Fax: 450 887-1367
julie@bleuetiere.com - www.terroiretsaveurs.com/bleuetiere-asselin

Ferme fruitière. Services offerts: activités, vente de produits.

Lanoraie

Vignoble aux Pieds des Noyers, 71, Grande Côte Est, Lanoraie, J0K 1E0. Tél./Fax: 450 887-1050
vignobleauxpiedsdesnoyers@hotmail.com - www.vignobleauxpiedsdesnoyers.com

Producteur d'alcools fins - Vignoble. Services offerts: activités, vente de produits, restauration.

Rawdon

Arche de Noé, 4117, chemin Greene, Rawdon, J0K 1S0. Tél.: 450 834-7874, 450 834-3934 Fax: 450 834-5090
info@archedenoe.ca - www.terroiretsaveurs.com/arche-de-noe

Jardin - Miellerie. Services offerts: activités, vente de produits.

Rawdon

Ferme Guy Rivest, 1305, Laliberté, Rawdon, J0K 1S0. Tél.: 450 834-5127
info@fermeguyrivest.com - www.fermeguyrivest.com

Boutique du terroir - Ferme fruitière - Producteur d'alcools fins. Services offerts: activités, vente de produits.

Saint-Côme

Pisciculture Tardif, 550, rang Petit Beloeil, Saint-Côme, J0K 2B0. Tél./Fax: 450 883-1748
www.terroiretsaveurs.com/pisciculture-tardif

Ferme d'élevage. Services offerts: activités.

Saint-Cuthbert

Ferme Roumi, 1708, rang Saint-Jean, Saint-Cuthbert, J0K 2C0. Tél./Fax: 450 885-3464, 450 803-8243
equusfee@yahoo.ca - www.terroiretsaveurs.com/ferme-roumi

Ferme laitière. Services offerts: activités, camp de vacances.

Saint-Cuthbert

Plantations Fernet, 3000, route Bélanger, Saint-Cuthbert, J0K 2C0. Tél.: 450 836-2403 Fax: 450 836-8206
info25@sapins-noel.com - www.sapins-noel.com

Horticulture ornementale. Services offerts: activités, vente de produits.

Saint-Esprit

Cabane à Sucre Les Fendilles Sucrées, 201B, route 158, Saint-Esprit, J0K 2L0. Tél.: 450 753-6174, 450 839-7381
Fax: 450 839-7381
henrigregoire@intermonde.net - www.terroiretsaveurs.com/cabane-a-sucre-les-fendilles-sucrees

Érablière. Services offerts: restauration.

Saint-Esprit

Érablière La Tradition (2007), 165, rang des Continuations, Saint-Esprit, J0K 2L0. Tél./Fax: 450 839-7123, 514 247-5973
info@latradition.net - www.latradition.net

Érablière. Services offerts: restauration.

Saint-Thomas

Vignoble Le Mernois, 1101, rang Sud, Saint-Thomas, J0K 3L0. Tél.: 450 759-7219, 450 759-8228
info@vignoblelemernois.com - www.terroiretsaveurs.com/vignoble-le-mernois

Ferme maraîchère - Vignoble. Services offerts: activités, vente de produits.

Sainte-Mélanie

Miel de Chez-Nous, 1391, rang du Pied-de-la-Montagne, Sainte-Mélanie, J0K 3A0. Tél./Fax: 450 889-5208
info@miel.qc.ca - www.miel.qc.ca

Miellerie. Services offerts: activités, vente de produits.

Laurentides

Saveurs régionales

Les petites fermes diversifiées à vocation touristique et agricole vous feront découvrir un terroir riche en produits succulents. On y retrouve des vignobles, des érablières, des vergers, des cidreries, des fromageries et des mielleries; des élevages d'agneaux, de lapins et, moins traditionnels, de bisons, de sangliers, d'autruches et de cervidés. Le caribou, le daim et les viandes de petit gibier sont excellents accompagnés de gelée de cèdre ou de sapin.

Chose inusitée, on y fait la conservation des cœurs de quenouille, les boutons d'asclépiade, qu'on dit plus tendres et délicats que ceux de l'artichaut ou du palmier. Enfin, les cultures maraîchères en serre, une spécialité de la région, produisent tomates, laitues et fleurs comestibles.

Quoi voir? Quoi faire?

- Le Vieux-Saint-Eustache: église Saint-Eustache, Maison et Jardins Chénier-Sauvé, moulin Légaré...
- Le Lieu historique national du Canada du Canal-de-Carillon (Carillon).
- Glissades d'eau: le Super Aqua Club de Pointe-Calumet, les cascades d'eau de Piedmont, le Parc aquatique Mont-Saint-Sauveur et le Boisé du Fou du Roi pour une descente en chambre à air sur la rivière Rouge.
- Pente des Pays-d'en-Haut: glissade sur tube en hiver (Piedmont).
- Les Factoreries Saint-Sauveur.
- Pour les tout-petits: Au Pays des Merveilles (Sainte-Adèle) et le Village du Père Noël (Val-David).
- Le centre de villégiature Tremblant: village touristique, télécabine panoramique...
- Plusieurs centres de remise en forme (spas) et bains finlandais.
- De nombreux théâtres d'été.

Faites le plein de nature

- Le parc national d'Oka et son large éventail d'activités éducatives et récréatives.
- Le parc régional du Bois-de-Belle-Rivière: marche, jardins, baignade... (Mirabel).
- Le parc linéaire Le P'tit Train du Nord: de Bois-des-Filion à Mont-Laurier via Saint-Jérôme, 200 km de vélo, 45 km de ski de fond. Attraits de toutes sortes.
- Pour le vélo: La Vagabonde (46 km), le Corridor aérobique (58 km) et la VéloRoute d'Argenteuil (54 km).
- Le Centre touristique et éducatif des Laurentides (Saint-Faustin–Lac-Carré).
- Nominingue: plage, vélo, villégiature...
- Le parc national du Mont-Tremblant: en canot, à pied, en vélo, en skis ou en raquettes, vous serez étonnés par l'immensité de son territoire.
- Les réserves fauniques de Papineau-Labelle (diverses activités de plein air) et de Rouge-Matawin (haut lieu de la motoneige).

La villégiature à son sommet!

Magnifiquement sauvages, tout en vert ou en blanc, en lumières et en couleurs flamboyantes, les Laurentides c'est la villégiature avec un grand V!

Dans cette région située aux portes de Montréal, les grands espaces, les plaines et les vallées, les collines et les montagnes, les forêts, les lacs et les rivières se savourent à travers une impressionnante pléiade d'activités de villégiature. Imaginez, des lieux idéaux pour le canot, le vélo, le golf, la descente de rivière, la baignade, la pêche, la chasse, le ski, la raquette, la motoneige, le traîneau à chiens... Bref, un paradis pour les mordus de la nature!

«Montez dans le Nord», comme le disent si bien les Montréalais. Les Laurentides, de réputation internationale, possèdent la plus grande concentration de pistes de ski alpin en Amérique du Nord. Tremblant, avec son village touristique animé de style «Vieux-Québec», possède le plus haut sommet de la région (968 m).

Enfin, les Laurentides, ce sont aussi d'agréables et coquets villages où les boutiques, les bars, les artisans, les restaurants et les cafés se mettent de la partie, pour vous offrir de terminer votre journée de grand air dans la plus douillette des atmosphères. Quant aux nombreux festivals et événements, ils ajouteront tout le piquant et la joie de vivre qui rendent une escapade mémorable.

- Le mont Sir-Wilfrid (montagne du Diable): randonnée, raquette, ski de fond, vélo, motoneige, chutes Windigo... (Ferme Neuve)
- Au Parc du Domaine Vert, tentez l'expérience d'un parcours d'aventure en forêt, avec sa piste d'hébertisme aérien (Mirabel).

Le saviez-vous?

C'est dans les Laurentides que la première remontée mécanique en Amérique du Nord fit son apparition en 1932, le long de la Big Hill de Shawbridge (Prévost). On attribue à Moïse Paquette, un «patenteux» de Sainte-Agathe-des-Monts, cet incroyable mécanisme composé d'un câble actionné par la jante arrière d'une Dodge 1928 et relié à une autre jante fixée à un poteau au sommet de la pente. Par ailleurs, il fut commercialisé par un jeune champion sauteur de Montréal, Alex Foster. Si certains skieurs refusèrent de s'agripper à cette «patente», le temps des montées à pied à bout de souffle était bien

révolu! Son invention permit au ski alpin de prendre le pas sur le ski nordique et donna naissance à plusieurs centres de ski.

Clin d'œil sur l'histoire

C'est au curé Labelle de Saint-Jérôme, surnommé le «Roi du Nord», que l'on doit le peuplement des Laurentides. Mobilisant les gens de sa communauté, il obtint un chemin de fer pour faire le transport du bois vers Montréal en 1876. Suivant sa volonté, son successeur, le curé Grenier, fera monter la ligne jusqu'à Mont-Laurier en 1909. Alors que l'ingénieur norvégien «Jack Rabbit» popularise le ski de fond, le fameux «P'tit Train du Nord» arrive à temps pour répondre à la demande grandissante des citadins pour ce sport en 1928. Il prendra sa retraite en 1960, et son tracé renaîtra en parc linéaire en 1996: un réseau de 232 km accueillant cyclistes et skieurs. C'est le plus long parc linéaire du Canada.

Pour plus d'information sur la région des Laurentides: 1 800 561-6673
www.laurentides.com

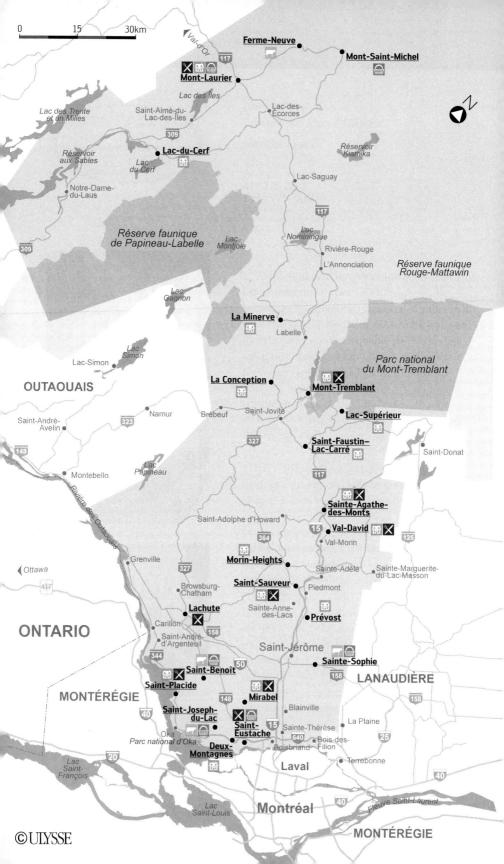

Saint-Placide

La Capucine

Julie Fréchette et Alcide Paradis
42, rue de l'Église
Saint-Placide
J0V 2B0
450 258-0202
514 895-5103
www.gitelacapucine.com
gitelacapucine@yahoo.fr
P. 180, 193, 194.

L'Association de l'Agrotourisme et du Tourisme Gourmand du Québec* est fière de rendre hommage aux hôtes Julie Fréchette et Alcide Paradis de la table LA CAPUCINE, qui se sont illustrés de façon remarquable par l'expérience exceptionnelle qu'ils font vivre à leur clientèle. C'est dans le cadre des Prix de l'Excellence 2011 que les propriétaires de cet établissement, certifié Table aux Saveurs du Terroir^md depuis 2007 et Auberge du Passant^md depuis 2005, se sont vu décerner le « Coup de Cœur du Public Provincial » dans le volet : restauration.

« À cet établissement, la gastronomie prend des allures d'œuvres d'art. Les plats, concoctés judicieusement avec des produits du terroir, revêtent une touche toute particulière de la Chef. Assurément, les présentations colorées de ses plats émerveilleront vos pupilles et réveilleront assurément vos papilles. C'est un rendez-vous champêtre rempli de saveurs, comme le disent certains, qui vous attend. Cette auberge ancestrale de style colonial anglais, offre aussi l'hébergement. Située au cœur des routes et circuits gourmands de la région des Laurentides, vous trouverez bien agréable d'y séjourner, relaxer et vous retrouver autour d'une bonne table. »

Félicitations !

*L'Association de l'Agrotourisme et du Tourisme Gourmand du Québec est propriétaire des marques de certification : Gîte du Passant^MD, Auberge du Passant^MD, Maison de Campagne ou de Ville, Table aux Saveurs du Terroir^MD, Table Champêtre^MD, Relais du Terroir^MD et Ferme Découverte.

Deux-Montagnes

Chalet Deux-Montagnes ★★★★

Nouvelle maison confortable située le long de la piste cyclable Trans-Québec. Seulement à 40 min du centre-ville de Montréal, les Laurentides vous proposent plusieurs centres de ski. Toutes les commodités d'une maison pour vos vacances ou un séjour d'affaires!

Aux alentours: glissades d'eau, ski de fond, randonnée pédestre, golf, karting, patin à roues alignées, vélo, restos et terrasses.

Maison(s): climatisées, téléphone, TV, CD, DVD, accès Internet, ventilateur, lumineuses.
Lits: queen, divan-lit. **1 maison(s). 1 ch. 2-4 pers.**

SEM 525-805$ **WE** 150-230$ **JR** 75-115$. Taxes en sus. **Paiement:** VS.

Réduction: hors saison. **Ouvert:** à l'année.

A 🐾 **@** ♿ **Certifié: 2009**

🏠 Maison de Campagne
certifiée

Wesley Jérôme
281, rue Elisabeth
Deux-Montagnes J7R 3T1
Tél. 514 914-3259
Fax 450 974-9805
www.giteetaubergedupassant.com/
chaletdeuxmontagnes
wesley_jerome@sympatico.ca

Ferme-Neuve

Api Culture Hautes Laurentides inc. 🐝

Ferme d'élevage – Hydromellerie – Miellerie. En visitant le centre d'interprétation et en dégustant nos produits, un membre de notre équipe vous expliquera les méthodes de fabrication artisanale et le centre d'élevage de reînes. Découvrez la richesse florale de la région. Respect des abeilles, goût, arômes, bienfaits sur la santé et plaisir forment la véritable essence de Miel d'Anicet.

Activités sur place: animation pour groupe scolaire, animation pour groupe, dégustation, visite libre, cours / ateliers.

Visite: adulte: 5-12$, enfant: 3-10$ autres tarifs. Taxes en sus. **Paiement:** IT MC VS.
Nbr personnes: 6-30. **Réservation:** requise. **Ouvert:** 15 juin - 15 sept. Tous les jours. 10h à 17h. **Services:** terrasse, centre d'interprétation / musée, vente de produits, dépliant explicatif en panneaux français et anglais, stationnement pour autobus.

A 🐾 **AV Certifié: 2009**

🐄 Ferme Découverte
certifiée

Anicet Desrochers-Dupuis & Anne-Virginie Schmidt
111, rang 2 Gravel
Ferme-Neuve J0W 1C0
Tél. 819 587-4825
Fax 819 587-4826
www.api-culture.com
miels@api-culture.com
Rte 117 nord, à Mont-Laurier, rte 309 nord. À Ferme-Neuve, suivre les panneaux bleus de signalisation touristique.

Lac-du-Cerf

Auberge le Gentilhomme ★★★

Chaleureuse auberge au bord du grand lac du Cerf dans les Hautes-Laurentides, 8 chambres rénovées avec salle de bain privée, un grand salon avec TV et foyer, une salle à manger et 2 magnifiques terrasses au bord de l'eau. Paradis pour la pêche, le vélo, la randonnée, les activités nautiques.

Aux alentours: le grand lac du Cerf et ses plages de sable, le sentier écologique, la nature à l'état pur... **Chambres:** accès Internet, confort moderne, cachet champêtre, ventilateur, lumineuses, vue sur lac. **Lits:** simple, double, queen. **8 ch. S. de bain privée(s). Forfaits:** charme, famille, gastronomie, spectacle, automne.

2 pers: B&B 82-95$ **1 pers:** B&B 75-82$. **Enfant (12 ans et -):** B&B 15-20$. Taxes en sus. **Paiement:** AM IT MC VS.

Réduction: long séjour. **Ouvert:** 28 avr - 31 déc.

🐾 ✗ **AV @**Wi-Fi **Certifié: 2007**

🏠 Auberge du Passant
certifiée

Christine et Marcel Richard
12, rue Bondu
Lac-du-Cerf J0W 1S0
Tél. 819 597-4299 / 1 800 457-9875
www.auberge-le-gentilhomme.ca
gentilhomme.auberge@tlb.sympatico.ca
Aut. 15, rte 117 nord, rte 311 sud. Ou aut. 50 ouest, rte 309 nord, rte 311 nord.

Lachute

Au Pied de la Chute

Table Champêtre certifiée

Ferme d'élevage. Respirez, vous êtes à la campagne! À la lisière d'une forêt, notre table vous offre charme, confort et caractère. Cuisine authentique où canard, perdrix, pintade, daim, agneau et poulet sont à l'honneur. L'étang, la chute et la rivière ajoutent au charme de la propriété. En saison, une terrasse de 152 places vous accueille pour nos méchouis.

Spécialités: canard de Barbarie, poulet fermier, champignons sauvages.

Repas offerts: midi, soir. Apportez votre vin. **Menus:** table d'hôte, gastronomique, méchoui. **Nbr personnes:** 8-50. Min. de pers. exigé varie selon les saisons. **Réservation:** requise.

Repas: 33-48$/pers. Taxes en sus. **Ouvert:** à l'année. Tous les jours.

A ♿ **Certifié: 1989**

Émilie Deschênes et Yves Kervadec
273, route 329
Lachute J8H 3W9
Tél. / Fax 450 562-3147
www.aupieddelachute.com
info@pieddelachute.com
Aut. 15 nord, sortie 35, aut. 50 ouest, sortie 272,
Côte St-Louis à droite, rte 158 ouest à gauche, rte
329 nord à droite. 1,5 km à gauche.

La Conception

Les Jardins de l'Achillée Millefeuille ✾✾✾✾

Gîte du Passant certifié

Coup de Coeur du Public provincial 2010 - Gîte. Notre domaine de 9 acres et nos jardins écologiques sont nichés en forêt, au creux de la vallée de la rivière Rouge, à 10 min de Mont-Tremblant et en bordure de la piste cyclable Le P'tit Train du Nord. Nous cuisinons dans notre magnifique maison en bois rond, à partir des récoltes du jardin et des oeufs frais de notre poulailler. Certifié Bienvenue cyclistes !md

Aux alentours: vélo, canot, ornithologie, équitation, randonnée en forêt, spa, ski, ski de fond, parc national, raquette. **Chambres:** balcon, personnalisées, cachet champêtre, ventilateur, lumineuses, terrasse, vue sur jardin. **Lits:** double, queen, king, d'appoint. **5 ch. S. de bain privée(s). Forfaits:** vélo, plein air, détente & santé, ski alpin, ski de fond, traîneaux à chiens.

2 pers: B&B 99-139$ **1 pers:** B&B 84-124$. **Enfant (12 ans et -):** B&B 20$. Taxes en sus. **Paiement:** IT MC VS.

Réduction: hors saison, long séjour. **Ouvert:** à l'année.

A ♿ ◆ ✕ AV ⛵ ✿ **Certifié: 2007**

Monique et Claude
4352, route des Tulipes
La Conception J0T 1M0
Tél. 819 686-9187 / 1 877 686-9187
www.millefeuille.ca
achillee@millefeuille.ca
Aut.15 nord, rte 117 nord, sortie 126 La Conception.
À l'arrêt tout droit, 4 km. Au 2e arrêt, tout droit,
2,1 km. Au prochain arrêt, tenir votre gauche, 1 km.

La Minerve

La Closerie des Lilas ✾✾✾

Gîte du Passant certifié

Nous avons une grande maison familiale. On vous y accueille chaleureusement, dans un décor champêtre et calme. On y sert un petit-déjeuner chaud et de petites gâteries préparées sur place. On prend le café en admirant le paysage magnifique quatre saisons. Près de Mont-Tremblant et de tous ses attraits.

Aux alentours: un paysage à couper le souffle. Lac Chapleau et lac Désert. Sentiers pédestres et pistes de motoneige. **Chambres:** avec salle d'eau, TV, cachet champêtre, tranquillité assurée, vue sur montagne. **Lits:** double. **3 ch. S. de bain partagée(s).**

2 pers: B&B 70$ **1 pers:** B&B 70$. **Ouvert:** à l'année.

● AV @ **Certifié: 2008**

Nicole Lacombe Beaudin
212, chemin des Fondateurs
La Minerve J0T 1S0
Tél. 819 274-1299
www.giteetaubergedupassant.com/lacloseriedeslilas
beaudinjg@hotmail.com
Rte 117, sortie La Minerve.

Mirabel

La Provençale ✶✶✶

Gîte du Passant **certifié**

À 30 minutes de Montréal et de l'aéroport. Charmante maison provençale entourée d'érables. Déjeuners santé avec des produits fait maison et régionaux. Terrasse et piscine, salon avec télévision, foyer pour relaxer. À proximité de pistes cyclables, sentiers pédestres, VTT, motoneige. Nous vous attendons. Certifié Bienvenue cyclistes !ᵐᵈ

Aux alentours: parc Belle-Rivière, parc Domaine Vert, centre équestre, cyclisme, Arbre en Arbre, route agroalimentaire, golf. **Chambres:** avec salle d'eau, foyer, TV, accès Internet, insonorisées, peignoirs. **Lits:** queen. **3 ch. S. de bain privée(s).**

2 pers: B&B 75-110$ **1 pers:** B&B 65-85$. **Enfant (12 ans et -):** B&B 5-30$. **Paiement:** ER. **Ouvert:** à l'année.

⬣ ✗ AV 〜 @Wi-Fi ⛵ **Certifié: 2009**

Marie-Hélène Parchet-Cachat
18350, de la Promenade
Mirabel J7J 1B6
Tél. 450 971-0980
Fax 450 971-2272
www.laprovencale.ca
info@laprovencale.ca
Autoroute 15. À Saint-Janvier, Mirabel, sortie 31, rue Charles est. Rue Armand à droite. Environ 1 km de la sortie de l'autoroute.

Mirabel

Les Rondins 📷

✗ Table Champêtre **certifiée**

Érablière – Ferme d'élevage. Un site enchanteur s'offre à vous. L'ambiance chaleureuse de nos 2 salles à manger (La cathédrale et La verrière), vous enveloppera et nos mets raffinés mijotés à partir de nos différents élevages vous combleront. Salles climatisées. Accès à un système de son professionnel. Terrasse magnifique pour mariage sur place. Apportez votre vin!

Spécialités: confit et suprême de canard, agneau du Québec, sirop d'érable, produits régionaux qui répondent à des critères de fraîcheur.

Repas offerts: brunch, midi, soir. Apportez votre vin. **Menus:** table d'hôte, gastronomique, cabane à sucre. **Nbr personnes:** 16-70. Min. de pers. exigé varie selon les saisons. **Réservation:** requise.

Repas: 39-51$/pers. Taxes en sus. **Ouvert:** à l'année. Tous les jours. Horaire variable – téléphoner avant.

Ⓐ **Certifié: 1989**

Mylène Deschamps et Simon Bernard
5885, route Arthur-Sauvé
Mirabel J7N 2W4
Tél. 514 990-2708 / 450 258-2467
www.petite-cabane.com
lapetitecabane@bellnet.ca
Aut. 15 nord, sortie 35, aut. 50 ouest, sortie 272, route Arthur-Sauvé. À l'arrêt à gauche, 3 km. «La p'tite cabane d'la côte» à gauche.

Mirabel, Saint-Benoît

Intermiel 📷

🐄 Ferme Découverte
certifiée

Cidrerie – Érablière – Hydromellerie – Miellerie. Le tour guidé des installations vous propose une ouverture de ruche, la visite d'une hydromellerie, une salle de jeux éducatifs et une panoplie d'activités familiales. Érablière. Visite de la distillerie. Cidre de glace. L'accès à la boutique et à l'hydromellerie est libre en tout temps. Groupes et écoles sur réservation. Mini Ferme.

Activités sur place: animation pour groupe scolaire, animation pour groupe, animation pour enfant, dégustation, visite libre, visite autoguidée, mini-ferme.

Visite: adulte: 5-10$, enfant: 2-10$ **Paiement:** IT MC VS. **Nbr personnes:** 1-200. **Réservation:** recommandée, requise pour groupe. **Ouvert:** à l'année. Tous les jours. 9h à 18h. **Services:** aire de pique-nique, centre d'interprétation / musée, vente de produits, dépliant explicatif ou panneaux français, emballages-cadeaux.

Ⓐ ♿ 🚶 AV **Certifié: 1993**

Christian, Viviane et Eléonore Macle
10291, rang de la Fresnière
Mirabel, Saint-Benoît J7N 3M3
Tél. 450 258-2713 / 1 800 265-MIEL
Fax 450 258-2708
www.intermiel.com
contact@intermiel.com
Aut. 15 Nord, sortie 20 ouest. Aut. 640 ouest, sortie 8. Suivre les panneaux bleus de signalisation touristique du Québec : Hydromellerie Intermiel.

Mirabel, Saint-Benoît

Intermiel 🅱

Cidrerie – Érablière – Hydromellerie – Miellerie. Le tour guidé des installations vous propose une ouverture de ruche, la visite d'une hydromellerie, une salle de jeux éducatifs et une panoplie d'activités familiales. Érablière. Visite de la distillerie. Cidre de glace. L'accès à la boutique et à l'hydromellerie est libre en tout temps. Groupes et écoles sur réservation. Mini Ferme.

Produits: miels, produits de la ruche, hydromels. Produits de l'érable, boissons alcooliques à l'eau de vie d'érable. Cidre de glace. **Activités sur place:** animation pour groupe scolaire, animation pour groupe, animation pour enfant, dégustation, visite libre, visite autoguidée, mini-ferme.
Visite: adulte: 5-10\$, enfant: 2-10\$ **Paiement:** IT MC VS. **Nbr personnes:** 1-200.
Réservation: recommandée, requise pour groupe. **Ouvert:** à l'année. Tous les jours. 9h à 18h. **Services:** aire de pique-nique, centre d'interprétation / musée, vente de produits, dépliant explicatif ou panneaux français, emballages-cadeaux.

A 🦽 🚶 **AV Certifié: 1993**

🧺 Relais du Terroir **certifié**

Christian, Viviane et Eléonore Macle
10291, rang de la Fresnière
Mirabel, Saint-Benoît J7N 3M3
Tél. 450 258-2713 / 1 800 265-MIEL
Fax 450 258-2708
www.intermiel.com
contact@intermiel.com
Aut. 15 Nord, sortie 20 ouest. Aut. 640 ouest, sortie 8. Suivre les panneaux bleus de signalisation touristique du Québec : Hydromellerie Intermiel.

Mirabel, Saint-Benoît

Vignoble des Négondos 🅱

Boutique du terroir – Ferme fruitière – Vignoble. Premier vignoble québécois de certification biologique depuis 1996. Production artisanale de vins blancs, rouges, rosés et type porto. Nos vins sains et savoureux sont à prix abordables et nous offrons un rabais à la caisse. Visite, dégustation et vente à la propriété. Achats possibles dans les foires et les marchés. Expédition par courrier.

Produits: vins naturels issus d'un terroir calcaire qui conviennent à tous les palais et à plusieurs accords, des vins de soif très digestes. **Activités sur place:** dégustation, visite libre, visite autoguidée, randonnée pédestre, participation aux vendanges.
Visite: adulte: 6-7\$, enfant: 0\$ tarif de groupe, autres tarifs. **Paiement:** VS.
Nbr personnes: 2-40. **Réservation:** requise pour groupe. **Ouvert:** à l'année. Tous les jours. 13h à 17h. Horaire variable. **Services:** aire de pique-nique, vente de produits, dépliant explicatif ou panneaux français, salle de réception, réunion.

🐂 **AV Certifié: 2011**

🧺 Relais du Terroir **certifié**

Carole Desrochers
7100, rang St-Vincent
Mirabel, Saint-Benoît J7N 3N1
Tél. 450 258-2099 / 450 437-9621
www.negondos.com
info@negondos.com
Aut. 15 N, aut. 640 O, sortie 11 ou rte 148 vers Lachute, 10 km, panneau à gauche. Aut. 15 S, sortie 39 Saint-Canut, 2e feu à gauche, au bout à gauche, panneau à droite.

Mont-Laurier

Ferme La Rose des Vents 🅱

Ferme d'élevage. Coup de Coeur du Public provincial 2010 - Agrotourisme. Ferme familiale de 3 générations se spécialisant dans l'élevage de poulets de grain et de jeunes bovins. Ferme Découverte, Relais du Terroir et Table Champêtre. Venez découvrir les produits régionaux dans un environnement chaleureux et accueillant. Nouvellement certifié et en plein développement, plusieurs activités sont à venir, contactez-nous.

Produits: c'est avec le plus grand soin que nous transformons toute une gamme de produits savoureux. Poulet de grain, jeune boeuf, bison, wapiti. **Activités sur place:** animation pour groupe scolaire, animation pour groupe, dégustation, visite libre, visite commentée français et anglais, mini-ferme, observation nature et faune, randonnée pédestre, nourrir les animaux.
Visite: adulte: 8-20\$, enfant: 1-15\$ tarif de groupe, autres tarifs. Taxes en sus. **Paiement:** AM IT MC VS. **Nbr personnes:** 2-50. **Réservation:** recommandée, requise pour groupe.
Ouvert: à l'année. Tous les jours. 9h à 18h. Horaire variable. **Services:** aire de pique-nique, vente de produits, dépliant explicatif ou panneaux français, stationnement pour autobus, autres.

A AV 🚲 **Certifié: 2008**

🧺 Relais du Terroir **certifié**

Diane Aubin
2443, Rang 5 Sud
Mont-Laurier J9L 3G7
Tél. 819 623-5672 / 819 623-1224
Fax 819 623-5677
www.fermelarosedesvents.com
fermelarosedesvents@gmail.com
Rte 117 nord, après le centre-ville de Mont-Laurier, Rang 5 sud à gauche. La boutique est située sur la route 117, au 707 boulevard des Ruisseaux.

Mont-Laurier

Ferme La Rose des Vents

Ferme d'élevage. Coup de Coeur du Public provincial 2010 - Agrotourisme. La table de la Ferme la Rose des Vents vous offre un menu champêtre dans un décor chaleureux et familial. Vous serez séduit par la qualité et l'originalité des produits provenant de notre ferme et par le charme campagnard de notre salle à manger. Notre devise: «Bien se nourrir, pour mieux vivre !»

Spécialités: la Table Champêtre La Rose des Vents se spécialise dans la préparation d'excellents plats à base de poulets de grains et jeunes boeufs.

Repas offerts: brunch, midi, soir. **Menus:** à la carte, table d'hôte. **Nbr personnes:** 1-50. **Réservation:** recommandée, requise pour groupe.

Repas: 10-50$/pers. Taxes en sus. **Paiement:** IT MC VS. **Ouvert:** à l'année. Tous les jours. Horaire variable.

AV ⚙ **Certifié: 2008**

Table Champêtre **certifiée**

Diane Aubin
709, boul. des Ruisseaux
Mont-Laurier J9L 0H6
Tél. 819 623-6717 / 819 623-5672
Fax 819 623-5677
www.fermelarosedesvents.com
fermelarosedesvents@gmail.com
Rte 117 nord, après le centre-ville de Mont-Laurier, suivre les indications sur la route 117.

Mont-Laurier

La Maison de la Rive ✳✳✳

Gîte situé en face de la rivière du Lièvre, à cinq minutes du centre-ville. L'accueil chaleureux ainsi que les petits-déjeuners copieux de Willy vous séduiront. Abri pour vélo. Près d'une piste cyclable, de restaurants, d'un centre d'exposition, d'une école d'art en juillet et d'un cinéma. Certifié Bienvenue cyclistes !md

Chambres: TV, accès Internet, cachet particulier, ventilateur, couettes en duvet, vue sur rivière. **Lits:** simple, double, queen. **4 ch. S. de bain partagée(s). Forfaits:** vélo, divers.
2 pers: B&B 70-75$ **1 pers:** B&B 65-70$. **Enfant (12 ans et -):** B&B 10$. Taxes en sus. **Paiement:** VS.

Réduction: long séjour. **Ouvert:** à l'année.

A ⚞ @Wi-Fi ⚙ **Certifié: 2012**

Gîte du Passant **certifié**

Edith Whear et Wilfrid Lacelle
415, du Portage
Mont-Laurier J9L 2A1
Tél. 819 623-7063
www.lamaisondelarive.com
maisondelarive@tlb.sympatico.ca
Rte 117 N. Au 5e feu de circulation de Mont-Laurier, rue Du Pont à droite et après le pont, rue du Portage à gauche.

Mont-Saint-Michel

Érablière Ouellette

Érablière. Venez visiter nos installations de production de sirop d'érable et de ses sous-produits depuis 4 générations. Nous possédons une cabane à sucre d'antan pouvant accueillir 120 personnes avec un service de repas comprenant 12 plats différents à volonté au coût de 20$ par personne. Taxes incl. Visite guidée «De l'érable à la table» et dégustation.

Produits: nous vous offrons une multitude de produits tous offerts dans des contenants très variés. Venez découvrir nos succulents produits. **Activités sur place:** dégustation, rencontre avec le producteur pour se familiariser avec les productions, les produits et/ou les procédés de transformation.

Visite: adulte: 7$, tarif de groupe. Taxes en sus. **Paiement:** ER. **Nbr personnes:** 7-15. **Réservation:** requise. **Ouvert:** à l'année. Tous les jours. Horaire variable – téléphoner avant. **Services:** bar-restaurant, vente de produits, salle de réception, réunion, stationnement pour autobus, autres.

✗ **Certifié: 2010**

Relais du Terroir **certifié**

Monique Cloutier
216, rang 2 Gravel Nord
Mont-Saint-Michel J0W 1P0
Tél. 819 587-3878 / 819 587-2554
Fax 819 587-2999
www.tablesetrelaisduterroir.com/erabliereouellette
djoe_rob@hotmail.com
Aut. 15 N, ch des Quatre Fourches à dr., rte 311 N à dr., ch Vieux-Pont à g., rte 311 à dr., 1re à g. Demeurer sur rte 311, rte 309 à dr., montée Gravel à g. Rg Gravel à dr.

Mont-Tremblant

Au Petit Marigot ❋❋❋❋

Au coeur de la vallée de Mont-Tremblant, le gîte offre 5 chambres insonorisées avec salle de bain privée, TV, WiFi, copieux petit-déjeuner et souper sur réservation. Un magnifique foyer de pierres 2 faces sépare le salon et la salle à manger. En été, le déjeuner peut-être servi sur le magnifique balcon. Certifié Bienvenue cyclistes !md

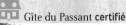

Gîte du Passant **certifié**

Serge Valois
90, chemin Clément
Mont-Tremblant J8E 1N8

Tél. / Fax 819 425-9691
www.aupetitmarigot.com
courriel @aupetitmarigot.com

Aut.15 nord jusqu'à St-Agathe, route 117 jusqu'à Mont-Tremblant, sortie 119, montée Ryan à droite, chemin Clément à gauche.

Aux alentours: la montagne Tremblant, des lacs et rivières, canot, kayak, ski alpin, ski de fond, raquettes, vélo, golf, centre spa. **Chambres:** TV, DVD, insonorisées, peignoirs, ventilateur, tranquillité assurée, lumineuses, vue sur forêt. **Lits:** simple, queen, d'appoint. **5 ch. S. de bain privée(s). Forfaits:** vélo, golf, détente & santé, romantique, ski alpin.

2 pers: B&B 125$ PAM 215$ **1 pers:** B&B 110$ PAM 155$. Taxes en sus. **Paiement:** AM IT MC VS.

Réduction: hors saison, long séjour. **Ouvert:** à l'année.

A @ Wi Fi 🚲 **Certifié: 2011**

Mont-Tremblant

Crystal-Inn ❋❋❋❋

Un havre moderne situé dans un environnement «vert» sans fumée et au bout d'un cul-de-sac boisé, vous assurant ainsi la paix et la tranquillité. 4 grandes suites à thème avec très grand lit au matelas mousse mémoire. Salle de bain privée et foyer romantique. Petit-déjeuner décadent chaud et biologique. Forfaits aventure ou romantique offerts.

Gîte du Passant **certifié**

Margaret O'Connor
100, chemin Joseph-Thibault
Mont-Tremblant J8E 2G4

Tél. 819 681-7775
www.crystal-inn.com
bbcrystalinn@gmail.com

Aux alentours: bains scandinaves, équitation, ski alpin et de randonnée, vélo, pêche, golf, croisière, traîneau à chiens. **Chambres:** confort moderne, personnalisées, décoration thématique, romantiques, originales. **Lits:** king. **4 ch. S. de bain privée(s). Forfaits:** plein air, détente & santé, romantique, ski alpin, traîneaux à chiens.

2 pers: B&B 119-139$ **1 pers:** B&B 99-119$. Taxes en sus. **Ouvert:** à l'année.

A AV spa @ 🚲 **Certifié: 2011**

Mont-Tremblant

La Tremblante ❋❋❋❋

Coup de Coeur du Public régional 2005. Venez profiter d'un séjour inoubliable dans une grande et chaleureuse maison de style canadien. Décoration rustique et champêtre. Vous serez accueillis avec tant d'attentions que vous vous sentirez comme chez vous dès les premiers instants. À 9 km de la montagne, site enchanteur, immense terrain boisé et tranquillité. Petit-déj. raffiné.

Gîte du Passant **certifié**

France Vinette et Réjean Moreau
1315, montée Kavanagh
Mont-Tremblant J8E 2P3

Tél. 819 425-5959 / 1 877 425-5959
Fax 819 425-7607
www.tremblante.com
info@tremblante.com

Aut. 15 nord, rte 117 nord. sortie 113 dir. Mont-Tremblant centre-ville, 30 m, 1re intersection à droite, montée Kavanagh, 2,8 km.

Aux alentours: Mont-Tremblant, Le P'tit Train du Nord, golf, rafting, ski, bain scandinave. **Chambres:** climatisées, avec lavabo, accès Internet, cachet champêtre, meubles antiques, ventilateur. **Lits:** simple, double, queen. **4 ch. S. de bain privée(s). Forfaits:** vélo, golf, détente & santé, ski alpin, traîneaux à chiens.

2 pers: B&B 85-95$ **1 pers:** B&B 75-85$. **Enfant (12 ans et -):** B&B 30$. Taxes en sus. **Paiement:** IT MC VS. **Ouvert:** à l'année.

A AV spa 🌊 @ Wi Fi 🚲 **Certifié: 2000**

Mont-Tremblant

Le Cheval de Jade

Table d'Or 2011 - Tourisme Laurentides. Le chef-propriétaire et maître canardier Olivier Tali a l'art de mettre en valeur les produits régionaux et est un des 12 chefs au monde a préparé le caneton des Laurentides à la Rouennaise (sur réservation). Carte des vins élaborée. Service soigné, ambiance chaleureuse, romantique. Terrasse fleurie.

Spécialités: flambage en salle, mets végétariens, bouillabaisse, poisson, fruits de mer, foie gras, viande du terroir, menu gastronomique.

Repas offerts: soir. **Menus:** à la carte, table d'hôte, gastronomique. **Nbr personnes:** 2-34. Min. de pers. exigé varie selon les saisons. **Réservation:** recommandée, requise pour groupe.

Table d'hôte: 28-49$/pers. Taxes en sus. **Paiement:** AM ER IT MC VS. **Ouvert:** 2 déc - 15 oct. Mar au sam. Horaire variable. **Fermé:** 16 oct - 1 déc.

A AV 🚴 **Certifié: 2008**

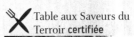

Table aux Saveurs du Terroir **certifiée**

Olivier Tali et Frédérique Pironneau
688, rue de Saint-Jovite
Mont-Tremblant J8E 3J8
Tél. 819 425-5233
Fax 819 425-3525
www.chevaldejade.com
lechevaldejade@qc.aira.com

De Montréal, aut. 15 Nord, rte 117 Nord, 1re sortie Ville de Mont-Tremblant. Sur rue de St-Jovite, tout droit, après le 2e arrêt, restaurant à droite au 688 rue de St-Jovite.

Mont-Tremblant, Lac-Supérieur

Gîte et Couvert La Marie Champagne ✳✳✳✳

À la porte du parc du Mont-Tremblant et versant nord de Tremblant, magnifique maison canadienne embrassée par la nature. Parc linéaire à 2,5 km. Ski, vélo, piscine, terrasse, détente devant le feu de foyer. Repas du soir sur réservation. Déj. copieux avec la joie de vivre des gens qui vous y invitent. Notre priorité: votre bien-être et confort.

Aux alentours: station touristique Tremblant, parc du Mont-Tremblant secteur La Diable, ski, golf. **Chambres:** accès Internet, cachet champêtre, meubles antiques, bois franc, chambre familiale. **Lits:** double, queen. **5 ch. S. de bain privée(s).**

2 pers: B&B 85-90$. **1 pers:** B&B 75-80$. **Enfant (12 ans et -):** B&B 15$. Taxes en sus. **Paiement:** MC VS.

Réduction: hors saison, long séjour. **Ouvert:** à l'année.

A ◆ AV 🛲 @ WiFi 🚴 **Certifié: 2006**

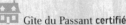

Gîte du Passant **certifié**

Micheline Massé et Gérald Gagnon
654, chemin Lac-Supérieur
Lac-Supérieur J0T 1J0
Tél. 819 688-3780
Fax 819 688-3758
www.mariechampagne.ca
lamariechampagne@qc.aira.com

Aut. 15 nord, rte 117 nord, sortie St-Faustin/Lac-Carré. À l'arrêt à droite, 2,3 km, suivre indication parc Mont-Tremblant, 2,5 km sur chemin Lac-Supérieur.

Mont-Tremblant, Lac-Supérieur

Gîte la Petite Douceur ✳✳✳✳

Bien emmitouflée au coeur d'une forêt luxuriante, la maison vous offre le confort des temps modernes et le cachet des belles d'autrefois. Observation de cerfs de Virginie l'hiver et d'oiseaux à l'année. Profitez de la cheminée et des lieux communs largement fenestrés et du magnifique jardin. Vue sur le ruisseau l'été. Petit-déjeuner 3 services.

Aux alentours: situé à 1h15 de Montréal. Entre le parc et la montagne du Mont-Tremblant. Près restos, boutiques et spa santé, etc. **Chambres:** insonorisées, ensoleillées, ventilateur, romantiques, vue sur forêt, vue sur rivière. **Lits:** double, queen. **3 ch. S. de bain privée(s).**
Forfaits: vélo, détente & santé, ski alpin, ski de fond, traîneaux à chiens.

2 pers: B&B 97-107$ **PAM** 177-187$ **1 pers:** B&B 87-97$. **Enfant (12 ans et -):** B&B 35-40$.

Réduction: hors saison, long séjour. **Ouvert:** à l'année.

@ WiFi **Certifié: 2012**

Gîte du Passant **certifié**

Daniel Bouvier
38, Côte de l'Eau Vive
Lac-Supérieur J0T 1J0
Tél. 819 688-3314
www.lapetitedouceur.com
lapetitedouceur@gmail.com

Rte 117 N, sortie Mont-Tremblant centre-ville, montée Kavanagh à droite, 1er arrêt à droite rang 7, 4,5 km. Côte de l'Eau Vive à gauche, suivre les indications B&B.

Mont-Tremblant, Lac-Supérieur

Plumes et Glisse ★★★★

À moins de 1 min de Tremblant Versant Nord, à 7 km du parc Mont-Tremblant et à 10 min de la station. Véritable oasis de paix, de tranquillité et offrant une nature abondante en beautés. Petits-déj. gourmands et soupers romantiques, servis par Jenny et Craig, composés avec les meilleurs produits régionaux. Repas champêtre. Découvrez la différence!

Aux alentours: ski de fond et alpin, traîneau à chiens, raquettes, vélo, golf, canot, kayak, spa nordique, cours de cuisine au gîte. **Chambres:** accès Internet, confort moderne, raffinées, couettes et oreillers en duvet, luxueuses. Lits: queen. **2 ch. S. de bain privée(s).** **Forfaits:** vélo, gastronomie, golf, plein air, ski alpin, ski de fond, été, automne, hiver.

2 pers: B&B 145$ PAM 195-225$ **1 pers:** B&B 120$ PAM 145-160$. Taxes en sus. **Paiement:** AM IT MC VS.

Réduction: long séjour. **Ouvert:** à l'année.

A ✕ AV @ **W{F}** **Certifié: 2012**

Gîte du Passant **certifié**

Jenny Pearson Millar
17, chemin des Pentes Nord
Lac-Supérieur J0T 1P0
Tél. 819 688-3444
www.plumesetglisse.com
info@plumesetglisse.com
GPS 46.222038-74.510736. Aut.15 N, rte 117 N, sortie St-Faustin/Lac-Carré, direction parc Mont-Tremblant et Tremblant Versant Nord. Au coin Ch. Duplessis & Ch. Pentes Nord.

Morin-Heights

Auberge Clos-Joli ★★★

Prix Réalisation 2007-Auberge. Mention Hébergement 2010 Tourisme Laurentides. Maison ancestrale, années 20, offrant quiétude, bien-être, piscine creusée, aménagement fleuri, jardins, potager. Été comme hiver, gamme d'activités sportives, culturelles vous est offerte. Dégustez notre table du soir, une cuisine santé aux saveurs méditerranéennes.

Aux alentours: ski Morin-Heights, Spa Ofuro, Spa Le Baltique, à 5 min de St-Sauveur et de ses nombreuses activités. **Chambres:** climatisées, baignoire à remous, foyer, personnalisées, cachet champêtre, vue sur campagne. Lits: simple, double, queen. **9 ch. S. de bain privée(s). Forfaits:** charme, vélo, gastronomie, golf, plein air, détente & santé, ski alpin, ski de fond, théâtre, restauration, traîneaux à chiens.

2 pers: B&B 100-120$ PAM 180-200$ **1 pers:** B&B 100-120$ PAM 140-160$. **Enfant (12 ans et -):** B&B 10$ PAM 20$. Taxes en sus. **Paiement:** AM IT MC VS. **Ouvert:** à l'année.

A 🦽 ✕ AV 🏊 @ **W{F}** **Certifié: 2006**

Auberge du Passant **certifiée**

Gemma Morin et André Théorêt
19, chemin Clos-Joli
Morin-Heights J0R 1H0
Tél. 450 226-5401 / 1 866-511-9999
www.aubergeclosjoli.net
atheo@aubergeclosjoli.net
Aut. 15 nord, sortie 60, rte 364 ouest dir. Morin-Heights. Suivre les panneaux bleus.

Morin-Heights

Confort et Sérénité ★★★

Pour les amoureux de la quiétude, de l'eau et de la nature, voici l'endroit idéal. À seulement 4 km de St-Sauveur! Notre gîte est installé aux abords de la rivière à Simon et du populaire Corridor Aérobique. Pour un séjour de qualité avec repos assuré. Une expérience de détente vraiment remarquable! Venez vous ressourcer où la vie est paisible! Certifié Bienvenue cyclistes ![md]

Aux alentours: ski fond, raquettes sur Corridor Aérobique. Ski alpin monts: Avila, St-Sauveur, Habitant. Motoneige, traîneau à chiens. **Chambres:** TV, CD, DVD, accès Internet, cachet champêtre, suite luxueuse, vue sur forêt, vue sur rivière. Lits: queen. **4 ch. S. de bain privée(s) ou partagée(s).**

2 pers: B&B 95-135$ **1 pers:** B&B 80-120$. **Enfant (12 ans et -):** B&B 20$. Taxes en sus. **Paiement:** IT MC VS. **Ouvert:** à l'année.

A spa 🏊 @ **W{F}** **Certifié: 2011**

Gîte du Passant **certifié**

Paul Neveu et Chantal Guérin
115, route 364
Morin-Heights J0R 1H0
Tél. 450 226-8791 / 514 776-5478
www.confortetserenite.com
info@confortetserenite.com
Aut. 15 N, sortie 60, dir. Morin-Heights, rte 364 O, rue Robert à gauche, ch. Jean-Adam à droite, rte 364 O, 1re entrée après affiche Bienvenue Morin-Heights, face au Golf.

Saint-Eustache

Le Régalin

Ferme d'élevage – Ferme maraîchère. Pétale d'Or, Comité d'embellissement du Conseil des Arts de St-Eustache. À 30 min de Montréal, dans le quartier des érables, une belle grosse canadienne aux lucarnes éclairées surplombe un potager à perte de vue. Nous recevons dans 2 salles à manger climatisées, situées à chaque extrémité de la maison. Vous avez donc l'exclusivité de votre salle. P. 180.

Spécialités: nous nous spécialisons dans tout ce qui se retrouve sur le menu. Les coups de coeur sont l'autruche, le canard, le faisan et le lapin.

Repas offerts: midi, soir. Apportez votre vin. **Menus:** gastronomique. **Nbr personnes:** 10-55. Min. de pers. exigé varie selon les saisons. **Réservation:** requise.

Repas: 39-51$/pers. Taxes en sus. **Paiement:** IT MC VS. **Ouvert:** à l'année. Tous les jours.

A Certifié: 1992

Table Champêtre **certifiée**

Chantal Comtois et Philippe Martel
991, boul. Arthur-Sauvé, route 148 Ouest
Saint-Eustache J7R 4K3
Tél. / Fax 450 623-9668 Tél. 1 877 523-9668
www.regalin.com
regalin@videotron.ca
Aut. 15 nord, sortie 20 ouest, aut. 640 ouest, sortie 11 boul. Arthur-Sauvé dir. Lachute, 5 km. 8 maisons après la pépinière Eco-Verdure du côté droit de la route.

Saint-Eustache

Vignoble Rivière du Chêne

Vignoble. Prix Réalisation 2006 - Agrotourisme. Une culture noble, des vins authentiques, des plaisirs sensoriels à découvrir, une histoire d'une famille et une philosophie à partager... C'est au détour d'une magnifique route champêtre que vous découvrirez le site enchanteur de ce vignoble de prestige. Ici, l'extérieur du domaine autant que l'intérieur sont dignes d'exception...

Produits: vin blanc, rosé, rouge. Vin apéritif et vin rouge fortifié aromatisés au sirop d'érable et vin de glace seront séduire vos papilles. **Activités sur place:** animation pour groupe, dégustation, visite commentée français et anglais, participation aux vendanges.

Visite: adulte: 10$, enfant gratuit. **Paiement:** IT MC VS. **Nbr personnes:** 1-50. **Réservation:** requise pour groupe. **Ouvert:** à l'année. Tous les jours. 10h30 à 17h. **Services:** terrasse, vente de produits, dépliant explicatif ou panneaux français et anglais, salle de réception, réunion, emballages-cadeaux.

A Certifié: 2002

Relais du Terroir **certifié**

Daniel Lalande et Isabelle Gonthier
807, Rivière Nord
Saint-Eustache J7R 0J5
Tél. 450 491-3997
Fax 450 491-6339
www.vignobleriviereduchene.ca
vignobleduchene@videotron.ca
Aut. 640, sortie 11, rte 148 dir. Lachute, boul. Industriel à gauche, chemin Rivière-Nord à droite, 5km. Suivre les panneaux bleus de la Route des vins.

Saint-Faustin-Lac-Carré

Gîte de la Pisciculture ✻✻✻

Situé à Saint-Faustin-Lac-Carré, directement sur la piste cyclable Le P'tit Train du Nord au km 74. À 2 km du Mont-Blanc et à 10 km de Mont-Tremblant et des terrains de golf. Site idéal pour des activités en hiver comme en été. Accès au spa et à la piscine extérieurs. Sentiers de raquettes et de ski de fond. Certifié Bienvenue cyclistes !md

Aux alentours: piste cyclable Le P'tit Train du Nord, Mont-Tremblant, Mont-Blanc, équitation, pêche, golf, restos, lac et plage privée. **Chambres:** accès Internet, personnalisées, cachet particulier, peignoirs, ventilateur, tranquillité assurée. **Lits:** simple, queen, d'appoint. **4 ch. S. de bain privée(s). Forfaits:** vélo, famille, golf, plein air, ski alpin, ski de fond.

2 pers: B&B 90-120$ PAM 130-147$ **1 pers:** B&B 75-90$ PAM 102-112$. **Enfant (12 ans et -):** B&B 20$. Taxes en sus. **Paiement:** MC VS.

Réduction: hors saison, long séjour. **Ouvert:** à l'année.

A ✕ AV spa @ Wi-Fi Certifié: 2007

Gîte du Passant **certifié**

Jacques Dubé
714, rue de la Pisciculture
Saint-Faustin-Lac-Carré J0T 1J2
Tél. 819 688-2195 / 514 912-3739
http://gitedelapisciculture.com/
info@gitedelapisciculture.com
Aut. 15 nord, rte 117 nord, sortie St-Faustin-Lac-Carré - Lac Supérieur, 2e arrêt à droite dir. la pisciculture, 0,5 km.

Saint-Faustin-Lac-Carré

Gîte et Café de la Gare ◇◇◇◇

Havre de paix vous offrant des petits-déjeuners et des soupers santé. Permis d'alcool. À deux pas de la plage municipale et de la piste cyclable. Foyer intérieur et extérieur. Grande terrasse s'ouvrant sur la forêt. Informez-vous sur notre forfait Évasion. «Un gîte à retenir pour y revenir», Style de vie, juin-juillet 2006. Certifié Bienvenue cyclistes !md

---

Aux alentours: la piste Le P'tit Train du Nord se trouve juste derrière la maison. Le Mont-Blanc est situé à 1,5 km. **Chambres:** foyer, TV, balcon, décoration thématique, peignoirs, couettes en duvet, vue sur forêt. **Lits:** double, queen, divan-lit. **2 ch. S. de bain privée(s).** **Forfaits:** vélo, romantique, ski alpin, divers.

2 pers: B&B 100$ **1 pers:** B&B 90$. **Enfant (12 ans et -):** B&B 20$. Taxes en sus. Paiement: IT MC VS.

Réduction: long séjour. **Ouvert:** à l'année.

A ✕ AV @ Wi-Fi ♻ **Certifié: 2008**

Gîte du Passant **certifié**

Normand Caron et Éliane Doré
362, rue de la Gare
Saint-Faustin-Lac-Carré J0T 1J1
Tél. 819 688-6091 / 1 888 550-6091
www.giteetaubergedupassant.com/gitedelagare
info@gitedelagare.com
De Montréal, aut. 15 nord, 18 km après Ste-Agathe sortie St-Faustin/Lac Carré, à l'arrêt à droite, 1,5 km, au supermarché Lachaine, rue de la Gare à droite.

Saint-Joseph-du-Lac

Cidrerie Les Vergers Lafrance 📷

Cidrerie – Verger. Les Vergers Lafrance est un magnifique domaine agrotouristique offrant des installations d'inspiration européennes où l'on a su transformer et magnifier la pomme en de multiples produits de grande qualité. On y trouve: la boutique, la cidrerie, le café-terrasse, la pâtisserie, le parc de jeux, la mini-ferme, 12 000 pommiers et bien plus encore.

Activités sur place: animation pour groupe scolaire, animation pour enfant, autocueillette, dégustation, visite libre, mini-ferme, balade en charrette, aire de jeux.

Visite: gratuite. **Paiement:** AM IT MC VS. **Nbr personnes:** 15-25. **Réservation:** requise pour groupe. **Ouvert:** à l'année. Tous les jours. 9h à 17h. **Services:** aire de pique-nique, vente de produits, dépliant explicatif ou panneaux français et anglais, stationnement pour autobus, emballages-cadeaux.

A ✕ AV ♻ **Certifié: 2007**

Ferme Découverte **certifiée**

Éric Lafrance et Julie Hubert
1473, chemin Principal
Saint-Joseph-du-Lac J0N 1M0
Tél. 450 491-7859
Fax 450 491-7528
www.lesvergerslafrance.com
info@lesvergerslafrance.com
Aut. 13 ou 15 nord. Aut. 640 ouest, sortie 2, chemin Principal à gauche, 3,5 km. Ou sortie 8. Suivre les panneaux bleus.

Saint-Joseph-du-Lac

Cidrerie Les Vergers Lafrance 📷

Cidrerie – Verger. Les Vergers Lafrance est un magnifique domaine agrotouristique offrant des installations d'inspiration européennes où l'on a su transformer et magnifier la pomme en de multiples produits de grande qualité. On y trouve: la boutique, la cidrerie, le café-terrasse, la pâtisserie, le parc de jeux, la mini-ferme, 12 000 pommiers et bien plus encore.

Produits: la cidrerie propose 15 cidres dont 4 cidres de glace gagnants de prix prestigieux. La boutique offre de délicieux produits gourmets. **Activités sur place:** animation pour groupe scolaire, animation pour enfant, autocueillette, dégustation, visite libre, mini-ferme, balade en charrette, aire de jeux.

Visite: gratuite. **Paiement:** AM IT MC VS. **Nbr personnes:** 25-30. **Réservation:** requise pour groupe. **Ouvert:** à l'année. Tous les jours. 9h à 17h. **Services:** aire de pique-nique, vente de produits, dépliant explicatif ou panneaux français et anglais, stationnement pour autobus, emballages-cadeaux.

A ✕ AV ♻ **Certifié: 2007**

Relais du Terroir **certifié**

Éric Lafrance et Julie Hubert
1473, chemin Principal
Saint-Joseph-du-Lac J0N 1M0
Tél. 450 491-7859
Fax 450 491-7528
www.lesvergerslafrance.com
info@lesvergerslafrance.com
Aut. 13 ou 15 nord. Aut. 640 ouest, sortie 2, chemin Principal à gauche, 3,5 km. Ou sortie 8. Suivre les panneaux bleus.

Saint-Joseph-du-Lac

O'Verger Gourmand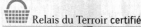

Boutique du terroir – Ferme fruitière – Verger. Restaurant O'Verger Gourmand est au milieu d'un verger. Ouvert à l'année du mercredi au dimanche. Déjeuners et dîners 7h30-14h. Brunch-buffet à volonté le dimanche. Plein de saveurs à découvrir. Mini-ferme. Produits maison: confitures, tartes et cidres. Autocueillette du 25-08 au 20-10, tous les jours de 9h-17h, animations, balades en tracteur...

Produits: confiture, gelée, tarte, sirop de fruits et de cidre, beurre de pommes, croustade, biscuits, marinade, ketchup, vinaigrette, traiteur. **Activités sur place:** autocueillette, dégustation, visite libre, mini-ferme, balade en charrette, aire de jeux, nourrir les animaux.

Visite: gratuite. **Paiement:** IT MC VS. **Nbr personnes:** 5-100. **Réservation:** recommandée, requise pour groupe. **Ouvert:** à l'année. Tous les jours. 7h30 à 13h30. Horaire variable – téléphoner avant. **Fermé:** 1 jan - 12 jan. **Services:** aire de pique-nique, bar-restaurant, vente de produits, salle de réception, réunion, stationnement pour autobus, emballages-cadeaux.

A 🐾 ✕ AV 🚲 **Certifié: 2011**

Relais du Terroir certifié

Pierre Poulin et Denis Francoeur
4354, chemin Oka
Saint-Joseph-du-Lac J0N 1M0
Tél. 450 472-2463
Fax 450 838-7632
www.vergerduparc640.populus.ch
info@overgergourmand.com
Aut. 640 ouest, à la fin (au bout) à droite, rte 344 ouest dir. Oka. Faire 500 mètres, 1er verger à gauche.

Saint-Joseph-du-Lac

Vergers Lacroix et Cidrerie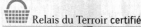

Cidrerie – Verger. La famille Lacroix est heureuse de vous accueillir dans son verger, à la Boutique Gourmande et à la cidrerie pour vous faire découvrir différents produits de la pomme. N'hésitez pas à nous contacter ou visiter notre site Internet pour de plus amples informations sur nos activités ou forfaits pour tous les âges.

Produits: On vous offre une gamme de cidres médaillés de Paris à New York, ainsi qu'une grande variété de produits gourmands de la pomme. **Activités sur place:** animation pour groupe, animation pour enfant, autocueillette, dégustation, visite libre, mini-ferme, balade en charrette, aire de jeux, autres.

Visite: gratuite, tarif de groupe. **Paiement:** IT MC VS. **Nbr personnes:** 2-150. **Réservation:** requise pour groupe. **Ouvert:** à l'année. Tous les jours. 10h à 17h. Horaire variable. **Fermé:** 24 déc - 24 jan. **Services:** aire de pique-nique, vente de produits, dépliant explicatif ou panneaux français, stationnement pour autobus, emballages-cadeaux, autres.

A ✕ AV 🚲 **Certifié: 2010**

Relais du Terroir certifié

Pascal Lacroix et Danielle Marceau
649, chemin Principal
Saint-Joseph-du-Lac J0N 1M0
Tél. 450 623-4888
Fax 450 472-1287
www.vergerlacroix.ca
vergerlacroix@videotron.ca
Des autoroutes 13 ou 15, aut. 640 ouest, direction St-Eustache, sortie 2. Au feu de circulation, rue Principale à gauche.

Saint-Placide

La Capucine ❀❀❀❀

Coup de Coeur du Public provincial 2009 - Auberge. Repos et plein air... remplis de saveurs! Au cœur d'un secteur agrotouristique, venez découvrir la campagne et tous ses attraits. Confort d'une maison ancestrale de style colonial anglais avec 2 foyers, un grand salon, une spacieuse salle à manger. Site enchanteur, quai public, face au lac des Deux-Montagnes. Certifié Bienvenue cyclistes !md Certifié Table aux Saveurs du Terroirmd P. 179, 180.

Aux alentours: Route verte, parc d'Oka, lac, pêche, ski traction, raquettes, vignoble, golf, verger de pommes, cabane à sucre, jardins. **Chambres:** climatisées, accès Internet, ensoleillées, raffinées, cachet champêtre, romantiques. **Lits:** double, queen. **5** ch. **S. de bain privée(s) ou partagée(s).** **Forfaits:** charme, vélo, gastronomie, golf, romantique, ski de fond, théâtre, divers.

2 pers: B&B 95-135$ PAM 175-215$ **1 pers:** B&B 85-125$ PAM 125-165$. **Enfant (12 ans et -):** B&B 20$ PAM 45$. Taxes en sus. **Paiement:** AM IT MC VS.

Réduction: long séjour. **Ouvert:** à l'année. **Fermé:** 27 oct - 9 nov.

✕ AV @ 📶 🚲 **Certifié: 2005**

Auberge du Passant certifiée

Julie Fréchette et Alcide Paradis
42, rue de l'Église
Saint-Placide J0V 2B0
Tél. / Fax 450 258-0202 Tél. 514 895-5103
www.gitelacapucine.com
gitelacapucine@yahoo.fr
Aut. 15 sortie 20 O., aut. 640 O. jusqu'au bout, rte 344 O. dir. Oka, 10 km passé Oka, au clignotant jaune rue de l'Église vers le lac.

Saint-Placide

La Capucine

Coup de Coeur du Public provincial 2011 – Restauration.
Maison de prestige au cachet antique, grande salle à manger pour les groupes ou une petite salle avec plus d'intimité pour les amoureux. Meubles d'époque, boiserie authentique, grandes fenêtres ensoleillées et 2 foyers pour vous réchauffer l'hiver ou grands balcons et terrasses entourés de fleurs en été. Prix: taxes et service en sus. P. 179, 180.

Spécialités: cuisine évolutive en s'inspirant des produits du terroir, découverte de plats savoureux aux créations originales avec passion et amour.

Repas offerts: petit-déjeuner, brunch, midi, soir. Apportez votre vin. **Menus:** gastronomique. **Nbr personnes:** 4-18. Min. de pers. varie selon les saisons. **Réservation:** requise.

Table d'hôte: 43-53$/pers. Taxes en sus. **Paiement:** AM IT MC VS. **Ouvert:** à l'année. Tous les jours. **Fermé:** 27 oct - 9 nov.

AV @ WiFi 🚲 **Certifié: 2007**

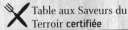
Table aux Saveurs du Terroir **certifiée**

Julie Fréchette et Alcide Paradis
42, rue de l'Église
Saint-Placide J0V 2B0
Tél. / Fax 450 258-0202 Tél. 514 895-5103
www.gitelacapucine.com
gitelacapucine@yahoo.fr
Aut. 15 sortie 20 O., aut. 640 O. jusqu'au bout, rte 344 O. dir. Oka, 10 km passé Oka, au clignotant jaune rue de l'Église vers le lac.

Saint-Sauveur

Couette et Fourchette ✤✤✤

Charmante auberge au coeur du village, près de tout, avec vue sur les pistes éclairées du mont St-Sauveur. Petit nid douillet avec foyer, piscine, terrasses, jardin. Facilités pour gens d'affaires, petits groupes. Forfaits: romantique, ski, spa, traîneau à chiens, motoneige, théâtre. Vous reviendrez pour notre table exquise et notre accueil! Certifié Table aux Saveurs du Terroir[md]

Aux alentours: boutiques, théâtre, golf, ski, spa, vélo, plage, motoneige, traîneau à chiens, massages, festivals. **Chambres:** climatisées, TV, accès Internet, cachet d'antan, peignoirs, couettes en duvet, romantiques. **Lits:** simple, double, queen. **5 ch. S. de bain privée(s).** **Forfaits:** charme, gastronomie, plein air, détente & santé, ski alpin, spectacle, théâtre.

2 pers: B&B 80-160$ **PAM** 140-220$ **1 pers:** B&B 70-150$ **PAM** 100-180$. Taxes en sus. **Paiement:** AM IT MC VS.

Réduction: hors saison, long séjour. **Ouvert:** à l'année.

A ✕ AV ≈ @ WiFi 🚲 **Certifié: 2010**

🏠 Gîte du Passant **certifié**

Létitia Bergeron et Éric Émilien
342, rue Principale
Saint-Sauveur J0R 1R0
Tél. 450 227-6116 / 1 877 227-6116
www.couetteetfourchette.com
info@couetteetfourchette.com
De Montréal, aut. 15 nord, sortie 60 à gauche, rte 364 ouest à droite, après le 3e feu, rue Lanning à droite, rue Principale à droite, 4e maison le B&B.

Saint-Sauveur

Couette et Fourchette

Petite auberge au coeur du charmant village de St-Sauveur. Accueil chaleureux dans un décor convivial et intime parfait pour les amoureux de la gastronomie. L'été, la terrasse arrière dans notre jardin verdoyant, est parfaite pour l'apéro! L'hiver, on relaxe après le repas devant notre foyer en dégustant un cidre de glace! Venez nous découvrir!

Spécialités: gibier québécois (ex.: pintade, perdrix, cerf, bison) concocté par un chef cuisiner, pâtissier français. Pain et desserts maison.

Repas offerts: petit-déjeuner, soir. **Menus:** table d'hôte. **Nbr personnes:** 1-20. **Réservation:** requise.

Table d'hôte: 30-42$/pers. Taxes en sus. **Paiement:** AM IT MC VS. **Ouvert:** à l'année. Tous les jours.

A AV @ WiFi 🚲 **Certifié: 2010**

Table aux Saveurs du Terroir **certifiée**

Létitia Bergeron et Éric Émilien
342, rue Principale
Saint-Sauveur J0R 1R0
Tél. 450 227-6116 / 1 877 227-6116
www.couetteetfourchette.com
info@couetteetfourchette.com
De Montréal, aut. 15 nord, sortie 60 à gauche, rte 364 ouest à droite, après le 3e feu, rue Lanning à droite, rue Principale à droite, 4e maison le B&B.

Saint-Sauveur

Manoir Saint-Sauveur

Notre chef exécutif Joel Fauqué s'est inspiré des richesses des Laurentides pour offrir une cuisine colorée et diversifiée. Le restaurant L'Ambiance se subdivise en 4 sections, chacune prévue pour inspirer un moment d'évasion distinct et unique toujours dans une atmosphère chaleureuse. Carte des vins SAQ Carte d'Or. 22 000 pi² d'espace banquet. P. 181.

Spécialités: tout en conservant l'essence de la gastronomie française le chef apprête au gré des saisons les produits du terroir des Laurentides.

Repas offerts: petit-déjeuner, brunch, midi, soir. **Menus:** à la carte, table d'hôte, gastronomique. **Nbr personnes:** 1-500. **Réservation:** recommandée, requise pour groupe.

Table d'hôte: 34-80$/pers. **Paiement:** AM IT MC VS. **Ouvert:** à l'année. Tous les jours. Service inclus. Taxes en sus.

A ♿ 🍽 AV @WiFi **Certifié: 2011**

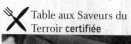

Table aux Saveurs du Terroir **certifiée**

Joël Fauqué, Chef exécutif
246, chemin du Lac Millette
Saint-Sauveur J0R 1R3
Tél. 450 227-1811 / 1 800 361-0505
Fax 450 227-8512
www.manoir-saint-sauveur.com
info@manoir-saint-sauveur.com
Aut.15 N, sortie 60 - Saint-Sauveur. 1er feu, à gauche, 2e feu, rue de la Gare, tout droit, le Manoir Saint-Sauveur est sur votre gauche. 71 km de Montréal.

Saint-Sauveur, Prévost

La Belle et la Belge ★★★★

Pour un séjour sportif ou de détente, venez profiter de la quiétude de l'une de nos trois chambres. Notre gîte est situé aux abords du parc linéaire Le P'tit Train du Nord et de plusieurs pistes de ski. Venez également vous relaxer dans notre spa.

Aux alentours: Saint-Sauveur, Montréal, Mont-Tremblant, Parc Régional de la Rivière du Nord, théâtre, spectacle de musique. **Chambres:** certaines climatisées, avec salle d'eau, TV, accès Internet, cachet victorien. **Lits:** queen. **3 ch. S. de bain privée(s). Forfaits:** vélo, gastronomie, détente & santé, romantique, spectacle.

2 pers: B&B 139-169$ **PAM** 169-249$. Taxes en sus. **Paiement:** IT MC VS.

Réduction: long séjour. **Ouvert:** à l'année.

🍽 spa@WiFi 🚲 **Certifié: 2012**

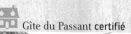

Gîte du Passant **certifié**

Vincianne Rainaut
2731, Curé Labelle
Prévost J0R 1T0
Tél. 450 335-3533
www.labelleetlabelge.com
info@labelleetlabelge.com
Rte 117, à Prévost, au 2e feu de circulation, 50m à droite.

Sainte-Agathe-des-Monts

Auberge de la Tour du Lac ★★★

L'endroit idéal pour souligner les événements importants de votre vie: anniversaire, mariage, etc. 10 chambres à votre disposition avec foyer et bain tourbillon au cachet unique. Le séjour comprend le souper et le petit-déjeuner servi à la chambre et l'accès au spa. Choisissez parmi nos forfaits, tels que théâtre, massage, golf, romantique. Certifié Bienvenue cyclistes !ᵐᵈ Certifié Table aux Saveurs du Terroirᵐᵈ P. 181.

Aux alentours: Théâtre le Patriote, croisière lac des Sables, piste cyclable, golf, ski, Tremblant, sentier pédestre, équitation. **Chambres:** climatisées, baignoire à remous, foyer, TV, accès Internet, cachet champêtre, peignoirs. **Lits:** queen. **12 ch. S. de bain privée(s). Forfaits:** charme, vélo, gastronomie, détente & santé, romantique, théâtre, restauration.

2 pers: PAM 160-250$ **1 pers:** PAM 125-215$. **Enfant (12 ans et -):** PAM 35-55$. Taxes en sus. **Paiement:** IT MC VS.

Réduction: hors saison. **Ouvert:** à l'année.

A 🍽 AV spa@WiFi 🚲 **Certifié: 1998**

Auberge du Passant **certifiée**

Mario Grand-Maison
173, ch. Tour-du-Lac
Sainte-Agathe-des-Monts J8C 1B7
Tél. 1 866 221-7957
Fax 819 326-0341
www.latourdulac.ca
info@latourdulac.ca
De Montréal, aut. 15 nord, sortie 86. Rte 117 nord, 5e feu, rue Préfontaine à gauche et chemin Tour-du-Lac à droite.

Sainte-Agathe-des-Monts

Auberge de la Tour du Lac

L'endroit idéal pour souligner les événements importants de votre vie: anniversaire, mariage, etc. 10 chambres à votre disposition avec foyer et bain tourbillon au cachet unique. Le séjour comprend le souper et le petit-déjeuner servi à la chambre et l'accès au spa. Choisissez parmi nos forfaits, tels que théâtre, massage, golf, romantique. P. 181.

Spécialités: truite des Laurentides, légumes locaux, jarret de sanglier, fromages régionaux, cerf rouge, vins du Québec, pain artisanal.

Repas offerts: petit-déjeuner, midi, soir. **Menus:** à la carte, table d'hôte, gastronomique. **Nbr personnes:** 1-100. **Réservation:** recommandée.

Table d'hôte: 35-70$/pers. Taxes en sus. **Paiement:** IT MC VS. **Ouvert:** à l'année. Tous les jours.

A AV @ᵂᶠᵢ ⨝ **Certifié: 2010**

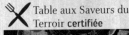

Table aux Saveurs du Terroir **certifiée**

Mario Grand-Maison
173, ch. Tour-du-Lac
Sainte-Agathe-des-Monts J8C 1B7
Tél. 1 866 221-7957
Fax 819 326-0341
www.latourdulac.ca
info@latourdulac.ca
De Montréal, aut. 15 nord, sortie 86. Rte 117 nord, 5e feu, rue Préfontaine à gauche et chemin Tour-du-Lac à droite.

Sainte-Agathe-des-Monts

Auberge et Restaurant Chez Girard ★★★

Charmante auberge de trois chambres située dans le centre-ville de Ste-Agathe-des-Monts. À quelques pas des boutiques, des restaurants et des plages. Vous y trouverez de tout! Adjacent restaurant centenaire où vous pourrez y déguster gibier, poissons et fruits de mer dans une ambiance romantique. L'équipe de Chez Girard vous attend!

Aux alentours: Centre éducatif forestier, Festi-Neige, cinéma Pine, croisière Alouette, location de motoneige et canot. **Chambres:** climatisées, baignoire à remous, foyer, TV, DVD, décoration thématique, entrée privée. **Lits:** queen. **3 ch. S. de bain privée(s).**
Forfaits: gastronomie, détente & santé, restauration.

2 pers: B&B 100-120$ PAM 177-197$ **1 pers:** B&B 80-90$ PAM 119-129$. **Enfant (12 ans et -):** B&B 20$ PAM 50-60$. Taxes en sus. **Paiement:** IT MC VS.

Réduction: hors saison. **Ouvert:** à l'année. **Fermé:** 6 nov - 18 nov.

A ⨯ ⨝ **Certifié: 2008**

Auberge du Passant **certifiée**

Anick Jérôme et Marco Périard
18, rue Principale Ouest
Sainte-Agathe-des-Monts J8C 1A3
Tél. 819 326-0922 / 1 800 663-0922
Fax 819 326-3103
www.aubergechezgirard.com
info@aubergechezgirard.com
Aut. 15 nord, sortie 86, rte 117 nord à droite dir. centre-ville.

Sainte-Agathe-des-Monts

Auberge Le Saint-Venant ★★★

Coup de cœur du Public régional 2003. Entre lacs et montagnes, notre établissement est le balcon souriant des Laurentides, son regard se pose sur un panorama apaisant allant du majestueux lac des Sables jusqu'à la forêt du mont Sainte-Agathe. Un déjeuner raffiné et divin, une atmosphère chaleureuse et confortable sont notre gage de qualité.

Aux alentours: face au lac, à deux pas du village et de nombreuses activités. **Chambres:** certaines climatisées, avec salle d'eau, TV, accès Internet, balcon, personnalisées, raffinées, cachet champêtre, vue splendide. **Lits:** queen. **9 ch. S. de bain privée(s).**

2 pers: B&B 110-155$ **1 pers:** B&B 100-145$. **Enfant (12 ans et -):** B&B 40$. Taxes en sus. **Paiement:** IT MC VS.

Réduction: hors saison. **Ouvert:** à l'année.

A AV @ᵂᶠᵢ ⨝ **Certifié: 2001**

Auberge du Passant **certifiée**

Kety Kostovski, Benoît et Lucas Meyer
234, rue Saint-Venant
Sainte-Agathe-des-Monts J8C 2Z7
Tél. 1 800 697-7937 / 819 326-7937
Fax 819 326-4848
www.st-venant.com
info@st-venant.com
Aut. 15 nord, sortie 83. À l'arrêt à gauche, dir. rte 329. Au 3e arrêt à droite, faire 500 m, puis à droite au #234, chemin privé.

Sainte-Agathe-des-Monts

La Chaumière du Village

Maison ancestrale de plus de 100 ans avec son foyer d'origine. Ambiance calme, confortable et feutrée. Nous vous servons une cuisine spontanée où tout se fait à la minute avec les nobles produits régionaux de saison, ainsi qu'une grande carte des vins à prix raisonnables. Ici nous vous parlons en français, en anglais ou en allemand.

Spécialités: poissons, crustacés et volailles de nos régions. Foie gras de canard de Carignan. Desserts faits maison.

Repas offerts: midi, soir. **Menus:** à la carte, table d'hôte, gastronomique. **Nbr personnes:** 1-50. Min. de pers. exigé varie selon les saisons. **Réservation:** recommandée, requise pour groupe.

Table d'hôte: 15-60$/pers. Taxes en sus. **Paiement:** AM IT MC VS. **Ouvert:** à l'année. Mar au sam. Horaire variable. **Fermé:** 9 avr - 25 avr.

A ♾ **Certifié: 2010**

Table aux Saveurs du Terroir **certifiée**

Marie-Louise et Roland Petit
15, rue Principale Est
Sainte-Agathe-des-Monts J8C 1J2
Tél. 819 326-3174 / 819 321-9242
Fax 819 326-0083
www.lachaumiereduvillage.com
info@lachaumiereduvillage.com
Aut. 15, sortie 86, tourner à droite direction nord. Au rond point, prendre rue Principale centre-ville, 600 mètres sur votre gauche.

Sainte-Sophie

Fromagiers de la Table Ronde

Fromagerie fermière. Ferme laitière établie depuis 1922 à Sainte-Sophie. Nous produisons depuis 2003 de délicieux fromages fermiers bio. La ferme est certifiée biologique (champs et troupeau). Fabrication artisanale pour des produits de qualité supérieure procurant à nos fromages un goût distinctif.

Activités sur place: animation pour groupe scolaire, dégustation, visite commentée français et anglais, observation des activités de transformation.

Visite: gratuite, tarif de groupe. **Paiement:** IT. **Nbr personnes:** 1-50. **Réservation:** requise pour groupe. **Ouvert:** à l'année. Tous les jours. 10h à 17h. **Services:** aire de pique-nique, vente de produits, stationnement pour autobus.

A Certifié: 2007

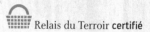

Ferme Découverte **certifiée**

Famille Alary
317, route 158
Sainte-Sophie J5J 2V1
Tél. 450 530-2436 / 450 438-2753
Fax 450 438-7446
www.fromagiersdelatableronde.com
fromagerie@fromagiersdelatableronde.com
Aut. 15 nord, sortie 39, rte 158 est dir. Sainte-Sophie, du village, 2 km, à droite.

Sainte-Sophie

Fromagiers de la Table Ronde

Fromagerie fermière. Ferme laitière établie depuis 1922 à Sainte-Sophie. Nous produisons depuis 2003 de délicieux fromages fermiers bio. La ferme est certifiée biologique (champs et troupeau). Fabrication artisanale pour des produits de qualité supérieure procurant à nos fromages un goût distinctif.

Produits: Rassembleu et Fleuron: 2 fromages bleus. Aussi le Fou du Roy, le Ménestrel, le Troubadour et d'autres découvertes du fromager. **Activités sur place:** animation pour groupe scolaire, dégustation, visite commentée français et anglais, observation des activités de transformation.

Visite: gratuite, tarif de groupe. **Paiement:** IT. **Nbr personnes:** 1-50. **Réservation:** requise pour groupe. **Ouvert:** à l'année. Tous les jours. 10h à 17h. **Services:** aire de pique-nique, vente de produits, stationnement pour autobus.

A Certifié: 2007

Relais du Terroir **certifié**

Famille Alary
317, route 158
Sainte-Sophie J5J 2V1
Tél. 450 530-2436 / 450 438-2753
Fax 450 438-7446
www.fromagiersdelatableronde.com
fromagerie@fromagiersdelatableronde.com
Aut. 15 nord, sortie 39, rte 158 est dir. Sainte-Sophie, du village, 2 km, à droite.

Sainte-Sophie

La Petite Paysanne

Relais du Terroir certifié

Boutique du terroir – Ferme fruitière – Vignoble – Producteur d'alcools fins. Ferme artisanale où l'on cultive le cassis et la vigne sur un site enchanteur bordée par la rivière Achigan. Nous vous offrons une visite guidée de nos cultures. À ne pas manquer: la visite de notre boutique de produits fins du terroir. Vous y trouverez des produits régionaux haut de gamme précieusement sélectionnés pour vous. P. 182.

Produits: produits fins agroalimentaires et alcoolisés au cassis: gelée, tartinade, vinaigrette, sirop, mistelle et crème de cassis Douce Volupté **Activités sur place:** autocueillette, dégustation, visite commentée français et anglais.

Visite: adulte: 8\$, enfant: 3\$ **Paiement:** IT MC VS. **Nbr personnes:** 4-55. **Réservation:** requise pour groupe. **Ouvert:** à l'année. Jeu au dim. Horaire variable – téléphoner avant. **Services:** aire de pique-nique, terrasse, vente de produits, salle de réception, réunion, stationnement pour autobus, emballages-cadeaux.

A ✕ **Certifié: 2011**

Denyse Vachon
1100, Achigan Est
Sainte-Sophie J5J 2P9
Tél. 450 431-2522
www.lapetitepaysanne.ca
lapetitepaysanne@sympatico.ca
Rte 158. À Sainte-Sophie, chemin de l'Achigan est, 4 km.

Val-David

Domaine des Merveilles ✲✲✲✲

Gîte du Passant certifié

Pour un séjour détente ou sportif, venez vous ressourcer, loin du stress de la ville. Notre gîte est situé en pleine forêt. Vous y découvrirez le charme et la chaleur du bois. Nous disposons de 3 chambres luxueuses avec salle de bain privée. Vous profiterez aussi de notre spa, du bord de lac et de la piscine intérieure chauffée. P. 182.

Aux alentours: Saint-Sauveur, Montréal, Mont-Tremblant. **Chambres:** baignoire à remous, avec lavabo, foyer, CD, cachet champêtre, luxueuses, vue sur lac. **Lits:** simple, double, queen. **3 ch. S. de bain privée(s) ou partagée(s). Forfaits:** motoneige, romantique, spectacle, traîneaux à chiens.

2 pers: B&B 130-185\$ **1 pers:** B&B 85-100\$. **Enfant (12 ans et -):** B&B 0-20\$. Taxes en sus. **Paiement:** ER.

Réduction: long séjour. **Ouvert:** à l'année.

🐕 ✕ AV spa 🏊 @ Wi-Fi 🚲 **Certifié: 2009**

Christelle Pendino
3914, ch. Doncaster, 2e rang
Val-David J0T 2N0
Tél. 819 322-7613 / 819 323-2339
www.domainedesmerveilles.com
contact@domainedesmerveilles.com
À 45 min. de Montréal et 30 min. de Tremblant. Aut. 15 nord, sortie 76 jusqu'à Val-David.

Val-David

Le Creux du Vent ★★★

Auberge du Passant certifiée

Prix Réalisation 2006 - Hébergement. Notre charmante auberge est située en bordure du parc linéaire Le P'tit Train du Nord, à 2 min de marche du centre du village. La terrasse vous offre une vue imprenable sur la rivière du Nord et vous invite à la détente. L'accueil convivial, le décor chaleureux et notre cuisine créative sauront vous enchanter. Lauréat national Or Tourisme Québec. Certifié Bienvenue cyclistes !md Certifié Table aux Saveurs du Terroirmd

Aux alentours: accès à une plage privée (canot-pédalo) à 1.6km, parc linéaire, parc régional Dufresne (vélo ski de fond, raquettes...) **Chambres:** TV, accès Internet, personnalisées, cachet champêtre, terrasse, vue sur rivière. **Lits:** simple, queen, d'appoint. **8 ch. S. de bain privée(s). Forfaits:** vélo, gastronomie, plein air, romantique, ski de fond.

2 pers: B&B 95-145\$ PAM 150-200\$ **1 pers:** B&B 75-85\$ PAM 103-113\$. **Enfant (12 ans et -):** B&B 20\$ PAM 35\$. Taxes en sus. **Paiement:** IT MC VS.

Réduction: hors saison, long séjour. **Ouvert:** à l'année.

A ✕ AV @ Wi-Fi 🚲 **Certifié: 2004**

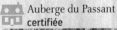

Bernard Zingré et Brigitte Demmerle
1430, rue de l'Académie
Val-David J0T 2N0
Tél. 819 322-2280 / 1 888 522-2280
Fax 819 322-2260
www.lecreuxduvent.com
info@lecreuxduvent.com
1h de Montréal, aut. 15 nord, sortie 76, rte 117 nord dir. Val-David, rue de l'Église à droite, ch. de la Rivière à gauche, coin de l'Académie. KM 42,3 sur le parc linéaire.

Val-David

Le Creux du Vent

C'est dans l'ambiance chaleureuse de notre salle à manger ou sur notre magnifique terrasse ensoleillée que vous pourrez déguster une fine cuisine inspirée des produits du terroir. Table d'argent des Laurentides 2009. Forfaits d'hébergement originaux et salle de réception disponibles.

Spécialités: cuisine du marché et du terroir, poisson, gibier, viande, volaille de qualité servis avec des accompagnements frais et originaux.

Repas offerts: midi, soir. **Menus:** table d'hôte, gastronomique. **Nbr personnes:** 1-70. **Réservation:** recommandée, requise pour groupe.

Table d'hôte: 28-43$/pers. Taxes en sus. **Paiement:** IT MC VS. **Ouvert:** à l'année. Horaire variable.

A AV @ **Wi Fi** ⚒ **Certifié: 2007**

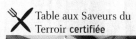

Table aux Saveurs du Terroir **certifiée**

Bernard Zingré et Brigitte Demmerle
1430, rue de l'Académie
Val-David J0T 2N0
Tél. 819 322-2280 / 1 888 522-2280
Fax 819 322-2260
www.lecreuxduvent.com
info@lecreuxduvent.com

1h de Montréal, aut. 15 nord, sortie 76, rte 117 nord dir. Val-David, rue de l'Église à droite, ch. de la Rivière à gauche, coin de l'Académie. KM 42,3 sur le parc linéaire.

Autres établissements

Huberdeau

📷 **Du Coq à l'Âne des Laurentides,** 269, chemin de la Rouge, Huberdeau, J0T1G0. Tél.: 819 687-9314
ducoqalane@hotmail.com - www.ducoqalanedeslaurentides.com
Ferme d'élevage. Services offerts: activités, vente de produits.

Kiamika

📷 **Érablière Lachaîne,** 75, chemin De la Lièvre (Kiamika), Kiamika, J0W 1G0. Tél.: 819 623-3537, 1 877 503-9059
Fax: 819 597-4582
www.erablierelachaine.com
Érablière. Services offerts: activités, vente de produits, restauration.

La Conception

📷 **Jardin Cérès fleuriste-producteur en champ,** 2334, chemin Des Glaieuls, La Conception, J0T 1M0. Tél.: 819 686-1134
martine@jardinceres.com - www.terroiretsaveurs.com/jardin-ceres-fleuriste-producteur-en-champ
Ferme florale - Horticulture ornementale. Services offerts: activités, vente de produits.

Lachute

📷 **Érablière du Sanglier,** 8405, chemin Saint-Jérusalem, Lachute, J8H 2C5. Tél.: 514 731-0808
nkerbrat@sympatico.ca - www.terroiretsaveurs.com/erabliere-du-sanglier
Érablière - Ferme d'élevage. Services offerts: activités, vente de produits.

Montcalm

📷 **Ferme Morgan,** 90, chemin Morgan, Montcalm, J0T 2V0. Tél.: 819 687-2434 Fax: 819 687-9926
john@fermemorgan.com - www.terroiretsaveurs.com/ferme-morgan
Ferme d'élevage. Services offerts: activités, vente de produits.

Oka

📷 **Labonté de la pomme - Verger & Miellerie (Labonté de l'abeille),** 405, rang de l'Annonciation, Oka, J0N 1E0.
Tél.: 450 479-1111
info@labontedelapomme.ca - www.terroiretsaveurs.com/labonte-de-la-pomme-verger-miellerie-labonte-de-l-abeille
Ferme fruitière - Miellerie - Verger. Services offerts: activités, vente de produits.

Oka

📷 **Verger Coeur de Pomme,** 19, rang Sainte-Sophie, Oka, J0N 1E0. Tél./Fax: 450 479-1932
info@coeurdepomme.ca - www.coeurdepomme.ca
Verger. Services offerts: activités, vente de produits.

Saint-André-d'Argenteuil

📷 **Aux Cassis d'Argenteuil Inc.,** 210, route des Seigneurs, Saint-André-d'Argenteuil, J0V 1X0. Tél./Fax: 450 562-0897
info@cassisargenteuil.com - www.cassisargenteuil.com
Vignoble. Services offerts: activités, vente de produits.

Saint-Eustache

📷 **Cabane à Sucre Constantin,** 1054, boul. Arthur-Sauvé, Saint-Eustache, J7R 4K3. Tél.: 450 473-2374, 1 800 363-2464
Fax: 450 473-2818
info@constantin.ca - www.constantin.ca
Érablière - Verger. Services offerts: activités, vente de produits, restauration.

Saint-Eustache

📷 **Les Jardins de Marie-Claire,** 813, 25e avenue Nord, Saint-Eustache, J7R 4K3. Tél.: 450 623-2364 Fax: 450 623-8031
jardinsmc@videotron.ca - www.terroiretsaveurs.com/les-jardins-de-marie-claire
Jardin - Serriculture. Services offerts: activités, vente de produits.

Saint-Joseph-du-Lac

📷 **À la Croisée des Pommes inc.,** 90, rue Lacroix, Saint-Joseph-du-Lac, J0N 1M0. Tél.: 450 623-8621, 514 434-8621
Fax: 450 623-4627
alacroiseedespommes@videotron.ca - www.alacroiseedespommes.com
Verger. Services offerts: activités, vente de produits.

Saint-Joseph-du-Lac

📷 **Festin de Campagne et Cidrerie du Petit Saint-Joseph,** 1944, Du Domaine, Saint-Joseph-du-Lac, J0N 1M0.
Tél.: 450 623-0687 Fax: 450 623-8515
www.terroiretsaveurs.com/festin-de-campagne-et-cidrerie-du-petit-saint-joseph
Cidrerie - Érablière - Verger. Services offerts: activités, vente de produits, restauration.

Saint-Joseph-du-Lac

📷 **Les Fromages du Verger,** 430, de la Pommeraie, Saint-Joseph-du-Lac, J0N 1M0. Tél.: 450 974-4424
info@lesfromagesduverger.com - www.lesfromagesduverger.com
Ferme d'élevage - Ferme laitière - Fromagerie fermière - Verger. Services offerts: activités, vente de produits.

Saint-Joseph-du-Lac

📷 **Pomiculteur du Bûcheron,** 494, chemin Principal, Saint-Joseph-du-Lac, J0N 1M0. Tél.: 450 623-4860, 450 974-0716
Fax: 450 974-0716
julie_gaudette@hotmail.com - www.terroiretsaveurs.com/pomiculteur-du-bucheron
Cidrerie - Ferme d'élevage - Miellerie - Verger. Services offerts: activités, vente de produits.

Saint-Joseph-du-Lac

📷 **Verger cueillette 640,** 41, rue Binette, Saint-Joseph-du-Lac, J0N 1M0. Tél.: 450 623-8635 Fax: 450 623-9478
cueillette640@videotron.ca - www.terroiretsaveurs.com/verger-cueillette-640
Verger. Services offerts: activités, vente de produits.

Saint-Joseph-du-Lac

📷 **Verger des Musiques - Tarterie,** 854 A, chemin Principal, Saint-Joseph-du-Lac, J0N 1M0. Tél.: 450 623-4889
Fax: 450 473-6681
vergerdesmusiques@videotron.ca - www.terroiretsaveurs.com/verger-des-musiques-tarterie
Verger. Services offerts: activités, vente de produits.

Saint-Joseph-du-Lac

📷 **Vergers du Lac,** 182, De la Pommeraie, Saint-Joseph-du-Lac, J0N 1M0. Tél.: 450 623-0495 Fax: 450 623-8349
vergersdulacsenc@sympatico.ca - www.terroiretsaveurs.com/vergers-du-lac
Verger. Services offerts: activités, vente de produits.

Laval

Saveurs régionales

Favorisée par son climat et la qualité de ses sols, la région de Laval compte d'innombrables champs cultivés, notamment de légumes tels le brocoli, le chou et le réputé maïs sucré de l'île. En ce qui a trait aux fruits, la pomme et l'exceptionnel cantaloup (melon) sont ses deux vedettes. On y retrouve aussi de très bons fromages.

L'île comptant un grand nombre de serres horticoles et floricoles, on ne sera pas surpris d'apprendre que les restaurateurs agrémentent leurs plats de jolies touches florales. Côté gastronomie, plusieurs des restaurants de la région sont reconnus parmi les meilleures tables du Québec.

Très présente sur l'île, la serriculture a inspiré plusieurs initiatives agrotouristiques, dont l'agréable événement La Venue des Récoltes. Pour tout savoir sur les producteurs de la région et les produits gourmands, sans oublier le plaisir de cueillir soi-même ses fraises, ses framboises, ses pommes... consultez le site: saveursdelaval.com.

Quoi voir? Quoi faire?

- Le Cosmodôme, centre d'interprétation des sciences spatiales. Idéal pour une sortie familiale (Chomedey).
- Le Musée Armand-Frappier: la bioscience et la biotechnologie, vous n'y connaissez rien? Voilà une formidable ressource de vulgarisation scientifique (Chomedey).
- Le Centre d'interprétation de l'eau (C.I.EAU).
- SkyVenture, simulateur de chute libre intérieur.
- Les vieux quartiers de Sainte-Dorothée, Sainte-Rose et Saint-Vincent-de-Paul pour une charmante promenade.
- Les Chemins de la Nature, un circuit de produits gourmands.
- La Route des Fleurs: un circuit de 11,5 km qui regroupe une trentaine de producteurs de fleurs en serre.
- La Venue des Récoltes: circuit de kiosques fermiers, autocueillette de fraises, de framboises et de pommes.
- La Centrale de la Rivière-des-Prairies, une des plus anciennes installations hydroélectriques (Saint-Vincent-de-Paul).

- Laval vous offre aussi son lot d'évènements. Que ce soit le Mondial Choral Loto-Québec (juin), le Symposium de peinture et de sculpture de Rose-Art (juillet), La Semaine des artisans de Laval (août)..., vous aurez de quoi planifier d'agréables escapades.

Faites le plein de nature

- Le Centre de la nature de Laval, un immense îlot de verdure et l'un des plus beaux parcs urbains de la région métropolitaine: randonnée pédestre, canot ou kayak, ski de fond, patin sur le grand lac... (Saint-Vincent-de-Paul).
- Le parc de la Rivière-des-Mille-Îles, un refuge faunique spectaculaire composé d'îles, de marécages et de berges: excursions en canot, en kayak ou en rabaska. Partez en randonnée muni d'une carte de parcours autoguidé ou profitez du forfait pêche clé-en-main et randonnée en soirée.
- Envie de vélo? Le réseau lavallois vous propose près de 150 km de pistes longeant plusieurs berges, des boisés, tel le Bois Papineau, et des parcs, dont le Centre de la nature et le parc des Prairies. Certains passages

Des fleurs par millions...

Ceinturée par deux magnifiques rivières, la rivière des Prairies et la rivière des Mille Îles, Laval est une île fort originale et étonnante...

Tant le charme de sa campagne et de ses agréables anciens quartiers que le caractère avant-gardiste de ses nombreux attraits confèrent à la région de Laval un petit quelque chose d'unique.

Envie de fleurs, de sciences, d'eau, de vélo ou de calme? Capitale horticole du Québec, Laval est une ville de jardins où l'on produit 35% des fleurs de la province. Prenez-en toute la mesure en parcourant la Route des Fleurs. Mettez aussi à votre agenda le Cosmodôme, le Musée Armand-Frappier, un haut lieu de recherche sur les grandes maladies, le parc de la Rivière-des-Mille-Îles et le Centre de la nature. Vous y découvrirez des petits trésors insoupçonnés et, pour la famille, des activités divertissantes. Pour le magasinage, on retrouve à Laval plusieurs centres commerciaux d'envergure.

Située à deux pas de Montréal et des Laurentides, cette île de 23 km de long, avec ses rivages, ses boisés, ses forêts et ses champs cultivés, se révèle être un agréable pied-à-terre pour les vacanciers et les gens d'affaires.

• permettent un accès à l'île de Montréal, de même qu'il est possible de se diriger vers les Laurentides ou de prendre un traversier en direction de l'île Bizard, un endroit enchanteur pour faire du vélo.

Le saviez-vous?

En raison de son cadre champêtre et de ses beaux cours d'eau comme la rivière des Mille Îles, l'île Jésus fut un centre de villégiature qui attirait chaque été une multitude de plaisanciers. En 1941, Sainte-Rose et ses 2 300 habitants accueillirent 4 000 touristes! Pas étonnant que des villas et des infrastructures de plaisance y furent érigées avec, tout comme aujourd'hui, le souci du confort. Avec l'urbanisation, la villégiature s'est déplacée vers le nord, mais un caractère bucolique est demeuré. Le parc de la Rivière-des-Mille-Îles, l'un des derniers sites naturels, est un endroit exceptionnel où l'on peut s'offrir une bouffée d'air frais.

Clin d'œil sur l'histoire

Laval fut d'abord concédée aux Jésuites en 1636, d'où son nom, l'île Jésus. En l'absence d'un titre de propriété, les Jésuites furent dépossédés de leur île en 1672, au profit du conseiller de Louis XIV, François Berthelot, qui l'échangea contre l'île d'Orléans de Mgr Laval en 1675. Cinq ans plus tard, Mgr Laval céda la majorité de ses terres au Séminaire de Québec, dont il est le fondateur. À la suite du massacre de Lachine de 1689, Laval n'échappe pas à la terreur des Iroquois, ce qui freine son développement. Avant la signature de la paix avec les Iroquois en 1701, on n'y comptait que 13 habitants! En 1965, la fusion de 14 villages fit naître la ville de Laval.

Pour plus d'information sur Laval: 1 877 465-2825
www.tourismelaval.com

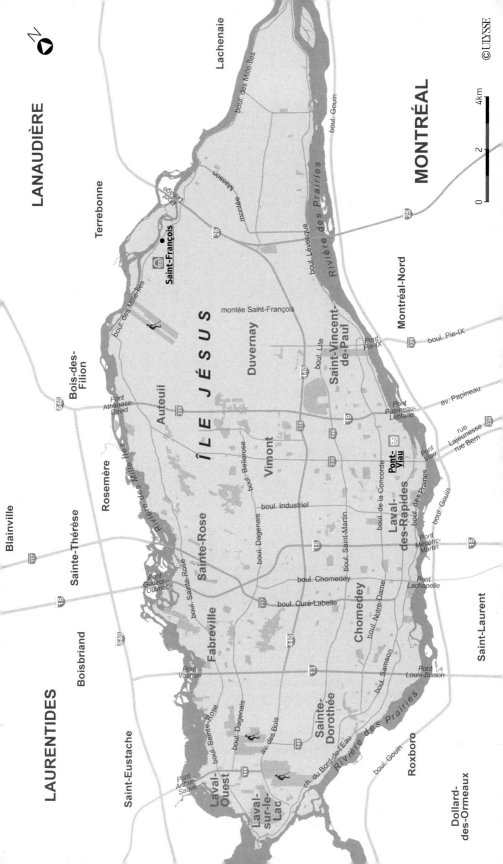

Laval, Pont-Viau

Gîte & Appartements du Marigot ✦✦✦✦

Gîte du Passant **certifié**

Magnifique maison à 7 minutes de la station de métro Cartier de Laval. Située en face du parc Marigot. Faites une randonnée sur le sentier menant à la rivière des Prairies. Vous pourrez profiter de notre coin jardin qui possède un bassin d'eau et une cascade vous invitant à la détente. Déjeuners copieux servis dans une ambiance conviviale.

Aux alentours: piste cyclable, tennis, pétanque, 7 min de marche du métro de Laval (station Cartier), théâtre, Cosmodôme. **Chambres:** climatisées, baignoire sur pattes, TV, accès Internet, meubles antiques, peignoirs. **Lits:** double, queen. **4 ch. S. de bain privée(s) ou partagée(s).**

2 pers: B&B 80-100$ **1 pers:** B&B 65-85$. **Enfant (12 ans et -):** B&B 20$. Taxes en sus. **Paiement:** MC VS. **Ouvert:** à l'année.

A AV @ **Wi Fi** ⚲ **Certifié: 2000**

Chantal Lachapelle
128, boul. Lévesque Est
Laval, Pont-Viau H7G 1C2
Tél. 450 668-0311
Fax 450 668-5624
www.gitedumarigot.com
gitedumarigot@sympatico.ca
Aut. 15 nord, sortie 7, boul. Concorde est, rue Alexandre à droite, boul. Lévesque à droite.

Laval, Pont-Viau

Gîte & Appartements du Marigot ★★★★

Maison de Ville **certifiée**

L'alternative idéale car beaucoup plus économique et chaleureuse qu'un séjour à l'hôtel. Magnifiques appartements dans un secteur tranquille. À 5 min de marche de la station métro Cartier et de la rivière des Prairies. Agréablement meublés. Cuisine entièrement équipée. Laveuse, sécheuse, téléphone local, câble et internet sans fil. Stationnement.

Aux alentours: Montréal, métro Cartier, rivière, Centre de la nature, cinéma, marina, piste cyclable, Cosmodôme, Sky Venture.

Maison(s): climatisées, téléphone, TV, accès Internet, cachet d'antan, cachet champêtre, bois franc. **Lits:** double, divan-lit. **2 maison(s). 1-2 ch. 1-6 pers.**

JR 125-155$. Taxes en sus. **Paiement:** MC VS.

Réduction: long séjour. **Ouvert:** à l'année.

A AV @ **Wi Fi** ⚲ **Certifié: 2012**

Chantal Lachapelle
128, boul. Lévesque Est
Laval, Pont-Viau H7G 1C2
Tél. 450 668-0311
Fax 450 668-5624
www.gitedumarigot.com
gitedumarigot@sympatico.ca
Aut. 15 nord, sortie 7, boul. Concorde est, rue Alexandre à droite, boul. Lévesque à droite.

Laval, Saint-François

Fromagerie du Vieux Saint-François 📷

Relais du Terroir **certifié**

Ferme laitière – Fromagerie fermière. Venez vous ressourcer dans les prés de Laval où le murmure de la rivière des Mille-Îles berce de blanches chèvres Saanen dorlotées et soignées écologiquement. De ces petites laitières, avec amour, nous recueillons un lait pur et frais matin et soir pour permettre la production d'un fromage de très haute qualité et au goût exceptionnel.

Produits: venez nous voir, vous découvrirez une gamme de produits faits de lait de chèvres à 100%. **Activités sur place:** animation pour groupe scolaire, animation pour groupe, visite libre, visite commentée français et anglais.

Visite: adulte: 5-7$, enfant: 3-5$ **Paiement:** IT. **Nbr personnes:** 2-50. **Réservation:** requise. **Ouvert:** à l'année. Mar au dim. 10h à 17h. **Services:** aire de pique-nique, vente de produits, dépliant explicatif ou panneaux français.

A AV **Certifié: 2011**

Suzanne Latour
4740, boul. des Milles-Îles
Laval, Saint-François H7J 1A1
Tél. 450 666-6810
Fax 450 666-8066
www.fromagerieduvieuxstfrancois.com
info@fromagerieduvieuxstfrancois.com
Sortie 20 de l'autoroute 25. Boul. des Mille-Îles à gauche.

Autres établissements

Laval, Auteuil

Ferme D. & M. Sauriol, 3150, boul. des Mille-Îles, Laval, Auteuil, H7J 1C9. Tél.: 450 666-6564 Fax: 450 666-0357
info@dmsauriol.com - www.dmsauriol.com

Ferme fruitière - Ferme maraîchère - Serriculture. Services offerts: activités, vente de produits.

Laval, Sainte-Dorothée

Château Taillefer Lafon, 1500, montée Champagne, Laval, Sainte-Dorothée, H7X 3Z8. Tél.: 450 689-0030, 450 681-6427
Fax: 450 688-6804
groupetaillefer@hotmail.com - www.terroiretsaveurs.com/chateau-taillefer-lafon

Vignoble. Services offerts: activités, vente de produits.

Laval, Sainte-Dorothée

Les Serres Sylvain Cléroux, 1570, rue Principale, Laval, Sainte-Dorothée, H7X 4A8. Tél.: 450 627-2471, 1 800 263-2471
Fax: 450 627-2762
boutique@groupecleroux.com - www.sylvaincleroux.com

Horticulture ornementale. Services offerts: activités, vente de produits.

Mauricie

Saveurs régionales

La Mauricie se fait délicieuse de bien des façons.

- Les produits des fermes maraîchères, où l'on peut cueillir des petits fruits, sont bien reconnus pour leur saveur. D'excellentes fromageries, érablières et fermes d'élevage de bisons, de cerfs rouges et de poulets y sont bien implantées.

- À découvrir: les bières artisanales, dont celles de la réputée microbrasserie Les bières de la Nouvelle-France (Saint-Alexis-des-Monts). Et pour poursuivre dans le pétillant, la rafraîchissante eau minérale de Saint-Justin, la seule eau pétillante du Québec.

- Les Québécois aiment bien les crêpes, mais elles sont rarement faites avec du sarrasin, sauf en Mauricie où c'est la tradition! La culture du sarrasin à Louiseville a même donné naissance à son Festival de la Galette de Sarrasin.

- En hiver, c'est le poulamon (petit poisson des chenaux) que l'on pêche. La chair de ce minuscule poisson est excellente lorsque panée et poêlée au beurre, sans plus de préparation. C'est en 1938 que la pêche aux poulamons débuta, lorsqu'Eugène Mailhot, occupé à couper des blocs de glace sur la rivière, ne put s'empêcher de tendre sa ligne à la vue de ces petits poissons.

Quoi voir? Quoi faire?

- Envie de culture, de poésie, de petits cafés et de restos sympathiques, de musées, de spectacles et de festivals? Visitez le centre-ville de Trois-Rivières.

- Le fascinant Lieu historique national du Canada Les Forges-du-Saint-Maurice (Trois-Rivières).

- Le Musée québécois de culture populaire… à la manière des Québécois (Trois-Rivières).

- Centre d'histoire de l'industrie forestière Boréalis: visite guidée et activités interactives pour tous les âges (Trois-Rivières).

- Pour découvrir la région autrement: Croisières M/S *Jacques-Cartier* et M/V *Le Draveur*.

- Le sanctuaire Notre-Dame-du-Cap, qui attire des milliers de pèlerins (Cap-de-la-Madeleine).

- Shawinigan, jadis industrielle, vous étonnera.

- La Cité de l'énergie, où technologie, exposition et spectacle (Eclyps) vous proposent un voyage fascinant (Shawinigan).

- Un vrai rodéo ? Le populaire Festival Western de Saint-Tite en septembre.

- Sainte-Anne-de-la-Pérade: pêche aux petits poissons des chenaux, de la fin décembre à la mi-février.

- Des microbrasseries pour tous les goûts: Les Bières de la Nouvelle-France (Saint-Alexis-des-Monts), Le Trou du Diable (Shawinigan) et À la Fût (Saint-Tite).

Faites le plein de nature

- Le lac Saint-Pierre (Réserve de la biosphère de l'UNESCO): 40% des milieux humides du Saint-Laurent et la plus importante héronnière d'Amérique du Nord.

- Canot, randonnée et ski de fond au parc national du Canada de la Mauricie. Pour les raquetteurs aguerris, le sentier des Deux Criques.

- La réserve faunique du Saint-Maurice, un espace naturel inoubliable avec la plage du lac Normand, l'une des plus belles au Québec (Rivière-Mattawin).

- La réserve faunique Mastigouche, pour la nature sauvage (Saint-Alexis-des-Monts).

Plein air et nature à perte de vue...

La Mauricie est une destination de prédilection pour les amateurs de plein air. On y compte quelque 17 500 lacs, et la nature occupe 85% de son territoire!

De quoi y revenir chaque fois que l'appel de la nature se fait sentir...

Vélo, randonnée pédestre, canot, pêche, motoneige, ski de fond, raquette, patin, traîneau à chiens: le plein d'énergie en toutes saisons! Les amoureux de l'eau seront aussi choyés: à elle seule, la réserve faunique du Saint-Maurice compte 150 lacs cristallins reliés entre eux et nichés au cœur de la forêt.

Si la nature est riche en Mauricie, son histoire l'est tout autant. Pionniers, coureurs des bois et bûcherons ont en effet su tirer profit des belles forêts et de la rivière Saint-Maurice qui servait au transport du bois («drave»). L'exploitation forestière et ses dérivés y jouent toujours un rôle important.

Située à presque égale distance entre Montréal et Québec, la Mauricie reliait ses villes importantes par le chemin du Roy (route 138). Parsemé de témoignages patrimoniaux, ce chemin ancien vous transportera à l'époque des calèches et des diligences. Tout au long de son parcours, vous apercevrez d'un côté le fleuve et de l'autre de sympathiques petits villages ruraux à visiter: Louiseville, Yamachiche, Champlain, Batiscan, Sainte-Anne-de-la-Pérade...

- Baignade, canot, randonnée, via ferrata, parcours dans les arbres et tyroliennes au parc de la rivière Batiscan (Saint-Narcisse).
- Parmi les plus hautes chutes du Québec, celles du parc des Chutes de la petite rivière Bostonnais (La Tuque).
- Randonnée au parc des Chutes de Saint-Ursule, une oasis de paix.
- Divers circuits pour le vélo qui longent le fleuve et traversent la nature et les plus belles villes de la région.

Le saviez-vous?

Ce n'est qu'en 1994 que cessa le transport du bois sur la rivière Saint-Maurice, à la suite des pressions des groupes écologiques et des plaisanciers. La «drave», si spectaculaire fût-elle pour acheminer le bois vers les usines de transformation avoisinantes, laissait des tonnes et des tonnes d'écorce dans le fond de la rivière. La «drave» ayant nui au frayage et libéré des substances nocives, une vaste opération de nettoyage des rives fut entreprise. Pas étonnant, puisqu'on estime qu'un milliard et demi de mètres cubes de bois ont voyagé sur cette rivière entre 1909 et 1983. Une chaîne de bois d'une longueur équivalente à 19 fois la distance entre la Terre et la Lune!

Clin d'œil sur l'histoire

Le chemin du Roy, première route carrossable construite au début du XVIIIe siècle, était entretenu par tous les habitants des seigneuries qu'il traversait. Même le seigneur était tenu de participer aux travaux, mais on le devine bien, il pouvait payer quelqu'un pour le remplacer... Ces travaux communautaires obligatoires étaient la «corvée» de l'époque. En hiver, le chemin devait aussi être ouvert et son tracé, signalé. Des épinettes plantées dans la neige servaient de repères lors des tempêtes où champs et chemin se confondaient.

Pour plus d'information sur la Mauricie: 1 800 567-7603
www.tourismemauricie.org/blogue.tourismemauricie.org

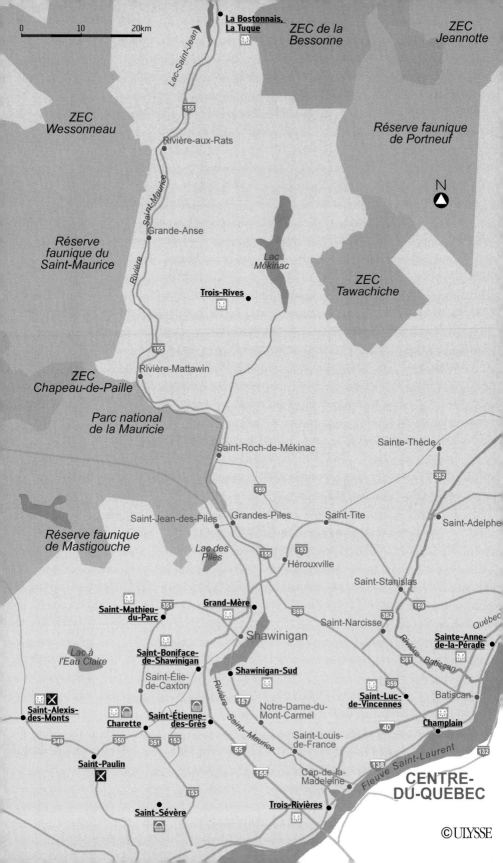

Champlain

Le Murmure des Eaux Cachées ✽✽✽✽

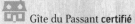

Situé à Champlain avec une vue spectaculaire sur le Saint-Laurent, le charme attachant de ce site n'a d'égal que celui d'une région pour les amoureux de la nature. Accueil chaleureux, cadre superbe, bonne nourriture, repos au jardin ou au salon. Ambiance agréable et confortable. Piscine couverte de mai à octobre. Bienvenue à tous!

Aux alentours: planétarium, chutes, parcs, fermes, golf, vélo, atelier d'art, pêche, cabane à sucre, ski, théâtre, croisière. **Chambres:** climatisées, cachet champêtre, peignoirs, terrasse, vue sur fleuve, vue splendide. **Lits:** simple, double, queen, divan-lit, pour bébé. 3 ch. S. de bain privée(s) ou partagée(s). **Forfaits:** vélo, famille, gastronomie, printemps, automne, hiver, divers.

2 pers: B&B 85-105$ **1 pers:** B&B 70-80$. **Enfant (12 ans et -):** B&B 20$. Taxes en sus.

Réduction: hors saison, long séjour. **Ouvert:** à l'année.

A ✕ AV 🛶 @ Wi-Fi 🚴 **Certifié: 2008**

Rina Vallières
528, rue Notre-Dame
Champlain G0X 1C0
Tél. / Fax 819 295-3931
www.giteetaubergedupassant.com/
lemurmuredeseauxcachees
meby47@hotmail.com
Aut. 40, sortie 220 dir. sud, rte 138 ouest, 2,5 km.

Charette

Au Pays de la Cerise 📷

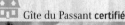

Verger. La cerisaie vous attend dans une ambiance champêtre, avec un centre d'interprétation de la cerise, un bistro aux saveurs du terroir et une boutique remplie de découvertes insoupçonnées. Autocueillette vers la fin juillet selon les bons vouloirs de Dame Nature!

Produits: une vaste gamme de produits transformés de la cerise sont offerts en boutique, de même que divers produits du terroir régional. **Activités sur place:** animation pour groupe, autocueillette, dégustation, visite libre, audio-visuel français, visite commentée français.

Visite: adulte: 13$, enfant: 8$ tarif de groupe, autres tarifs. **Paiement:** IT MC VS. **Nbr personnes:** 1-100. **Réservation:** requise pour groupe. **Ouvert:** à l'année. Tous les jours. 11h à 16h. Horaire variable. **Services:** terrasse, bar-restaurant, centre d'interprétation / musée, vente de produits, salle de réception, réunion, emballages-cadeaux.

🐎 ✕ AV **Certifié: 2010**

Gilles Beaulieu
473, 1er Rang
Charette G0X 1E0
Tél. 819 221-5333
Fax 819 221-3155
www.letempsdescerises.ca
info@letempsdescerises.ca
Aut. 40 dir. Yamachiche, rte 153 dir. Saint-Barnabé. À Saint-Barnabé, tout droit, 1er Rang dir. Charette.

Charette

La Voisine ✽✽✽✽

Belle demeure québécoise, nichée sur un domaine champêtre facile d'accès, aménagée avec goût et harmonie. Site paisible, pavillon de jardin, sentier privé menant à la rivière du Loup, idéal pour la randonnée pédestre ou la raquette selon les saisons. Ambiance décontractée, confort et intimité assurés, et ce, tout au long de l'année.

Aux alentours: cerisaie Le Temps des Cerises, Domaine & Vins Gélinas, St-Élie-de-Caxton, Auberge Le Baluchon, lac Castor. **Chambres:** accès Internet, meubles antiques, peignoirs, ventilateur, tranquillité assurée, poutres. **Lits:** simple, queen, pour bébé. 4 ch. S. de bain partagée(s). **Forfaits:** motoneige, traîneaux à chiens.

2 pers: B&B 88$ **1 pers:** B&B 68$. **Enfant (12 ans et -):** B&B 20-30$.

Réduction: long séjour. **Ouvert:** à l'année.

A @ Wi-Fi **Certifié: 2011**

Linda Plouffe
391, Petit Bellechasse Nord
Charette G0X 1E0
Tél. 819 221-3163 / 1 877 221-3163
Fax 819 221-3173
www.terroiretsaveurs.com/la-voisine
lavoisine@sogetel.net
Aut. 40, sortie 166 dir. Louiseville, rte 138 est, à l'église à gauche, rte 349 nord, à St-Paulin, 1er arrêt à droite, rte 350 est, 4 km, rang Petit-Bellechasse nord à gauche.

Grand-Mère

Gîte l'Ancestral ✶✶✶

Retrouvez une page d'histoire de la Mauricie. Une grande galerie vous invite au repos et à la causerie. Un contact unique avec vos hôtes, une maison de charme, très chaleureuse, des chambres confortables et de copieux petits-déjeuners faits de produits maison et régionaux sont au rendez-vous. Un incontournable en Mauricie, en toutes saisons! Certifié Bienvenue cyclistes !^{md}

Aux alentours: parc national de la Mauricie, golf, vélo, randonnée pédestre, hydravion, ski, raquette. **Chambres:** baignoire sur pattes, foyer, personnalisées, cachet ancestral, peignoirs, vue sur rivière. **Lits:** simple, double, divan-lit, pour bébé. **5 ch. S. de bain privée(s) ou partagée(s).**

2 pers: B&B 80-95$ 1 pers: B&B 70-85$. Enfant (12 ans et -): B&B 20$. Taxes en sus.

Réduction: hors saison, long séjour. **Ouvert:** à l'année.

AV @**W͞i͞Fi** **Certifié: 2002**

 Gîte du Passant **certifié**

Claudette Tremblay
70, 3e Avenue
Grand-Mère G9T 2T3
Tél. 819 533-6573
www.gitelancestral.com
gitelancestral@gmail.com
Montréal: 40 E, 55 N, sortie 223, 5e av, 3 km, 1re rue, 2e av à gauche, tour du parc, 3e av à gauche.
Québec: 40 O, sortie 220, 359 N, 153 S, pont, 3e av à gauche.

Grand-Mère

Le Manoir du Rocher de Grand-Mère ✶✶✶✶✶

Venez profiter de cette magnifique maison construite en 1916 et entièrement rénovée pour votre confort. Située à 5 mètres du fameux «Rocher de Grand-Mère», nous sommes à proximité de tous les services. Savourez notre délicieux petit-déjeuner gastronomique et profitez du spectacle panoramique qu'offre notre grande terrasse au 2e étage.

Aux alentours: avis aux amoureux du golf, des sports de plein air et de bonne bouffe, un séjour qui vous comblera. **Chambres:** climatisées, baignoire à remous, TV, DVD, insonorisées, romantiques, luxueuses, spacieuses. **Lits:** queen, king. **3 ch. S. de bain privée(s). Forfaits:** charme, vélo, gastronomie, golf, détente & santé, romantique, ski de fond.

2 pers: B&B 139-159$ 1 pers: B&B 119-139$. Taxes en sus.

Réduction: long séjour. **Ouvert:** à l'année.

A AV @ **Certifié: 2010**

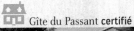 Gîte du Passant **certifié**

Johanne Boulé
85, 6e Avenue
Grand-Mère G9T 2G4
Tél. 819 538-8877
www.giteetaubergedupassant.com/manoirdurocher
lemanoirdurocher@hotmail.com
Aut. 40, aut. 55 N, 30 km, sortie 223 Centre-Ville. À l'arrêt, 5e av. à gauche, 3 km. Au clignotant jaune, prendre la fourche à gauche, 6e av. à gauche, 200 m à gauche.

La Tuque, La Bostonnais

Gîte Domaine le Bostonnais ✶✶✶✶

Magnifique domaine en bois rond, situé à 12 km de La Tuque, sur 10 hectares arborés au bord de la rivière Bostonnais. Votre chambre vous attend dans un chalet en bois rond individuel aménagé avec goût et tout le confort actuel. Une table d'hôte est proposée au gré des saisons. Nature, authenticité, votre «cabane au Canada» sera vous ressourcer.

Aux alentours: kayak, pêche, Route des Rivières, sentier pédestre et raquettes. **Chambres:** foyer, TV, accès Internet, murs en bois rond, entrée privée, chambre familiale, vue sur lac. **Lits:** simple, double, queen, pour bébé. **4 ch. S. de bain privée(s). Forfaits:** charme, famille, restauration, traîneaux à chiens.

2 pers: B&B 111-120$ PAM 177-190$ 1 pers: B&B 90-117$ PAM 133-150$. Enfant (12 ans et -): B&B 22$ PAM 34-55$. Taxes en sus. **Ouvert:** à l'année.

✗ AV spa @**W͞i͞Fi** **Certifié: 2010**

 Auberge du Passant **certifiée**

Axelle Semo et Philippe Ravanet
2000, route 155 Nord (km 137,5)
La Bostonnais, La Tuque G9X 0A7
Tél. / Fax 819 523-5127
www.giteetaubergedupassant.com/
gitedomainelebostonnais
domainelebostonnais@hotmail.com
Route 155 nord. À La Tuque, route 155 nord vers La Bostonnais, au km 137.5, à droite.

Saint-Alexis-des-Monts

Le Gîte de la St-Lawrence ✦✦✦

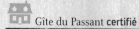
Gîte du Passant **certifié**

Laissez-vous séduire par le charme de notre gîte qui gît au creux d'arbres centenaires. Construite en 1940, cette maison d'architecture anglaise typique de la Nouvelle-Angleterre, a appartenu à la compagnie St-Lawrence Paper Mills. On vous offre: salle de bain avec baignoire thérapeutique, salle de séjour avec foyer, piscine creusée et véranda. Certifié Bienvenue cyclistes !ᵐᵈ P. 209.

Aux alentours: réserve Mastigouche, sentier pédestre, pêche, excursion en canot, chute, zoo, motoneige, ski. **Chambres:** baignoire à remous, balcon, ventilateur, terrasse, vue sur forêt, vue sur jardin. **Lits:** simple, double, queen, d'appoint. **3 ch. S. de bain partagée(s).** **Forfaits:** charme, motoneige, été, hiver, restauration.

2 pers: B&B 75-85$ **1 pers:** B&B 65-75$. **Enfant (12 ans et -):** B&B 0-15$. Taxes en sus. **Paiement:** AM ER MC VS.

Réduction: hors saison, long séjour. **Ouvert:** à l'année.

A AV ⚓ @ **Certifié: 2004**

Charles et Micheline Lemay
91, rue St-Olivier
Saint-Alexis-des-Monts J0K 1V0
Tél. 819 265-3351 / 514 891-8196
Fax 819 265-3315
www.giteetaubergedupassant.com/st-lawrence
lastlawrence@cgocable.ca
Aut. 40 est, sortie 166, rtes 138 est et 349 nord dir. St-Alexis-des-Monts. Aut. 40 ouest, sortie 174, rtes 138 ouest et 349 nord.

Saint-Alexis-des-Monts

Les Bières de la Nouvelle-France

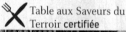
Table aux Saveurs du Terroir **certifiée**

Située à l'entrée du village, la Microbrasserie Nouvelle-France vous ouvre ses portes afin de vous faire revivre l'ambiance qui régnait au temps des tavernes en Nouvelle-France. Des plats traditionnels aux accents simples et rustiques vous feront découvrir les trésors du terroir mauricien. Déj. les week-ends.

Spécialités: truite, moules, grillades, plat typique du Québec et plats sans gluten.

Repas offerts: midi, soir. **Menus:** à la carte, table d'hôte, gastronomique. **Nbr personnes:** 1-100. **Réservation:** recommandée, requise pour groupe.

Table d'hôte: 20-30$/pers. Taxes en sus. **Paiement:** IT MC VS. **Ouvert:** à l'année. Tous les jours.

A ♿ **Certifié: 2008**

Martine Lessard
90, rang Rivière-aux-Écorces
Saint-Alexis-des-Monts J0K 1V0
Tél. 819 265-4000
Fax 819 265-4020
www.lesbieresnouvellefrance.com
bnf@telmilot.net
Aut. 40. À Louiseville, rte 349 nord, direction Saint-Alexis-des-Monts. Rang Rivière-aux-Écorces à gauche.

Saint-Boniface-de-Shawinigan

Domaine de la Baie ✦✦✦✦

Gîte du Passant **certifié**

Vue imprenable sur la rivière St-Maurice. Maison confortable avec spa 4 saisons, piscine et sauna sur place pour agrémenter votre séjour. Situé près du parc de la Mauricie et de la Cité de l'énergie. À mi-chemin entre Montréal et Québec. Canot sur place pour une escapade sur la rivière. Par beau temps, le petit-déjeuner est servi sur la terrasse!

Aux alentours: parc de la Mauricie, Village du bûcheron, observation de l'ours et l'orignal, golf, canot, ski Val-Mauricie, raquettes. **Chambres:** climatisées, baignoire à remous, peignoirs, couettes en duvet, terrasse, suite, vue sur baie. **Lits:** double, queen, d'appoint. **4 ch. S. de bain privée(s).** **Forfaits:** charme, vélo, golf, détente & santé, romantique, spectacle, automne, hiver, divers.

2 pers: B&B 89-149$ **1 pers:** B&B 79-129$. Taxes en sus. **Paiement:** AM MC VS. **Ouvert:** à l'année.

A ◆ spa ⚓ @ **Wi-Fi** **Certifié: 2011**

Esther Drouin et Jean Descôteaux
4200, boul. Trudel Est (rte 153)
Saint-Boniface-de-Shawinigan G0X 2L0
Tél. 819 609-6606 / 819 655-0434
www.terroiretsaveurs.com/domaine-baie
domainedelabaie@hotmail.ca
Aut. 55 nord, sortie 211 à droite, 2 km.

Saint-Étienne-des-Grès

Ferme Éthier les Fruits Soleil 🚲

Boutique du terroir – Ferme fruitière – Ferme maraîchère.
En été, la ferme ouvre ses portes à l'autocueillette de petits fruits:
fraises, bleuets et amélanches. Nous vous offrons en hiver: du
patinage en forêt sur plusieurs kilomètres, un anneau de glace, de la
raquette, de la marche. Toutes les informations sont sur notre site:
www.fermeethier.com

Activités sur place: autocueillette, randonnée pédestre, raquettes, patinage, aire de jeux.

Visite: gratuite. **Nbr personnes:** 1-200. **Réservation:** requise pour groupe. **Ouvert:** à
l'année. Tous les jours. 8h à 17h. Horaire variable – téléphoner avant. **Services:** aire de
pique-nique, vente de produits.

🚲**Certifié: 2011**

Relais du Terroir **certifié**

Sylvain Éthier et Gaétane Beaumier
490, 4e rang
Saint-Étienne-des-Grès G0X 2P0
Tél. 819 376-8062
www.fermeethier.com
sylvain.ethier@cgocable.ca
Aut. 55 nord, sortie 196 vers Saint-Thomas-de-
Caxton. Aut. 55 sud, sortie 202.

Saint-Luc-de-Vincennes

Le Gîte des Soeurs ❋❋❋

Situé au coeur de St-Luc-de-Vincennes, cet ancien presbytère
centenaire, restauré avec soin, vous offre une chaleureuse ambiance
familiale et un point central pour découvrir les multiples activités
offertes dans la MRC des Chenaux et en Mauricie. Nous vous
proposons un choix de petits-déjeuners savoureux et copieux.

Aux alentours: Parc de la rivière Batiscan (randonnée pédestre, parcours aérien), piste
cyclable longeant le St-Laurent, ski de fond. **Chambres:** certaines avec lavabo, accès
Internet, cachet champêtre, spacieuses, chambre familiale. **Lits:** simple, double, queen,
d'appoint, pour bébé. **5 ch. S. de bain privée(s) ou partagée(s). Forfaits:** famille.

2 pers: B&B 80-95$ **1 pers:** B&B 65-80$. **Enfant (12 ans et -):** B&B 0$. **Paiement:** MC
VS.

Réduction: long séjour. **Ouvert:** à l'année.

A ● 🐾 @ **W³Fi Certifié: 2012**

Gîte du Passant **certifié**

Françoise Asselin
3981, rang St-Alexis
Saint-Luc-de-Vincennes G0X 3K0
Tél. 819 295-3514 / 1 888-995-3514
www.terroiretsaveurs.com/le-gite-des-soeurs
gitedessoeurs@yahoo.ca
Aut. 40, sortie 220, direction St-Luc-de-Vincennes,
env. 6 km, tourner à droite au clignotant. Rte 138, rte
359 nord, env. 10 km, tourner à droite au clignotant.

Saint-Mathieu-du-Parc

Gîte, Chambre et Chalets St-Mathieu-du-Parc ❋❋❋

Le Gîte est situé directement dans le village de St-Mathieu-du-Parc, à
seulement 10 km du parc national de la Mauricie et à mi-chemin entre
Montréal et Québec. Vous serez ravis de vous retrouver en pleine
nature. À votre disposition : l'accès à l'Internet sans fil, la télévision et
la cuisine. Le gîte offre calme et repos. Certifié Bienvenue cyclistes !md

Aux alentours: parc national de Mauricie, Vallée du Parc, St-Élie-de-Caxton, Cité de
l'énergie, kayak, montagnes, piste cyclables, etc. **Chambres:** climatisées, foyer, téléphone,
TV, DVD, accès Internet, meubles antiques, peignoirs, tranquillité assurée, bois franc, suite
familiale, vue sur montagne, vue sur forêt. **Lits:** simple, double, queen. **4 ch. S. de bain
partagée(s). Forfaits:** vélo, famille, golf, motoneige, plein air, détente & santé, ski alpin,
ski de fond, régional, été, printemps, automne, hiver, traîneaux à chiens, divers.

2 pers: B&B 50-75$ **1 pers:** B&B 40-50$.

Réduction: long séjour. **Ouvert:** à l'année.

A @ **W³Fi Certifié: 2012**

Gîte du Passant **certifié**

Suzanne Loubert et Melody Drapeau
660, chemin St-Marc
Saint-Mathieu-du-Parc G0X 1N0
Tél. 819 532-1062
Fax 819 370-8366
www.gitechambrechaletstmathieuduparc.com
suzanneloubert@hotmail.fr
Aut. 40, dir. Trois-Rivières. Aut. 55 nord, sortie 217,
route 351 sud, St-Mathieu-du-Parc, 15 km jusqu'au
village. À gauche au clignotant. Chalet à 4 km.

Saint-Paulin

Éco-café Au bout du Monde

L'Éco-café Au bout du Monde s'inspire du mouvement éco-gastronomique qui fait la promotion d'une alimentation de proximité et qui tend à sauvegarder les traditions culinaires. Vitrine de dégustation des produits locaux, l'Éco-café valorise la production biologique et naturelle. Des capsules théâtrales animent le décor spectaculaire de l'Éco-café.

Spécialités: plus 30 producteurs régionaux en vedette. Épicerie fine sur place. Palettes de dégustation de bières régionales. Café équitable.

Repas offerts: midi, soir. **Menus:** à la carte, table d'hôte. **Nbr personnes:** 1-100. **Réservation:** requise pour groupe.

Table d'hôte: 18-26$/pers. Taxes en sus. **Paiement:** AM IT MC VS. **Ouvert:** à l'année. Tous les jours. Horaire variable.

A AV @ Wi Fi **Certifié: 2009**

✗ Table aux Saveurs du Terroir **certifiée**

Louis Lessard et Yves Savard
3550, chemin des Trembles
Saint-Paulin J0K 3G0

Tél. 819 268-2555 / 1 800 789-5968
Fax 819 268-5018
www.baluchon.com
patricia.brouard@baluchon.com

Autoroute 40, sortie 166. À Louiseville, route 349 direction St-Paulin.

Saint-Sévère

Domaine & Vins Gélinas inc. 📷

Vignoble. Domaine & Vins Gélinas vous invite à vivre une expérience agrotouristique exceptionnelle! Laissez-vous charmer par notre paysage viticole unique en Mauricie et venez découvrir nos vins distinctifs issus de notre terroir. Espérant vous rencontrer bientôt!

Produits: vins rouges et blancs, vins de glace ainsi que des produits dérivés tels que vinaigrettes, chocolats et gelées au vin de glace. **Activités sur place:** dégustation, visite libre, visite commentée français et anglais, participation aux vendanges.

Visite: adulte: 5-10$, enfant gratuit. **Paiement:** IT MC VS. **Nbr personnes:** 2-50. **Réservation:** recommandée, requise pour groupe. **Ouvert:** 1 juin - 31 déc. Mer au dim. 10h30 à 18h30. **Fermé:** 1 jan - 31 mai. **Services:** aire de pique-nique, terrasse, vente de produits, salle de réception, réunion, stationnement pour autobus, emballages-cadeaux.

A Certifié: 2011

🧺 Relais du Terroir **certifié**

Frédéric Gélinas & Serge Gélinas
267, rang St-François
Saint-Sévère G0X 3B0

Tél. 819 264-5561
Fax 819 264-5618
www.domainegelinas.com
frederic.gelinas@domainegelinas.com

Aut. 40, sortie 180. Rte 153 nord, direction St-Sévère, 16 km.

Sainte-Anne-de-la-Pérade

Auberge à l'Arrêt du Temps ✶✶✶✶

Coup de Coeur du Public provincial 2007 - Auberge. Maison ancestrale où le temps s'est arrêté. Vous risquez d'être émus par le cachet intérieur. Séjournez dans un musée; meubles et maison de 1702. Jardin français, 2 gazebos. Table gourmande du terroir. Deux fois lauréat régional aux Grands Prix du tourisme québécois 2002-04 pour l'hébergement et en nomination en 2009 pour sa restauration. Certifié Bienvenue cyclistes !md

Aux alentours: piste cyclable, Chemin du Roy, parcs rivière Batiscan et Mauricie, site historique, pêche. **Chambres:** climatisées, foyer, cachet champêtre, peignoirs, oreillers en duvet, spacieuses, originales. **Lits:** simple, double, queen, divan-lit, d'appoint. **4 ch. S. de bain privée(s) ou partagée(s). Forfaits:** charme, vélo, gastronomie, hiver, restauration.

2 pers: B&B 80-110$ **1 pers:** B&B 70-100$. Enfant (12 ans et -): B&B 20$. Taxes en sus. **Paiement:** ER IT MC VS.

Réduction: long séjour. **Ouvert:** à l'année.

✗ AV 🚲 **Certifié: 1999**

🏠 Auberge du Passant **certifiée**

Serge Gervais et René Poitras
965, boul. de Lanaudière, Chemin du Roy
Sainte-Anne-de-la-Pérade G0X 2J0

Tél. / Fax 418 325-3590 Tél. 1 877 325-3590
www.laperade.qc.ca/arretdutemps
arretdutemps@globetrotter.net

Sur le chemin du Roy, rte 138, à 2 h de Montréal, 1 h de Québec. Aut. 40, sortie 236, 2 km à l'est de l'église.

Shawinigan-Sud

Les P'tits Pommiers ❋❋❋

Gîte du Passant **certifié**

Coup de Coeur du Public régional 2004. Le bonheur garanti! Coup de Coeur du Public des Gîtes du Passant deux fois, Grand Prix du tourisme québécois, nous vous traiterons aux p'tits oignons, là où tous vos sens se régaleront. La Cité de l'Énergie, notre grandiose parc national, le St-Élie de Fred Pellerin, moultes activités de plein air, tout et bien plus à la portée de... notre porte.

Aux alentours: Cité de l'énergie, Eclyps, parc national de la Mauricie, observation de l'ours, Arbre en Arbre. **Chambres:** accès Internet, raffinées, cachet particulier, tranquillité assurée, entrée privée. **Lits:** queen, d'appoint. **3 ch. S. de bain partagée(s).**

2 pers: B&B 75$ **1 pers:** B&B 65$. **Enfant (12 ans et -):** B&B 15$. **Paiement:** VS.

Réduction: long séjour. **Ouvert:** à l'année.

 A 🐕 AV ⚓ @ Wi-Fi ⚙ **Certifié: 1998**

Michelle Fortin et Jean-Louis Gagnon
2295, rue Albert-Dufresne
Shawinigan-Sud G9P 4Y6
Tél. 819 537-0158 / 1 877 537-0158
www.giteetaubergedupassant.com/pommiers
pommiers@yahoo.com
Aut. 55 N., sortie 211 dir. Shawinigan-Sud. Après Cité de l'énergie, 1re sortie à dr., boul. du Capitaine, Lacoursière à g., Adrienne-Choquette à dr., Albert-Dufresne à dr.

Trois-Rives

Gîte la Doucetière ❋❋❋

Gîte du Passant **certifié**

Bordé de forêts et montagnes, le gîte est l'endroit de prédilection pour les amants de la nature dans un décor enchanteur. Vous trouverez un point de départ vers les expéditions dans la nature. Votre hôtesse et guide, d'origine algonquine de la nation Unini Métabénutin vous fera découvrir les traditions et culture de son peuple. Table d'hôte.

Aux alentours: parc de la Mauricie, rivière St-Maurice, magnifique lac Mékinac, canoë, kayak, traîneau à chiens, Village du Bûcheron. **Chambres:** couettes et oreillers en duvet, romantiques, vue sur jardin, vue panoramique. **Lits:** double, queen, d'appoint. **2 ch. S. de bain partagée(s). Forfaits:** plein air, ski de fond, été, automne, hiver, traîneaux à chiens.

2 pers: B&B 82$ **1 pers:** B&B 77$. **Enfant (12 ans et -):** B&B 25$. **Ouvert:** à l'année.

⬤ AV **Certifié: 2009**

Pierrette Doucet
317, chemin de la Rivière
Trois-Rives G0X 2C0
Tél. 819 646-5236
www.giteladoucetiere.com
ladoucetiere@globetrotter.net
De Québec, aut. 40 ouest ou de Montréal aut. 40 est. À Trois-Rivières, aut. 55 nord qui devient la rte155. sortie St-Joseph-de-Mékinac, Trois-Rives.

Trois-Rivières

La Maison des Leclerc 📷 ❋❋❋

Gîte du Passant **certifié**

Ombragée par les plus beaux érables du Québec, cette belle maison vous dévoile une histoire vécue par une famille modeste, mais riche en personnalité. Sobre en dehors, mais chaude en dedans. Galerie magnifique, cuisine d'été pour prolonger les déj. Visite de la ferme, promenade sur le sentier qui inspira Félix Leclerc. Accès au fleuve. Certifié Bienvenue cyclistes !md P. 209.

Aux alentours: musées, atelier d'art, croisières, festivals, golf, Route Verte, Sanctuaire parc-jardin, motoneige, raquette ski fond. **Chambres:** climatisées, baignoire sur pattes, DVD, cachet particulier, cachet d'autrefois. **Lits:** simple, double, queen, d'appoint. **4 ch. S. de bain privée(s) ou partagée(s). Forfaits:** spectacle.

2 pers: B&B 80$ **1 pers:** B&B 70$. **Enfant (12 ans et -):** B&B 15$. **Paiement:** MC VS. **Ouvert:** à l'année.

A ⚓ @ Wi-Fi ⚙ **Certifié: 2002**

Georgie et Michel Leclerc
2821, Notre-Dame Est
Trois-Rivières G8V 1Y8
Tél. 819 379-5946 / 1 866 379-5946
Fax 819 379-9840
www.maisondesleclerc.com
maisondesleclerc@videotron.ca
De Montréal, aut. 40, sortie 205 à droite, 1er feu à droite dir. Ste-Madeleine, rte 138 à gauche. De Québec, aut. 40, sortie 220 dir. Champlain, rte 138 à droite, 11 km.

Trois-Rivières

Maison Parc Delormier ✹✹✹✹

 Gîte du Passant **certifié**

Votre hôte Sonia, vous accueille dans la chaleur de sa luxueuse demeure qui séduit par sa luminosité et son ambiance chaleureuse. À coup sûr, le confort incomparable de son gîte vous ravira. Les enfants sont les bienvenus. Gîte non-fumeur. Stationnement intérieur pour vélo et moto. Air climatisé central. Spa. Forfait détente. Un gîte à découvrir. Certifié Bienvenue cyclistes !^{md}

Aux alentours: musée, salle de spectacle, piste cyclable, piste de ski de fond et alpin, bons restaurants. **Chambres:** climatisées, avec lavabo, accès Internet, raffinées, spacieuses, chambre familiale. **Lits:** simple, queen. **2 ch. S. de bain partagée(s). Forfaits:** vélo, famille, théâtre.

2 pers: B&B 92$ **1 pers:** B&B 82$. **Enfant (12 ans et -):** B&B 10$. Taxes en sus. **Paiement:** AM IT MC VS.

Réduction: long séjour. **Ouvert:** à l'année.

A ●spa @ WiFi ☙ **Certifié: 2008**

Sonia Lavergne et Mario Mélançon
225, rue Delormier
Trois-Rivières G9B 1C7
Tél. 819 377-5636 / 819 373-0606
Fax 819 379-7551
www.maisonparcdelormier.com
solaverg@live.ca

De Montréal, aut. 40 est, sortie 187, rte 138 est. De Québec, aut. 40 ouest, aut. 55 sud, rue Notre-Dame ouest, rte 138 ouest.

Autres établissements

Saint-Prosper-de-Champlain

Ferme la Bisonnière, 490, rang Sainte-Élisabeth Nord, Saint-Prosper-de-Champlain, G0X 3A0. Tél.: 418 328-3669 Fax: 418 328-8668
info@bisonniere.com - www.bisonniere.com

Ferme d'élevage. Services offerts: activités, vente de produits, restauration.

Sainte-Anne-de-la-Pérade

Verger Barry, 1433, boul. Lanaudière, Sainte-Anne-de-la-Pérade, G0X 2J0. Tél./Fax: 418 325-2274
www.terroiretsaveurs.com/verger-barry

Verger. Services offerts: activités, vente de produits.

Trois-Rivières

Jardins Dugré de la Pointe-du-Lac, 3861, rang Saint-Charles, Trois-Rivières, G9B 7W7. Tél.: 819 377-3108 Fax: 819 377-4825
information@jardinsdugre.ca - www.terroiretsaveurs.com/jardins-dugre-de-la-pointe-du-lac

Ferme maraîchère. Services offerts: activités, vente de produits.

Montérégie

Saveurs régionales

La Montérégie est la région agricole la plus importante du Québec. On y compte plus de 8 000 fermes. Cidreries, vergers, microbrasseries, hydromelleries, vinaigreries, vignobles, autocueillette de petits fruits, dont le bleuet de Corymbe, chocolateries, érablières, fromageries, élevages de veaux de grain et de lait... bref, on y trouve de tout!

Découvrez-la en parcourant Le circuit du Paysan, la Route Bleue, la populaire Route des cidres, etc. La Montérégie a tout pour vous plaire et séduire vos papilles gustatives.

Quoi voir? Quoi faire?

- Les lieux historiques nationaux du Canada Bataille-de-la-Châteauguay, Canal-de-Saint-Ours, Coteau-du-Lac, Fort-Chambly, Canal-de-Chambly et Fort-Lennox.
- Pointe-du-Buisson, Musée d'archéologie, et la centrale hydroélectrique de Beauharnois (Melocheville).
- Les beaux villages de Saint-Antoine-sur-Richelieu, de Verchères et ceux situés à la frontière américaine. Le plus vieux pont couvert (1861) à Powerscourt.
- Le Blockhaus-de-la-Rivière-Lacolle (Saint-Bernard-de-Lacolle).
- Le Théâtre de la Dame de Cœur et ses spectacles extérieurs de marionnettes géantes, avec sièges pivotants et bretelles chauffantes (Upton).
- Le Jardin Daniel-A.-Séguin (Saint-Hyacinthe).
- Le Musée des beaux-arts de Mont-Saint-Hilaire, la Maison nationale des Patriotes (Saint-Denis-sur-Richelieu), le Centre d'interprétation du patrimoine de Sorel, le Musée du Fort Saint-Jean et Le Labyrinthe (Saint-Jean-sur-Richelieu).
- Pour la famille : l'Électrium d'Hydro-Québec (Sainte-Julie), le Parc Safari (Hemmingford), Chouette à voir! (Saint-Jude) et le Fort Débrouillard (Roxton Falls).

- Découvrez l'île Perrot: l'église de Sainte-Jeanne de Chantal, le parc historique de la Pointe-du-Moulin, etc.

Faites le plein de nature

- L'Escapade - Les sentiers du Mont-Rigaud: ski de fond et randonnée pédestre (25 km).
- Canot à la réserve nationale de faune du Lac-Saint-François (Dundee).
- Parc national des Îles-de-Boucherville: vélo, canot et randonnée pédestre (25 km).
- Parc national du Mont-Saint-Bruno: randonnée pédestre et ski de fond en forêt. Domaine de ski Mont-Saint-Bruno: ski alpin.
- Croisière sur la rivière Richelieu jusqu'à Saint-Paul-de-l'Île-aux-Noix.
- Excursions (croisière, canot, rabaska) dans les îles de Sorel ou dans les marais de l'archipel du lac Saint-Pierre
- Centre de la Nature du Mont-Saint-Hilaire: randonnée pédestre, ski de fond et raquette (24 km de sentiers).
- Neuf pistes cyclables (600 km) dont celle qui longe le fleuve, de Varennes à Sainte-Catherine, pour une vue imprenable sur Montréal.

Riche en histoire et belle à croquer!

La Montégérie : une agréable invitation aux plaisirs du terroir et de l'histoire. Une région de détente et de petits plaisirs vous attend à une enjambée de Montréal.

Invitante à souhait et généreuse de nature comme en témoigne son surnom de «Jardin du Québec», la Montérégie a développé des produits du terroir extraordinaires. Partez à leur découverte sur la Route des cidres et le Circuit du Paysan.

Découvrir la Montérégie, c'est aussi découvrir l'histoire du Québec et du Canada. Vous en apprendrez beaucoup sur le beau rêve de la Nouvelle-France et sa conquête par les Britanniques. Cette région est la troisième en importance au Québec pour sa quantité de sites historiques, musées et centres d'interprétation.

On y retrouve aussi plusieurs beaux endroits méconnus où il fait bon se promener sur l'eau. Du plaisir garanti avec une excursion dans les îles de Sorel ou la réserve nationale de faune du Lac-Saint-François ou encore une croisière sur la rivière Richelieu. Si vous avez envie d'une agréable randonnée, optez pour l'une des «Montérégiennes» (monts Saint-Bruno, Saint-Hilaire, Rougemont, etc.). Pistes cyclables, terrains de golf et théâtres d'été se mettent également de la partie pour agrémenter votre escapade.

Le saviez-vous?

L'archipel du lac Saint-Pierre (Réserve mondiale de la biosphère de l'UNESCO) abrite la plus importante colonie de hérons de la planète! C'est dans la Grande Île, dans le delta de Sorel, que près de 5 000 hérons viennent nicher pendant les trois mois que dure leur rituel de reproduction. Il est rare qu'une héronnière abrite plus de 100 oiseaux, car leurs excréments, fortement acides, détruisent leur habitat. La Grande Île fait exception à cette règle parce que les crues printanières qui lessivent l'île neutralisent l'acidité, préservant du même coup la flore locale. La vue de ce long échassier aux pattes traînantes en envoûtera plus d'un...

Clin d'œil sur l'histoire

La Montérégie a longtemps été un avant-poste qui servait à protéger la colonie contre les Iroquois, les Anglais et les Américains. Le fort Chambly est un témoin fascinant de ce passé. Au Québec, le souvenir de la rébellion des Patriotes (1837-1838) contre les Britanniques reste très vivant. La Maison nationale des Patriotes (Saint-Denis-sur-Richelieu) raconte ce soulèvement qui eut lieu à l'époque où le Canada était encore une colonie de la Couronne d'Angleterre et où les francophones du Bas-Canada n'avaient que quelques bribes de pouvoir.

Pour plus d'information sur la Montérégie: 1 866 469-0069
www.tourisme-monteregie.qc.ca

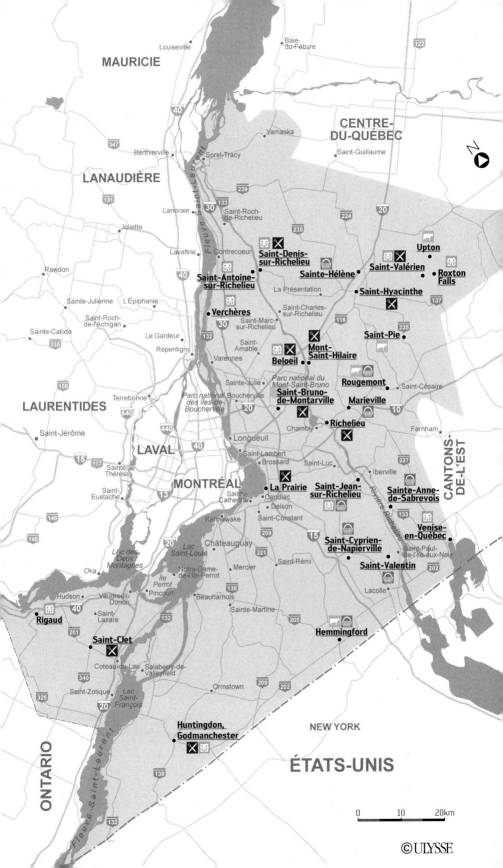

Beloeil

Gîte Beaux Brunelles ❋❋❋

Belle maison ancestrale datant de 1846, offrant une vue spectaculaire sur la rivière Richelieu et le mont St-Hilaire. 1re maison en briques supérieures dans la ville de Beloeil. Grandes pièces, boiseries, entièrement rénovée. Entourée d'arbres matures et d'un jardin fleuri. Au cœur des activités du Vieux-Beloeil avec sa variété de bons restos.

Aux alentours: golfs, piste cyclable, théâtres, restos, canot, sentiers pédestres, mont St-Hilaire. **Chambres:** certaines climatisées, balcon, ensoleillées, raffinées, vue sur montagne, vue sur rivière. **Lits:** simple, double, queen, king, d'appoint. **5 ch. S. de bain privée(s) ou partagée(s). Forfaits:** vélo, croisière, golf, plein air, détente & santé, romantique, théâtre, divers.

2 pers: B&B 85-95$ **1 pers:** B&B 75-80$. **Enfant (12 ans et -):** B&B 15$. Taxes en sus. **Paiement:** MC VS.

Réduction: long séjour. **Ouvert:** à l'année.

A ⛓ AV @Wi-Fi **Certifié: 1996**

Gîte du Passant **certifié**

Alain Forget
1030, rue Richelieu
Beloeil J3G 4R2
Tél. 450 467-4700
Fax 450 467-4539
www.beauxbrunelles.ca
beauxbrunelles@convitech.ca
Aut. 20, sortie 112, Beloeil sur le Richelieu, rue Richelieu à droite, ou rte 116 dir. Beloeil. Gîte voisin de l'église du Vieux-Beloeil.

Beloeil

Hostellerie Rive Gauche

Réputé pour sa fine cuisine gastronomique, notre chef anime vos papilles grâce aux produits sains et savoureux du terroir du Québec. Ses plats préparés avec finesse sauront satisfaire le plus raffiné des palais. Notre salle à manger qui fait face à la rivière Richelieu et le mont Saint-Hilaire, vous plongera dans une ambiance chaleureuse. P. 34.

Spécialités: cuisine classique teintée des saveurs des produits du terroir régionaux: agneau, canard, foie gras, ris de veau, pintade, charcuterie.

Repas offerts: petit-déjeuner, brunch, midi, soir. **Menus:** à la carte, table d'hôte, gastronomique. **Nbr personnes:** 1-300. **Réservation:** recommandée, requise pour groupe.

Table d'hôte: 39-69$/pers. Taxes en sus. **Paiement:** AM IT MC VS. **Ouvert:** à l'année. Tous les jours.

A ♿ AV @Wi-Fi **Certifié: 2011**

Table aux Saveurs du Terroir **certifiée**

David Chantecaille
1810, Richelieu
Beloeil J3G 4S4
Tél. 450 467-4477 / 1 888 608-6565
Fax 450 467-0525
www.hostellerierivegauche.com
info@hostellerierivegauche.com
Aut. 20, sortie 112, boul. Richelieu à droite.

Beloeil

Le Jozéphil

Le restaurant Le Jozéphil, situé au bord de la rivière Richelieu, a pris son envol il y a 20 ans. Sa cuisine française traditionnelle et innovatrice, vous invite à découvrir au fil des saisons les produits régionaux. À votre disposition, 3 espaces: 2 salles à manger (35 et 50 places) et une jolie terrasse à palier sur le bord de la rivière.

Spécialités: fine cuisine française traditionnelle: abats de veau, pintade de Saint-Antoine... Menu aux pommes à l'automne et à l'érable au printemps.

Repas offerts: midi, soir. **Menus:** à la carte, table d'hôte, gastronomique. **Nbr personnes:** 1-80. Min. de pers. exigé varie selon les saisons. **Réservation:** recommandée.

Table d'hôte: 15-35$/pers. Taxes en sus. **Paiement:** AM IT MC VS. **Ouvert:** à l'année. Tous les jours. **Fermé:** 19 fév - 5 mars.

A ♿ **Certifié: 2012**

Table aux Saveurs du Terroir **certifiée**

Philippe Hamelin
969, rue Richelieu
Beloeil J3G 4P8
Tél. 450 446-9751
Fax 450 446-1385
www.jozephil.qc.ca
jozephil@jozephil.qc.ca
Rte 116 est, à Beloeil, rue Bernard Pilon à droite, rue Richelieu à gauche, dir. Vieux-Beloeil. Aut.20 est, sortie 109, rue St-Jean-Baptiste à gauche, rue Richelieu à gauche.

Hemmingford

Cidrerie du Minot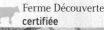

Cidrerie. De la Bretagne au Québec, c'est depuis près de 150 ans que le cidre coule dans la vie et les veines de la famille des Demoy. Une visite de la «cidrerie du grand-père» vous permettra de vous familiariser avec les instruments d'époque servant à l'élaboration du cidre.

Particularités: règles d'or à la Cidrerie du Minot: le cidre est l'expression de sa matière première, la pomme; saveur et passion dans son élaboration. **Activités sur place:** dégustation.

Visite: gratuite, tarif de groupe. **Paiement:** IT MC VS. **Nbr personnes:** 2-30. **Réservation:** requise pour groupe. **Ouvert:** à l'année. Tous les jours. 10h à 17h. Horaire variable – téléphoner avant. **Services:** centre d'interprétation / musée, vente de produits, dépliant explicatif ou panneaux français et anglais, emballages-cadeaux.

A Certifié: 2009

Ferme Découverte certifiée

Robert et Joëlle Demoy
376, chemin Covey Hill
Hemmingford J0L 1H0
Tél. 450 247-3111
Fax 450 247-2684
www.duminot.com
info@duminot.com
À 45 min. de Montréal, aut. 15, sortie 6, rte 202 direction Hemmingford. Au centre du village, rue Frontière à gauche et rue Covey Hill à droite, 1 km.

Hemmingford

Cidrerie du Minot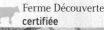

Cidrerie. Profitez d'une petite escapade pour prendre la Route des cidres qui vous mènera à la Cidrerie du Minot. Vous pourrez déguster et comparer la variété des goûts et arômes des cidres du Minot. Voyez comment au 19e siècle on produisait le cidre dans les villages bretons dans la cidrerie du grand-père.

Produits: règles d'or à la Cidrerie du Minot: le cidre est l'expression de sa matière première, la pomme; saveur et passion dans son élaboration. **Activités sur place:** dégustation.

Visite: gratuite, tarif de groupe. **Paiement:** IT MC VS. **Nbr personnes:** 2-30. **Réservation:** requise pour groupe. **Ouvert:** à l'année. Tous les jours. 10h à 17h. Horaire variable – téléphoner avant. **Services:** centre d'interprétation / musée, vente de produits, dépliant explicatif ou panneaux français et anglais, emballages-cadeaux.

A Certifié: 2009

Relais du Terroir **certifié**

Robert et Joëlle Demoy
376, chemin Covey Hill
Hemmingford J0L 1H0
Tél. 450 247-3111
Fax 450 247-2684
www.duminot.com
info@duminot.com
À 45 min. de Montréal, aut. 15, sortie 6, rte 202 direction Hemmingford. Au centre du village, rue Frontière à gauche et rue Covey Hill à droite, 1 km.

Hemmingford

La Face Cachée de la Pomme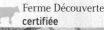

Cidrerie. Prix Réalisation 2005 - Mention spéciale. Depuis sa première récolte, il y a plus de 15 ans déjà, LA FACE CACHÉE DE LA POMME redéfinit l'expérience du cidre de glace. Notre terroir du nouveau monde, élément liant de la culture, des affaires et de l'hospitalité, met en appétit l'imaginaire et exprime notre soif de finesse. C'est aussi le plus fin de notre culture... embouteillé!

Produits: cidres de glace: Neige Première, Neige Première Mousseux, Neige Récolte d'Hiver. Cidre plat (Dégel) et cidre effervescent (Bulle #1). **Activités sur place:** animation pour groupe, dégustation, visite libre, visite autoguidée, visite commentée français et anglais, visite commentée français.

Visite: adulte: 5-45$, enfant gratuit, tarif de groupe. Taxes en sus. **Paiement:** AM IT MC VS. **Nbr personnes:** 10-100. **Réservation:** requise pour groupe. **Ouvert:** 1 mai - 31 jan. Tous les jours. 10h à 17h. Horaire variable. **Fermé:** 25 déc - 3 jan. **Services:** aire de pique-nique, vente de produits, dépliant explicatif ou panneaux français, dépliant explicatif ou panneaux français et anglais, emballages-cadeaux.

A AV Certifié: 2004

Relais du Terroir **certifié**

Stéphanie Beaudoin et François M. Pouliot
617, route 202
Hemmingford J0L 1H0
Tél. 450 247-2899, poste 228
Fax 450 247-2690
www.lafacecachee.com
info@lafacecachee.com
Aut. 15 S., sortie 6. Suivre indications pour le village d'Hemmingford. À 15 min des lignes américaines avec New York (douanes de Lacolle), à 45 min de Montréal.

Huntingdon, Godmanchester

Domaine de la Templerie 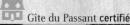 ***

Coup de Coeur du Public provincial 2007 pour notre Table Champêtre. Notre maison ancestrale offre le confort douillet d'un gîte - exclusivement réservé - aux clients de la Table Champêtre. Cette exclusivité des lieux est pour vous offrir la tranquillité et le bien-être après un succulent repas gastronomique. Pour plus d'information sur la Table Champêtre, consultez la section suivante. Certifié Table aux Saveurs du Terroir[md]

Aux alentours: randonnée, cabane à sucre, soccer, volley-ball, pétanque, fer, site archéologique, réserve faunique. **Chambres:** accès Internet, ensoleillées, cachet champêtre, meubles antiques, bois franc. **Lits:** double, queen. **3 ch. S. de bain partagée(s).**

2 pers: B&B 68$ **1 pers:** B&B 55$. Taxes en sus.

Réduction: hors saison, long séjour. **Ouvert:** à l'année.

A ✕ AV ⫰ @ Wi-Fi **Certifié: 1991**

Gîte du Passant **certifié**

Cynthia Yelle et François Guillon
312, chemin New Erin
Huntingdon, Godmanchester J0S 1H0
Tél. / Fax 450 264-9405
www.domainedelatemplerie.com
domainetemplerie@hotmail.fr
Rte 138 ouest dir. Huntingdon. 9 km après le 1er arrêt d'Ormstown, au chemin Seigneurial à droite, 4,7 km, chemin de la Templerie à gauche, 350 m à l'arrêt, New Erin, 1 km.

Huntingdon, Godmanchester

Domaine de la Templerie

Érablière – Ferme d'élevage – Ferme fruitière. Coup de Coeur du Public provincial 2002 et 2007 - Agrotourisme. Au milieu des champs et boisés, notre maison ancestrale construite en 1846 vous attend, ainsi que les propriétaires François, Cynthia et Alexie. Ouverte depuis plus de 20 ans, la fermette familiale grandit, offrant une 2e salle à manger et une boutique avec des produits de la ferme et du terroir. Activités: randonnée, volleyball, fer, pétanque.

Spécialités: la majorité des produits proviennent de notre ferme. En nouveauté, des jours thématiques sont offerts. Voir site Internet.

Repas offerts: petit-déjeuner, brunch, midi, soir. Apportez votre vin. **Menus:** table d'hôte, gastronomique, méchoui, cabane à sucre. **Nbr personnes:** 10-54. Min. de pers. exigé varie selon les saisons. **Réservation:** requise.

Repas: 44-65$/pers. **Ouvert:** à l'année. Tous les jours. Horaire variable – téléphoner avant.

A AV @ Wi-Fi **Certifié: 1991**

Table Champêtre **certifiée**

Cynthia Yelle et François Guillon
312, chemin New Erin
Huntingdon, Godmanchester J0S 1H0
Tél. / Fax 450 264-9405
www.domainedelatemplerie.com
domainetemplerie@hotmail.fr
Rte 138 ouest dir. Huntingdon. 9 km après le 1er arrêt d'Ormstown, au chemin Seigneurial à droite, 4,7 km, chemin de la Templerie à gauche, 350 m à l'arrêt, New Erin, 1 km.

La Prairie

Restaurant Chez Julien

Resto installé dans le Vieux-La-Prairie offrant une jolie terrasse avec vue imprenable sur les maisons de pierres et à l'ombre du clocher de l'église. Nos menus évoluent au gré des saisons et des disponibilités du marché, assurant fraîcheur et qualité. On sert une cuisine française teintée d'une touche d'exotisme et inspirée des produits locaux. P. 34.

Spécialités: filet de boeuf, carré d'agneau, gibiers, poissons et produits du terroir.

Repas offerts: midi, soir. **Menus:** table d'hôte, gastronomique. **Nbr personnes:** 1-60. **Réservation:** recommandée.

Table d'hôte: 15-45$/pers. Taxes en sus. **Paiement:** AM ER IT MC VS. **Ouvert:** à l'année. Lun au sam.

A @ Wi-Fi ⚘ **Certifié: 2011**

Table aux Saveurs du Terroir **certifiée**

Alain Beaulac
130, chemin Saint-Jean
La Prairie J5R 2J8
Tél. 450 659-1678
Fax 450 659-4297
www.restaurantchezjulien.com
info@restaurantchezjulien.com
Aut 10, sortie 8, boul. Taschereau O, 4,4 km, av. Balmoral à droite, rue Notre-Dame à gauche, chemin St-Jean à droite.

Marieville

Boutique-Atelier Élisé François

Relais du Terroir **certifié**

Ferme d'élevage. Connaisseur en foie gras, Élisé François a fait le délice des grandes toques tout comme des amateurs de bonne cuisine depuis plus de 20 ans. Notre savoir-faire nous permet d'offrir une gamme de produits de canard à foie gras de saveur exceptionnelle et des ateliers de cuisine (sur réservation).

Produits: foie gras (entier, escalope, torchon, mousse), magret, magret séché fumé, rillettes, cuisses confites, gésier confit, saucisse. **Activités sur place:** dégustation, audio-visuel français et anglais, cours / ateliers.

Paiement: IT VS. **Ouvert:** à l'année. Mer au sam. 10h à 17h. Horaire variable – téléphoner avant. **Services:** vente de produits, dépliant explicatif ou panneaux français et anglais.

A **Certifié: 2009**

Annette François
114, chemin du Vide
Marieville J3M 1N9
Tél. 450 460-7865
Fax 450 460-0372
www.elisefoiegras.com
info@elisefoiegras.com
Aut. 10, sortie 37. Rte 227 à droite jusqu'au feu de circulation. Rte 112 à droite direction Rougemont. Chemin du Vide à droite.

Marieville

Boutique de la Ferme Miboulay

Relais du Terroir **certifié**

Boutique du terroir – Ferme de grandes cultures – Ferme d'élevage. Notre ferme n'utilise aucune farine animale, ni hormone de croissance, ni agent de conservation. Disponible à la boutique: viande emballée sous vide (veau de grain, pigeonneau, porc, lapin), oeufs, farine artisanale, graines de lin et plats maison. Atelier culinaire et dégustation sur réservation. Ouvert: vend 11-16h, sam 10-16h ou sur appel.

Produits: saucisses maison 100% au veau de grain, rillettes et raviolis farcis au pigeonneau, tourtière et pâté mexicains, confits, farines, etc. **Activités sur place:** visite commentée français, cours / ateliers.

Visite: adulte: 5$, enfant gratuit. Taxes en sus. **Paiement:** IT MC VS. **Nbr personnes:** 5-20. **Réservation:** requise. **Ouvert:** à l'année. Ven au sam. 11h à 16h. **Services:** vente de produits, stationnement pour autobus, remise pour vélo.

Certifié: 2011

Louise-Anne Michaud
253, chemin du Pin-Rouge
Marieville J3M 1N9
Tél. 450 460-2307
Fax 450 460-7960
www.miboulay.com
info@miboulay.com
Aut 10, sortie 37. Rte 227 à droite jusqu'au feu de circulation. Rte 112 à droite direction Rougemont. Chemin du pin rouge à gauche.

Mont-Saint-Hilaire

Manoir Rouville-Campbell

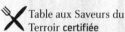 Table aux Saveurs du Terroir **certifiée**

Joyaux architectural de style Tudor, le Manoir Rouville-Campbell est un trésor patrimonial du Québec qui repose majestueusement entre la rivière Richelieu et le mont Saint-Hilaire, lui même, déclaré un patrimoine mondial par l'Unesco. La table du Manoir allie agréablement fine cuisine française et nouvelles tendances culinaires. P. 34, 224.

Spécialités: le manoir vous invite à goûter à la symphonie de foie gras, une des spécialités de l'établissement.

Repas offerts: petit-déjeuner, brunch, midi, soir. **Menus:** à la carte, gastronomique. **Nbr personnes:** 1-64. **Réservation:** requise.

Table d'hôte: 48-68$/pers. Taxes en sus. **Paiement:** AM IT MC VS. **Ouvert:** à l'année. Tous les jours.

A **Certifié: 2010**

Christine Imbeau
125, chemin des Patriotes Sud
Mont-Saint-Hilaire J3H 3G5
Tél. 450 446-6060 / 1 866 250-6060
Fax 450 446-4878
www.manoirrouvillecampbell.com
cimbeau@manoirrouvillecampbell.com
Aut 20 est, sortie 113. À l'arrêt, rue Brunet à droite. Chemin des Patriotes à gauche.

Richelieu

Restaurant au Pied de la Chute

✕ Table aux Saveurs du Terroir **certifiée**

Charmant restaurant de style champêtre à l'intérieur d'une maison ancestrale remplie d'histoire. Situé sur un site enchanteur face à la chute à Richelieu. Vous y découvrirez une fine cuisine d'inspiration où les produits du terroir sont à l'honneur. Le concept unique de cuisson sur pierre volcanique est à découvrir! P. 34.

Spécialités: fine cuisine d'inspiration. Produits du terroir à l'honneur. Découvrez les viandes et les gibiers cuits sur une pierre volcanique.

Repas offerts: brunch, midi, soir. **Menus:** à la carte, table d'hôte, gastronomique.
Nbr personnes: 1-110. **Réservation:** recommandée, requise pour groupe.

Table d'hôte: 12-36$/pers. Taxes en sus. **Paiement:** AM IT MC VS. **Ouvert:** à l'année. Mar au dim.

A AV @Wi-Fi ♿ **Certifié: 2011**

Martin Cloutier
486, 1re rue
Richelieu J3L 3W2
Tél. 450 658-4446
www.restaurantaupieddelachute.com
stonengrill@videotron.ca
De Montréal, pont Champlain, aut. 10, sortie aut. 35 direction Chambly, chemin Périgny, route 112 à droite, 1re rue, rue Richelieu à gauche.

Rigaud

Gîte Touristique Le Point de Vue ✿✿✿✿

Gîte du Passant **certifié**

Coup de Coeur du Public régional 2009 et 2010. Profitez d'une vue panoramique au sommet du mont Rigaud où l'accueil et le confort sont à l'honneur, sans oublier la gastronomie du matin en plusieurs services. Pour la détente: nos jardins, spa extérieur et massothérapie. Tout cela au coeur d'un sanctuaire d'oiseaux et ravage de chevreuils. Nous vous attendons! Certifié Bienvenue cyclistes !md

Aux alentours: golf, ski Mont-Rigaud, sentier escapade, équitation, Arbraska, vélo, pêche, spa. **Chambres:** baignoire à remous, foyer, accès Internet, balcon, peignoirs, suite, vue panoramique. **Lits:** queen. **5 ch. S. de bain privée(s).** **Forfaits:** charme, gastronomie, golf, plein air, détente & santé, romantique, ski de fond.

2 pers: B&B 90-199$ **1 pers:** B&B 85-194$. **Enfant (12 ans et -):** B&B 35$. Taxes en sus. **Paiement:** IT MC VS.

Réduction: hors saison, long séjour. **Ouvert:** à l'année.

A AV spa @Wi-Fi **Certifié: 2004**

Jules Marion et Mario Ménard
135, rue Bourget
Rigaud J0P 1P0
Tél. / Fax 450 451-0244 Tél. 514 927-6468
www.lepointdevue.net
gite@lepointdevue.net
Aut. 40, sortie 12 Rigaud, St-Jean Baptiste ouest à gauche, 1er feu St-Viateur à gauche, au bout Bourget à gauche, 2 km au sommet.

Rougemont

Cidrerie Michel Jodoin Inc. 📷

Relais du Terroir **certifié**

Cidrerie. La Cidrerie Michel Jodoin connaît une solide réputation bâtie depuis 1988 par Michel Jodoin, maître cidriculteur, qui élabore des cidres de qualité dans un établissement remarquable. Sise au pied du mont Rougemont, la cidrerie accueille toute l'année des milliers de touristes désireux de découvrir le cidre québécois.

Produits: cidres rosés, mousseux méthode champenoise, spiritueux exclusifs (brandy, eau-de-vie, liqueur), cidres de glace. **Activités sur place:** dégustation, visite commentée français et anglais, randonnée pédestre.

Visite: gratuite, tarif de groupe. **Paiement:** IT MC VS. **Nbr personnes:** 1-50. **Réservation:** requise pour groupe. **Ouvert:** à l'année. Tous les jours. 10h à 16h. **Services:** aire de pique-nique, vente de produits.

A Certifié: 2005

Michel Jodoin
1130, rang Petite Caroline
Rougemont J0L 1M0
Tél. 1 888 469-2676 / 450 469-2676
Fax 450 469-1286
www.micheljodoin.ca
info@micheljodoin.ca
Aut. 10, sortie 29, rte 133 à dr., rte 112 à dr., dir. Vergers de Rougemont. À Rougemont, 2e rue à g. Aut. 20, sortie 115 à g., rte 229 sud, dir. des vergers, 1er arrêt à g.

Rougemont

Domaine De Lavoie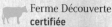

Cidrerie – Vignoble. Entreprise viticole reconnue pour la qualité de ses produits 100% québécois. La beauté des lieux et l'accueil chaleureux qui est réservé à nos invités en font un site merveilleux pour les sens et la découverte. Dégustation des produits (vins et cidres), explications de la viticulture. Située sur le versant sud de la montagne de Rougemont.

Particularités: vin blanc, vin rouge et vin de poires, vin mousseux, vin fortifié, vin de glace, cidre, cidre de glace, cidre mousseux, cidre fortifié. **Activités sur place:** dégustation, visite commentée français et anglais, participation aux vendanges.

Visite: adulte: 12$. **Paiement:** IT MC VS. **Nbr personnes:** 15-25. **Réservation:** recommandée. **Ouvert:** à l'année. Tous les jours. 10h à 17h. Horaire variable – téléphoner avant. **Services:** aire de pique-nique, terrasse, vente de produits, salle de réception, réunion, stationnement pour autobus, emballages-cadeaux.

A **AV Certifié: 2009**

Ferme Découverte **certifiée**

Francis Lavoie
100, de la Montagne
Rougemont J0L 1M0
Tél. 450 469-3894
Fax 450 469-5497
www.de-lavoie.com
info@de-lavoie.com
Aut. 10 est, sortie 29, rte 133 nord, rte 112 est. À Rougemont, chemin de Marieville à gauche. Aut. 20, sortie 115, rte 229 jusqu'à Rougemont.

Rougemont

Domaine De Lavoie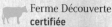

Cidrerie – Vignoble. Entreprise viticole reconnue pour la qualité de ses produits 100% québécois. La beauté des lieux et l'accueil chaleureux qui est réservé à nos invités en font un site merveilleux pour les sens et la découverte. Dégustation des produits (vins et cidres), explications de la viticulture. Située sur le versant sud de la montagne de Rougemont.

Produits: 2 vins blancs, 2 vins rouges, 1 vin rosé, 1 vin fortifié, 1 vin de poires, 1 cidre traditionnel et 1 cidre de glace. **Activités sur place:** dégustation, visite commentée français et anglais.

Visite: adulte: 10-12$. **Paiement:** IT MC VS. **Nbr personnes:** 10-25. **Réservation:** recommandée. **Ouvert:** à l'année. Tous les jours. 10h à 17h. Horaire variable – téléphoner avant. **Services:** aire de pique-nique, terrasse, vente de produits, salle de réception, réunion, stationnement pour autobus, emballages-cadeaux.

A **AV Certifié: 2009**

Relais du Terroir **certifié**

Francis Lavoie
100, de la Montagne
Rougemont J0L 1M0
Tél. 450 469-3894
Fax 450 469-5497
www.de-lavoie.com
info@de-lavoie.com
Aut. 10 est, sortie 29, rte 133 nord, rte 112 est. À Rougemont, chemin de Marieville à gauche. Aut. 20, sortie 115, rte 229 jusqu'à Rougemont.

Rougemont

La Pommeraie d'Or

Verger. Nous sommes un verger d'autocueillette offrant à sa clientèle un site merveilleux où les activités ne manquent pas! Visitez notre labyrinthe de maïs, faite une promenade dans le parc, amusez vous dans nos structures de jeux, caressez les animaux de la fermette, dégustez nos mets préparés sur place. Une journée bien remplie vous attend!

Activités sur place: autocueillette, mini-ferme.

Visite: adulte: 0-18$, enfant: 0-11$ tarif de groupe, autres tarifs. Taxes en sus. **Paiement:** IT VS. **Nbr personnes:** 1-300. **Réservation:** requise pour groupe. **Ouvert:** 26 juin - 31 oct. Tous les jours. 9h à 18h. Horaire variable. **Services:** aire de pique-nique, vente de produits, stationnement pour autobus.

Certifié: 2011

Ferme Découverte **certifiée**

Francis Hugues Lavoie
173, chemin de Marieville
Rougemont J0L 1M0
Tél. 450 469-2345 / 450 469-3894
Fax 450 469-5497
www.pommeraiedor.com
info@de-lavoie.com
Aut. 10 est, sortie 29, rte 133 nord, rte 112 est. À Rougemont, chemin de Marieville à gauche. Aut. 20, sortie 115, rte 229 jusqu'à Rougemont.

Rougemont

La Pommeraie d'Or

Verger. Nous sommes un verger d'autocueillette offrant à sa clientèle un site merveilleux où les activités ne manquent pas! Visitez notre labyrinthe de maïs, faite une promenade dans le parc, amusez vous dans nos structures de jeux, caressez les animaux de la fermette, dégustez nos mets préparés sur place. Une journée bien remplie vous attend!

Activités sur place: animation pour groupe scolaire, animation pour enfant, autocueillette, visite libre, mini-ferme, nourrir les animaux, tour de poney.

Visite: adulte: 0-18$, enfant: 0-11$ tarif de groupe, autres tarifs. Taxes en sus. **Paiement:** IT VS. **Nbr personnes:** 1-300. **Réservation:** requise pour groupe. **Ouvert:** 26 juin - 31 oct. Tous les jours. 9h à 18h. Horaire variable. **Services:** aire de pique-nique, terrasse, vente de produits, stationnement pour autobus.

✕ **Certifié: 2011**

Relais du Terroir **certifié**

Francis Hugues Lavoie
173, chemin de Marieville
Rougemont J0L 1M0
Tél. 450 469-2345 / 450 469-3894
Fax 450 469-5497
www.pommeraiedor.com
info@de-lavoie.com
Aut. 10 est, sortie 29, rte 133 nord, rte 112 est. À Rougemont, chemin de Marieville à gauche. Aut. 20, sortie 115, rte 229 jusqu'à Rougemont.

Roxton Falls

Aux Portes du Médiéval ✦✦✦

La campagne dans toute sa splendeur. Laissez-vous séduire par la décoration médiévale des chambres, de la salle à manger où un copieux petit-déjeuner et une table d'hôte d'une grande variété de menus vous attendent ainsi que l'aménagement extérieur qui vous mèneront dans des sentiers thématiques. Pour compléter le tout, massothérapie et spa. Certifié Bienvenue cyclistes !^{md}

Aux alentours: Les Trouvailles Gourmandes du Canton, Ferme des Rapides, Club de golf d'Acton, 3 pistes cyclables. **Chambres:** climatisées, baignoire à remous, balcon, décoration thématique, peignoirs, ventilateur. **Lits:** queen. **5 ch. S. de bain privée(s) ou partagée(s).** **Forfaits:** charme, vélo, à la ferme, famille, golf, détente & santé, ski de fond, théâtre.

2 pers: B&B 70-79$ PAM 124-164$ **1 pers:** B&B 61-70$ PAM 93-133$. **Enfant (12 ans et -):** B&B 15-25$ PAM 25-40$. **Paiement:** IT VS.

Réduction: long séjour. **Ouvert:** à l'année.

✕ AV spa ⚓ @ 📶 ⛟ **Certifié: 2007**

Gîte du Passant **certifié**

Claire-Marie Laplante
573, route 222
Roxton Falls J0H 1E0
Tél. 450 548-2245
Fax 450 548-2730
www.auxportesdumedieval.com
costumiere@xplornet.com
Aut. 20, sortie 147 dir. Acton Vale, boul. Roxton, Roxton Falls, rte 222, 5 km. Aut. 10, sortie 68 dir. Granby, rte 139. Rte 222, Sherbrooke, Valcourt, 22 km.

Saint-Antoine-sur-Richelieu

La Galerie B&B ✦✦✦✦

Cette maison ancestrale vous charmera par son histoire et son environnement exceptionnel sur le bord du Richelieu. Un séjour dans l'une de nos chambres saura vous ravir et le petit-déjeuner gourmand avec les produits du terroir. Succombez au charme des œuvres de votre hôte Gaëtane Dion présentées dans l'atelier-galerie. Certifié Bienvenue cyclistes !^{md}

Aux alentours: Centre de la Nature du mont-St-Hilaire, clubs de golf (Boucherville, St-Mathieu-de-Beloeil, St-Ours et Sorel-Tracy). **Chambres:** certaines climatisées, accès Internet, cachet ancestral, meubles antiques, peignoirs, terrasse. **Lits:** simple, double, queen, king. **4 ch. S. de bain privée(s) ou partagée(s).** **Forfaits:** vélo, romantique, restauration.

2 pers: B&B 110-135$ **1 pers:** B&B 110-135$. **Enfant (12 ans et -):** B&B 0-20$. **Paiement:** MC VS.

Réduction: long séjour. **Ouvert:** à l'année.

A @ 📶 **Certifié: 2011**

Gîte du Passant **certifié**

Roger Paquette et Gaëtane Dion
1009, du Rivage
Saint-Antoine-sur-Richelieu J0L 1R0
Tél. 450 787-9752
www.galeriebb.ca
galeriebb@videotron.ca
Aut 20, aut 30 est, sortie 158, chemin Montée Pomme d'Or jusqu'à Saint-Antoine-sur-Richelieu. À la rivière Richelieu, chemin du Rivage à droite. (Près de l'église).

Saint-Bruno

Bistro Louis X1V aurait aimé....

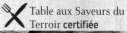

Table aux Saveurs du
Terroir **certifiée**

Avec un menu sur ardoise, régulièrement mis à jour, vous êtes assuré de faire de nouvelles découvertes à chaque visite. Notre chef utilise les aliments de saison et des produits régionaux pour vous concocter des mets originaux et débordants de saveurs. Essayez notre poutine au foie gras, un classique réinventé! Terrasse. Apportez votre vin. P. 35.

Spécialités: cuisine du marché avec influences françaises, italiennes, japonaises, etc. tout en utilisant des produits québécois. Plats créatifs.

Repas offerts: midi, soir. Apportez votre vin. **Menus:** à la carte, table d'hôte, gastronomique. **Nbr personnes:** 1-80. **Réservation:** recommandée, requise pour groupe.

Table d'hôte: 28-50$/pers. Taxes en sus. **Paiement:** IT MC VS. **Ouvert:** à l'année. Lun au sam.

A **AV Certifié: 2011**

Michel Racine
1600, rue Montarville
Saint-Bruno J3V 3T7
Tél. 450 723-1249
Fax 450 723-1259
www.bistrolouis14.com
louis14auraitaime@hotmail.com

Aut. 30, sortie 118, rte 116 est direction Beloeil. Au feu de circulation, rue Seigneurial à gauche, rue Montarville à gauche. Situé près de l'église.

Saint-Clet

Les Délices Champêtres 1808

Table aux Saveurs du
Terroir **certifiée**

Table gourmande située au coeur de la campagne à 45 minutes à l'ouest de Montréal. Nous vous offrons une cuisine raffinée dans un décor chaleureux et convivial d'un bâtiment ancestral. Vivez une expérience gastronomique des plus agréables qui comblera les plus fins palais. Une table à découvrir tout simplement pour le plaisir! P. 35.

Spécialités: carré d'agneau, rôti de cerf, suprême de pintade aux pommes, cuisse de lapin farcie, caille farcie, noisettes de porc à l'érable, etc.

Repas offerts: midi, soir. Apportez votre vin. **Menus:** table d'hôte, gastronomique. **Nbr personnes:** 4-60. Min. de pers. exigé varie selon les saisons. **Réservation:** requise.

Table d'hôte: 42-58$/pers. **Ouvert:** à l'année. Lun au sam. Horaire variable. **Service inclus.** Taxes en sus.

A Certifié: 2008

Diane Tremblay et Michel Lafrance
350, chemin du Ruisseau Nord
Saint-Clet J0P 1S0
Tél. 450 456-3845 / 1 866 456-3845
Fax 450 456-8465
www.deliceschampetres.com
info@deliceschampetres.com

Aut. 20, sortie 17, rte 201 nord, 3,5 km, ch. du Ruisseau nord à gauche, 3 km.

Saint-Cyprien-de-Napierville

Vignoble Morou

Relais du Terroir **certifié**

Vignoble. Fondé en 1987 et situé dans le sud du Québec, notre vignoble jouit d'un microclimat généré par la proximité du lac Champlain. Grâce aux cépages français, allemands et nord-américains que nous avons sélectionnés, nous sommes en mesure de vous offrir des vins blancs, rosés, rouges et vins de glace qui sauront séduire votre palais.

Visite: adulte: 8$, enfant gratuit, tarif de groupe. **Paiement:** IT MC VS. **Nbr personnes:** 2-50. **Réservation:** requise pour groupe. **Ouvert:** à l'année. Tous les jours. 10h à 17h.

A **AV Certifié: 2011**

Yvon Roy et Suzanne Labrèque
238, route 221
Saint-Cyprien-de-Napierville J0J 1L0
Tél. 450 245-7569
Fax 450 245-7550
www.vignoblemorou.com
morou@sympatico.ca

Saint-Denis-sur-Richelieu

Au Domaine Su-Lau ✤✤✤✤

À Saint-Denis-sur-Richelieu, en bordure de la rivière, se trouve le Domaine Su-Lau. Ce merveilleux site champêtre vous offre un séjour paisible et chaleureux dans un décor somptueux qui a gardé tout son charme ancestral. Un choix de trois superbes chambres vous est offert. Le soir venu, savourez notre cuisine aux saveurs régionales. Certifié Table aux Saveurs du Terroir[md]

Aux alentours: la Maison nationale des Patriotes, vignoble Clos-St-Denis, Jardins des Curiosités, fromagerie des Capriotes. **Chambres:** climatisées, foyer, cachet d'antan, cachet d'autrefois, peignoirs, couettes en duvet. **Lits:** queen. **3 ch. S. de bain privée(s) ou partagée(s). Forfaits:** gastronomie.

2 pers: B&B 70-80$ PAM 105-115$ **1 pers:** B&B 60-70$ PAM 95-105$. Taxes en sus. **Ouvert:** à l'année.

🐎 ✗ spa @ **Certifié: 2008**

Gîte du Passant **certifié**

Alain et Danielle Bisaillon
354, chemin des Patriotes (rte 133)
Saint-Denis-sur-Richelieu J0H 1K0
Tél. 450 787-3099 / 514 605-4204
Fax 450 787-3649
www.audomainesulau.com
reservations@audomainesulau.com
Aut. 20 dir. Québec, sortie 113, rte 133 dir.
St-Charles-sur-Richelieu jusqu'à St-Denis, dépasser
le village.

Saint-Denis-sur-Richelieu

Au Domaine Su-Lau

Le Domaine Su-Lau vous propose, dans une ambiance chaleureuse et amicale, une table d'hôte de quatre services et en plus qui s'adapte à vos besoins. Les repas sont servis dans l'une des trois salles à manger. La table d'hôte est offerte du vendredi au dimanche, possibilité d'organiser un brunch le samedi et dimanche.

Spécialités: magret de canard, carré d'agneau, filet de porc à la pomme de glace du Clos St-Denis, lapin aux prunes et porto.

Repas offerts: brunch, soir. Apportez votre vin. **Menus:** gastronomique. **Nbr personnes:** 1-50. Min. de pers. exigé varie selon les saisons. **Réservation:** requise.

Table d'hôte: 35-45$/pers. Taxes en sus. **Ouvert:** à l'année. Lun au dim. Horaire variable – téléphoner avant.

Certifié: 2008

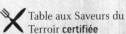 

Table aux Saveurs du Terroir **certifiée**

Alain et Danielle Bisaillon
354, chemin des Patriotes (rte 133)
Saint-Denis-sur-Richelieu J0H 1K0
Tél. 450 787-3099 / 514 605-4204
Fax 450 787-3649
www.audomainesulau.com
reservations@audomainesulau.com
Aut. 20 dir. Québec, sortie 113, rte 133 dir.
St-Charles-sur-Richelieu jusqu'à St-Denis, dépasser
le village.

Saint-Denis-sur-Richelieu

La Belle Aux Berges ✤✤✤✤

Dans le confort d'une ravissante maison de style victorien, La Belle Aux Berges, se distingue par ses trois lucarnes, sa coquette galerie face au parc des Patriotes et sa terrasse donnant sur la rivière Richelieu. Vous ne manquerez pas de céder au charme de cette vieille demeure restaurée avec un souci du détail. Votre propriétaire Albert. Certifié Table aux Saveurs du Terroir[md]

Chambres: climatisées, accès Internet, cachet ancestral, terrasse, vue sur rivière, vue splendide. **Lits:** double, queen. **3 ch. S. de bain partagée(s). Forfaits:** vélo, gastronomie, golf, romantique, ski alpin, spectacle, été, restauration.

2 pers: B&B 95$ **1 pers:** B&B 95$. Taxes en sus. **Ouvert:** à l'année.

A ◆ ✗ AV spa 🔥 @ **Wi-Fi Certifié: 2010**

Gîte du Passant **certifié**

Albert Jeannotte
609, chemin des Patriotes
Saint-Denis-sur-Richelieu J0H 1K0
Tél. 450 787-9748
www.labelleauxberges.com
berges@videotron.ca
Aut. 20, sortie 113 dir. St-Charles/St-Hilaire. Chemin
des Patriotes, à droite, faire environ 25 km. Situé
face au parc dans le centre du village de St-Denis-
sur-Richelieu.

Saint-Denis-sur-Richelieu

La Belle Aux Berges

La Belle Aux Berges se maintient parmi l'élite de la gastronomie montérégienne depuis plusieurs années. De l'entrée au dessert, Albert met tout en œuvre pour partager avec ses hôtes sa passion des produits les plus fins. Sa cuisine célèbre le mariage parfait d'arômes, de textures et de saveurs, et ce, dans une présentation qui ravit l'œil.

Spécialités: avec le chef Albert, La Belle Aux Berges se maintient parmi l'élite de la gastronomie montérégienne depuis plusieurs années.

Repas offerts: brunch, soir. Apportez votre vin. **Menus:** table d'hôte, gastronomique. **Nbr personnes:** 1-70. **Réservation:** requise.

Table d'hôte: 45-60$/pers. Taxes en sus. **Ouvert:** à l'année. Tous les jours. Horaire variable – téléphoner avant.

A ● @WiFi **Certifié: 2010**

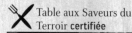

Albert Jeannotte
609, chemin des Patriotes
Saint-Denis-sur-Richelieu J0H 1K0
Tél. 450 787-9748
www.labelleauxberges.com
berges@videotron.ca

Aut. 20, sortie 113 dir. St-Charles/St-Hilaire. Chemin des Patriotes, à droite, faire environ 25 km. Situé face au parc dans le centre du village de St-Denis-sur-Richelieu.

Saint-Hyacinthe

Restaurant L'Espiègle

Vivre l'expérience Espiègle signifie exposer ses papilles gustatives à une cuisine du marché inventive qui favorise l'utilisation des produits québécois, le tout à prix abordable. Situé au cœur du centre-ville, nous vous proposons un décor chaleureux, une ambiance décontractée ainsi qu'une terrasse arrière chauffée loin des bruits de la rue.

Spécialités: cuisine du marché favorisant les produits locaux, porc du Québec, canard et saumon, sandwichs et frites maison.

Repas offerts: midi, soir. **Menus:** à la carte, table d'hôte. **Nbr personnes:** 1-75. Min. de pers. exigé varie selon les saisons. **Réservation:** recommandée, requise pour groupe.

Table d'hôte: 10-30$/pers. Taxes en sus. **Paiement:** AM IT MC VS. **Ouvert:** à l'année. Tous les jours.

A @WiFi **Certifié: 2010**

Richard Marquis
1834, des Cascades Ouest
Saint-Hyacinthe J2S 3J3
Tél. 450 778-1551
Fax 450 778-7040
www.lespiegle.com
info@lespiegle.com

Aut. 20, sortie 130 sud, boul Laframboise à droite, suivre la direction vers le centre-ville, rue Des Cascades à droite.

Saint-Jean-sur-Richelieu

Aux Chants d'Oiseaux 📷 ★★★★

Ferme de grandes cultures. Coup de Cœur du Public régional 2006. Maison canadienne meublée d'antiquités construite dans un environnement enchanteur. Lieu de détente aménagé dans un espace fleuri près d'un bassin d'eau. Visite de la ferme de grandes cultures céréalières: entrepôts à grains, tracteurs, moissonneuse batteuse, équipements oratoires. En été: feux de camp, baignade. Massage reiki sur place. Certifié Bienvenue cyclistes !md

Aux alentours: International de montgolfières, piste cyclable, golf, vignobles, vergers, piste motoneige et quad, massage détente. **Chambres:** climatisées, insonorisées, cachet d'autrefois, cachet champêtre. **Lits:** queen. **2 ch. S. de bain privée(s). Forfaits:** à la ferme, détente & santé.

2 pers: B&B 99-104$ **1 pers:** B&B 94-99$. **Enfant (12 ans et -):** B&B 30$. Taxes en sus.

Réduction: long séjour. **Ouvert:** 1 mai - 31 oct. **Fermé:** 1 nov - 31 avr.

● ⚓ 🚲 **Certifié: 2003**

Lisette Vallée et Claude Berthiaume
310, rue Petit-Bernier
Saint-Jean-sur-Richelieu J3B 6Y8
Tél. 450 346-4118 / 514 770-2270
Fax 450 347-9386
www.giteetaubergedupassant.com/chantsdoiseaux

Aut. 10, sortie 22, aut. 35 dir. St-Jean-sur-Richelieu, sortie Pierre-Caisse tout droit, Grand-Bernier à gauche, des Carrières (rte 219) à droite, Petit Bernier à gauche, 2km.

Saint-Jean-sur-Richelieu

Fromagerie au Gré des Champs

Ferme laitière – Fromagerie fermière. Spécialisée dans la fabrication de fromages au lait cru de vache. À la ferme, il existe une saveur, un arôme, un caractère unique. Tous issus d'une rigueur soutenue dans la qualité de tous les éléments, à partir du champ de plantes fleuries et aromatiques, jusque dans la meule et en passant, bien sûr, par le troupeau de vaches.

Produits: 5 fromages au lait cru certifiés biologiques: le D'Iberville, le Gré des Champs, le Monnoir, le Péningouin, le Pont-Blanc. **Activités sur place:** dégustation, visite libre, audio-visuel français.

Visite: gratuite. **Paiement:** IT MC VS. **Nbr personnes:** 2-20. **Réservation:** requise pour groupe. **Ouvert:** à l'année. Mer au dim. 10h à 17h. **Services:** aire de pique-nique, vente de produits, dépliant explicatif ou panneaux français.

🚲 **Certifié: 2003**

Relais du Terroir **certifié**

Suzanne Dufresne et Daniel Gosselin
400, rang St-Edouard
Saint-Jean-sur-Richelieu J2X 5T9
Tél. 450 346-8732
www.augredeschamps.com
info@augredeschamps.com
Aut. 10, sortie 22, aut. 35 dir. St-Jean-sur-Richelieu, sortie 42, 1er arrêt, av. Conrad-Gosselin à g. 2e arrêt, rang St-Édouard à g. À 30 km de Mtl, 30 min du pont Champlain.

Saint-Pie

Ferme du Coq à l'Âne

Ferme d'élevage. Notre ferme vous transforme en apprenti fermier. Une journée bien garnie de plaisirs, d'interactions et d'apprentissages. Retrouvez les élevages significatifs des fermes du Québec tout en découvrant nos 2 principales productions. «C'est la ferme magique» des enfants. Une expérience à vivre en famille ou en groupe!

Activités sur place: animation pour groupe scolaire, visite autoguidée, balade en charrette, participation aux activités à la ferme, soin des animaux, tour de poney.

Visite: adulte: 9-10$, enfant: 9-10$ tarif de groupe. Taxes en sus. **Nbr personnes:** 15-200. **Réservation:** requise. **Ouvert:** 15 avr - 31 oct. Tous les jours. 10h à 15h. Horaire variable. **Services:** aire de pique-nique, salle de réception, réunion, stationnement pour autobus.

♿ **Certifié: 1996**

Ferme Découverte **certifiée**

Mario Levesque
1984, Haut-de-la-Rivière Sud
Saint-Pie J0H 1W0
Tél. 450 772-6512
Fax 450 772-2491
www.fermecoqalane.com
Aut 20, sortie 123 St-Hyacinthe. Rte 235 S. à g., Emile-Ville à g., Haut-rivière S. à g. Aut. 10, sortie 55 Ange-Gardien, rte 235 N., Emile-Ville à dr., arrêt à g., arrêt à g.

Saint-Valentin

Les Fraises Louis-Hébert

Ferme fruitière – Producteur d'alcools fins. Pionnier de l'autocueillette au Québec depuis plus de 50 ans. Autocueillette de fraises, framboises et bleuets. Centre d'interprétation de la fraise. Vin, mistelle, premier moût, tartes, gelées, confitures et emballages cadeaux. Visite commentée, dégustation, balade en carriole et forfaits. Boutique gourmande ouverte à l'année.

Produits: cueillette de petits fruits et produits dérivés: moût, tartes, confitures, chocolat, etc. Fabrique de boissons artisanales. **Activités sur place:** animation pour groupe scolaire, autocueillette, dégustation, visite libre, visite commentée français et anglais, balade en charrette.

Visite: gratuite, enfant gratuit, tarif de groupe, autres tarifs. Taxes en sus. **Paiement:** IT MC VS. **Nbr personnes:** 4-50. **Réservation:** requise pour groupe. **Ouvert:** à l'année. Tous les jours. 10h à 17h. Horaire variable – téléphoner avant. **Services:** aire de pique-nique, terrasse, centre d'interprétation / musée, vente de produits, stationnement pour autobus, emballages-cadeaux.

AV 🚲 **Certifié: 2007**

Relais du Terroir **certifié**

Robert Hébert et Dominique Larouche Hébert
978, chemin 4e Ligne
Saint-Valentin J0J 2E0
Tél. 450 291-3004
www.lesfraiseslouishebert.com
fraiseslhebert@netc.net
Aut. 15 sud, sortie 21, rte 221 à gauche. Après Napierville, 6 km, 4e Ligne St-Valentin à gauche. Ou rte 223 dir. St-Paul, après l'église, 4e Ligne à droite.

Saint-Valérien

La Rabouillère 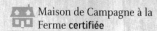 ★★★★

Ferme d'élevage. Maison de campagne de haut niveau décorée avec goût, annexée à la résidence principale de notre ferme. Idéal pour des vacances en famille (2 à 6 pers.). Piscine, terrain de jeux, accès à la ferme en tout temps. Possibilité de repas à notre Table Champêtre. Panier déj. composé de produits de la ferme avec extra. Collection animale sans pareille. Certifié Table Champêtre[md]

Aux alentours: parc de la Yamaska, Zoo de Granby, Théâtre de la Dame de Coeur, Fort Débrouillard, Vergers de la Colline.

Maison(s): climatisées, TV, accès Internet, ensoleillées, raffinées, cachet champêtre, vue sur campagne. **Lits:** queen, divan-lit, d'appoint. **1 maison(s). 2 ch. 1-6 pers. Forfaits:** à la ferme, famille, gastronomie, plein air, théâtre.

SEM 500-800$ **WE** 190-380$ **JR** 105-220$. Taxes en sus. **Paiement:** IT MC VS.

Réduction: hors saison, long séjour. **Ouvert:** à l'année.

A ✕ AV ⚓ @ Wi-Fi **Certifié: 2008**

Maison de Campagne à la Ferme certifiée

Pierre Pilon, Jérémie Pilon, Denise Bellemare et Marie-Claude Bouchard
1073, rang de l'Égypte
Saint-Valérien J0H 2B0
Tél. 450 793-4998
Fax 450 793-2529
www.rabouillere.com
info@rabouillere.com

Aut. 20 E, sortie 141. Aut. 20 O, sortie 143. Suivre la 211 sud (20 km) jusqu'à St-Valérien, le traverser, 3 km, au clignotant jaune à droite.

Saint-Valérien

La Rabouillère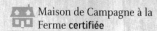

Ferme d'élevage. Grand Prix du tourisme québécois régional en 2003 et en 2004. La cuisine de notre chef Jérémie allie tradition et modernité, en mettant en valeur les produits de notre ferme et de la Montérégie. Une collection animale sans pareille dans un cadre champêtre d'exception. L'endroit idéal pour un mariage, un anniversaire ou une réunion d'affaires.

Spécialités: menus gastronomiques de 5 à 9 services, méchoui. Agneau, lapin, canard, pigeonneau. Rillettes et terrines maison. Fleurs comestibles.

Repas offerts: brunch, midi, soir. Apportez votre vin. **Menus:** table d'hôte, gastronomique, méchoui. **Nbr personnes:** 2-170. **Réservation:** requise.

Repas: 25-70$/pers. Taxes en sus. **Paiement:** IT MC VS. **Ouvert:** à l'année. Tous les jours. Horaire variable – téléphoner avant.

A AV ⚓ @ Wi-Fi **Certifié: 1993**

Table Champêtre certifiée

Pierre Pilon, Jérémie Pilon, Denise Bellemare et Marie-Claude Bouchard
1073, rang de l'Égypte
Saint-Valérien J0H 2B0
Tél. 450 793-4998
Fax 450 793-2529
www.rabouillere.com
info@rabouillere.com

Aut. 20 E, sortie 141. Aut. 20 O, sortie 143. Suivre la 211 sud (20 km) jusqu'à St-Valérien, le traverser, 3 km, au clignotant jaune à droite.

Sainte-Anne-de-Sabrevois

Ferme Reid

Ferme de grandes cultures – Ferme fruitière – Ferme maraîchère. Notre ferme familiale offre une aire de jeux, des tables à pique-nique et une mini-ferme. Autocueillette de fraises, framboises et de citrouilles.

Produits: maïs sucré, fraises, plusieurs variétés de fruits et légumes, tartes maison, pâtés, confitures etc. **Activités sur place:** autocueillette, visite libre, mini-ferme, aire de jeux, nourrir les animaux.

Visite: gratuite. **Paiement:** IT. **Réservation:** recommandée. **Ouvert:** 15 juin - 31 oct. Tous les jours. 8h à 19h. **Services:** aire de pique-nique, vente de produits.

🚲 **Certifié: 2011**

Relais du Terroir certifié

Martin Reid
485, route 133
Sainte-Anne-de-Sabrevois J0J 2G0
Tél. 450 346-6867 / 450 210-2080
Fax 450 346-6776
www.fermereid.com
martinreid@videotron.ca

Aut.10, aut. 35 ou route 133 sud.

Sainte-Hélène

Érablière l'Autre Versan 📷

Érablière. À Ste-Hélène-de-Bagot, près de St-Hyacinthe, niche une petite cabane des plus charmantes. Ouverte en 2001, l'Autre Versan est probablement la plus jeune des cabanes au Québec. À votre visite, vous serez accueillis par des gens exceptionnels et passionnés de vous faire découvrir leur coup de coeur.

Produits: spécialités érable: chocolaterie, pâtisserie, confiserie, boulangerie, gelée, vinaigrette, tartinade. **Activités sur place:** dégustation, visite autoguidée, visite commentée français, randonnée pédestre, observation des activités de transformation.

Visite: enfant gratuit, tarif de groupe. **Paiement:** IT MC VS. **Réservation:** recommandée, requise pour groupe. **Ouvert:** à l'année. Mer au dim. 9h à 17h. **Services:** vente de produits, salle de réception, réunion, stationnement pour autobus, emballages-cadeaux, autres.

🐂 ✕ AV **Certifié: 2002**

Relais du Terroir **certifié**

Hélène Belley et Stéphan Roy
350, 4e Rang
Sainte-Hélène J0H 1M0
Tél. 450 791-2616 / 450 261-6271
Fax 450 791-2282
www.tablesetrelaisduterroir.com/erabliere_autre_versan
versan@sogetel.net

Aut. 20 est, sortie 152, Ste-Hélène. À l'intersection à gauche, 2 km, 4e rang à droite, 3 km. 20 km de St-Hyacinthe, 20 km de Drummondville, 50 km de Montréal.

Upton

Huiles Champy inc (Ferme Champy) 📷

Ferme de grandes cultures. Visite des champs de tournesols en pleine floraison avec interprétation sur la culture et la production d'huile. Visite de l'huilerie en marche pour découvrir comment se presse le tournesol. Circuit touristique permettant de visiter le Magasin Général d'Upton et le Théâtre de la Dame de Coeur. Agrémenté de peintres.

Activités sur place: animation pour groupe, visite libre, visite autoguidée, audio-visuel français, visite commentée français.

Visite: adulte: 4$, enfant gratuit. **Nbr personnes:** 2-100. **Réservation:** recommandée, requise pour groupe. **Ouvert:** 15 juil - 25 août. Tous les jours. 9h à 17h. Horaire variable. **Services:** vente de produits.

Certifié: 2011

Ferme Découverte **certifiée**

Christian Champigny
205, rue Principale
Upton J0H 2E0
Tél. 450 549-4510
Fax 450 549-6032
www.champy.ca
tournesol@champy.ca

Venise-en-Québec

Sous les Ailes de Lyne ✴✴✴✴

«Se distinguer pour des gens qui se distinguent». Sur la rive du lac Champlain, avec des couchers de soleil à vous couper le souffle, venez vous détendre ou vous gâter. Nous vous offrons de copieux petits-déjeuners et mettons à votre disposition: spa, bain tourbillon et vapeur, ainsi que vélos, kayaks, pédalos.

Aux alentours: Route des vins, sentiers d'interprétation de Philipsburg, visite Jardins de Versailles, Fort Lennox, circuit cycliste. **Chambres:** climatisées, avec salle d'eau, DVD, cachet champêtre, vue sur lac. **Lits:** simple, double, queen. **4 ch. S. de bain privée(s) ou partagée(s).** **Forfaits:** vélo, croisière, gastronomie, golf, hiver.

2 pers: B&B 90-125$ **1 pers:** B&B 90-125$. **Enfant (12 ans et -):** B&B 10$. Taxes en sus. **Paiement:** VS.

Réduction: long séjour. **Ouvert:** à l'année.

A 〰 @WiFi **Certifié: 2004**

Gîte du Passant **certifié**

Jacques Landry
321, avenue Pointe-Jameson
Venise-en-Québec J0J 2K0
Tél. 450 244-3014 / 1 866 844-3014
www.lesvillas.net
info@lesvillas.net

Aut. 20, aut. 10 est, aut. 35 sud dir. Iberville, rte 202 sud dir. Venise. Face au lac, à gauche.

Verchères

Gîte de La Madelon ✱✱✱

Situé sur une rue paisible du vieux village et aménagé dans une petite maison ouvrière datant de 1838, le Gîte de La Madelon vous assure un séjour agréable et plein de découvertes à caractère patrimonial. Notre déjeuner gourmet santé vous est servi dans la salle à manger ou sur la galerie donnant vue sur le jardin en été. Bienvenue chez nous! Certifié Bienvenue cyclistes ![md]

Aux alentours: site historique, maisons ancestrales, galeries d'art, antiquités et brocantes, kayak de randonnée, vignoble, croisières. **Chambres:** accès Internet, cachet d'antan, tranquillité assurée, terrasse, vue sur jardin. **Lits:** simple, double, d'appoint. **2 ch. S. de bain partagée(s). Forfaits:** croisière, golf, plein air, régional.

2 pers: B&B 85$ 1 pers: B&B 60$. **Enfant** (12 ans et -): B&B 15$. Taxes en sus. **Paiement:** MC VS.

Réduction: long séjour. **Ouvert:** à l'année.

A AV spa @ ᵂⁱ⁻ᶠⁱ ⚲ **Certifié: 2009**

Gîte du Passant **certifié**

Carole Boisvert
20, Baillargé
Verchères J0L 2R0
Tél. 450 583-5192 / 514 993-7936
Fax 450 717-0543
www.giteetaubergedupassant.com/gitedelamadelon
gitedelamadelon@videotron.ca

Rte 132 est. À Verchères, rue Calixa-Lavallée à droite, rue Baillargé à droite. Aut. 30 est, sortie Verchères. À Verchères, rue Baillargé à gauche.

Autres établissements

Ange-Gardien

Jardin Noir, 521, rang Séraphine, Ange-Gardien, J0E 1E0. Tél./Fax: 450 293-7224
aujardinnoir@hotmail.com - www.terroiretsaveurs.com/jardin-noir
Ferme maraîchère. Services offerts: activités, vente de produits.

Franklin

Verger au Petit Ruisseau, 2278, route 202, Franklin, J0S 1E0. Tél.: 450 827-2413 Fax: 450 827-2178
johanne.deniel@sympatico.ca - www.aupetitruisseau.com
Érablière - Verger. Services offerts: activités, vente de produits, gîte.

Franklin

Verger Blair, 1421, route 202, Franklin, J0S 1E0. Tél.: 450 827-2677, 450 827-2605 Fax: 450 827-2605
info@vergersblair.com - www.vergersblair.com
Érablière - Verger. Services offerts: activités, vente de produits.

Franklin

Vergers Cassidy, 2910, route 202, Franklin, J0S 1E0. Tél.: 450 827-2000
vcassidy@mmic.net - www.vergerscassidy.com
Verger. Services offerts: activités, vente de produits.

Franklin

Vergers Franklin, 2340, route 202, Franklin, J0S 1E0. Tél./Fax: 450 827-2913, 1 866 434-2913
verger@rocler.qc.ca - www.vergersfranklin.com
Érablière - Verger. Services offerts: activités, vente de produits.

Havelock

Cabane à Sucre L'Hermine, 212, Saint-Charles, Havelock, J0S 2C0. Tél.: 450 826-3358, 1 888 537-8273 Fax: 450 826-1006
info@hermine.ca - www.terroiretsaveurs.com/cabane-a-sucre-l-hermine
Érablière. Services offerts: activités, vente de produits, restauration.

Lacolle

Ferme aux Hirondelles, 215, route 221, Lacolle, J0J 1J0. Tél.: 450 246-2688 Fax: 450 246-8770
auxhirondelles@sympatico.ca - www.terroiretsaveurs.com/ferme-aux-hirondelles

Ferme de grandes cultures - Ferme fruitière - Horticulture ornementale - Verger. Services offerts: activités, vente de produits.

Melocheville

Miel Nature Inc., 395, chemin du Canal, Melocheville, J0S 1J0. Tél./Fax: 450 429-5869
mielnature@hotmail.com - www.terroiretsaveurs.com/miel-nature-inc

Miellerie. Services offerts: activités, vente de produits.

Mont-Saint-Hilaire

Verger l'Oiseau Rouge Inc., 912, chemin de la Montagne, Mont-Saint-Hilaire, J3G 4S6. Tél.: 450 467-0260, 514 232-5836
Fax: 450 446-1129
noeldemers@videotron.ca - www.terroiretsaveurs.com/verger-l-oiseau-rouge

Ferme fruitière - Verger. Services offerts: activités, vente de produits.

Rougemont

La Cidrerie du Village, 509, rue Principale, Rougemont, J0L 1M0. Tél.: 450 469-3945, 450 469-2516 Fax: 450 469-2817
lacidrerieduvillage@yahoo.ca - www.lacidrerieduvillage.qc.ca

Cidrerie - Verger. Services offerts: activités, vente de produits.

Rougemont

Les jardins d'Émilie, 1255, rang Double, Rougemont, J0L1M0. Tél.: 450 469-4287
lesjardinsdemilie@videotron.ca - www.terroiretsaveurs.com/les-jardins-d-emilie

Verger. Services offerts: activités, vente de produits.

Rougemont

Pomme Atout, 59, rang de la Montagne, Rougemont, J0L 1M0. Tél.: 450 469-4139 Fax: 450 469-3773
pommeatout@videotron.ca - www.pommeatout.com

Verger. Services offerts: activités, vente de produits.

Rougemont

Verger Danielle Rougemont, 1169, rang la Petite-Caroline, Rougemont, J0L 1M0. Tél.: 514 648-8538, 450 469-2603
Fax: 450 469-2690
mauricetortis@videotron.ca - www.terroiretsaveurs.com/verger-danielle-rougemont

Verger. Services offerts: activités, vente de produits.

Saint-Hyacinthe

Cabane à Sucre Chez Christian, 6070, rang des Érables, Saint-Hyacinthe, J2R 1X3. Tél.: 450 799-5786, 450 779-1191
mclaude229@hotmail.com - www.terroiretsaveurs.com/cabane-a-sucre-chez-christian

Érablière. Services offerts: restauration.

Saint-Hyacinthe

Ruchers Richard Paradis et fils, 14405, avenue Guy, Saint-Hyacinthe, J2R 1V3. Tél.: 450 799-4285 Fax: 450 799-4286
paradis@cogable.ca - www.terroiretsaveurs.com/ruchers-richard-paradis-et-fils

Miellerie. Services offerts: activités, vente de produits.

Saint-Jean-Baptiste

Cabane à Sucre Malouin, 2325, rang du Cordon, Saint-Jean-Baptiste, J0L 2B0. Tél.: 450 464-5557
info@cabaneasucre.net - www.terroiretsaveurs.com/cabane-a-sucre-malouin

Érablière. Services offerts: restauration.

Saint-Jean-sur-Richelieu

Domaine des Petits Fruits-Chocolaterie Ody, 101, 4e rang sud, Saint-Jean-sur-Richelieu, J2X 5V1.
Tél./Fax: 450 358-1853
chocolaterie.domaine@videotron.ca - www.domainepetitsfruits.net

Ferme fruitière. Services offerts: activités, vente de produits, restauration.

Saint-Liboire

Les Serres Beauregard, 135, rang Charlotte, Saint-Liboire, J0H 1R0. Tél.: 450 793-2765, 450 223-9075 Fax: 450 793-2580
beauregard@gsig-net.qc.ca - www.terroiretsaveurs.com/les-serres-beauregard

Horticulture ornementale - Serriculture. Services offerts: activités, vente de produits.

Saint-Marc-sur-Richelieu

La Ferme de Cariphaël, 381, rang des 60, Saint-Marc-sur-Richelieu, J0L 2E0. Tél.: 450 584-2924 Fax: 450 584-2839
info@fermedecariphael.ca - www.fermedecariphael.ca

Ferme d'élevage. Services offerts: activités.

Saint-Paul-d'Abbotsford

Bleuetière de la Montagne, 70, rang de la Montagne, Saint-Paul-d'Abbotsford, J0E 1A0. Tél./Fax: 450 379-5732
pole.belanger@sympatico.ca - www.terroiretsaveurs.com/bleuetiere-de-la-montagne

Ferme fruitière. Services offerts: activités, vente de produits.

Saint-Paul-d'Abbotsford

Pépinière Abbotsford inc., 605, rue Principale Est, Saint-Paul-d'Abbotsford, J0E 1A0. Tél.: (450) 379-5777,
(450) 379-5178 Fax: (450) 379-9129
info@pepinieresabbotsford.com - www.pepiniereabbotsford.com

Horticulture ornementale. Services offerts: activités, vente de produits.

Saint-Paul-d'Abbotsford

Vignoble et Confiturerie les Artisans du Terroir, 1150, rang de la Montagne, Saint-Paul-d'Abbotsford, J0E 1A0.
Tél.: 450 379-5353 Fax: 450 379-2004
artisansduterroir@videotron.ca - www.artisansduterroir.ca

Verger - Vignoble. Services offerts: activités, vente de produits.

Saint-Pie

Ferme Équinoxe, 606, Bas Petit Saint-Francois, Saint-Pie, J0H 1W0. Tél.: 450 772-1130 Fax: 450 793-4360
equinoxe606@hotmail.com - www.terroiretsaveurs.com/ferme-equinoxe

Ferme fruitière - Ferme maraîchère. Services offerts: activités, vente de produits.

Saint-Pie

Le Canard du Village/ Au Coq du Village, 724, rang Double, Saint-Pie, J0H 1W0. Tél.: 450 772-2326
jravenelle@sympatico.ca - www.terroiretsaveurs.com/le-canard-du-village-au-coq-du-village

Ferme d'élevage. Services offerts: activités, vente de produits.

Saint-Roch-de-Richelieu

Aux Délices des Saisons, 875, rang du Brûlé, Saint-Roch-de-Richelieu, J0L 2M0. Tél.: 450 587-2465
buffetmichel@videotron.ca - www.buffetmichel.com

Érablière - Ferme d'élevage. Services offerts: activités, vente de produits, restauration.

Salaberry-de-Valleyfield

Ferme Hubert Sauvé, 140, rang du Milieu, Salaberry-de-Valleyfield, J6S 0E7. Tél.: 450 373-2979 Fax: 450 371-6599
www.terroiretsaveurs.com/ferme-hubert-sauve

Ferme fruitière - Verger. Services offerts: activités, vente de produits.

Upton

Boeuf Pur Délice, 356, rang du Carré, Upton, J0H 2E0. Tél.: 450 549-5497 Fax: 450 549-5603
info@boeufpurdelice.com - www.boeufpurdelice.com

Ferme d'élevage. Services offerts: activités, vente de produits.

Montréal (région)

© François Rivard

Saveurs régionales

Montréal fait partie du prestigieux réseau des Villes gourmandes du monde, confirmant ainsi son titre de métropole où il fait bon vivre et bien manger. La gastronomie de Montréal réunit toutes les saveurs du Québec. À la variété des mets, issus de spécialités culinaires de quelque 80 ethnies, s'allient la richesse des produits du terroir et la créativité sans borne des chefs d'ici.

Certains lieux de restauration sont incontournables pour leur cachet typiquement montréalais. C'est le boulevard Saint-Laurent qui a vu naître le célèbre smoked meat de Montréal dont la réputation a traversé nos frontières.

Quoi voir? Quoi faire?

- L'île de Montréal, c'est une multitude de choses à faire et à voir. Voici quelques suggestions:
- Centre-ville: le Musée des beaux-arts, le Musée d'art contemporain et le Musée McCord d'histoire canadienne.
- Parc Jean-Drapeau: La Ronde, le Casino, la Biosphère, musée d'environnement.
- Pôle des Rapides: le Lieu historique national du Canada du Canal-de-Lachine et le Musée de Lachine.
- Mont Royal: l'Oratoire Saint-Joseph, le parc du Mont-Royal et son belvédère, le cimetière Notre-Dame-des-Neiges: partez à la recherche de la pierre tombale d'Émile Nelligan, grand poète québécois.
- Quais du Vieux-Port: vélo, patin à roues alignées, patinoire extérieure (réfrigérée), cinéma IMAX, excursions nautiques, Centre des sciences.
- Vieux-Montréal: la basilique Notre-Dame, le Marché Bonsecours, Pointe-à-Callière, Musée d'archéologie et d'histoire de Montréal, et le Lieu historique national du Canada de Sir-George-Étienne-Cartier.
- Hochelaga-Maisonneuve: le Jardin botanique, le Biodôme, l'Insectarium de Montréal et le Stade.
- Pour les amateurs de sport: le Canadien (hockey), la Formule 1, les Alouettes (football), l'Impact (soccer), la Coupe Rogers (tennis), etc.

Faites le plein de nature

- Le parc du Mont-Royal et ses belvédères qui surplombent la ville. Promenades à pied, patinoire, glissades, etc.
- Parcs-nature: Pointe-aux-Prairies (promenade dans la nature), Île-de-la-Visitation (pour les amateurs d'histoire).
- Le parc Jean-Drapeau (îles Sainte-Hélène et Notre-Dame), mosaïque d'eau et de verdure, jardins, vélo, plage, etc.
- L'Arboretum Morgan, à quelques minutes du centre-ville: un vaste réseau de sentiers.
- Parcs-nature dans l'ouest de l'île: Cap-Saint-Jacques (plage), Anse-à-l'Orme (voile), Bois-de-l'Île-Bizard (marche et ski de fond) et Bois-de-Liesse (vélo et marche).
- Le parc La Fontaine, un merveilleux parc urbain. Pédalo en été et patinoire en hiver.
- Envie de vélo? Montréal compte 500 km de pistes que l'on peut découvrir grâce à Bixi, le système de vélo libre-service.
- Le Jardin botanique: 75 hectares où s'épanouissent 22 000 variétés de végétaux sous diverses thématiques.

Un riche bouillon de cultures!

Aux quatre coins de l'île de Montréal, vous trouverez des trésors captivants d'histoire et de culture, une pléiade d'attraits et d'activités ayant pour toile de fond une vie de quartier festive et gourmande. Montréal fait partie de ces grandes villes uniques où il fait bon vivre. Perméable aux influences françaises et américaines, principal foyer de la culture québécoise et terre d'accueil de peuples provenant de tous les horizons, Montréal est un formidable carrefour culturel de réputation internationale. Résolument ouverte sur le monde et moderne, elle est surtout d'une originalité attachante.

Son centre-ville, ses quartiers latin, chinois et de la Petite-Italie, son Village gai, son Plateau Mont-Royal et l'agréable Vieux-Montréal au cachet européen sont autant de secteurs qu'il faut explorer. Vous découvrirez une grande métropole à l'architecture de style français et anglais côtoyant les tout premiers gratte-ciel du Canada... Portez votre regard sur ses beaux escaliers, ses corniches et ses balcons... et, surtout, osez contourner ses rues pour pénétrer dans ses ruelles: les véritables témoins de la joie de vivre des Montréalais. Vous vous y éclaterez le jour comme la nuit, sans oublier tous ses festivals, dont le Festival Montréal en lumière où la gastronomie est à l'honneur. Et le magasinage? Un nombre incroyable de boutiques et de commerces sont accessibles par un réseau piétonnier intérieur de 33 km sous le centre-ville!

Enfin, si vous avez besoin d'une bouffée d'air frais et de relaxation, vous pourrez être surpris d'apprendre que l'île compte plus 700 parcs et espaces verts! Bref, au gré de vos envies, vous pourrez déterminer vos propres circuits. De quoi vous séduire!

Le saviez-vous?

Lorsque Paul Chomedey de Maisonneuve gravit le mont Royal en 1643, se doutait-il qu'il deviendrait un lieu naturel exceptionnel pour les Montréalais en 1876? Le projet d'y créer un parc fut mis de l'avant en réponse aux pressions des résidants des environs qui voyaient leur terrain de jeu favori déboisé par divers exploitants de bois de chauffage. En réponse au scepticisme de certains opposants au projet qui prétendaient que la montagne était inaccessible, le colonel Stevenson fit l'ascension par deux fois du mont Royal avec du matériel d'artillerie et tira de son sommet des coups de canon! Avec éclat, c'est le moins qu'on puisse dire, la preuve fut faite de son accessibilité. Les travaux et les expropriations coûtèrent 1M$, une somme colossale pour l'époque.

Clin d'œil sur l'histoire

Les escaliers extérieurs sont une des particularités de Montréal. Leur conception a tout d'abord été développée dans les quartiers plus cossus de la ville où les maisons étaient disposées en retrait de la rue. La mode était ainsi lancée. Duplex et triplex auront désormais une façade d'escaliers de toutes sortes: en L ou en S, droits, simples ou jumelés. Les escaliers extérieurs sont interdits à partir des années 1940 suite aux pressions des élites de la ville, choquées par ce folklore. Depuis 1994, il est possible de construire des escaliers extérieurs dans les rues où il en existe déjà, et ce, afin de conserver le cachet du quartier.

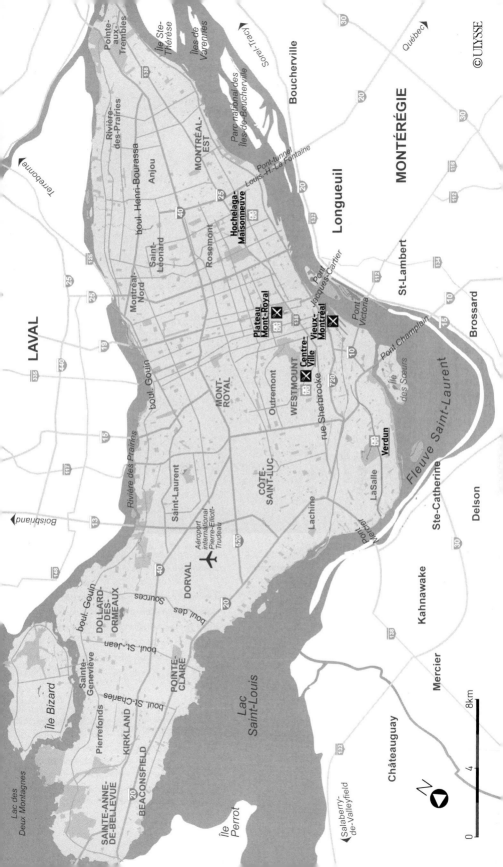

PRIX de
L'EXCELLENCE
2011
Association de l'Agrotourisme
et du Tourisme Gourmand
Coup de Cœur du Public

Montréal, Centre-Ville

Gîte touristique Le Saint-André-des-Arts Inc

Philippe Julien
1654, rue Saint-André
Montréal
H2L 3T6
514 527-7118
www.bnb-montreal.com
info@bnb-montreal.com
P. 28, 242.

L'Association de l'Agrotourisme et du Tourisme Gourmand du Québec* est fière de rendre hommage à Philippe Julien du GÎTE TOURISTIQUE LE SAINT-ANDRÉ-DES-ARTS, qui s'est illustré de façon remarquable par l'expérience exceptionnelle qu'il fait vivre à sa clientèle. C'est dans le cadre des Prix de l'Excellence 2011 que le propriétaire de cet établissement, certifié Gîte du Passant[md] depuis 2004, s'est vu décerner le « Coup de Cœur du Public Provincial » dans le volet : hébergement.

« Par son humour et son sens de l'accueil indéniable, l'hôte de ce gîte en a conquis plusieurs à travers le monde. Moments de partage, d'amitié, de convivialité et de conversations matinales sont au rendez-vous. Soucieux du bien-être de ses invités, grand nombre d'attentions et de détails sont pensés. Et que dire de ses petits-déjeuners ? On les décrit de si délicieux, originaux et fabuleux que leur réputation a même traversé les frontières ! La clientèle se sent bien dans ce gîte. Le confort, les petits-déjeuners mémorables et bien animés, la gentillesse et la simplicité de l'hôte... en font un gîte des plus agréables en plein centre-ville. »

Félicitations !

*L'Association de l'Agrotourisme et du Tourisme Gourmand du Québec est propriétaire des marques de certification : Gîte du Passant[MD], Auberge du Passant[MD], Maison de Campagne ou de Ville, Table aux Saveurs du Terroir[MD], Table Champêtre[MD], Relais du Terroir[MD] et Ferme Découverte.

Montréal, Centre-Ville
À l'Adresse du Centre-Ville ✳✳✳

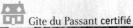
Gîte du Passant certifié

Selon les critiques: «le meilleur gîte au Québec» situé sur une petite rue calme et colorée du centre-ville. Depuis 30 ans, nous offrons toujours le même accueil chaleureux; celui de gens passionnés par leur métier. Profitez de nos conseils. Maison de 1885. Petit-déjeuner raffiné de 3 services. Comptoir à café, thé, salon, terrasse.

Aux alentours: métro/bus station centrale, Vieux-Montréal, quartier latin, Plateau Mont-Royal, festivals jazz/film, magasinage, restos. **Chambres:** climatisées, bureau de travail, TV, accès Internet, cachet d'antan, bois franc, terrasse. **Lits:** simple, double, queen. **5 ch. S. de bain privée(s) ou partagée(s).**

2 pers: B&B 95-165$ 1 pers: B&B 85-145$. Taxes en sus. **Paiement:** MC VS.

Réduction: hors saison, long séjour. **Ouvert:** à l'année.

A AV @ Wi Fi 🚲 **Certifié: 1989**

Nathalie Messier et Robert Groleau
1673, rue Saint-Christophe
Montréal H2L 3W7
Tél. 514 528-9516 / 1 866 528-9516
www.aladresseducentreville.com
info@aladresseducentreville.com
Métro Berri-UQAM, sortie Place Dupuis. De l'aut. 720, sortie Berri, Ontario à dr., St-André à dr., Maisonneuve à dr., St-Christophe à dr. Du terminus, 1 rue à l'est.

Montréal, Centre-Ville
Auberge les Bons Matins B&B ✳✳✳

Gîte du Passant certifié

Bienvenue à l'Auberge les Bons Matins, petit hôtel de charme reconnu pour son décor tout en raffinement et son accueil chaleureux. Sise dans de magnifiques demeures du siècle dernier, notre auberge vous offre ici ce qu'il y a de mieux en termes de confort et de service.

Aux alentours: un bout de rue paisible en plein centre-ville, centre Bell, musées, restos, grands magasins, antiquaires, 50 m du métro. **Chambres:** climatisées, baignoire à remous, foyer, romantiques, mur en pierres, suite, suite luxueuse. **Lits:** queen. **5 ch. S. de bain privée(s). Forfaits:** croisière, gastronomie, romantique, spectacle, théâtre, divers.

2 pers: B&B 119-229$. Taxes en sus. **Paiement:** AM IT MC VS.

Réduction: hors saison. **Ouvert:** à l'année.

A AV @ 🚲 **Certifié: 1993**

Les Frères Côté
1401, av. Argyle
Montréal H3G 1V5
Tél. 514 931-9167 / 1 800 588-5280
Fax 514 931-1621
www.bonsmatins.com
info@bonsmatins.com
Aut. Ville-Marie 720 est sortie Guy. 1er feu René-Lévesque à droite, 2e feu Guy dir. sud à droite, 1re rue av. Argyle à gauche, après Hôtel Days Inn. Métro Lucien-Lallier.

Montréal, Centre-Ville
Gîte Au Coeur Urbain ✳✳✳✳

Gîte du Passant certifié

Nous sommes situés dans le secteur du mont Royal, dans l'arrondissement historique et naturel du Mont-Royal au centre-ville (station de métro Guy-Concordia). Ce gîte de charme, situé sur un îlot, vous accueille dans un cadre exceptionnel! Notre résidence vous offre un hébergement haut de gamme. Nos choix environnementaux vous enchanteront. Certifié Bienvenue cyclistes !^md

Aux alentours: parc du Mont-Royal, Quartier des spectacles, Centre Bell, musées, cinémas, rue Ste-Catherine, restos, métro, hôpital... **Chambres:** climatisées, TV, accès Internet, insonorisées, confort moderne, raffinées, luxueuses, suite. **Lits:** queen. **5 ch. S. de bain privée(s). Forfaits:** vélo.

2 pers: B&B 110-140$ 1 pers: B&B 95-125$. Enfant (12 ans et -): B&B 10-20$. Taxes en sus. **Paiement:** IT MC VS.

Réduction: hors saison, long séjour. **Ouvert:** à l'année.

A @ Wi Fi 🚲 **Certifié: 2011**

Carolle Lévesque et François Tremblay
3766, chemin de la Côte des Neiges
Montréal H3H 1V6
Tél. 514 439-4003 / 1 855 439-4003
www.giteaucoeururbain.com
giteaucoeururbain@gmail.com
Aut. Décarie, sortie chemin Queen Mary, prendre chemin de la Côte-des-Neiges.

Montréal, Centre-Ville

Gîte touristique Le Saint-André-des-Arts Inc ✷✷✷

Coup de Coeur du Public provincial 2011 - Hébergement. Situé près de tous les services du centre-ville et sur une rue résidentielle tranquille. Cinq chambres, dont trois avec salle de bain privée. Grand appartement réservé aux clients avec entrée privée. Air climatisé et internet sans fil. Cuisine, salon, TV, salle de lavage, balcon et terrasse. P. 28, 240.

Aux alentours: Vieux-Montréal, Vieux-Port, Quartier Latin, festivals, parcs, musées, spectacles, cinés, restos... **Chambres:** climatisées, TV, accès Internet, cachet victorien, terrasse, entrée privée. **Lits:** simple, queen. **5 ch. S. de bain privée(s) ou partagée(s).**

2 pers: B&B 85-105$ **1 pers:** B&B 75-90$. **Enfant (12 ans et -):** B&B 15$. Taxes en sus. **Paiement:** MC VS.

Réduction: hors saison, long séjour. **Ouvert:** à l'année.

A @ **WiFi** ⊗ **Certifié: 2004**

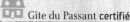

Gîte du Passant **certifié**

Philippe Julien
1654, rue Saint-André
Montréal H2L 3T6
Tél. 514 527-7118
www.bnb-montreal.com
info@bnb-montreal.com
De l'aéroport, le 747 vers terminus Berri (2 min à pied). Auto, 3 rues à l'est de Berri, sens unique vers le sud de Sherbrooke ou Ontario, entre Robin et Maisonneuve

---

Montréal, Centre-Ville

Restaurant Chez Ma Grosse Truie Chérie

Chez nous, tout incite à la convivialité: des tables hautes pour 6 à 10 convives, des plats à partager dans une atmosphère chaleureuse, chic et décontractée, un magnifique décor rétro-futuriste éblouissant fait d'objets recyclés. Superbe terrasse design avec installation artistique monumentale. Vous serez éblouis par notre Belle Truie Chérie. P. 35.

Spécialités: Ici le cochon est roi! Il côtoie l'agneau, le veau, le faisan, le canard, les fruits de mer. Fumaisons artisanales et desserts maison.

Repas offerts: midi, soir. **Menus:** à la carte. **Nbr personnes:** 1-200. Min. de pers. exigé varie selon les saisons. **Réservation:** recommandée, requise pour groupe.

Table d'hôte: 26-36$/pers. Taxes en sus. **Paiement:** AM IT MC VS. **Ouvert:** à l'année. Tous les jours.

A @ **WiFi** ⊗ **Certifié: 2011**

Table aux Saveurs du Terroir **certifiée**

Harold Côté
1801, rue Ontario Est
Montréal H2K 1T5
Tél. 514 522-8784
Fax 514 750-4963
www.chezmagrossetruiecherie.com
chef@chezmagrossetruiecherie.com
À l'angle des rues Papineau et Ontario Est.

Montréal, Hochelaga-Maisonneuve

Le Sieur de Joliette ✷✷✷

Maison des années 20 sur 2 étages, aménagée avec terrasse et jardin. Vous profiterez d'un accueil chaleureux et d'un confort douillet. Petit-déjeuner équilibré pour bien débuter votre journée. À 10 min de marche: Parc olympique, Biodôme, Jardin botanique. À deux pas du gîte prenez le métro et en 10 min vous serez au coeur du Vieux-Montréal.

Aux alentours: galeries d'arts, Plateau Mont-Royal et montagne, musées, Montréal sous-terrain, casino, théâtres, Oratoire Saint-Joseph. **Chambres:** climatisées, baignoire à remous, certaines avec salle d'eau, cachet champêtre. **Lits:** double, queen, d'appoint. **3 ch. S. de bain privée(s).**

2 pers: B&B 115-145$ **1 pers:** B&B 95-125$. **Enfant (12 ans et -):** B&B 0$. Taxes en sus. **Paiement:** MC VS.

Réduction: hors saison, long séjour. **Ouvert:** à l'année.

A AV @ **WiFi** ⊗ **Certifié: 2008**

Gîte du Passant **certifié**

Marc Transon
2617, rue Joliette
Montréal H1W 3H1
Tél. 514 526-0439 / 514 651-5721
www.lesieurdejoliette.com
info@lesieurdejoliette.com
Aut. 20, aut. 720, sortie Notre-Dame Est, rue Frontenac à gauche, rue Hochelaga à droite, rue Joliette à gauche. Métro Joliette sortie Nord.

Montréal, Le Plateau Mont-Royal

Accueil chez François B&B ✤✤✤✤

🏠 Gîte du Passant **certifié**

Au coeur de Montréal, à 10 minutes du centre-ville et du quartier latin, notre belle demeure centenaire est située dans l'arrondissement du Plateau Mont-Royal où restaurants, cafés animés, boutiques de mode, théâtres de tout genre sont au rendez-vous. Venez vous reposer dans une atmosphère colorée où tout a été pensé pour votre confort.

Aux alentours: parc Lafontaine, Parc olympique, île Notre-Dame, Vieux-Montréal, festivals, hôpital Notre-Dame, parc d'amusement. **Chambres:** climatisées, bureau de travail, TV, accès Internet, confort moderne, vue sur jardin. **Lits:** double, queen, d'appoint, pour bébé. 5 ch. **S. de bain privée(s) ou partagée(s).**

2 pers: B&B 120-150$ **1 pers:** B&B 95-125$. Taxes en sus. **Paiement:** AM MC VS.

Réduction: hors saison, long séjour. **Ouvert:** à l'année.

A AV @ ᵂⁱFᵢ ♣ **Certifié: 2008**

François Baillergeau et Isabelle Dozois
4031, rue Papineau
Montréal H2K 4K2
Tél. 514 239-4638
www.chezfrancois.ca
info@chezfrancois.ca
Aut. 40 est, sortie 73, rue Papineau sud, 5 km.
Aut. 40 ouest (de la ville de Québec), sortie avenue Papineau sud, 5 Km.

Montréal, Le Plateau Mont-Royal

Accueil chez François B&B ★★★

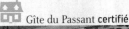

🏠 Maison de Ville **certifiée**

Confort, quiétude, harmonie, splendide vue du parc Lafontaine... tout y est pour vous plaire! Vous aimerez l'ambiance et le décor zen de ce superbe appartement situé dans le très chic quartier du Plateau Mont-Royal.

Aux alentours: parc Lafontaine, Parc olympique, île Notre-Dame, Vieux-Montréal, festivals, hôpital Notre-Dame, parc d'amusement.

Maison(s): climatisées, téléphone, TV, ensoleillées, confort moderne, lumineuses, vue sur jardin. **Lits:** queen, divan-lit, d'appoint. **1 maison(s). 2 ch. 2-6 pers.**

JR 160-280$. Taxes en sus. **Paiement:** AM MC VS.

Réduction: hors saison, long séjour. **Ouvert:** à l'année.

A AV @ ᵂⁱFᵢ ♣ **Certifié: 2008**

François Baillergeau et Isabelle Dozois
4031, rue Papineau
Montréal H2K 4K2
Tél. 514 239-4638
www.chezfrancois.ca
info@chezfrancois.ca
Aut. 40 est, sortie 73, rue Papineau sud, 5 km.
Aut. 40 ouest (de la ville de Québec), sortie avenue Papineau sud, 5 Km.

Montréal, Le Plateau Mont-Royal

Aux Portes de la Nuit ✤✤✤✤

🏠 Gîte du Passant **certifié**

Coup de Coeur du Public régional 2007. Niché dans une superbe maison du siècle dernier, sur l'une des rues les plus pittoresques de Montréal, le gîte est «un havre de paix dans une mer d'activités». Le petit-déjeuner artistique et savoureux vous émerveillera. Venir au gîte signifie s'imprégner de la vie montréalaise auprès d'une hôtesse qui sait partager sa passion pour la ville. Certifié Bienvenue cyclistes !ᵐᵈ

Aux alentours: en face du carré St-Louis. Près de toutes les attractions. Localisation idéale. Métro Sherbrooke. Cafés, restaurants. **Chambres:** certaines climatisées, accès Internet, cachet victorien, peignoirs, terrasse, vue splendide. **Lits:** simple, double, queen, d'appoint, pour bébé. 5 ch. **S. de bain privée(s).**

2 pers: B&B 145-166$ **1 pers:** B&B 107-145$. **Enfant (12 ans et -):** B&B 0-15$. Taxes en sus. **Paiement:** AM IT MC VS.

Réduction: hors saison, long séjour. **Ouvert:** à l'année.

A AV @ ᵂⁱFᵢ ♣ **Certifié: 1993**

Olivia Durand
3496, av. Laval
Montréal H2X 3C8
Tél. 514 848-0833
Fax 514 848-9023
www.auxportesdelanuit.com
auxportesdelanuit@videotron.ca
Du pont Jacques-Cartier, rue Sherbrooke ouest, Saint-Denis à droite, av. des Pins à gauche, av. Laval à gauche. Du boul. St-Laurent, av. des Pins à droite, av. Laval à droite.

Montréal, Le Plateau Mont-Royal
Gîte Romain Montagne ✱✱✱

Face au Mont-Royal, maison centenaire, chaleureuse, urbaine et étonnamment paisible. Stationnement gratuit sur la rue. Un séjour au gîte, constitue un excellent prétexte pour venir découvrir l'histoire et les richesses du quartier appelé arrondissement du Plateau Mont-Royal. Nous vous offrons un séjour mémorable dans une demeure urbaine de 1908.

Aux alentours: Mont-Royal, piste cyclable et location de vélo Bixi en face de la maison. Campus Univ. McGill tout près d'ici. **Chambres:** climatisées, DVD, cachet d'antan, cachet ancestral, tranquillité assurée, terrasse. **Lits:** double, queen. **3 ch. S. de bain partagée(s).**

2 pers: B&B 119-139$ **1 pers:** B&B 119-139$. Taxes en sus. **Paiement:** AM MC VS.

Réduction: hors saison, long séjour. **Ouvert:** à l'année.

A 🐾 AV @ᵂⁱFᵢ 🚲 **Certifié: 2008**

Gîte du Passant **certifié**

Michel Daigneault et Dan Millette
4351, rue Saint-Urbain
Montréal H2W 1V7
Tél. 514 843-6882 / 514 804-2982
www.romainmontagne.com
micheldaigneault@gmail.com

Aut. 40, sortie rue St-Laurent sud, devient rue Clark et rue St-Urbain. Aut. 20, sortie rue St-Laurent nord, rue Rachel à g., rue Esplanade à dr., rue Marie-Anne à dr.

Montréal, Le Plateau Mont-Royal
Le Bleu Raisin

Le Bleu Raisin offre à ses hôtes un espace à la fois intime, cordial et chaleureux et mise avant tout sur une conviviale simplicité et un accueil des plus attentionnés. C'est avec ce goût d'innover, de se rapprocher des artisans locaux et de vous transmettre notre passion que nous vous attendons enthousiastes et fébriles! Apportez votre vin.

Spécialités: mijoté de jarret d'agneau gaspésien à l'eucalyptus et aux pruneaux, tourbillon de sole de pleurotes et de crevettes de Matane, etc.

Repas offerts: soir. Apportez votre vin. **Menus:** table d'hôte, gastronomique. **Nbr personnes:** 1-60. **Réservation:** recommandée, requise pour groupe.

Table d'hôte: 49-69$/pers. Taxes en sus. **Paiement:** MC VS. **Ouvert:** à l'année. Tous les jours. Horaire variable.

A 🚲 **Certifié: 2009**

Table aux Saveurs du Terroir **certifiée**

Mey Frederick
5237, rue Saint-Denis
Montréal H2J 2M1
Tél. 514 271-2333
www.terroiretsaveurs.com/bleu-raisin
fmey@videotron.ca

Montréal, Le Plateau Mont-Royal
Restaurant French Connection

Le meilleur des produits du Québec déclinés en multiples services. Gibiers, canard, foie gras, champignons sauvages, poissons, huîtres, homard, fromages de lait cru... cuisinés de façon précise et originale. Cuisine ouverte, ambiance raffinée et conviviale. Situé au coeur du bouillonnant Plateau Mont-Royal, le French Connection, un incontournable.

Spécialités: table du terroir déclinée en menu de 6 à 10 services. Canard, foie gras, gibiers, poissons, fruits de mer, champignons sauvages.

Repas offerts: soir. Apportez votre vin. **Menus:** gastronomique. **Nbr personnes:** 1-50. **Réservation:** recommandée, requise pour groupe.

Table d'hôte: 39-69$/pers. Taxes en sus. **Paiement:** IT MC VS. **Ouvert:** à l'année. Mar au sam.

A AV @ᵂⁱFᵢ 🚲 **Certifié: 2012**

Table aux Saveurs du Terroir **certifiée**

Frederick Mey et Donat Béland
4675, boul. Saint-Laurent
Montréal H2T 1R2
Tél. 514 742-4141
www.frenchconnectionmontreal.com
Le restaurant est situé sur le boul. Saint-Laurent, entre les rues Mont-Royal et Saint-Joseph, coin rue Villeneuve.

Montréal, Le Plateau Mont-Royal

Restaurant Vertige

Le Vertige offre une cuisine de caractère faisant honneur aux produits du terroir. Une cuisine aventurière visant à éveiller les sens des invités où l'art de la bonne bouffe est réinventée. Carte de vins recherchée et abordable par l'un des meilleurs sommeliers du Québec et s'agençant à la perfection avec les mets. Décor actuel et décontracté.

Spécialités: carpaccio de bœuf, ris de veau, cuisse de canard, tartare, fondant au chocolat, crème brûlée, glaces maison, bar à vins.

Repas offerts: soir. **Menus:** à la carte, table d'hôte, gastronomique. **Nbr personnes:** 1-60. **Réservation:** requise.

Table d'hôte: 25-45$/pers. Taxes en sus. **Paiement:** AM MC VS. **Ouvert:** à l'année. Mar au sam. Horaire variable – téléphoner avant. **Fermé:** 8 jan - 18 jan.

A ♺ **Certifié: 2011**

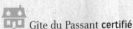

Table aux Saveurs du Terroir **certifiée**

Thierry Baron et Fadia Salabi
540, rue Duluth Est
Montréal H2L 1A9
Tél. 514 842-4443 / 514 583-0709
Fax 514 842-4446
www.restaurantvertige.com
vertige@bellnet.ca
Restaurant situé près de la rue St-Hubert. Stationnement payant sur la rue Roy entre les rues St-Hubert et St-Denis.

Montréal, Verdun

La Petite Bourgeoise ✿✿✿

Une résidence qui a été construite dans les années 20, un cachet particulier ou on y trouve un confort agréable. La petite Bourgeoise vous propose trois chambres élégantes, aménagées avec soin pour votre plus grand confort. Un environnement sans fumé. Un oasis parfait pour les gens d'affaires!

Aux alentours: voisin du fleuve bordé de sentiers, à pied ou en patins à roulettes, danser, faire de la bicyclette, une piscine. **Chambres:** certaines climatisées, bureau de travail, téléphone, TV, accès Internet, balcon, peignoirs. **Lits:** double. 3 ch. **S. de bain partagée(s).**
Forfaits: vélo, plein air, régional, divers.

2 pers: B&B 85-120$ **1 pers:** B&B 75-110$. Taxes en sus. **Paiement:** MC VS.

Réduction: hors saison, long séjour. **Ouvert:** à l'année.

A @ **Wi Fi** ♺ **Certifié: 2010**

Gîte du Passant **certifié**

Johanne Villeneuve
611, rue Manning
Montréal H4H 1Z7
Tél. 514 806-5983 / 514 768-2948
www.lapetitebourgeoise.com
info@lapetitebourgeoise.com
Facilement accessible, l'arrondissement de Verdun est situé en bordure du fleuve Saint-Laurent, dans la partie sud-ouest de l'île de Montréal. À 12 minutes du centre-ville.

Montréal, Verdun

Le Terra Nostra ✿✿✿✿

Voisin des berges du Saint-Laurent, Le Terra Nostra offre un luxe abordable à 10 minutes de l'activité bouillonnante de la ville. Érigée en 1927, la maison vous propose 3 chambres inspirées des ambiances du monde (Afrika, Asia et Europa) avec salle de bain privée au plancher chauffant. Petit-déjeuner servi au jardin de mai à septembre.

Aux alentours: restaurants, spa, métro, croisières, rapides, kayak, rafting, pistes cyclables, piscine, tennis, observation d'oiseaux. **Chambres:** climatisées, bureau de travail, décoration thématique, couettes en duvet, luxueuses. **Lits:** queen. 3 ch. **S. de bain privée(s).**
Forfaits: gastronomie, romantique.

2 pers: B&B 139-179$ **1 pers:** B&B 139-179$. Taxes en sus. **Paiement:** IT MC VS.

Réduction: hors saison, long séjour. **Ouvert:** à l'année.

A 🚴 AV @ **Wi Fi** ♺ **Certifié: 2008**

Gîte du Passant **certifié**

Mireille Lauzon
277, rue Beatty
Montréal H4H 1X7
Tél. 514 762-1223
www.leterranostra.com
info@leterranostra.com
De l'aéroport, aut. 20 est, aut. 15 sud dir. pont Champlain, sortie 62, 4e feu, rue Woodland à gauche, rue Champlain à droite, 3e rue, rue Beatty à gauche.

Montréal, Vieux-Montréal

Le Cabaret du Roy

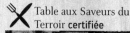

Table aux Saveurs du Terroir **certifiée**

Propriété d'un pirate depuis peu, le Cabaret est un lieu de tous les péchés, qu'ils soient capitaux ou bien mignons! Dégustez le meilleur du terroir québécois; gibier à poils et à plumes et découvrez nos spécialités des Antilles aux saveurs «piratesques». Tentez votre chance à notre maison de jeux clandestine, vous pourriez repartir couvert d'or.

Spécialités: cuisine inspirée de la Nouvelle-France, mets amérindiens, cuisine du terroir. En vedette: le canard, le cerf et le saumon.

Repas offerts: midi, soir. **Menus:** à la carte, table d'hôte, gastronomique, cabane à sucre. **Nbr personnes:** 1-150. **Réservation:** recommandée, requise pour groupe.

Table d'hôte: 28-65$/pers. Taxes en sus. **Paiement:** AM ER IT MC VS. **Ouvert:** à l'année. Ven au dim. Horaire variable – téléphoner avant.

A AV 🚲 **Certifié: 2009**

George Cloutier
363, de la Commune Est
Montréal H2Y 1J3
Tél. 514 907-9000, poste 26
Fax 514 858-6888
www.oyez.ca
lecabaretduroy@oyez.ca

Vieux-Montréal, Marché Bonsecours, à 5 minutes de marche de la station de métro Champs-de-Mars. Accès au restaurant par le 350 rue St-Paul est ou par le 363 de la Commune est.

Outaouais

Saveurs régionales

Les paysages agricoles de l'Outaouais sont parmi les plus beaux du Québec et offrent un grand potentiel pour l'agrotourisme, encore relativement récent dans la région. La Petite-Nation La Lièvre, située dans la portion est de l'Outaouais, est le secteur où l'agrotourisme est le plus présent et animé. Malgré cette nouveauté, des saveurs se distinguent et prennent de l'ampleur partout en Outaouais. Entre autres, vous y trouverez:

- De délicieux et réputés fromages et des produis d'érable raffinés.

- De succulents saumons et esturgeons fumés à la Boucanerie Chelsea, dans les collines de l'Outaouais.

- L'Outaouais, territoire de chasse et de pêche, offre aussi des poissons et gibiers d'élevage, le cerf de Virginie, le poulet de grain, l'orignal et la perdrix. S'approvisionnant en gibier d'élevage, les chefs cuisiniers de la région rivalisent d'ingéniosité pour les apprêter.

- Bref, l'Outaouais a de tout pour éveiller votre gourmandise. Savourez-la avec le Parcours Outaouais gourmet, une route touristique qui vous fera découvrir les fines saveurs de cette belle région.

Quoi voir? Quoi faire?

- Le Casino du Lac-Leamy: des spectacles, du divertissement et de bons restaurants dans un décor somptueux (Gatineau).
- Le Musée canadien des civilisations, la plus importante institution culturelle au Canada (Gatineau).
- Montez à bord du Train à vapeur Hull-Chelsea-Wakefield et découvrez le fonctionnement de ces locomotives d'une autre époque.
- Lieu historique national du Canada du Manoir-Papineau (Montebello), un exemple unique de manoir seigneurial.
- Le Fairmont Le Château Montebello, un établissement entièrement fait de bois rond (Montebello).
- Au Parc Oméga, observez la faune à bord de votre voiture (Montebello)!
- Le domaine Mackenzie-King, ancienne résidence d'été du 10e premier ministre du Canada (Chelsea).
- La caverne Laflèche, plus grande grotte du Bouclier canadien (Val-des-Monts).

- Ottawa: visitez le Parlement et ses musées. En hiver, chaussez vos patins pour parcourir la célèbre et plus longue patinoire du monde (7,8 km) sur le canal Rideau.

Faites le plein de nature

- Pour une bouffée d'air frais en toute saison: le parc de la Gatineau.
- Avec Souvenirs Sauvages, observez les ours noirs et blonds dans leur habitat naturel.
- Parcourez l'espace aérien, à la cime des grands pins du Sentier suspendu de la Forêt de l'Aigle (vallée de la Gatineau).
- L'excursion en traîneau à chiens, un plaisir qu'il faut s'offrir au moins une fois dans sa vie!
- Randonnée pédestre au parc national de Plaisance (entre Thurso et Papineauville).
- Envie d'une baignade? Le réservoir Baskatong, une petite mer intérieure artificielle (160 îles).

Champêtre et urbaine: tout pour plaire!

Région de contrastes, l'Outaouais possède ce don merveilleux d'offrir à la fois le calme et le divertissement, la nature et les plaisirs urbains.

En été, elle s'anime d'activités culturelles et d'espaces verdoyants. Ensuite, elle revêt ses vives couleurs d'automne et vous donne envie... de l'hiver! Découvrez-la à vélo, à pied, en canot, en skis de fond, en raquettes, en motoneige...

Longeant la rivière des Outaouais et choyée par ses réserves fauniques (Papineau-Labelle et La Vérendrye) et ses parcs de renom (de la Gatineau et de Plaisance), l'Outaouais se fait aussi charmante par ses nombreux attraits, ses activités, ses musées et ses festivals. Entre autres, le Festival de montgolfières de Gatineau lors du long week-end de la fête du Travail. Et pourquoi pas une escapade à Ottawa, la capitale du Canada? Située à une traversée de pont de Gatineau, elle compte plusieurs attraits. De la Colline parlementaire à ses nombreux musées (des beaux-arts, de la guerre, de la nature, de la monnaie...), sans oublier le pittoresque canal Rideau.

- Pique-niquez sur le site des Chutes Coulonge, situées au sommet d'un spectaculaire canyon de 750 m (Fort-Coulonge).
- Du vélo en pleine nature? Les circuits du Cycloparc PPJ (90 km) et de la Véloroute des Draveurs (80 km).

Le saviez-vous?

Entre Gatineau et Plaisance, sur près de 50 km², on retrouve des milieux humides d'une remarquable diversité. Il y a 12 000 ans, la croûte terrestre s'enfonça sous le poids d'un glacier. L'océan Atlantique inonda alors la vallée de l'Outaouais, et la mer de Champlain en fut le résultat. Le territoire mit 2 000 ans à se relever, la mer s'en retirant et y laissant des plages, des herbiers aquatiques, des marais et même certains poissons qui réussirent à s'adapter à l'eau douce, dont la «truite rouge», une variété de saumon que l'on trouve partout dans la région. À la fin d'août, il faut voir les plantes aquatiques transformer ces zones humides en de magnifiques jardins flottants.

Clin d'œil sur l'histoire

Des peuples des Premières Nations aux marchands de fourrures, bûcherons et colons, la rivière des Outaouais fut au cœur du développement économique de la région. Elle était la grande autoroute commerciale de la fourrure et du bois. Au début du XIXe siècle, le pin blanc, idéal pour la construction des mâts des navires et des édifices, était fort prisé. La Grande-Bretagne, non seulement en pleine révolution industrielle mais aussi en guerre contre Napoléon et privée de ses ressources, faisait descendre par milliers des billes de bois par cette rivière, puis par le fleuve Saint-Laurent jusqu'à Québec, où elles étaient chargées sur des navires à destination de l'Angleterre.

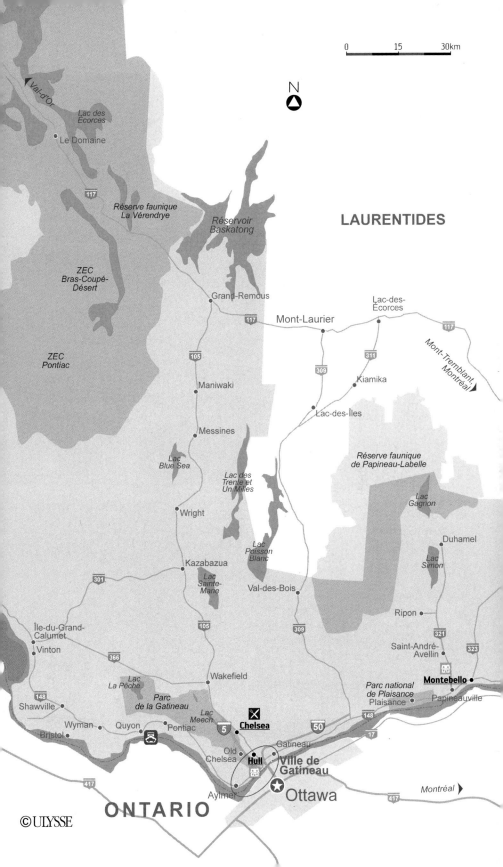

Chelsea

Restaurant Les Fougères

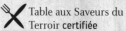
Table aux Saveurs du Terroir **certifiée**

En toutes saisons, la vue offerte sur les jardins et le boisé environnant est de toute beauté. La salle à manger est aménagée dans une élégance champêtre où le bois de pin prédomine. La bonne odeur du feu de bois dans la cheminée vous accueille à l'hiver; à l'été, les dîneurs peuvent choisir une table à la véranda protégée par une moustiquaire.

Spécialités: le Chef propriétaire offre une cuisine raffinée qui reflète le passage des saisons tout en privilégiant les produits d'ici.

Repas offerts: brunch, midi, soir. **Menus:** à la carte, table d'hôte, gastronomique. **Nbr personnes:** 1-72. Min. de pers. exigé varie selon les saisons. **Réservation:** recommandée, requise pour groupe.

Table d'hôte: 45$/pers. Taxes en sus. **Paiement:** AM IT MC VS. **Ouvert:** à l'année. Tous les jours. Horaire variable.

A Certifié: 2008

Jennifer Warren Part et Charles Part
783, route 105
Chelsea J9B 1P1
Tél. 819 827-8942 / 819 827-2837
Fax 819 827-2388
www.fougeres.com
info@fougeres.com
Aut. 5 nord, sortie 13, rue Scott à droite, route 105 à droite.

Chelsea

Restaurant l'Orée du Bois

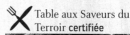
Table aux Saveurs du Terroir **certifiée**

Savamment aménagé dans une vieille maison de ferme et ses dépendances, nichées en bordure d'un bois discret, à la porte du parc de la Gatineau, l'Orée du Bois vous invite à découvrir sa cuisine française et régionale pleine de saveurs, dans un décor rustique et une ambiance chaleureuse.

Spécialités: cerf rouge, pot au feu de la mer, canard de Barbarie aux champignons sauvages, lapin braisé aux bleuets, médaillons de porc au cidre.

Repas offerts: soir. **Menus:** à la carte, table d'hôte, gastronomique. **Nbr personnes:** 1-175. **Réservation:** recommandée, requise pour groupe.

Table d'hôte: 39-46$/pers. Taxes en sus. **Paiement:** AM IT MC VS. **Ouvert:** à l'année. Horaire variable.

A Certifié: 2008

15, ch. Kingsmere, BP.1810
Chelsea J9B 1A1
Tél. 819 827-0332
Fax 819 827-1255
www.oreeduboisrestaurant.com
admin@oreeduboisrestaurant.com
Aut. 5 Nord, à Gatineau sortie 12 à gauche. Traverser Chelsea, chemin Kingsmere à gauche. Le restaurant est à 500 mètres à gauche.

Gatineau, Hull

Gîte Fanny et Maxime ✦✦✦✦

Gîte du Passant **certifié**

Coup de Coeur du Public provincial 2004 - Gîte. Lauréat national 2005 et 2006. Gîte moderne avec 2 salons et 2 foyers en pierre. Copieux déj. servis sur notre terrasse avec vue sur la piscine et une cour entièrement entourée de cèdres, pour une tranquillité et relaxation assurées. Suite pouvant accommoder jusqu'à 8 pers. Accès gratuit à l'Internet, et accès Internet sans fil pour portable.

Aux alentours: train à vapeur, Casino Lac-Leamy, parc de la Gatineau, Musée des civilisations, pistes de vélo. Ski Keskinada. **Chambres:** climatisées, foyer, téléphone, TV, accès Internet, luxueuses, spacieuses, terrasse, suite. **Lits:** simple, double, queen, pour bébé. 3 ch. S. de bain privée(s). **Forfaits:** vélo, famille, romantique, théâtre, divers.

2 pers: B&B 120-140$ **1 pers:** B&B 110-120$. **Enfant (12 ans et -):** B&B 10-20$. **Paiement:** MC VS.

Réduction: hors saison, long séjour. **Ouvert:** à l'année.

A AV ☕ @ ⚙ Certifié: 2003

Nicole Dubé
31, rue Lessard
Gatineau, Hull J8Y 1M6
Tél. 819 777-1960
www.fannyetmaxime.com
nickdube@videotron.ca
Aut. 417, sortie Mann, King Edward, dir. Hull, aut. 5 N., sortie 3 Casino, au feu à g., rue Richer à dr., rue Lessard à g. Rte 148, sortie 135, aut. 5 N., sortie 3.

Montebello

Le Clos des Cèdres ❀❀❀❀

Gîte du Passant **certifié**

Vivez la tranquillité et l'élégance d'autrefois. Détendez-vous dans un jardin victorien ou prenez le thé sur une véranda charmante. Dégustez un copieux petit-déjeuner sur une terrasse fleurie. Goûtez les confitures, les pâtisseries et chutneys faits maison. Nos chambres climatisées et décorées avec soin ont toutes une salle de bain privée. Certifié Bienvenue cyclistes !md

---

Aux alentours: Parc Oméga, Château Montebello, Manoir-Papineau, Route verte, parc de Plaisance, golf, rafting, marina, ateliers d'art. **Chambres:** climatisées, foyer, accès Internet, balcon, cachet victorien, tranquillité assurée, vue splendide. **Lits:** simple, double, queen, king. **4 ch. S. de bain privée(s). Forfaits:** charme, vélo, gastronomie, golf, ski de fond, spectacle, traîneaux à chiens, divers.

2 pers: B&B 95-195$ **1 pers:** B&B 95-195$. **Enfant (12 ans et -):** B&B 25$. **Paiement:** MC VS.

Réduction: long séjour. **Ouvert:** à l'année.

A AV @**Wi Fi** ♿**Certifié: 2010**

227, rue Saint-Joseph
Montebello J0V 1L0
Tél. 819 423-1265
www.leclosdescedres.ca
leclosdescedres@videotron.ca
Aut. 50 O., route 148 O. À Montebello, 2e rue après le Bonichoix à droite. D'Ottawa, aut. 50 E., rte 148 E. À Montebello, 3e rue après l'église, rue St-Joseph à gauche.

Autres établissements

Blue Sea

Domaine du Cerf, 91, chemin Blue Sea Nord, C.P. 77, Blue Sea, J0X 1C0. Tél.: 819 463-3896, 819 463-2524 Fax: 819 463-4902
www.terroiretsaveurs.com/domaine-du-cerf

Érablière. Services offerts: activités, vente de produits, résidence de tourisme, restauration.

Gatineau

Le Potager Eardley inc., 398, chemin Eardley, Gatineau, J9J 2Y9. Tél./Fax: 819 684-0273
dlnb@videotron.ca - www.potagereardley.com

Ferme fruitière - Ferme maraîchère. Services offerts: activités.

Gatineau

Vignoble du Clos Baillie, 490, chemin Baillie, Gatineau, J9J 3R5. Tél.: 819 827-3220
clos.baillie@videotron.ca - www.terroiretsaveurs.com/vignoble-du-clos-baillie

Cidrerie - Vignoble. Services offerts: activités, vente de produits.

Low

La Vallée des Canneberges, 35, route 105, Low, J0X 3E0. Tél.: 819 467-4117, 819 467-4119 Fax: 819 467-4118
lyne72@sympatico.ca - www.terroiretsaveurs.com/la-vallee-des-canneberges

Ferme fruitière. Services offerts: activités, vente de produits.

Québec (région)

Saveurs régionales

La région a développé une fine gastronomie. D'ailleurs, à l'époque de la colonisation, la Haute-Ville (Vieux-Québec) était déjà reconnue pour son «bien mangé». Pas étonnant qu'on y retrouve un riche terroir.

Sur l'île d'Orléans, les pommes de terre et les pois sont fort réputés, sans oublier les succulentes fraises, la délicieuse liqueur de cassis, les fromageries, les pains artisanaux et les vignobles.

Dans Portneuf, on retrouve le wapiti, l'émeu, le dindon élevé au grand air, les fromages de chèvre et bien plus encore. Le maïs est le délice estival des Québécois, et celui de Neuville est le plus prisé du Québec.

Que vous soyez gourmet ou gourmand, vous ne pourrez résister aux délicieux produits offerts sur la Côte-de-Beaupré: sanglier, chèvre, canard, oie, miel... sans oublier la prune qui vole la vedette à L'Ange-Gardien.

Quoi voir? Quoi faire?

- Haute-Ville: le Château Frontenac, la terrasse Dufferin et la rue du Trésor.
- La colline Parlementaire, le Musée national des beaux-arts du Québec et les plaines d'Abraham.
- Basse-Ville: le quartier du Petit-Champlain, la place Royale, le Vieux-Port et le Musée de la civilisation.
- Le jardin historique du Domaine Cataraqui et l'Aquarium du Québec (Sainte-Foy).
- Prenez le traversier pour Lévis: un panorama magnifique sur les vieux quartiers de la ville de Québec.
- Le parc de la Chute-Montmorency (Beauport).
- Le Sanctuaire de Sainte-Anne-de-Beaupré.
- Le tour de l'île d'Orléans en vélo ou voiture.
- Réserve nationale de faune du cap Tourmente: 300 espèces d'oiseaux, dont l'oie des neiges.
- Le fabuleux Hôtel de Glace (Charlesbourg).
- La Route de la Nouvelle-France et le Chemin du Roy, deux circuits patrimoniaux à découvrir.
- À Wendake, profitez-en pour vous restaurer selon la tradition huronne.

- Le Moulin à images[MC], la plus grande projection architecturale du monde.
- Les Chemins Invisibles[TM], un évènement de rue créé par le Cirque du Soleil.

Faites le plein de nature

- Le parc du Mont-Sainte-Anne et la Station touristique Stoneham pour le ski alpin.
- L'époustouflant Canyon Sainte-Anne et ses ponts suspendus (Beaupré).
- Les Sept-Chutes, saisissantes (Saint-Ferréol-les-Neiges).
- Le Sentier des Caps, une vaste forêt avec des panoramas inédits sur le fleuve.
- Le sentier Mestachibo de 12,5 km (tronçon du Sentier National), insolite!
- Le parc national de la Jacques-Cartier: un plateau montagneux et des vallées aux versants abrupts.
- La réserve faunique de Portneuf: un relief entrecoupé de lacs de rivières et de chutes.

Mille et un plaisirs!

© François Rivard

Riche en histoire, en culture, en attraits et en gastronomie, et située tout près d'une nature surprenante, la région de Québec attisera votre curiosité!

Surplombant le fleuve, la ville de Québec offre un panorama incomparable où le présent côtoie le passé. Le Vieux-Québec, classé « joyau du patrimoine mondial » par l'UNESCO, est vraiment une perle. Et l'on ne peut la savourer pleinement qu'en arpentant à pied ses jolis quartiers et ses rues étroites bordées de maisons anciennes.

Étendez votre itinéraire vers les secteurs de la Côte-de-Beaupré, de la Jacques-Cartier et de Portneuf. En parcourant la Route de la Nouvelle-France et le Chemin du Roy, vous traverserez l'époque des premières seigneuries. Vous pourrez pratiquer vos activités préférées autant dans les quartiers urbains que dans les nombreux espaces verts de la région. Au cours de votre visite de l'île d'Orléans, vous ferez un agréable tour d'horizon gourmand et patrimonial.

Ajoutez à tous ces plaisirs de sympathiques bistros, des restaurants de haute gastronomie, des bars animés, des galeries d'art, des boutiques d'artisans, des festivals renommés (Festival d'été de Québec, Fêtes de la Nouvelle-France, Carnaval de Québec); bref, autant de raisons d'y retourner à chaque saison!

- Les Marais du Nord, pour les ornithologues et les randonneurs (direction Lac-Delage).
- La Forêt Montmorency (réserve faunique des Laurentides).
- La vallée Bras-du-Nord, territoire intimiste et sauvage. Le Parc de la Falaise et de la chute Kabir Kouba (Loretteville).
- Envie de vélo? Le Corridor des Cheminots (22 km), la Piste Jacques-Cartier / Portneuf (68 km), Véloroute Marie-Hélène Prémont (55 km) et le Corridor du littoral (50 km).

Le saviez-vous?

Tout près du Vieux-Québec, le long du fleuve sur la route 138, se trouve l'un des plus impressionnants sites naturels de la région, le parc de la Chute-Montmorency. Vous en serez ébahi, et pour cause: avec ses 83 m de hauteur, la chute dépasse de 30 m les chutes du Niagara! Un téléphérique, des escaliers situés à flanc de falaise et un pont suspendu vous permettront de mieux la contempler. Par jour ensoleillé, le reflet de la lumière sur les gouttelettes d'eau de la chute offre un beau spectacle d'arcs-en-ciel. En hiver, la vapeur d'eau cristallisée sous l'effet du froid forme le «Pain de Sucre», un cône de glace qui peut atteindre 30 m de haut.

Clin d'œil sur l'histoire

Après la découverte du Canada par Cartier en 1534, il faudra attendre Champlain en 1608 pour la fondation de Québec et de la Nouvelle-France. En 1690, le Québec est prospère, et les Anglais, envieux de son commerce de la fourrure, décident de l'assiéger. Le gouverneur Frontenac rétorque alors par la bouche de ses canons, sauvant Québec pour le moment. Si la France dut laisser sa colonie nord-américaine en 1763, Frontenac a tout de même contribué à retarder la conquête britannique et a permis au peuple français de poursuivre son enracinement. Le nom du majestueux Château Frontenac lui est dédié.

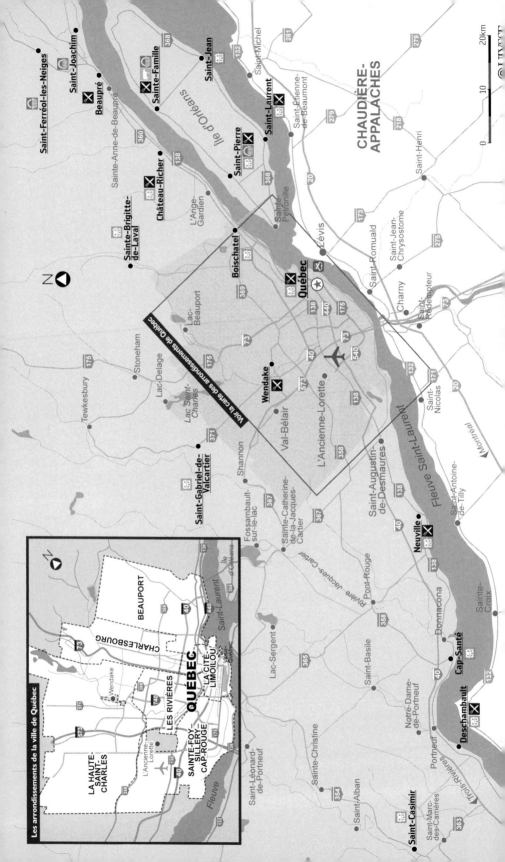

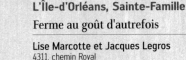

L'Île-d'Orléans, Sainte-Famille
Ferme au goût d'autrefois

Lise Marcotte et Jacques Legros
4311, chemin Royal
Sainte-Famille-de-l'Île-d'Orléans
G0A 3P0
418 829-9888
www.augoutdautrefois.qc.ca
augoutdautrefois@videotron.ca
P. 264, 265.

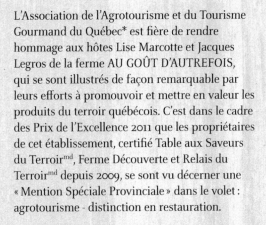

L'Association de l'Agrotourisme et du Tourisme Gourmand du Québec* est fière de rendre hommage aux hôtes Lise Marcotte et Jacques Legros de la ferme AU GOÛT D'AUTREFOIS, qui se sont illustrés de façon remarquable par leurs efforts à promouvoir et mettre en valeur les produits du terroir québécois. C'est dans le cadre des Prix de l'Excellence 2011 que les propriétaires de cet établissement, certifié Table aux Saveurs du Terroir^md, Ferme Découverte et Relais du Terroir^md depuis 2009, se sont vu décerner une « Mention Spéciale Provinciale » dans le volet : agrotourisme - distinction en restauration.

« Ces hôtes exploitent une petite ferme écologique dans le plus grand respect de l'environnement et du bien-être des animaux. Fervents défenseurs d'une agriculture écologique à dimension humaine, leurs oies et canards sont élevés sans antibiotique et sans aucun gavage forcé ou mécanique, mais qu'avec les meilleurs grains naturels. Avec ses jardins et ses élevages, cette ferme a su développer une gamme de produits du terroir fort délicieux. Leur cuisine d'inspiration amérindienne respecte les standards de qualité de la gastronomie du terroir, c'est-à-dire sans ajout d'épices, d'additif chimique, de colorant ou d'agent de conservation. Cette ferme ancestrale bicentenaire met également en valeur le patrimoine bâti de l'île d'Orléans. »

Félicitations !

*L'Association de l'Agrotourisme et du Tourisme Gourmand du Québec est propriétaire des marques de certification : Gîte du Passant^MJ, Auberge du Passant^MJ, Maison de Campagne ou de Ville, Table aux Saveurs du Terroir^MJ, Table Champêtre^MJ, Relais du Terroir^MD et Ferme Découverte.

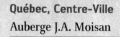

Québec, Centre-Ville

Auberge J.A. Moisan

Nathalie Deraspe et Clément St-Laurent
695, rue Saint-Jean
Québec
G1R 1P7
418 529-9764
www.jamoisan.com
j.a.moisan@bellnet.ca
P. 267.

L'Association de l'Agrotourisme et du Tourisme Gourmand du Québec* est fière de rendre hommage aux hôtes Nathalie Deraspe et Clément St-Laurent de L'AUBERGE J.A. MOISAN, qui se sont illustrés de façon remarquable par l'expérience exceptionnelle qu'ils font vivre à leur clientèle. C'est dans le cadre des Prix de l'Excellence 2011 que les propriétaires de cet établissement, certifié Gîte du Passant[md] depuis 2008, se sont vu décerner le « Coup de Cœur du Public Provincial » dans le volet : hébergement.

« Cet établissement cumule les commentaires élogieux tant de la clientèle québécoise qu'étrangère. Il va sans dire que les hôtes y sont pour quelque chose. Comment pourrait-il en être autrement avec des gens aussi disponibles et avenants auprès de leur clientèle et un petit-déjeuner qui se transforme en une expérience culinaire digne des grands restaurants ! Avec ces hôtes, l'âme et la réputation de l'hospitalité québécoise prend tout son sens et devient un souvenir impérissable. Cette auberge du XIXe siècle doublée d'une épicerie, toujours en opération, est la plus ancienne en Amérique du Nord. Son histoire, racontée par le propriétaire, est tellement intéressante que l'on ne peut s'empêcher de l'écouter. Bref, allez-y, vous serez tout simplement charmés ! »

Félicitations !

*L'Association de l'Agrotourisme et du Tourisme Gourmand du Québec est propriétaire des marques de certification : Gîte du Passant[MD], Auberge du Passant[MD], Maison de Campagne ou de Ville, Table aux Saveurs du Terroir[MD], Table Champêtre[MD], Relais du Terroir[MD] et Ferme Découverte.

Beaupré

Château Mont-Sainte-Anne

Amoureux de la nature, laissez-vous séduire par l'environnement exceptionnel du Château Mont-Sainte-Anne. Nous sommes un établissement de calibre international situé au pied du Mont-Sainte-Anne. Le Château Mont-Saint-Anne, c'est simple comme c'est bon! P. 27.

Spécialités: cuisine évolutive du terroir au goût actualisé, mettant en vedette les produits de la Côte-de-Beaupré, de Québec et de Charlevoix.

Repas offerts: petit-déjeuner, midi, soir. **Menus:** à la carte, table d'hôte, gastronomique. **Nbr personnes:** 2-70. Min. de pers. exigé varie selon les saisons. **Réservation:** recommandée, requise pour groupe.

Table d'hôte: 26-50$/pers. Taxes en sus. **Paiement:** AM ER IT MC VS. **Ouvert:** à l'année. Tous les jours.

A 🦽 AV @︎W︎Fi **Certifié: 2008**

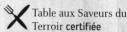

Table aux Saveurs du Terroir **certifiée**

Franck Jourdan
500, boul du Beaupré
Beaupré G0A 1E0
Tél. 1 800 463-4467 / 418 827-1862
Fax 418 827-5072
www.chateaumontsainteanne.com
info@chateaumsa.com
De Québec, rte 138 est, sortie 360, suivre les indications pour le Mont-Sainte-Anne.

Boischatel

Au Gîte de la Chute ✳✳✳

Chaleureuse, vaste et lumineuse maison canadienne située à deux pas des chutes Montmorency (5 minutes à pied), à 10 minutes en voiture du Vieux-Québec (accès direct par l'autoroute). Également reliée au Vieux-Québec par le métrobus 800 (5 minutes à pied). Wifi gratuit. Vue sur l'île d'Orléans, terrasse. Petit-déjeuner maison, table d'hôte.

Aux alentours: chute Montmorency, Québec, sports de plein air (vélo, golf, escalade, randonnée), Côte-de-Beaupré, île d'Orléans. **Chambres:** accès Internet, confort moderne, spacieuses, lumineuses, vue sur fleuve, vue sur jardin. **Lits:** simple, double, d'appoint, pour bébé. 4 ch. S. de bain privée(s) ou partagée(s). **Forfaits:** croisière, divers.

2 pers: B&B 75-90$ **1 pers:** B&B 60-75$. **Enfant (12 ans et -):** B&B 10-20$. Taxes en sus. **Paiement:** MC VS.

Réduction: hors saison, long séjour. **Ouvert:** à l'année.

A ✕ @︎W︎Fi **Certifié: 1995**

Gîte du Passant **certifié**

Monique Roy
5143, avenue Royale
Boischatel G0A 1H0
Tél. 1 855 822-3789 / 418 822 3789
www.augitedelachute.net
info@augitedelachute.net
Aut. 20 E. ou 40 E. dir. Ste-Anne-de-Beaupré. 1,6 km, après la chute Montmorency, 1er feu, Boischatel à gauche, monter la Côte de l'Église, avenue Royale à gauche, 0,6 km.

Cap-Santé

B&B Panorama du Fleuve ✳✳✳

Découvrez notre gîte situé dans un endroit tranquille au bord du fleuve. Profitez de notre terrasse de 43 pieds où vous pourrez observer les bateaux et oiseaux. À la salle à manger avec vue sur le fleuve, venez déguster nos succulents et généreux déjeuners. Reposez-vous dans nos 3 ch. de qualité et très confortables dans notre chaleureuse maison. Certifié Bienvenue cyclistes !md

Aux alentours: golf, piste vélo, ski fond, motoneige, pêche, chasse, théâtre, galerie d'art, Noël d'Antan, Tartes aux pommes en Fête. **Chambres:** climatisées, personnalisées, bois franc, terrasse, vue sur fleuve, vue panoramique. **Lits:** simple, double, queen. 3 ch. S. de bain privée(s) ou partagée(s). **Forfaits:** théâtre.

2 pers: B&B 75-85$ **1 pers:** B&B 65-80$.

Réduction: long séjour. **Ouvert:** à l'année.

A @︎W︎Fi 🚲 **Certifié: 2007**

Gîte du Passant **certifié**

Pearl Blanchette et Jackie Robidoux
211, route 138 (chemin du Roy)
Cap-Santé G0A 1L0
Tél. 418 285-5166
www.panoramadufleuvebb.com
panoramab-b@globetrotter.net
Aut. 40, sortie 269, rte 138 (chemin du Roy) à gauche.

Château-Richer

Auberge Baker ★★★

En 1935, Alvin Baker convertit en auberge de campagne la maison construite en 1840 par Ferdinand Lefrançois. Restaurée, avec un grand souci d'authenticité, ses 5 ch., avec salle de bain privée et leur mobilier contribuent à créer l'atmosphère chaleureuse. Une maison ancestrale (1776), un studio ainsi qu'un pavillon complètent l'ensemble hôtelier. Certifié Table aux Saveurs du Terroir[md]

Aux alentours: la région, la proximité du Mont-Ste-Anne et du Vieux-Québec rendront votre séjour inoubliable. **Chambres:** climatisées, TV, accès Internet, confort moderne, sous les combles, lucarnes, mur en pierres. **Lits:** simple, double, queen, king, divan-lit, d'appoint, pour bébé. **7 ch. S. de bain privée(s). Forfaits:** charme, croisière, gastronomie, golf, motoneige, détente & santé, ski alpin.

2 pers: B&B 79-150$ PAM 159-230$ **1 pers:** B&B 73-143$ PAM 113-183$. **Enfant (12 ans et -):** B&B 5-10$ PAM 25-35$. Taxes en sus. **Paiement:** AM ER IT MC VS.

Réduction: hors saison, long séjour. **Ouvert:** à l'année.

A ✗ AV @ **Certifié: 1990**

🏠 Auberge du Passant certifiée

Gaston Cloutier
8790, avenue Royale
Château-Richer G0A 1N0
Tél. 418 824-4478 / 1 866 824-4478
Fax 418 824-4412
www.auberge-baker.com
gcloutier@auberge-baker.qc.ca
Rte 138 E. dir. Ste-Anne-de-Beaupré. 18,5 km à l'est de la chute Montmorency. Au 3e feu après l'église de Château-Richer, rue Huot à gauche. Au bout, à droite avenue Royale.

Château-Richer

Auberge Baker

En 1935 Alvin A. Baker convertit la vieille maison de ferme construite en 1840 en auberge. Les planchers de bois ancestraux, les murs de pierres et le foyer ajouteront cette touche particulière que vous recherchez. Une salle à diner spacieuse fut ajoutée pour recevoir un groupe dans une ambiance idéale pour une réception ou une réunion d'affaire.

Spécialités: cuisine gourmande actuelle et traditionnelle aux saveurs du terroir régional. Pain de ménage et carte de vins locaux et internationaux.

Repas offerts: petit-déjeuner, brunch, midi, soir. **Menus:** à la carte, table d'hôte. gastronomique. **Nbr personnes:** 2-200. Min. de pers. exigé varie selon les saisons. **Réservation:** recommandée, requise pour groupe.

Table d'hôte: 33-61$/pers. Taxes en sus. **Paiement:** AM ER IT MC VS. **Ouvert:** à l'année. Tous les jours.

A AV @ 🆆🅸 **Certifié: 2007**

✗ Table aux Saveurs du Terroir certifiée

Gaston Cloutier
8790, avenue Royale
Château-Richer G0A 1N0
Tél. 418 824-4478 / 1 866 824-4478
Fax 418 824-4412
www.auberge-baker.com
gcloutier@auberge-baker.qc.ca
Rte 138 E. dir. Ste-Anne-de-Beaupré. 18,5 km à l'est de la chute Montmorency. Au 3e feu après l'église de Château-Richer, rue Huot à gauche. Au bout, à droite avenue Royale.

Château-Richer

Auberge le Petit Séjour ✤✤✤

D'un charme unique sur la côte de Beaupré... Juchée sur une falaise, cette chaleureuse demeure vous offre un panorama unique sur le fleuve St-Laurent. Un accueil chaleureux, une vue spectaculaire, une cuisine aux parfums d'ici font de la salle à manger un havre attirant et sans égal. Certifié Bienvenue cyclistes ![md]

Aux alentours: mont St-Anne, Basilique Sainte-Anne-de-Beaupré, golf, raquettes, chutes Montmorency, fleuve St-Laurent. **Chambres:** accès Internet, balcon, cachet d'autrefois, meubles antiques, vue sur fleuve. **Lits:** simple, double, queen. **4 ch. S. de bain privée(s).**

2 pers: B&B 90-98$ **1 pers:** B&B 75$. Taxes en sus. **Paiement:** MC VS.

Réduction: long séjour. **Ouvert:** à l'année.

A @ 🆆🅸 🚲 **Certifié: 2010**

🏠 Gîte du Passant certifié

Suzie Raynauld
394, rue Pichette
Château-Richer G0A 1N0
Tél. 418 824-3654 / 581 982-6933
www.petitsejour.com
petitsejour@globetrotter.net
Rte 138 est, de la chute Montmorency, 15 km. À Château-Richer, rue Dick à gauche, av. Royale à droite, rte Ste-Achillée à gauche, rue Pichette à gauche.

Château-Richer

Gîte un Air d'Été ✹✹✹

Venez vivre tous les plaisirs de l'été. Situé entre Québec et Charlevoix. Profitez de notre magnifique terrain, un lac aux abords du fleuve, piscine chauffée, spa extérieur, BBQ, pédalo et un canot, accès à la cuisine. Déjeuners complets, confitures maison, vue sur le fleuve l'île d'Orléans. Accès cuisine complète. Jardin d'enfants.

Aux alentours: chutes «Grand Canyon», Ste-Anne-de-Beaupré, ski au Mont-Ste-Anne, Massif, croisières aux baleines et musées. **Chambres:** climatisées, baignoire à remous, téléphone, TV, CD, DVD, peignoirs, ventilateur, entrée privée. **Lits:** queen. **4 ch. S. de bain privée(s) ou partagée(s). Forfaits:** charme, famille, détente & santé, ski alpin, divers.

2 pers: B&B 85-135$ **1 pers:** B&B 85-85$. **Enfant (12 ans et -):** B&B 15$. Taxes en sus. **Paiement:** MC VS.

Réduction: hors saison. **Ouvert:** à l'année.

A ⚞ AV spa ⚓ @ Wi-Fi **Certifié: 2001**

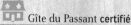

Gîte du Passant **certifié**

Lynda Boucher et Claude Gingras
8988, boul. Sainte-Anne
Château-Richer G0A 1N0
Tél. 418 824-9210 / 1 888 922-8770
Fax 418 824-5645
www.unairdete.com
gite.unairdete@videotron.ca
De Québec, rte 138 est ou boul. Ste-Anne. Au musée de l'Abeille ralentir, nous sommes situés à droite tout près du fleuve, dans la cour arrière du complexe La Marrée.

Deschambault

La Maison Deschambault ★★★

Érigée en 1790, entre le fleuve et les champs, entourée d'arbres centenaires, la Maison Deschambault, majestueuse, vous accueille dans une atmosphère et un décor des plus chaleureux. Coin-apéro, 2 salles à manger, jardin bordé de roses. Les aubergistes vous proposent, à travers des aliments délicieusement apprêtés, leur fine cuisine régionale. Certifié Bienvenue cyclistes !md Certifié Table aux Saveurs du Terroirmd

Aux alentours: village patrimonial de Deschambault, piste cyclable, 4 golfs, antiquaires, fleuve. **Chambres:** bureau de travail, TV, accès Internet, cachet champêtre, romantiques, vue sur jardin. **Lits:** king. **5 ch. S. de bain privée(s). Forfaits:** vélo, golf, romantique.

2 pers: B&B 139-159$ PAM 199-219$ **1 pers:** B&B 125-135$ PAM 155-165$. Taxes en sus. **Paiement:** AM ER IT MC VS.

Réduction: long séjour. **Ouvert:** 1 fév - 22 déc. **Fermé:** 23 déc - 31 jan.

A ✕ @ Wi-Fi ⚲ **Certifié: 2005**

Auberge du Passant **certifiée**

Hélène Grünert et Claude Fiset
128, chemin du Roy
Deschambault G0A 1S0
Tél. 418 286-3386
Fax 418 286-4064
www.lamaisondeschambault.com
auberge@globetrotter.qc.ca
À mi-chemin entre Trois-Rivières et Québec. Aut. 40, sortie 257, rte 138, chemin du Roy, 2,5 km.

Deschambault

La Maison Deschambault

Deux salles à manger soigneusement décorées avec vue sur les jardins.

Spécialités: esturgeon fumé, saumon mariné dans le sirop d'érable, fromages locaux.

Repas offerts: petit-déjeuner, soir. **Menus:** table d'hôte. **Nbr personnes:** 1-65. **Réservation:** requise.

Table d'hôte: 35-42$/pers. Taxes en sus. **Paiement:** AM ER IT MC VS. **Ouvert:** 1 fév - 22 déc. Tous les jours. **Fermé:** 23 déc - 31 jan.

A @ Wi-Fi ⚲ **Certifié: 2007**

Table aux Saveurs du Terroir **certifiée**

Hélène Grünert et Claude Fiset
128, chemin du Roy
Deschambault G0A 1S0
Tél. 418 286-3386
Fax 418 286-4064
www.lamaisondeschambault.com
auberge@globetrotter.qc.ca
À mi-chemin entre Trois-Rivières et Québec. Aut. 40, sortie 257, rte 138, chemin du Roy, 2,5 km.

La Jacques-Cartier, Sainte-Brigitte-de-Laval

Gîte Aventures Nord Expe ✦✦✦✦

Offrez-vous un séjour de nature dans un décor exceptionnel. Situé proche de Québec et en Jacques-Cartier, profitez de vos journées culturelles ou de plein air. Nous vous proposons des soirées de détente au spa extérieur et au jardin surplombant la rivière Montmorency. Appréciez un massage, goûtez notre table d'hôte aux saveurs locales... Certifié Bienvenue cyclistes !^{md}

Aux alentours: motoneige, kayak, vélo, pêche, randonnée pédestre, spa, luge d'eau, golf. **Chambres:** baignoire à remous, ensoleillées, raffinées, murs en bois rond, tranquillité assurée. **Lits:** simple, double, queen, king, pour bébé. **5 ch. S. de bain privée(s). Forfaits:** motoneige, plein air, détente & santé, ski de fond, divers.

2 pers: B&B 95-145$ PAM 130-180$ **1 pers:** B&B 85-135$ PAM 120-170$. **Enfant (12 ans et -):** B&B 15-30$ PAM 35-65$. Taxes en sus. **Paiement:** MC VS.

Réduction: long séjour. **Ouvert:** à l'année.

A ✗ AV spa 🌊 @ Wi Fi **Certifié: 2008**

🏠 Gîte du Passant **certifié**

Chrystel Martin et Pierre Challier
996, avenue Sainte-Brigitte
Sainte-Brigitte-de-Laval G0A 3K0
Tél. 418 825-1772
Fax 418 825-1699
www.gite-aventures-quebec.com
info@nordexpe.com

Depuis Québec, dir. 73 nord sortie 157 - Lac-Beauport, suivre dir. Ste-Brigitte-de-Laval. En haut du lac, prendre la Traverse-de-Laval. Av. Ste-Brigitte à gauche.

L'Île-d'Orléans, Saint-Jean

Gîte La Cinquième Saison ＼

Coup de Coeur du Public régional 2000, 2004, 2009 et 2010. Certifié en 1997 à Montréal (Prix de l'Excellence 2000, 2004, 2009 et 2010), le gîte amorce une nouvelle vie à l'Île d'Orléans en 2012 et accueille ses visiteurs dans une magnifique maison ancestrale (1837). Alliant charme d'autrefois et confort d'aujourd'hui, séjour chaleureux avec vue splendide sur la voie maritime du Saint-Laurent.

Aux alentours: village à marcher pour admirer les magnifiques maisons ancestrales; berges du fleuve accessibles pour la randonnée. **Chambres:** bureau de travail, accès Internet, meubles antiques, ventilateur, lumineuses, originales, vue sur fleuve. **Lits:** double. **3 ch. S. de bain privée(s).**

2 pers: B&B 110-125$ **1 pers:** B&B 100-125$. **Enfant (12 ans et -):** B&B 15$. Taxes en sus. **Paiement:** MC VS.

Réduction: hors saison, long séjour. **Ouvert:** 15 jan - 31 oct.

AV @ Wi Fi 🚲 **Certifié: 1997**

🏠 Gîte du Passant **certifié**

Jean-Yves Goupil
1742, chemin Royal
Saint-Jean-de-l'Île-d'Orléans G0A 3W0
Tél. 418 203-0558
www.cinquiemesaison.net
info@cinquiemesaison.net

De Québec, aut. 40 E, 440 E, sortie Île d'Orléans. Au feu, tout droit, 20 km. Le gîte est situé dans le coeur du village de St-Jean, après le magasin BMR.

L'Île-d'Orléans, Saint-Laurent

Auberge Les Blancs Moutons ✦✦✦✦

Chaleureuse maison québécoise du XIXe siècle, située directement en bordure du fleuve. Sur la terrasse, au rythme des vagues ou à l'intérieur, près d'un feu de foyer, vous pourrez vous régaler de notre petit-déjeuner où les produits du terroir sont mis à l'honneur. Au rez-de-chaussée, une galerie d'art et boutique d'antiquités.

Aux alentours: musées, galerie d'art, théâtre, concert, vignobles, parc de bisons, pêche, golf, ski, croisières. **Chambres:** confort moderne, personnalisées, cachet d'antan, terrasse, vue sur fleuve. **Lits:** double. **4 ch. S. de bain privée(s) ou partagée(s). Forfaits:** croisière, gastronomie, divers.

2 pers: B&B 94-124$. **Enfant (12 ans et -):** B&B 30$. Taxes en sus. **Paiement:** AM MC VS.

Réduction: hors saison, long séjour. **Ouvert:** à l'année.

A ✗ AV 🚲 **Certifié: 2004**

🏠 Auberge du Passant **certifiée**

Réal Bédard
1317, chemin Royal
Saint-Laurent-de-l'Île-d'Orléans G0A 3Z0
Tél. / Fax 418 828-1859 Tél. 1 866 828-1859
www.lesblancsmoutons.com
auberge@lesblancsmoutons.com

Aut. 440 est, sortie 325, pont de l'Île-d'Orléans, à l'intersection en haut de la côte, tout droit, direction sud, 8 km.

L'Île-d'Orléans, Saint-Laurent

Le Moulin de St-Laurent ★★★

Aménagés directement sur les rives du St-Laurent, nos chalets vous offre une vue splendide sur le fleuve ainsi qu'un confort prévu pour votre détente. Ouvert à l'année, ils peuvent accueillir de 2 à 10 personnes. En hiver, venez vous réchauffer près du foyer et en été laissez-vous gâter par nos déjeuners continentaux servis aux chalets. Certifié Table aux Saveurs du Terroir[md]

Aux alentours: golf, centre d'interprétation, boutiques et galeries d'art, parc maritime, économusée et produits du terroir.

Maison(s): foyer, TV, CD, DVD, ensoleillées, tranquillité assurée, spacieuses, bois franc, vue sur fleuve. **Lits:** simple, double, queen, king, divan-lit. **6 maison(s). 1-6 ch. 1-10 pers.**
Forfaits: gastronomie, golf, romantique, été, hiver.

JR 120-425$. Taxes en sus. **Paiement:** AM IT MC VS. **Ouvert:** à l'année.

A 🏇 ✕ 🏊 🚴 **Certifié: 2011**

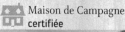

Maison de Campagne **certifiée**

Anne Lachance et Julie Lachance
754, chemin Royal
Saint-Laurent-de-l'Île-d'Orléans G0A 3Z0
Tél. 418 829-3888 / 1 888 629-3888
Fax 418 829-3716
www.moulinstlaurent.qc.ca
info@moulinstlaurent.qc.ca
Aut. 40, 440 est ou rte 138 ouest, sortie Île d'Orléans. Au feu, tout droit, 11 km, chemin Royal à gauche.

L'Île-d'Orléans, Saint-Laurent

Le Moulin de St-Laurent

Restaurant situé dans un ancien moulin à farine datant de 1720. Murs de pierres et collection de cuivres donnant une atmosphère romantique et chaleureuse. Magnifique terrasse avec petite chute pour le repas du midi ou du soir. Musiciens sur place les dimanches soirs. Récipiendaire de la Carte d'Or 2007-2008-2009. Location de chalets à la nuitée.

Spécialités: ris de veau, poissons et gibier sont des incontournables. Le Chef varie son menu régulièrement selon les nouveaux arrivages de saison.

Repas offerts: midi, soir. **Menus:** à la carte, table d'hôte, gastronomique. **Nbr personnes:** 2-200. **Réservation:** recommandée, requise pour groupe.

Table d'hôte: 37-48$/pers. Taxes en sus. **Paiement:** AM ER IT MC VS. **Ouvert:** 13 mai - 8 oct. Tous les jours.

A AV 🚴 **Certifié: 2008**

Table aux Saveurs du Terroir **certifiée**

Anne Lachance et Julie Lachance
754, chemin Royal
Saint-Laurent-de-l'Île-d'Orléans G0A 3Z0
Tél. 418 829-3888 / 1 888 629-3888
Fax 418 829-3716
www.moulinstlaurent.qc.ca
info@moulinstlaurent.qc.ca
Aut. 40, 440 est ou rte 138 ouest, sortie Île d'Orléans. Au feu, tout droit, 11 km, chemin Royal à gauche.

L'Île-d'Orléans, Saint-Pierre

Auberge le Vieux Presbytère ★★

Authentique presbytère bicentenaire. Chambres typiques. Voisin de la plus vieille église rurale du Canada. Restaurant sur place. Spécialités cuisine française et gibiers. Domaine avec chevaux, bisons, poules. Vue magnifique sur fleuve et montagnes. À 15 min du centre-ville de Québec. Un arrêt tout désigné pour un moment de détente et de découverte.

Aux alentours: théâtre d'été, ferme, golf, Espace Félix-Leclerc, vieille église Saint-Pierre, boutiques des artisans, vignobles. **Chambres:** cachet ancestral, ventilateur, mur en pierres, chambre familiale, vue sur fleuve. **Lits:** simple, double, queen, divan-lit, d'appoint, pour bébé. **8 ch. S. de bain privée(s) ou partagée(s). Forfaits:** charme, romantique, théâtre, restauration.

2 pers: B&B 90-160$ PAM 165-235$ **1 pers:** B&B 80-150$ PAM 118-188$. **Enfant (12 ans et -):** B&B 15-35$ PAM 30-70$. Taxes en sus. **Paiement:** IT MC VS. **Ouvert:** à l'année.

A ✕ AV **Certifié: 2008**

Auberge du Passant **certifiée**

Isabelle Daigneault et Joël Bastien
1247, rue Mgr. D'Esgly
Saint-Pierre-de-l'Île-d'Orléans G0A 4E0
Tél. 418 828-9723 / 1 888 828-9723
Fax 418 828-0224
www.presbytere.com
info@presbytere.com
De Québec, aut. Dufferin-Montmorency, sortie Île d'Orléans. Au feu à gauche. Au centre du village de Saint-Pierre, à gauche entre les deux églises.

L'Île-d'Orléans, Saint-Pierre

Cassis Monna & filles 🅱

🧺 Relais du Terroir **certifié**

Vignoble. Un incontournable à l'île! La référence en matière de cassis au Québec. Créateur de la fameuse crème de cassis de l'île d'Orléans. Venez découvrir nos vins apéritifs, notre type porto et autres délices. Venez également goûter, sentir et apprendre dans notre nouvel ÉCONOMUSÉE® consacré au métier de liquoriste. Profitez de la magnifique terrasse.

Visite: gratuite, tarif de groupe. **Paiement:** IT MC VS. **Nbr personnes:** 1-50. **Réservation:** requise pour groupe. **Ouvert:** 15 avr - 23 déc. Tous les jours. 10h à 18h. Horaire variable – téléphoner avant. **Fermé:** 24 déc - 14 avr.

A ✕ & **Certifié: 2011**

Anne Monna Lamarre
721, chemin Royal
Saint-Pierre-de-l'Île-d'Orléans G0A 4E0
Tél. 418 828-2525
Fax 418 828-1940
www.cassismonna.com
info@cassismonna.com
À l'entrée de l'Île d'Orléans, chemin Royal à gauche. Cassis Monna & filles se trouve à votre gauche. À 15 min. du centre-ville de Québec.

L'Île-d'Orléans, Saint-Pierre

Cidrerie Verger Bilodeau 🅱

🧺 Relais du Terroir **certifié**

Cidrerie – Verger. La Famille Bilodeau vous accueille dans le décor champêtre de la première cidrerie de l'île d'Orléans. Dégustation gratuite des produits. Médaillée d'OR, prix du public 2011, cidre de glace pétillant. Cidre, mistelles, moût de pomme, beurre de pomme, gelées, moutarde, produits d'érable. Rés. min 10 pers, pique-nique, mini-ferme, boutique cadeaux.

Produits: médaillée d'or, prix du public 2011, cidre de glace pétillant. Cidre, mistelles, moût de pomme, beurre de pomme, gelées, moutarde, etc. **Activités sur place:** animation pour enfant, autocueillette, dégustation, visite commentée français et anglais, mini-ferme.

Visite: adulte: 4$, enfant gratuit, autres tarifs. Taxes en sus. **Paiement:** IT MC VS. **Nbr personnes:** 10-60. **Réservation:** requise pour groupe. **Ouvert:** à l'année. Tous les jours. 9h à 18h. **Services:** aire de pique-nique, vente de produits, dépliant explicatif ou panneaux français et anglais, emballages-cadeaux.

A AV & **Certifié: 2011**

Claude Bilodeau, Micheline L'Heureux Bilodeau
2200, chemin Royal
Saint-Pierre-de-l'Île-d'Orléans G0A 4E0
Tél. / Fax 418 828-9316
www.cidreriebilodeau.qc.ca
infocidreriebilodeau@videotron.ca
Aut. 40, rte 440 est ou rte 138, sortie Île d'Orléans, traverser le pont, à gauche au feu de circulation, 6 km. Cidrerie à droite.

L'Île-d'Orléans, Saint-Pierre

Restaurant les Ancêtres

🍴 Table aux Saveurs du Terroir **certifiée**

Profitez de l'ambiance chaleureuse et du décor champêtre du restaurant et de sa verrière avec une spectaculaire terrasse. Venez découvrir cette maison familiale tricentenaire et ce site unique où vous attendent une vue panoramique sur les Laurentides et la chute Montmorency, ainsi que des couchers de soleil parmi les plus beaux au Québec.

Spécialités: plats traditionnels et fine cuisine. Ragoût de boulettes à la patte de cochon, bavette de bison, tartare de saumon, crème brûlée...

Repas offerts: soir. **Menus:** à la carte, table d'hôte. **Nbr personnes:** 1-180. Min. de pers. exigé varie selon les saisons. **Réservation:** recommandée, requise pour groupe.

Table d'hôte: 28-49$/pers. Taxes en sus. **Paiement:** IT MC VS. **Ouvert:** à l'année. Tous les jours. Horaire variable.

A AV @Wifi **Certifié: 2012**

Pierre Gosselin
391, chemin Royal
Saint-Pierre-de-l'Île-d'Orléans G0A 4E0
Tél. 418 828-2718
Fax 418 828-1362
www.lesancetres.ca
info@lesancetres.ca
Aut. 40, 440 est ou rte 138 ouest, sortie Île d'Orléans, au feu de circulation, à droite, 800 m.

L'Île-d'Orléans, Saint-Pierre

Vignoble Isle de Bacchus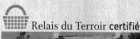

Vignoble. Le vignoble tire son nom de l'appellation donnée à l'île d'Orléans par J. Cartier en 1535 «Isle de Bacchus», vu l'abondance de vignes indigènes. À 30 m du niveau du Saint-Laurent, orientation qui confère un climat bénéfique. Cuverie équipée d'accessoires des plus modernes. Chais d'élevage composé de barriques de chêne américain.

Produits: vins: blanc, rosé, rouge, apéritif, liquoreux, vin de glace, «Grand Or», sélection mondiale 07. Vin de qualité internationale. **Activités sur place:** dégustation, visite commentée français et anglais, visites offertes en d'autres langues, mini-ferme, participation aux vendanges.

Visite: gratuite. **Paiement:** AM IT MC VS. **Nbr personnes:** 2-30. **Réservation:** requise pour groupe. **Ouvert:** à l'année. Tous les jours. 10h à 18h. **Services:** aire de pique-nique, vente de produits, dépliant explicatif ou panneaux français et anglais, salle de réception, réunion, emballages-cadeaux.

A AV Certifié: 2005

Relais du Terroir **certifié**

Lise Roy, Donald Bouchard
1071, chemin Royal
Saint-Pierre-de-l'Île-d'Orléans G0A 4E0
Tél. 418 828-9562
Fax 418 828-1764
www.isledebacchus.com
isledebacchus@sympatico.ca
Aut. 40 ou 440 est dir. Ste-Anne-de-Beaupré, sortie Île-d'Orléans, au feu à gauche, 1,8 km.

L'Île d'Orléans, Sainte-Famille

Ferme au goût d'autrefois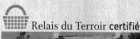

Ferme d'élevage – Ferme maraîchère. Visitez notre ferme écologique ancestrale réputée pour sa gastronomie du terroir, ses élevages d'oies, canards et dindes sauvage et ses jardins naturels. Faites provision de nos produits du terroir. Découvrez l'unique Table Champêtre certifiée de la région et dégustez nos produits frais de la ferme apprêtés et servis par les chefs propriétaires. P. 255.

Particularités: les groupes peuvent découvrir toutes les étapes de production d'une ferme écologique. Jardins naturels, élevage et cuisine du terroir. **Activités sur place:** dégustation, rencontre avec le producteur pour se familiariser avec les productions, les produits et/ou les procédés de transformation.

Visite: adulte: 3-5$, enfant: 0-2$ tarif de groupe. Taxes en sus. **Paiement:** IT MC VS. **Nbr personnes:** 2-150. **Réservation:** recommandée, requise pour groupe. **Ouvert:** à l'année. Tous les jours. 10h à 17h30. Horaire variable – téléphoner avant. **Services:** terrasse, vente de produits, dépliant explicatif ou panneaux français, salle de réception, réunion, stationnement pour autobus, autres.

A ⚒ ✕ AV Certifié: 2009

Ferme Découverte **certifiée**

Lise Marcotte et Jacques Legros
4311, chemin Royal
Sainte-Famille-de-l'Île-d'Orléans G0A 3P0
Tél. 418 829-9888
Fax 418 829-1661
www.augoutdautrefois.qc.ca
augoutdautrefois@videotron.ca
Aut. 40 ou rte 440 est, direction Ste-Anne-de-Beaupré. Après le pont de l'île d'Orléans, 1er feu, chemin Royal à gauche, 2 km passé le village de Ste-Famille, côté fleuve.

L'Île d'Orléans, Sainte-Famille

Ferme au goût d'autrefois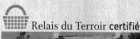

Ferme d'élevage – Ferme maraîchère. Faites provision de produits santé du terroir cuisinés et issus de notre ferme écologique ancestrale réputée pour sa gastronomie du terroir et ses élevages naturels d'oies, canards, dindes sauvages. Découvrez l'unique Table Champêtre certifiée de la région et dégustez nos produits frais de la ferme apprêtés et servis par les chefs propriétaires. P. 255.

Produits: magret fumé au pommier, séché ou frais. Mousse de foie, confits, rillettes d'oie, canard ou dinde sauvage, repas champêtres à emporter. **Activités sur place:** dégustation, rencontre avec le producteur pour se familiariser avec les productions, les produits et/ou les procédés de transformation.

Visite: adulte: 3-5$, enfant: 0-2$ tarif de groupe, autres tarifs: Taxes en sus. **Paiement:** IT MC VS. **Nbr personnes:** 2-150. **Réservation:** recommandée, requise pour groupe. **Ouvert:** à l'année. Tous les jours. 10h à 17h30. Horaire variable – téléphoner avant. **Services:** terrasse, vente de produits, dépliant explicatif ou panneaux français, salle de réception, réunion, stationnement pour autobus, autres.

A ⚒ ✕ AV Certifié: 2009

Relais du Terroir **certifié**

Lise Marcotte et Jacques Legros
4311, chemin Royal
Sainte-Famille-de-l'Île-d'Orléans G0A 3P0
Tél. 418 829-9888
Fax 418 829-1661
www.augoutdautrefois.qc.ca
augoutdautrefois@videotron.ca
Aut. 40 ou rte 440 est, direction Ste-Anne-de-Beaupré. Après le pont de l'île d'Orléans, 1er feu, chemin Royal à gauche, 2 km passé le village de Ste-Famille, côté fleuve.

L'Île d'Orléans, Sainte-Famille

Ferme au goût d'autrefois 📷

Ferme d'élevage – Ferme maraîchère. Mention Spéciale provinciale 2011 – Agrotourisme. Découvrez la gastronomie du terroir de l'unique Table Champêtre de la région dans l'ambiance bucolique d'une ferme ancestrale de l'île d'Orléans. Dégustez nos mets cuisinés par les chefs propriétaires à partir des produits frais de notre ferme écologique réputée pour ses jardins naturels et élevages d'oies, canards, faisans et dindes sauvages. P. 255.

Spécialités: magret poêlé, séché, fumé, confits d'oie et canard, cassoulet, pot au feu, faisan, rillettes. Cuisine santé d'inspiration amérindienne.

Repas offerts: midi, soir. Apportez votre vin. **Menus:** table d'hôte, gastronomique. **Nbr personnes:** 2-150. Min. de pers. exigé varie selon les saisons. **Réservation:** recommandée, requise pour groupe.

Repas: 35-125$/pers. Taxes en sus. **Paiement:** IT MC VS. **Ouvert:** à l'année. Tous les jours. Horaire variable – téléphoner avant.

A AV Certifié: 2009

Table Champêtre certifiée

Lise Marcotte et Jacques Legros
4311, chemin Royal
Sainte-Famille-de-l'Île-d'Orléans G0A 3P0
Tél. 418 829-9888
Fax 418 829-1661
www.augoutdautrefois.qc.ca
augoutdautrefois@videotron.ca
Aut. 40 ou rte 440 est, direction Ste-Anne-de-Beaupré. Après le pont de l'Île d'Orléans, 1er feu, chemin Royal à gauche, 2 km passé le village de Ste-Famille, côté fleuve.

L'Île d'Orléans, Sainte-Famille

Ferme Guillaume Létourneau 📷

Boutique du terroir – Érablière – Ferme fruitière – Ferme maraîchère – Verger. Située dans le village de Ste-Famille, Chantal est toujours au poste pour vous accueillir, et ce, à l'année. Vous y trouverez des produits d'érable et une gamme variée de fruits et légumes fraîchement cueillis. Qu'est-ce qui distingue cette ferme? C'est Chantal, qui à ses fourneaux, vous fera déguster ses fameuses gelées, confitures et tartes.

Produits: avez-vous déjà goûté à une gelée de concombres? Une tarte à l'érable? Maïs sucré, cornet à l'érable, caramel, vous serez comblés... **Activités sur place:** autocueillette, dégustation.

Visite: gratuite. **Paiement:** IT MC VS. **Réservation:** requise pour groupe. **Ouvert:** à l'année. Tous les jours. 10h à 17h. Horaire variable. **Services:** aire de pique-nique, vente de produits, dépliant explicatif ou panneaux français, stationnement pour autobus, emballages-cadeaux.

🚜 Certifié: 2009

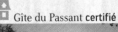

Relais du Terroir certifié

Chantal Nolin
3968, chemin Royal
Sainte-Famille-de-l'Île-d'Orléans G0A 3P0
Tél. / Fax 418 829-2751 Tél. 418 571-5762
www.fermegl.com
chantalnolin@videotron.ca
Aut.40 ou 440 est dir. Ste-Anne-de-Beaupré, sortie Île-d'Orléans, au feu à gauche, 15 km.

Neuville

Auberge aux Quatre Délices ✦✦✦✦

L'Auberge aux Quatre Délices vous séduira à coup sûr avec son four à pain d'origine, ses 14 lucarnes et ses deux foyers. La chaleur des lieux et l'accueil de ses propriétaires vous charmeront. Avec ses 288 ans, vous replongerez à l'époque de nos chers aïeux. Elle fera les délices de ceux qui aiment les vieilles demeures. Bienvenus! Certifié Bienvenue cyclistes !md Certifié Table aux Saveurs du Terroirmd

Aux alentours: la Route verte, la rivière Jacques-Cartier, golf le Grand-Portneuf, kayak, plein air, à 20 minutes de Québec. **Chambres:** sous les combles, cachet ancestral, peignoirs, spacieuses, poutres, vue sur fleuve. **Lits:** simple, queen, divan-lit. **1 ch.** S. de bain privée(s) ou partagée(s). **Forfaits:** gastronomie, golf, plein air, restauration.

2 pers: B&B 120-145$ **1 pers:** B&B 100-125$. **Enfant (12 ans et -):** B&B 15-25$. Taxes en sus. **Paiement:** IT MC VS.

Réduction: hors saison, long séjour. **Ouvert:** à l'année. **Fermé:** 31 déc - 15 jan.

A ✗ AV @ WiFi 🚲 Certifié: 2009

Gîte du Passant certifié

Catherine Labrecque et Philippe Gasse
1208, route 138
Neuville G0A 2R0
Tél. 418 909-0604 / 418 998-4278
www.aux4delices.com
aubergeaux4delices@hotmail.com
Aut. 40, sortie 281 sud, direction Neuville. Route 138 à gauche, 150 mètres. L'auberge est à gauche.

Neuville

Auberge aux Quatre Délices

L'Auberge aux Quatre Délices vous propose une table de grande qualité concoctée avec les produits du terroir québécois. Notre souci de vous faire vivre une expérience unique et délicieuse se traduit par le choix de nos ingrédients et la passion de notre chef à vous faire découvrir l'Auberge aux Quatre Délices... Un pur moment de bonheur!

Spécialités: cuisse de canard confite, mijoté de sanglier et le carpaccio de wapiti, ne sont que quelques-uns des délices que nous vous proposons.

Repas offerts: soir. **Menus:** à la carte, table d'hôte, gastronomique. **Nbr personnes:** 2-50. **Réservation:** recommandée, requise pour groupe.

Table d'hôte: 25-55$/pers. Taxes en sus. **Paiement:** IT MC VS. **Ouvert:** à l'année. Jeu au sam. **Fermé:** 31 déc - 15 jan.

A AV @ Wi Fi ⬙ **Certifié: 2009**

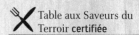

Table aux Saveurs du Terroir **certifiée**

Catherine Labrecque et Philippe Gasse
1208, route 138
Neuville G0A 2R0
Tél. 418 909-0604 / 418 998-4278
www.aux4delices.com
aubergeaux4delices@hotmail.com

Aut. 40, sortie 281 sud, direction Neuville. Route 138 à gauche, 150 mètres. L'auberge est à gauche.

Québec, Beauport

Le Gîte du Vieux-Bourg ✤✤✤✤

J'ai le plaisir de vous accueillir chez moi en vous offrant les commodités modernes de ma maison centenaire à 5 min. de Québec et des attraits touristiques de la région. Trois chambres champêtres, petits déjeuners copieux, ambiance familiale et artistique vous charmeront. Cours, ateliers et initiation à l'aquarelle disponible sur réservation.

Aux alentours: chute Montmorency, Théâtre la Dame Blanche, île d'Orléans, parc Rivière Beauport, piste cyclable. **Chambres:** climatisées, baignoire sur pattes, accès Internet, balcon, meubles antiques, peignoirs. **Lits:** double, queen. **3 ch. S. de bain privée(s) ou partagée(s). Forfaits:** croisière, divers.

2 pers: B&B 80-95$ **1 pers:** B&B 70-85$. **Enfant (12 ans et -):** B&B 20$. Taxes en sus. **Paiement:** VS.

Réduction: hors saison, long séjour. **Ouvert:** à l'année. **Fermé:** 16 déc - 16 jan.

A ⬥ ≋ @ Wi Fi ⬙ **Certifié: 2000**

Gîte du Passant **certifié**

Nancy Lajeunesse
492, avenue Royale
Québec G1E 1Y1
Tél. 418 661-0116 / 1 866 661-0116
www3.sympatico.ca/vieux-bourg
vieux-bourg@sympatico.ca

Aut. 40 est, sortie 320, rue Seigneuriale à droite et Royale à droite. Du Vieux-Québec, aut. 440 est, sortie François de Laval, av. Royale à droite.

Québec, Cap-Rouge

Restaurant la Tanière

Que diriez-vous d'une expérience inoubliable qui vous permettrait d'exploiter vos 5 sens. La Tanière: un menu 20 services, une cuisine innovatrice au créneau unique, une aventure épicurienne sans «faim» mettant l'accent sur les produits locaux. Plongez-vous dans un univers sensoriel complètement éclaté. Poisson, fruits de mer, gibier.

Spécialités: une cuisine avant-gardiste, une cuisine moléculaire, des accords mets et vins.

Repas offerts: soir. **Menus:** gastronomique. **Nbr personnes:** 1-40. **Réservation:** requise.

Table d'hôte: 69-125$/pers. Taxes en sus. **Paiement:** AM IT MC VS. **Ouvert:** à l'année. Mer au sam. Horaire variable – téléphoner avant. **Fermé:** 17 juil - 5 août.

A ⬙ **Certifié: 2011**

Table aux Saveurs du Terroir **certifiée**

Karen Therrien
2115, rang St-Ange
Québec G2G 0E8
Tél. 418 872-4386
Fax 418 877-6037
www.restaurantlataniere.com
info@restaurantlataniere.com

Aut. 40 ouest, sortie 302, rue Jean-Gauvin, rue Huot à gauche, av. St-Vincent à droite, rue l'Abbé Pierre à droite, devient le rang Saint-Ange.

Québec, Centre-Ville

À la Roseraie ❀❀❀❀

Vous serez accueillis en toute simplicité dans cette spacieuse demeure des années 40. Blottie dans le paisible quartier Montcalm, vous serez au centre de toutes les activités régionales. Un vaste salon pour vous détendre, des chambres confortables, ainsi qu'un copieux petit-déjeuner rendront votre séjour inoubliable.

Aux alentours: plaines d'Abraham, Musée des beaux-arts, Parlement, Observatoire de la capitale, Centre des congrès, Château Frontenac. **Chambres:** baignoire à remous, bureau de travail, accès Internet, lumineuses, bois franc, terrasse. **Lits:** simple, queen, king. **3 ch. S. de bain privée(s).**

2 pers: B&B 110-120$ **1 pers:** B&B 100-110$. Enfant (12 ans et -): B&B 20$. **Paiement:** MC VS.

Réduction: hors saison, long séjour. **Ouvert:** à l'année.

A AV @ ⚲**Certifié: 2004**

Gîte du Passant **certifié**

Doris Lavoie
865, ave. Dessane
Québec G1S 3J7
Tél. 418 688-5076
Fax 418 688-9217
www.alaroseraie.com
info@alaroseraie.com

Pont Pierre-Laporte, sortie Laurier, jusqu'à Holland à g., René-Lévesque à dr., Dessane à g. Aut. 40: St-Sacrement S., jusqu'à René-Lévesque à g. Dessane à g.

Québec, Centre-Ville

Auberge J.A. Moisan ❀❀❀❀

Coup de Coeur du Public provincial 2011 - Hébergement. Une maison du XIXe siècle, rénovée et restaurée avec soin. Vous serez charmés par son caractère anglais d'inspiration victorienne et par sa terrasse de ville. L'Auberge J.A Moisan vous offre un hébergement de grande qualité au coeur de la Haute-Ville de Québec. Localisé près du Vieux-Québec, Château Frontenac, Centre des congrès... P. 256.

Aux alentours: site historique du Vieux-Québec, Château Frontenac, plaines d'Abraham, Centre des congrès, musées, Hôtel du Parlement... **Chambres:** climatisées, insonorisées, cachet victorien, couettes et oreillers en duvet, bois franc. **Lits:** queen. **4 ch. S. de bain privée(s).**

2 pers: B&B 140-155$ **1 pers:** B&B 130-145$. Taxes en sus. **Paiement:** IT MC VS. **Ouvert:** à l'année.

A @ ⚲**Certifié: 2008**

Gîte du Passant **certifié**

Nathalie Deraspe et Clément St-Laurent
695, rue Saint-Jean
Québec G1R 1P7
Tél. 418 529-9764
Fax 418 522-2132
www.jamoisan.com
j.a.moisan@bellnet.ca

Aut. 20, pont Pierre-Laporte, sortie boul. Laurier. De Salaberry à g., St-Jean à dr. Aut. 40, sortie boul. Charest, St-Sacrement à dr., Ste-Foy à g., rue St-Jean.

Québec, Centre-Ville

Au Château du Faubourg ❀❀❀❀

Château privé de style français, restauré, cadre enchanteur et luxueux. Plusieurs articles de magazines ont été publiés sur la qualité de sa restauration. Situé dans le faubourg St-Jean-Baptiste, quartier historique de Québec. Entouré d'objets d'art et de meubles antiques français accumulés par la famille au fil des ans. P. 268.

Aux alentours: Centre des congrès, restaurants, théâtres et musées. **Chambres:** climatisées, foyer, TV, insonorisées, cachet victorien, meubles antiques, suite luxueuse. **Lits:** double, queen, king, d'appoint. **3 ch. S. de bain privée(s).**

2 pers: B&B 99-169$ **1 pers:** B&B 89-129$. Enfant (12 ans et -): B&B 20$. Taxes en sus. **Paiement:** AM IT MC VS.

Réduction: hors saison, long séjour. **Ouvert:** à l'année. **Fermé:** 22 déc - 30 déc.

A ◆⚲@Wi Fi ⚲**Certifié: 2003**

Gîte du Passant **certifié**

André Bélanger
429, rue St-Jean
Québec G1R 1P3
Tél. 418 524-2902
Fax 418 522-2906
www.lechateaudufaubourg.com
info@lechateaudufaubourg.com

Aut. 20, pont Pierre-Laporte, sortie boul. Laurier dir. centre-ville, rue Claire Fontaine à gauche, rue St-Jean à droite.

Château du Faubourg

est un château privé, restauré, de style français

Situé au cœur du quartier historique de la ville de Québec

(418) 524-2902

www.lechateaudufaubourg.com

Rabais offerts en basse saison

Québec, Centre-Ville

Au Gîte du Parc ✻✻✻

Maison centenaire baignée dans la tranquillité et la sécurité du quartier Montcalm et presque logée sur les plaines d'Abraham. Un accueil chaleureux, des renseignements touristiques judicieux sur Québec, un déjeuner copieux, un stationnement gratuit ainsi que la connexion haute vitesse font les délices de nos invités.

Aux alentours: à deux pas: plaines d'Abraham, Musée National des beaux-arts, Rue Cartier-23 restos, Centre des Congrès, Vieux-Québec. **Chambres:** bureau de travail, accès Internet, ensoleillées, cachet ancestral, ventilateur, bois franc. **Lits:** queen. **2 ch. S. de bain privée(s).**

2 pers: B&B 85-130$ **1 pers:** B&B 75-105$. **Enfant (12 ans et -):** B&B 20$.

Réduction: hors saison, long séjour. **Ouvert:** à l'année.

A @**WiFi** ⚲ **Certifié: 2000**

Gîte du Passant **certifié**

Henriette Hamel et René Thivierge
345, rue Fraser
Québec G1S 1R2
Tél. 418 683-8603 / 1 888 683-8603
Fax 418 683-8431
www.giteduparc.com
rene.giteduparc@sympatico.ca
Pont Pierre-Laporte, bl. Laurier, 6.4 km, des Érables à g., Fraser à g. Aut. 40, 440 Charest O, St-Sacrement Sud à dr., René-Lévesque à g., des Érables à dr., rue Fraser à dr.

Québec, Centre-Ville

Aux Trois Balcons ✻✻✻✻

Charmante maison des années 1930, située au coeur de l'animation de la Haute-Ville de Québec, offrant à la fois le calme de la vie de quartier et l'effervescence générée par les nombreux restaurants, pubs et boutiques bordant la chic avenue Cartier et la festive Grande Allée. Gourmandise et courtoisie sont au menu de ce gîte sans fumée.

Aux alentours: plaines d'Abraham (champs de batailles), Vieux-Québec, Musée de Québec, Château Frontenac. **Chambres:** bureau de travail, accès Internet, peignoirs, ventilateur, bois franc. **Lits:** double, queen. **4 ch. S. de bain privée(s) ou partagée(s).**

2 pers: B&B 95-130$ **1 pers:** B&B 75-99$. Taxes en sus. **Paiement:** VS.

Réduction: long séjour. **Ouvert:** à l'année.

A AV ⚲ **Certifié: 1995**

Gîte du Passant **certifié**

Isabelle Ouellet
130, rue Saunders
Québec G1R 2E3
Tél. 418 525-5611
Fax 418 525-1106
www.troisbalcons.qc.ca
info@troisbalcons.qc.ca
Pont Pierre-Laporte, boul. Laurier, Cartier à gauche, Saunders à gauche. Aut. 40, boul. Charest, de l'Aqueduc sud, chemin Ste-Foy est, Cartier à droite, Saunders à droite.

Québec, Centre-Ville

B&B de la Tour ✻✻✻✻

Maison des années 20 décorée avec goût, située sur une rue paisible, au coeur d'un quartier animé, à proximité des principales attractions touristiques et des lieux de congrès. Elle vous offre un environnement sans fumée. Des petits-déjeuners gourmets, quatre services, y sont servis dans une agréable salle à manger.

Aux alentours: rue Cartier, Grand Théâtre, Musée national des beaux-arts, plaines d'Abraham, Vieux-Québec, Petit-Champlain, Capitole. **Chambres:** certaines avec lavabo, accès Internet, peignoirs, ventilateur, bois franc. **Lits:** double, queen, d'appoint, pour bébé. **4 ch. S. de bain partagée(s).**

2 pers: B&B 93-103$ **1 pers:** B&B 83-88$. **Enfant (12 ans et -):** B&B 30$. Taxes en sus.

Réduction: long séjour. **Ouvert:** à l'année. **Fermé:** 21 déc - 4 jan.

A @**WiFi** ⚲ **Certifié: 1996**

Gîte du Passant **certifié**

Huguette Rodrigue et André Blanchet
1080, avenue Louis-Saint-Laurent
Québec G1R 2W7
Tél. 418 525-8775 / 1 877 525-8775
www.quebecweb.com/bbdelatour
bbdelatour@qc.aira.com
Pont P-Laporte, boul. Laurier dir. centre-ville, av. Louis-St-Laurent à gauche, 8.8km. Aut. 40, boul. Charest, côte St-Sacrement S. à droite, Grande Allée O. à gauche, 2,6 km.

Québec, Centre-Ville

B&B des Grisons ✿✿✿

En plein cœur du Vieux-Québec, à l'intérieur des murs et près du Château Frontenac, une famille québécoise vous accueille dans leur demeure raffinée (1888). Des chambres personnalisées avec TV et des petits-déjeuners gourmands vous invitent à la découverte... Nous vous accueillons comme nous souhaitons être reçus ailleurs.

Aux alentours: terrasse Dufferin, Château Frontenac, Citadelle, plaines d'Abraham. **Chambres:** climatisées, bureau de travail, TV, spacieuses. **Lits:** double, queen. **3 ch. S. de bain partagée(s).**

2 pers: B&B 104$ **1 pers: B&B** 104$. **Enfant (12 ans et -): B&B** 30$. Taxes en sus. **Paiement:** AM IT MC VS. **Ouvert:** à l'année.

A AV ♿ **Certifié: 1998**

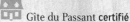

Gîte du Passant **certifié**

Michel Pompilio
1, rue des Grisons
Québec G1R 4M6
Tél. 418 694-1461
Fax 418 694-1167
www.giteetaubergedupassant.com/grisons
reservation@leshotelsduparc.com

Pont Pierre-Laporte, sortie boul. Laurier dir. Vieux-Québec. Après la Porte St-Louis, au feu rue d'Auteuil à droite, rue Ste-Geneviève à gauche, rue des Grisons à gauche.

Québec, Centre-Ville

B&B La Bedondaine ✿✿✿

Maison située sur une rue calme près de tous les services. Boudoir destiné aux invités pour plus d'intimité. Suite familiale avec salle de bain privée. Installations pour enfants. Entrée privée, micro-ondes, frigo. Remise: skis & vélos. Autobus au coin de la rue. Spécial pour long séjour du 15 octobre au 1er mai. Politique d'annulation.

Aux alentours: restos, centres commerciaux, Vieux-Québec, université Laval, chute Montmorency, musées, plaines d'Abraham. **Chambres:** avec salle d'eau, accès Internet, bois franc, entrée privée, suite familiale. **Lits:** simple, double, queen. **3 ch. S. de bain privée(s) ou partagée(s).**

2 pers: B&B 75-85$ **1 pers: B&B** 75-85$. **Enfant (12 ans et -): B&B** 25$. Taxes en sus. **Paiement:** AM ER MC VS.

Réduction: hors saison, long séjour. **Ouvert:** à l'année.

A ⬥ AV @ ♿ **Certifié: 1999**

Gîte du Passant **certifié**

Sylvie Tessier
912, ave Madeleine-de-Verchères
Québec G1S 4K7
Tél. 418 681-0783
Fax 418 681-8540
www.giteetaubergedupassant.com/bedondaine
bedondaine@sympatico.ca

Pont Pierre-Laporte, boul. Laurier dir. Québec centre-ville. Après Université Laval, des Gouverneurs à gauche, René-Lévesque à droite, Madeleine-de-Verchères à gauche.

Québec, Centre-Ville

B&B Le Transit ✿✿✿

Notre gîte est situé à 10 minutes à pied des murs du Vieux-Québec, près du parc des plaines d'Abraham et de la superbe rue Cartier avec ses boutiques originales, ses restos accueillants et ses cafés sympas... à deux pas de la charmante Grande-Allée et des plaines d'Abraham.

Aux alentours: Citadelle, plaines d'Abraham, parcourez les rues historiques de ce quartier à l'ambiance unique. **Chambres:** climatisées, certaines avec lavabo, foyer, TV, accès Internet, raffinées, cachet victorien. **Lits:** queen. **2 ch. S. de bain privée(s) ou partagée(s).**

2 pers: B&B 105-125$ **1 pers: B&B** 88-98$.

Réduction: hors saison, long séjour. **Ouvert:** à l'année.

A 🐴 AV @ ♿ **Certifié: 2007**

Gîte du Passant **certifié**

Gaetan Bernard
1050, avenue Turnbull
Québec G1R 2X8
Tél. 418 647-6802 / 418 454-3028
www.giteetaubergedupassant.com/letransit
bbletransit@quebecweb.com

Aut. 20, Pont Pierre-Laporte, sortie 173 nord, boul. Laurier dir. Vieux-Québec, après l'avenue Cartier, au 2e feu de circulation vers la gauche.

Québec, Centre-Ville

Douceurs Belges ★★

Notre maison ancestrale, sa terrasse et ses jardins vous invitent à un ressourcement paisible. Nos deux chambres avec bain tourbillon permettent la détente de tout l'être. Petit déjeuner santé et délicieux fait de produits locaux. Également dégustation possible de bières et fromages belges sur réservation. Au bonheur de vous accueillir! Lise Gill

Aux alentours: Vieux-Québec, golf, théâtre d'été, piste cyclable et 35 km de sentiers pédestres aménagés en pleine nature. Golf. **Chambres:** baignoire à remous, CD, balcon, tranquillité assurée, bois franc, entrée privée, suite. **Lits:** double. **2 ch. S. de bain privée(s). Forfaits:** restauration, divers.

2 pers: B&B 98$. Taxes en sus. **Paiement:** IT MC VS.

Réduction: hors saison. **Ouvert:** à l'année.

A ✕ AV @ ♠ **Certifié: 1999**

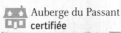

Auberge du Passant **certifiée**

Lise Gill
4335, rue Michelet
Québec G1P 1N6
Tél. 418 871-1126 / 1 800 363-7480
Fax 418 871-6319
www.douceursbelges.ca
info@douceursbelges.ca
Pont Pierre-Laporte, aut. 73 dir. Ste-Anne-de-Beaupré, sortie 308, Masson-L'Ormière, rue Masson à gauche dir. sud, rue Michelet à droite.

Québec, Centre-Ville

Le Gîte de la 11 ème ★★★

Cette maison construite en 1920, dans le magnifique quartier Limoilou, est un patrimoine familial. Située à proximité du Vieux-Port et du Vieux-Québec (2.5km), du Palais des Congrès (2km), du Colisée Pepsi et du Centre de Foire (1km). Vous serez charmés par l'ambiance des lieux et par les excellents déjeuners servis.

Aux alentours: Vieux-Port, Vieux-Québec, Île d'Orléans, chutes Montmorency, Centre des Congrès, Colisée Pepsi, Centre de Foire. **Chambres:** insonorisées, ensoleillées, ventilateur, couettes et oreillers en duvet, bois franc. **Lits:** queen. **2 ch. S. de bain partagée(s).**

2 pers: B&B 90$ **1 pers:** B&B 75$. Enfant (12 ans et -): B&B 20$. **Ouvert:** à l'année.

@ Wi-Fi ♠ **Certifié: 2009**

Gîte du Passant **certifié**

Claire Fortier
201, 11e Rue
Québec G1L 2L8
Tél. 418 529-3932 / 1 888 529-3911
www.gitedela11.com
gitedela11@hotmail.com
Rte 175 sud, sortie « 4e rue Pont Drouin». Ensuite, 2e Avenue à gauche et 11e rue à droite.

Québec, Charlesbourg

À l'Ombre du Pommier ★★★

Facile d'accès, notre gîte est situé aux portes de Québec, secteur Charlesbourg. À chaque matin, nos déjeuners composés de spécialités maison vous feront «tomber dans les pommes». Menu sans gluten. Laissez-vous gâter! Si vous avez besoin d'un moment de repos ou de tranquillité, vous trouverez chez-nous un oasis de paix. Soyez les bienvenus!

Aux alentours: métrobus, Colisée Pepsi, Centre de foires, Galeries de la Capitale, restaurants, pistes cyclables, Vieux-Québec. **Chambres:** TV, accès Internet, meubles antiques, peignoirs, tranquillité assurée, entrée privée. **Lits:** double, queen. **2 ch. S. de bain partagée(s).**

2 pers: B&B 80$ **1 pers:** B&B 65$. **Ouvert:** à l'année.

A ♠ **Certifié: 2011**

Gîte du Passant **certifié**

Claudette Fontaine
125, 45e rue Ouest
Québec G1H 5J7
Tél. 418 570-5927
Fax 418 627-3737
www.terroiretsaveurs.com/ombre-du-pommier
claufon@videotron.ca
Aut. 40, sortie 315 direction 1re Avenue. Tourner à gauche et continuer jusqu'à l'intersection de la 45e rue ouest.

Québec, Charlesbourg

La Table du Chef Robert Bolduc

La table du chef Robert Bolduc; une expérience! Ce chef est un vrai passionné. De ceux qui courent les bois à la recherche de saveurs authentiques. Il a acquis de l'expérience auprès des plus grands chefs, mais libre penseur, il a su se forger une identité culinaire unique et inspirée des terroirs du Québec. Sa cuisine est distinctive et unique.

Spécialités: fine cuisine des terroirs du Québec d'inspiration amérindienne et de la Nouvelle-France, fumage, saumurage, etc.

Repas offerts: soir. **Menus:** table d'hôte, gastronomique. **Nbr personnes:** 1-30. **Réservation:** recommandée, requise pour groupe.

Taxes en sus. Paiement: IT MC VS. **Ouvert:** 1 mai - 15 fév. Jeu au sam. Horaire variable – téléphoner avant. **Fermé:** 16 fév - 30 avr.

A AV Certifié: 2012

✕ Table aux Saveurs du Terroir **certifiée**

Robert Bolduc
615, rue Jacques-Bédard
Québec G2M 1C5
Tél. 418 841-3232 / 418 849-5437
www.latableduchefrobertbolduc.com
robertb@ccapcable.com
De Québec, aut. 73 nord, sortie rue Jacques-Bédard. Aux feux de circulation, tourner à gauche, à partir de la Caisse Populaire, 3e maison à droite.

Québec, Des Rivières

Chocolat Chaud B&B ❋❋❋

Dans un environnement douillet et chaleureux, non loin de la Vieille-Capitale, le Chocolat Chaud invite à la détente dans une ambiance amicale qui saura vous séduire. Certifié Bienvenue cyclistes !md

Aux alentours: Parc Chauveau, stade de Soccer, ski de fond, marche en forêt, Les Galeries de la Capitale. **Chambres:** avec lavabo, balcon, insonorisées, peignoirs, ventilateur, tranquillité assurée. **Lits:** queen. **2 ch. S. de bain partagée(s).**

2 pers: B&B 65$ **1 pers:** B&B 65$. **Enfant** (12 ans et -): B&B 10-18$. **Ouvert:** à l'année.

A @Wifi ⚲Certifié: 2012

⌂ Gîte du Passant **certifié**

Andrée Marcoux
9060, Drolet
Québec G2K 1J5
Tél. 418 622-8575
www.chocolatchaudbb.com
chocolatchaudbb@hotmail.fr
Aut. 40, route 740 nord, sortie Chauveau est. Environ 4 min. plus tard, rue Drolet à gauche.

Québec, La Haute-Saint-Charles

Le Gîte du Hu-Art ❋❋❋❋

Le meilleur des 2 mondes: le calme de la nature à proximité du tourbillon urbain du centre-ville. Venez relaxer chez-nous en pleine nature, sur les rives du majestueux lac St-Charles avec pour seule trame sonore, le chant envoûtant des huards. Allez explorer ses recoins sauvages à bord de nos embarcations offertes gratuitement à notre clientèle.

Aux alentours: Village Vacances Valcartier, Siberia Station Spa, les Marais du Nord, parc linéaire, Vieux-Québec, Wendake. **Chambres:** climatisées, baignoire à remous, TV, accès Internet, peignoirs, entrée privée, vue sur lac. **Lits:** queen, divan-lit. **3 ch. S. de bain privée(s) ou partagée(s). Forfaits:** croisière, motoneige, détente & santé, ski de fond, traîneaux à chiens.

2 pers: B&B 109-129$ **1 pers:** B&B 89-109$. **Enfant** (12 ans et -): B&B 0-10$. Taxes en sus. **Paiement:** MC VS.

Réduction: hors saison, long séjour. **Ouvert:** à l'année.

A ● AV spa @Wifi Certifié: 2011

⌂ Gîte du Passant **certifié**

Linda Gagnon et Pierre Bélanger
1673, avenue du Lac St-Charles
Québec G3G 2W5
Tél. 418 849-4580 / 418 806-2534
www.legiteduhu-art.com
info@legiteduhu-art.com
Du centre-ville de Québec, aut. Laurentienne - rte 175 nord, sortie 158, rue Jacques-Bédard à gauche, au bout, avenue du Lac St-Charles à droite, 2 km.

Québec, Sainte-Foy

Au rêve fleuri ✿✿✿

Merci beaucoup pour votre accueil personnalisé dans votre gîte chaleureux, très propre et convivial. J'y ai apprécié l'ambiance, le confort, l'espace et la tranquillité. Que dire des petits déjeuners copieux, variés, colorés et santé! Chaque petite attention a permis d'ensoleiller notre séjour malgré la température incertaine. (Gabriel et Marika)

Aux alentours: piste cyclable, Vieux-Québec, restos, musées, galeries d'art, chute Montmorency, village autochtone. **Chambres:** climatisées, meubles antiques, peignoirs, couettes en duvet, bois franc. **Lits:** double, d'appoint. **3 ch. S. de bain partagée(s). Forfaits:** vélo.

2 pers: B&B 80$ **1 pers:** B&B 70$. **Enfant (12 ans et -):** B&B 15$. Taxes en sus. **Paiement:** AM MC VS.

Réduction: long séjour. **Ouvert:** à l'année.

A ● @ ⚙ **Certifié: 2004**

Gîte du Passant **certifié**

Jeanne-Mance Dallaire et Gilles Tremblay
1474, rue De Vinci
Québec G2G 1P5
Tél. 418 872-0117 / 418 558-9721
www.aurevefleuri.qc.ca
aurevefleuri@videotron.ca
Pont Pierre Laporte, aut 40 ouest, Duplessis, sortie Charest ouest, sortie Legendre (304), Jules Verne gauche, Legendre droite, Auclair gauche, De Vinci droite.

Québec, Sainte-Foy

Restaurant La Fenouillière

Considéré comme l'une des meilleures tables du Québec et maintes fois lauréat de prix gastronomiques, le Restaurant la Fenouillière ravira les plus fins palais. Du petit-déjeuner copieux, au dîner fin, vous découvrirez le plaisir des sens dans une atmosphère des plus détendues.

Spécialités: Dans une ambiance feutrée et sympathique, découvrez la fine cuisine québécoise revalorisée par le savoir-faire de nos artisans.

Repas offerts: midi, soir. **Menus:** à la carte, table d'hôte, gastronomique. **Nbr personnes:** 1-80. **Réservation:** requise.

Table d'hôte: 49-59$/pers. Taxes en sus. **Paiement:** AM ER IT MC VS. **Ouvert:** à l'année.

A ⚙ **Certifié: 2009**

Table aux Saveurs du Terroir **certifiée**

Yvon Godbout
3100, chemin Saint-Louis
Québec G1W 1R8
Tél. 418 653-3886 / 418 653-6368
Fax 418 653-2630
www.fenouilliere.com
info@fenouilliere.com
Après le pont Pierre-Laporte, prendre la bretelle d'accès vers ch. St-Louis, 0.3 km. Ch. St-Louis à gauche. Restaurant situé à gauche au 3100, 0.2 km.

Québec, Sillery

Gîte au Chemin du Foulon ✿✿✿

Coquette maison de ville, joliment décorée, face au fleuve St-Laurent et à la promenade Samuel de Champlain, située à 10 min du Vieux-Québec. Vous serez ravis par les petits-déjeuners très copieux, tout cela dans une ambiance chaleureuse et un confort douillet. Nous serons heureux de vous accueillir.

Aux alentours: Vieux-Québec, aquarium, piste cyclable, restos, musées, promenade Samuel de Champlain, centre commerciaux, Université. **Chambres:** accès Internet, ensoleillées, raffinées, peignoirs, ventilateur, bois franc. **Lits:** double. **2 ch. S. de bain partagée(s).**

2 pers: B&B 85$ **1 pers:** B&B 75$. **Enfant (12 ans et -):** B&B 15$. **Ouvert:** à l'année.

A AV @⚉ ⚙ **Certifié: 1996**

Gîte du Passant **certifié**

Francine et Yvon Arsenault
2521 C, Chemin du Foulon
Québec G1T 1X6
Tél. 418 659-1365
www.giteauchemindufoulon.com
auchemindufoulon@videotron.ca
Pont Pierre-Laporte, sortie 132 boul. Champlain, ou aut. Henri IV sud, sortie boul. Champlain. À 3 km à l'est du pont, sortie Côte du Verger, 1re rue à droite.

Québec, Sillery

Le Canard Goulu Inc.

Notre salle à manger toute en simplicité vous offre une ambiance des plus accueillantes où la convivialité est de mise. Les midis vous permettent de découvrir des créations originales et d'incontournables classiques. Les jeudis et vendredis soirs, une expérience gastronomique hors du commun vous attend au restaurant Le Canard Goulu.

Spécialités: le chef vous propose des créations originales «tout canard et foie gras», concoctées à partir du canard de notre ferme.

Repas offerts: midi, soir. **Menus:** à la carte, table d'hôte, gastronomique. **Nbr personnes:** 1-32. **Réservation:** recommandée, requise pour groupe.

Table d'hôte: 50-70$/pers. Taxes en sus. **Paiement:** IT MC VS. **Ouvert:** à l'année. Mar au ven.

A ᗺ **Certifié: 2012**

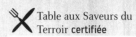

Table aux Saveurs du Terroir **certifiée**

Marie-Josée Garneau
1281, avenue Maguire
Québec G1T 1Z2
Tél. 418 687-5116 / 418 881-2729
Fax 418 881-4186
www.canardgoulu.com
admin@canardgoulu.com
Rte 175, boul. Laurier, direction Québec, avenue Maguire à droite, restaurant à droite.

Québec, Vieux-Québec

Restaurant Charles Baillairgé

Restaurant d'atmosphère au charme d'antan avec ses boiseries superbes, ses photos du Vieux-Québec des années 1920 et ses airs de jazz. Menu à la carte moderne & audacieux entre 15$ et 30$ ou choix du buffet. Une cuisine internationale revisitée avec les produits de notre terroir pour une expérience gustative. Soirée souper-spectacle. P. 257.

Spécialités: tartare de canard à la moutarde, plat de gibiers, cerf rouge, crème brûlée à l'érable.

Repas offerts: petit-déjeuner, midi, soir. **Menus:** à la carte, gastronomique. **Nbr personnes:** 1-90. **Réservation:** recommandée.

Table d'hôte: 16-30$/pers. Taxes en sus. **Paiement:** AM IT MC VS. **Ouvert:** à l'année. Tous les jours.

A ♿ ᗺ **Certifié: 2011**

Table aux Saveurs du Terroir **certifiée**

Michael Thériault-Lambert
57, rue Ste-Anne
Québec G1R 3X4
Tél. 418 692-2480
Fax 418 692-4652
www.hotelclarendon.com
stodorov@groupedufour.com
À 2 pas du Château Frontenac, à l'intersection de la rue des Jardins.

Québec, Vieux-Québec

Restaurant du Musée

Le Restaurant du Musée, un lieu unique à Québec, où se marient élégance et confort. Grâce à ses baies vitrées, le Restaurant offre une vue magnifique sur le parc des Champs-de-Bataille. La terrasse, située au coeur du parc, est l'une des plus belles de Québec. P. 257.

Spécialités: cuisine du terroir, abats, poissons, mets végétariens.

Repas offerts: brunch, midi. **Menus:** à la carte, table d'hôte, gastronomique. **Nbr personnes:** 1-180. **Réservation:** recommandée, requise pour groupe.

Table d'hôte: 16-24$/pers. Taxes en sus. **Paiement:** AM ER IT MC VS. **Ouvert:** à l'année. Mar au dim.

A AV ᗺ **Certifié: 2011**

Table aux Saveurs du Terroir **certifiée**

Jean-Pierre Cloutier
1, rue Wolfe Montcalm
Québec G1R 5H3
Tél. 418 644-6780
Fax 418 646-2926
www.mnba.qc.ca
restaurant@mnba.qc.ca

Québec, Vieux-Québec

Restaurant le Patriarche

Passionné de gibiers et de foie gras, Stéphane Roth partage son goût des produits de notre terroir par multiple de trois, de l'entrée au dessert... L'objectif est simple, vous surprendre en vous faisant découvrir des produits uniques bien de chez nous: foies gras, agneau du Québec, sanglier, cerf, caribou... P. 35.

Spécialités: au cœur du Vieux-Québec, à proximité de la porte Saint-Jean, Le Patriarche offre une ambiance intime dans une maison de pierre de 1827.

Repas offerts: soir. **Menus:** à la carte, table d'hôte, gastronomique. **Nbr personnes:** 1-64. **Réservation:** requise.

Table d'hôte: 58-75$/pers. Taxes en sus. **Paiement:** AM ER IT MC VS. **Ouvert:** à l'année. Mar au dim. Horaire variable – téléphoner avant.

A AV @**Wi Fi** ⚲ **Certifié: 2012**

Table aux Saveurs du Terroir **certifiée**

Stéphane Roth et Guy Collin
17, rue Saint-Stanislas
Québec G1R 4G7
Tél. 418 692-5488 / 418 692-1621
www.lepatriarche.com
info@lepatriarche.com

Québec, Vieux-Québec

Restaurant le Saint-Amour

Alliant tradition et innovation, depuis 1978, les propriétaires du Saint-Amour ont déployé leur énergie, afin de réunir une équipe passionnée et attentionnée de la cuisine à la salle à manger. Le Saint-Amour se veut une figure de proue pour le rayonnement de la gastronomie québécoise.

Spécialités: cuisine française utilisant un grand nombre de produits du terroir québécois. Gastronomie. Spécialité, le foie gras.

Repas offerts: midi, soir. **Menus:** à la carte, table d'hôte, gastronomique. **Nbr personnes:** 1-120. **Réservation:** recommandée.

Table d'hôte: 63$/pers. Taxes en sus. **Paiement:** AM ER IT MC VS. **Ouvert:** à l'année. Tous les jours.

A AV @**Wi Fi** ⚲ **Certifié: 2010**

Table aux Saveurs du Terroir **certifiée**

Jean-Luc Boulay et Benoit Larochelle
48, Saint-Ursule
Québec G1R 4E2
Tél. 418 694-0667 / 418 694-4405
Fax 418 694-0967
www.saint-amour.com
delice@saint-amour.com
Pont Pierre Laporte, sortie boul. Laurier, dir. centre-ville, 8,8 km, continuer sur rue St-Louis, rue Ste-Ursule à gauche.

Québec, Wendake

Restaurant la Traite

Perpétuer une tradition d'échange millénaire en partageant une table raffinée célébrant l'abondance de la nature, telle est l'expérience que nous vous proposons. Une fine cuisine, signée par le chef Martin Gagné, aux saveurs subtiles de la forêt boréale, des produits du terroir du nord, de la chasse, la pêche et la cueillette. Un moment magique!

Spécialités: fine cuisine terroir du nord, poissons et gibiers fumés maison.

Repas offerts: petit-déjeuner, brunch, midi, soir. **Menus:** à la carte, table d'hôte, gastronomique. **Nbr personnes:** 1-180. **Réservation:** recommandée, requise pour groupe.

Table d'hôte: 39-69$/pers. Taxes en sus. **Paiement:** AM IT MC VS. **Ouvert:** à l'année.

A ♿ 🍴 ❤ AV @**Wi Fi** ⚲ **Certifié: 2012**

Table aux Saveurs du Terroir **certifiée**

Martin Gagné
5, Place de la Rencontre
Wendake G0A 4V0
Tél. 418 847-2222 / 418 847-0624 poste 2010
Fax 418 847-2903
www.hotelpremieresnations.ca
mgagne@hotelpremieresnations.ca

Saint-Casimir

Gîte B&B «Pour les Amis» Hébergement à la Campagne 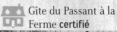 ***

Érablière – Ferme d'élevage. En nomination: Coup de Coeur régional 2006. «Une adresse pleine d'authenticité qui porte bien son nom, un vrai coup de cœur!». Maison de 1850 avec poêle à bois, cuisine d'été, bordée de la rivière et des jardins. Visite de la cabane à sucre. Repas du soir: lapin, légumes du potager, desserts à l'érable. Venez nourrir les animaux de la basse-cour.

Aux alentours: spéléologie, escalade, golf, traîneau à chiens, descente de rivière, vélo de campagne, marche. **Chambres:** cachet d'autrefois, tranquillité assurée, chambre familiale, vue sur campagne. **Lits:** simple, double, divan-lit. **3 ch. S. de bain privée(s) ou partagée(s). Forfaits:** vélo, famille, traîneaux à chiens.

2 pers: B&B 65-85$ PAM 115-135$ **1 pers:** B&B 50-70$ PAM 75-95$. **Enfant (12 ans et -):** B&B 25$ PAM 40$.

Réduction: long séjour. **Ouvert:** à l'année.

A ● ☞ ✕ AV ⚓ @ Certifié: 2003

Gîte du Passant à la Ferme **certifié**

Gabrielle Poisson et Gaston Girard
950, rang de la Rivière Noire
Saint-Casimir G0A 3L0
Tél. 418 339-2320
www.gitepourlesamis.com
gitepourlesamis@globetrotter.net

Aut. 40, sortie 250 dir. St-Casimir. Face à l'église, rue Tessier à droite, 0.5 km, pont de l'île Grandbois à droite, rang de la Rivière Noire, cul-de-sac. Dernière maison.

Saint-Ferréol-les-Neiges

La Ferme Quebec-Oies

Ferme d'élevage. Boutique ouverte à l'année, située à cinq minutes du Mont-Sainte-Anne. Découvrez une gamme diversifiée de produits de l'oie provenant directement de notre élevage. Du 1er juillet au 1er octobre, visitez notre ferme située au 484, avenue Royale à St-Tite-des-Caps. Boutique et dégustations vous attendent toutes les fins de semaine!

Produits: rillettes d'oie, foies gras, terrines, pâtés, cassoulet d'oie, mousses de foie gras d'oie, boîtes cadeaux et autres spécialités. **Activités sur place:** dégustation, visite commentée français et anglais, mini-ferme, observation des activités de la ferme.

Visite: gratuite. **Paiement:** IT MC VS. **Nbr personnes:** 1-30. **Réservation:** requise pour groupe. **Ouvert:** à l'année. Mer au dim 10h à 17h. Horaire variable – téléphoner avant. **Services:** aire de pique-nique, vente de produits, emballages-cadeaux.

A AV ⚙ Certifié: 2011

Relais du Terroir **certifié**

Simon Brousseau et Natacha Jobin
3341, avenue Royale
Saint-Ferréol-les-Neiges G0A 3R0
Tél. / Fax 418 826-0942
www.lafermequebec-oies.com
lafermequebec-oies@videotron.ca

Saint-Gabriel-de-Valcartier

La Jeanne-Claire Couette et Café ****

Coup de Coeur du Public régional 2010. Vos hôtes Marie-Claire et Jean-Marc sont heureux de vous accueillir au coeur d'une nature riche et invitante! Situé à 20 km du centre-ville de Québec, entre Stoneham et le Village Vacances Valcartier, nous vous offrons 2 unités dont 1 familiale avec climatiseur, cuisinette, stationnement, rangement pour vélo, aire de jeux pour enfants disponible.

Aux alentours: Village Vacances Valcartier, Nordique Spa & Détente, expédition rafting, massothérapeute, route pavée pour vélo. **Chambres:** certaines climatisées, téléphone, TV, DVD, tranquillité assurée, suite familiale. **Lits:** simple, double, queen, d'appoint. **2 ch. S. de bain privée(s). Forfaits:** plein air, été, hiver.

2 pers: B&B 95-125$ **1 pers:** B&B 80-95$. **Enfant (12 ans et -):** B&B 20-25$. **Paiement:** AM MC VS.

Réduction: long séjour. **Ouvert:** à l'année.

● ☞ AV ⚓ @ Certifié: 2009

Gîte du Passant **certifié**

Marie-Claire Gaumond
303, 5e Avenue
Saint-Gabriel-de-Valcartier G0A 4S0
Tél. 418 848-3093 / 418 570-8901
www.lajeanneclaire.com
marieclairegaumond@videotron.ca

À Québec, boul. Henri IV, rte 573 N. De Montolieu à dr., boul. Valcartier, rte 371 N, à g., 5e av. à dr., 12 km. Ou aut. Laurentienne, rte 73, sortie 167, route 371 S, 16 km.

Saint-Joachim

Ferme du Bon Temps

Ferme maraîchère. La Ferme du Bon Temps est une ferme familiale, dont les produits et les activités s'inspirent des traditions et des saisons tout en étant actuelle. La ferme distribue de ses produits tout au long de l'année. Vous êtes invités à venir nous rencontrer et vous procurer nos produits frais, séchés, congelés, marinés ou cuisinés. On vous attend!

Produits: nos cultures sont des plus variées, nos pratiques agricoles respectent l'environnement et notre transformation est artisanale. **Activités sur place:** animation pour groupe, autocueillette, mini-ferme, randonnée pédestre, observation des activités de la ferme, participation aux récoltes.

Visite: tarif de groupe. **Réservation:** recommandée. **Ouvert:** à l'année. Tous les jours. 9h à 18h. Horaire variable – téléphoner avant. **Services:** aire de pique-nique, vente de produits, stationnement pour autobus, emballages-cadeaux.

Certifié: 2012

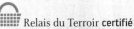
Relais du Terroir **certifié**

© Joëlle Gagnon

Isabelle Martineau
884, route 138, Cote de la Miche
Saint-Joachim G0A 3X0

Tél. 418 827-3672
www.fermedubontemps.com
info@fermedubontemps.com
Route 138, à St-Joachim, secteur Côte de la Miche.

Autres établissements

Château-Richer

Ferme Lionel Bédard, 8540, avenue Royale, Château-Richer, G0A 1N0. Tél./Fax: 418 824-5810
fermelionelbedard@hotmail.com - www.terroiretsaveurs.com/ferme-lionel-bedard

Ferme d'élevage. Services offerts: activités.

Pont-Rouge

Fraisière Faucher inc., 516, route Grand-Capsa, Pont-Rouge, G3H 1L2. Tél.: 418 873-2354, 418 873-1678 Fax: 418 873-1393
raymondfaucher@globetrotter.net - www.fraisierefaucher.com

Ferme de grandes cultures - Ferme fruitière. Services offerts: activités, vente de produits.

Québec

Ferme Bédard & Blouin, 2157, boul. Louis-XIV, Québec, G1C 1A1. Tél.: 418 666-5518, 418 661-4393 Fax: 418 661-4393
raymondeblouin@videotron.ca - www.terroiretsaveurs.com/ferme-bedard-et-blouin

Ferme fruitière - Ferme maraîchère - Horticulture ornementale. Services offerts: activités, vente de produits.

Saint-Jean-de-l'Île-d'Orléans

La Sucrerie Blouin, 2967, chemin Royal, Saint-Jean-de-l'Île-d'Orléans, G0A 3W0. Tél.: 418 829-2903, 418 829-0473
Fax: 418 829-2919
info@sucrerieblouin.com - www.sucrerieblouin.com

Érablière - Ferme de grandes cultures. Services offerts: activités, vente de produits, restauration.

Sainte-Famille-de-l'Île-d'Orléans

Érablière et Étang Richard Boily, 4739, chemin Royal, Sainte-Famille-de-l'Île-d'Orléans, G0A 3P0. Tél.: 418 829-2874
Fax: 418 829-3138
boilyrich@videotron.ca - www.erabliereiledorleans.qc.ca

Érablière - Aquaculture. Services offerts: activités, vente de produits.

Sainte-Famille-de-l'Île-d'Orléans

Verger Joe Giguère, 3446, chemin Royal, Sainte-Famille-de-l'Île-d'Orléans, G0A 3P0. Tél.: 418 829-2791 Fax: 418 829-1029
vergerjoegiguere@videotron.ca - www.terroiretsaveurs.com/verger-joe-giguere

Cidrerie - Verger. Services offerts: activités, vente de produits.

Saint-Pierre-de-l'Île-d'Orléans

Domaine Steinbach Cidrerie et Relais Gourmand, 2205, chemin Royal, Saint-Pierre-de-l'Île-d'Orléans, G0A 4E0.
Tél.: 418 828-0000 Fax: 418 828-0777
info@domainesteinbach.com - www.domainesteinbach.com

Cidrerie - Verger. Services offerts: activités, vente de produits, restauration.

Saint-Pierre-de-l'Île-d'Orléans

Le Meilleur de l'Île-Ferme Liz Ouellet, 1571, chemin Royal, C.P. 168, Saint-Pierre-de-l'Île-d'Orléans, G0A 4E0.
Tél.: 418 828-0444 Fax: 418 828-0222
ouelletliz@videotron.ca - www.lizouellet.ca

Ferme fruitière - Ferme maraîchère. Services offerts: activités, vente de produits.

Sainte-Pétronille-de-l'Île-d'Orléans

Polyculture Plante - Cidrerie du Bout de l'Île, 20, chemin Royal, Sainte-Pétronille-de-l'Île-d'Orléans, G0A 4C0.
Tél.: 418 828-9603 Fax: 418 828-1459
petepp@videotron.ca - www.terroiretsaveurs.com/polyculture-plante-cidrerie-du-bout-de-l-ile

Cidrerie - Érablière - Ferme fruitière - Ferme maraîchère - Verger. Services offerts: activités, vente de produits.

Saguenay–Lac-Saint-Jean

Saveurs régionales

Les habitants du Saguenay–Lac-Saint-Jean ont su conserver des coutumes culinaires traditionnelles où l'on retrouve, entre autres, la ouananiche (un saumon d'eau douce), la tourtière saguenéenne, les soupes aux gourganes et le fromage cheddar Perron. Vins, pains artisanaux, miels et fromages de chèvre viennent aussi agrémenter la table.

Parler des saveurs de la région revient évidemment à parler du bleuet. Cette myrtille québécoise, emblème de la région, se retrouve partout à l'état sauvage, mais surtout au nord du lac Saint-Jean dans les bleuetières. Le bleuet est utilisé à toutes les sauces dans la région: dans les tartes, les confiseries, les coulis, les confitures, les apéritifs, les sauces accompagnant les viandes et même dans les excellents chocolats des Pères Trappistes de Mistassini. Des classiques! Quant à la savoureuse tourtière saguenéenne, elle était à l'origine faite à base de perdrix et d'orignal couverts d'une pâte et longuement mijotés. De nos jours, dans les restaurants, on poursuit la tradition avec des viandes d'élevage.

Quoi voir? Quoi faire?

- Aux pourtours du lac Saint-Jean: plages, randonnée, diverses activités et attraits.
- L'Odyssée du Bâtisseur (Alma).
- La caverne du Trou de la Fée (Desbiens) et l'Ermitage Saint-Antoine de Lac-Bouchette.
- La boulangerie Perron de Roberval, Économusée.
- Le Village historique de Val-Jalbert: moulin, chute, sentier... (Chambord).
- Le Musée du fromage cheddar (Saint-Prime).
- Jardin Scullion pour la découverte d'aménagements exceptionnels (L'Ascension-de-Notre-Seigneur)
- Le Zoo sauvage de Saint-Félicien et le Centre de conservation de la biodiversité boréale (Saint-Félicien).
- Le Musée Louis-Hémon – Complexe touristique Maria-Chapdelaine (Péribonka).
- Le Centre d'interprétation des battures et de réhabilitation des oiseaux (Saint-Fulgence).
- À Jonquière, Chicoutimi et La Baie: divers attraits, dont la Pulperie de Chicoutimi, la Maison Arthur-Villeneuve,

le spectacle *Les Aventures d'un Flo* et le Musée du Fjord, entre autres.
- L'attrait historique du Site de la Nouvelle-France (Saint-Félix-d'Otis).
- La Traversée internationale du lac Saint-Jean à la nage (juillet), et le Festival des Rythmes du monde (août).
- Les jolis villages de Petit-Saguenay, L'Anse-Saint-Jean, Sainte-Rose-du-Nord et Saint-Félix-d'Otis.
- Le Festival des bleuets (août), le Festival international des arts de la marionnette (septembre), Jonquière en musique (juin à août) et plusieurs autres événements.

Faites le plein de nature

- Croisière et expédition en kayak sur le lac Saint-Jean et sur le fjord.
- La Véloroute des Bleuets : un circuit cyclable de 256 km ceinturant le lac Saint-Jean.
- Le parc national du Fjord-du-Saguenay: plusieurs sentiers parcourant les deux rives du fjord.
- Le Mont Lac-Vert (Hébertville) et le Domaine de la rivière Mistassini (Girardville).
- Le Sentier des grands pins blancs (Alma).

Un pays de démesure...

Découvrez ce pays où les forces de la nature ont façonné un spectaculaire fjord et un sublime lac aux allures d'une petite mer intérieure bordée de plages dorées.

Le Saguenay–Lac-Saint-Jean a de quoi impressionner! Que vous fassiez le tour du vaste lac Saint-Jean ou que vous visitiez le Haut-Saguenay, plein de charme et d'animation, vous en aurez le souffle coupé!

S'offriront à vous des attraits aussi variés que le village de Petit-Saguenay, blotti au creux des montagnes et rappelant le charme des villages suisses; la baie des Ha! Ha! avec ses hautes marées; et ce fameux fjord!

Pour vous accueillir, des gens de fête et de cœur dont la spontanéité surprenante et le phrasé mélodieux sont un pur ravissement. Certains, un tantinet taquin, vous diront que leurs bleuets sont si gros qu'un seul suffit à faire une tarte!

Si l'aventure et la nature vous interpellent, voilà votre prochaine destination écotouristique!

- La réserve faunique des Laurentides.
- Le Centre touristique du Lac-Kénogami.
- Le parc de la Pointe-Taillon (Saint-Henri-de-Taillon).
- Pour la famille, le Parc Aventures Cap-Jaseux (Saint-Fulgence).
- Le parc national des Monts-Valin: marche, raquette, motoneige (Saint-Fulgence).
- Le Parc de la Nordicité (La Baie).

Le saviez-vous?

En 1870, d'un petit feu destiné à brûler quelques arbres abattus naît un foudroyant brasier. Plus de 3 900 km² de territoire sont ravagés. Pour se protéger du feu, les gens devaient se réfugier dans des caves ou s'immerger dans les rivières et les lacs. En 1971, un énorme glissement de terrain à Saint-Jean-Vianney déplace l'équivalent de 8 millions de m³ d'argile et de sable. En 1988, un séisme atteignant 6,5 sur l'échelle de Richter frappe la région. En 1996, c'est un déluge de plus de 260 mm de pluie en 50 heures (l'équivalent de 3 m de neige) qui cause le débordement de plusieurs cours d'eau. Pays de démesure, disions-nous? Ajoutons même, de courage légendaire!

Clin d'œil sur l'histoire

En 1838, 21 colons partent de Charlevoix (la Société des Vingt-et-Un) pour venir coloniser le territoire. On y implante d'abord l'industrie forestière. Suivra l'industrie fromagère, de l'aluminium et du bleuet. C'est en 1880 que l'industrie fromagère connaît un essor, avec la création d'une dizaine de fabriques de cheddar. Sous le Régime anglais, les fromages étant réservés à la noblesse, le cheddar devint l'un des produits canadiens les plus exportés, après la fourrure, la morue séchée et le bois de construction. La Fromagerie Perron de Saint-Prime est l'un des meilleurs exemples du savoir-faire fromager qui s'est transmis sur quatre générations, assurant ainsi le maintien de la qualité exceptionnelle de ce fromage de renommée internationale.

Pour plus d'information sur la région du Saguenay–Lac-Saint-Jean: 1 877 253-8387
www.saguenaylacsaintjean.ca

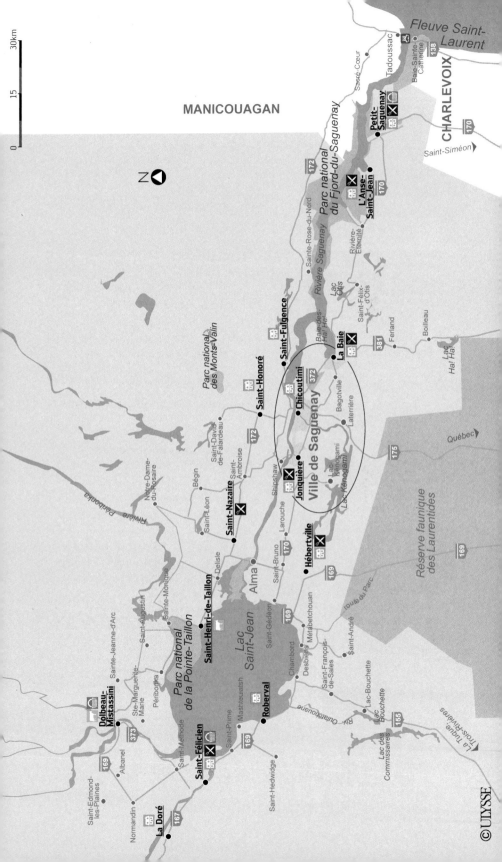

Saint-Fulgence

Aux Bons Jardins

Mariko Watanabe et Richard Lapointe
127, ch. Pointe-aux-Pins
Saint-Fulgence
G0V 1S0
418 674-2896
www.auxbonsjardins.com
mariko@auxbonsjardins.com
P. 296.

L'Association de l'Agrotourisme et du Tourisme Gourmand du Québec* est fière de rendre hommage aux hôtes Mariko Watanabe et Richard Lapointe du gîte AUX BONS JARDINS, qui se sont illustrés de façon remarquable par l'expérience exceptionnelle qu'ils font vivre à leur clientèle. C'est dans le cadre des Prix de l'Excellence 2011 que les propriétaires de cet établissement, certifié Gîte du Passant^md depuis 2005, se sont vu décerner le « Coup de Cœur du Public Provincial » dans le volet : hébergement.

« Dans une ambiance de simplicité, de convivialité et de bonne humeur, ces hôtes reçoivent leur clientèle comme des amis de la famille. La chanson « *Fais du feu dans la cheminée...* » de Jean-Pierre Ferland leur convient tout à fait, car le poêle à bois est toujours allumé avant l'arrivée des gens au gîte. À cet établissement, les amateurs de nature seront comblés. L'atmosphère de détente qui règne dans cet oasis de nature ne peut faire autrement que de vous inviter à la plénitude, au repos et à la contemplation de paysages époustouflants. Et leur petit-déjeuner, composé presqu'exclusivement des produits de leur ferme biologique et de leur délicieux fromage de chèvre maison, est tout à fait délectable ! »

Félicitations !

*L'Association de l'Agrotourisme et du Tourisme Gourmand du Québec est propriétaire des marques de certification : Gîte du Passant^MD, Auberge du Passant^MD, Maison de Campagne ou de Ville, Table aux Saveurs du Terroir^MD, Table Champêtre^MD, Relais du Terroir^MD et Ferme Découverte.

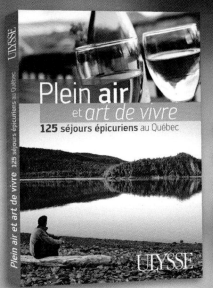

Chicoutimi

Auberge Racine ✦✦✦✦

Gîte ancestral situé dans une magnifique demeure centenaire au coeur du centre-ville de Chicoutimi. Vous succomberez au charme enveloppant de nos chambres au confort douillet avec toutes les facilités d'aujourd'hui: Internet sans fil, stationnement, espace pour vélos. À proximité du Vieux-Port, de l'hôpital, CEGEP, université, restaurants.

Aux alentours: le Vieux-Port et les croisières, parc Rivière du Moulin, mont Valinouët, Parc Aventure Cap Jaseux. **Chambres:** climatisées, baignoire sur pattes, TV, accès Internet, cachet ancestral, entrée privée. **Lits:** queen, d'appoint. **5 ch. S. de bain privée(s). Forfaits:** divers.

2 pers: B&B 94-109$ **1 pers:** B&B 84-94$. Taxes en sus. **Paiement:** AM MC VS.

Réduction: hors saison, long séjour. **Ouvert:** à l'année.

A AV @ ♻ Certifié: 2008

🏠 Gîte du Passant **certifié**

Joseph Simard et Marie-Joelle Bolduc
334, rue Racine Est
Chicoutimi G7H 1S6
Tél. 418 543-1919
www.aubergeracine.com
infos@aubergeracine.com
Rte 175 nord, à Chicoutimi devient Boul. Talbot, jusqu'au bout, rue Jacques Cartier à gauche, 5e feu, rue Labrecque à droite, au bout, rue Racine à gauche.

Chicoutimi

Château Murdock Gîte B&B ✦✦✦✦

Lauréat régional des Grands Prix du tourisme 2010. Domaine patrimonial en plein coeur de la ville de Saguenay (Chicoutimi). Gîte de prestige situé sur une rue privée pour une tranquillité assurée. Stationnement privé et gratuit. À 10 min de marche du centre et des restaurants.

Aux alentours: parc national des Monts-Valin, Cap Jaseux, parc de la rivière du Moulin, Vieux-Port de Chicoutimi. **Chambres:** climatisées, bureau de travail, accès Internet, peignoirs, tranquillité assurée. **Lits:** simple, double, queen, divan-lit, pour bébé. **4 ch. S. de bain privée(s). Forfaits:** croisière, spectacle, restauration.

2 pers: B&B 105-150$ **1 pers:** B&B 95-125$. **Enfant (12 ans et -):** B&B 0-15$. Taxes en sus. **Paiement:** MC VS.

Réduction: hors saison, long séjour. **Ouvert:** à l'année.

A ◆ @ Wi-Fi ♻ Certifié: 2011

🏠 Gîte du Passant **certifié**

Nathalie Gagnon et François Laflamme
129, Côte de la Terre-Forte
Chicoutimi G7H 6A6
Tél. 418 592-8938 / 418 690-1692
Fax 418 602-1433
www.chateaumurdock.com
info@chateaumurdock.com
Rte 175 nord, à Chicoutimi, devient boul. Talbot, au bout, rue Jacques-Cartier à gauche, 2e feu rue Sydenha à gauche, 2e rue à gauche. Le château est en haut de la côte.

Chicoutimi

Gîte la Maison le Normand ✦✦✦

Maison ancestrale de deux étages avec petite ferme: chats, cailles et lapins. Havre de paix situé à la campagne, à 5 km de la ville, offrant une vue splendide sur les monts Valin. Maison qui renferme beaucoup de respect, d'amour et de joie. Forfaits spectacle offerts. Un accueil chaleureux et personnalisé vous attend. À bientôt!

Aux alentours: parc, rivière du moulin (randonnée pédestre), golf (Le Richochet), ski, sentier de motoneige. **Chambres:** TV, accès Internet, balcon, ensoleillées, cachet ancestral, meubles antiques, chambre familiale. **Lits:** simple, double, king, pour bébé. **3 ch. S. de bain partagée(s). Forfaits:** spectacle.

2 pers: B&B 65$ **1 pers:** B&B 60$. **Enfant (12 ans et -):** B&B 10$.

Réduction: hors saison, long séjour. **Ouvert:** à l'année.

✗ AV ⚓ @ ♻ Certifié: 2008

🏠 Gîte du Passant **certifié**

Michelle Vigneault
2049, rang Sainte-Famille
Chicoutimi G7H 7W3
Tél. 418 549-4068 / 418 557-2049
Fax 418 612-0921
www.gitelamaisonlenormand.ca
infos@gitelamaisonlenormand.ca
Rte 175 nord, à Chicoutimi, rte 170 est, 1er feu, rang Sainte-Famille à gauche, 4,5 km.

Chicoutimi

La Maison du Séminaire ✦✦✦✦

La Maison du Séminaire construite en 1915 sur une rue patrimoniale à l'ombre d'un magnifique tilleul est un havre de paix au centre-ville de Chicoutimi. La maison est grande, agréable, décorée avec des meubles d'époque, des couleurs chaudes, des papiers peints fleuris et autres commodités. Un séjour confortable vous attend. La belle vie! Certifié Bienvenue cyclistes ![md]

Aux alentours: restos, activités du centre-ville, CEGEP, UQAC, hôpital, cathédrale, croisières sur le Saguenay. **Chambres:** climatisées, TV, accès Internet, raffinées, meubles antiques, tranquillité assurée. **Lits:** simple, double, queen, d'appoint, pour bébé. **5 ch. S. de bain privée(s) ou partagée(s).**

2 pers: B&B 85-120$ **1 pers:** B&B 75-85$. **Enfant (12 ans et -):** B&B 20$. Taxes en sus. **Paiement:** MC VS.

Réduction: hors saison, long séjour. **Ouvert:** à l'année.

A 🚲 AV @ Wi-Fi 🚲 **Certifié: 2005**

🏠 Gîte du Passant **certifié**

Gaëtane Harvey et Michel Carrier
285, rue du Séminaire
Chicoutimi G7H 4J4
Tél. 418 543-4724
Fax 418 800-1743
www.lamaisonduseminaire.com
infos@lamaisonduseminaire.com
Route 175 nord jusqu'à la fin. Rue Jacques-Cartier à gauche, 2e rue à droite. Notre maison est blanche du côté droit au 285.

Chicoutimi

Le Chardonneret ✦✦✦

Situé du côté est de Chicoutimi, vaste terrain avec vue imprenable sur la ville et le Saguenay. C'est un chez-soi tout confort. Petit-déjeuner copieux. Divers services à moins d'un km: restauration, pharmacie, dépanneur, station-service. Bienvenue chez-moi!

Aux alentours: théâtre, spectacles, vélo, canoë, randonnée, Parc Rivière-du-Moulin. **Chambres:** certaines avec lavabo, ensoleillées, tranquillité assurée, vue panoramique. **Lits:** simple, double, d'appoint. **3 ch. S. de bain partagée(s).**

2 pers: B&B 70-80$ **1 pers:** B&B 65$. **Enfant (12 ans et -):** B&B 15$. **Ouvert:** 15 mai - 31 oct.

AV 🚲 **Certifié: 1995**

🏠 Gîte du Passant **certifié**

Claire Tremblay
1253, boul. Renaud
Chicoutimi G7H 3N7
Tél. 418 543-9336
www.giteetaubergedupassant.com/chardonneret
lechardonneret@videotron.ca
De Québec, rte 175 nord dir. Chicoutimi. Boul. Université à droite, près centre commercial, boul. Saguenay à gauche. Après l'hôtel Parasol, boul. Renaud à droite.

Dolbeau-Mistassini

La Magie du Sous-Bois Inc. 📷

Ferme fruitière. Visite guidée ou non du centre d'interprétation du bleuet. Différentes photos et une vidéo sur les façons de cueillir le bleuet et aménager une bleuetière. Autocueillette de bleuets, visite des sentiers aménagés, sentiers en boucles, petit lac et fontaine où vous reposer.

Activités sur place: animation pour groupe scolaire, autocueillette, dégustation, visite libre, audio-visuel français, sentier d'interprétation, aire de jeux.

Visite: adulte: 5-10$, enfant: 4-7$ tarif de groupe, autres tarifs. Taxes en sus. **Paiement:** ER IT MC VS. **Nbr personnes:** 1-45. **Réservation:** requise pour groupe. **Ouvert:** 15 mai - 15 oct. Tous les jours. 9h à 17h. Horaire variable – téléphoner avant. **Fermé:** 16 oct - 14 mai. **Services:** aire de pique-nique, centre d'interprétation / musée, vente de produits, stationnement pour autobus, emballages-cadeaux, remise pour vélo, autres.

A AV 🚲 **Certifié: 2003**

🐄 Ferme Découverte **certifiée**

Lucina et Mariette Beaudet
801, 23e Avenue
Dolbeau-Mistassini G8L 2V2
Tél. 418 276-8926
Fax 418 276-9447
www.magiedusousbois.com
magiedusousbois@qc.aira.com
De Dolbeau-Mistassini, rte 169 dir. Normandin, 23e Avenue à gauche, 2 km.

Dolbeau-Mistassini

La Magie du Sous-Bois Inc.

Ferme fruitière. Centre écologique de culture de petits fruits nordiques et de transformation de produits du terroir. Auto-cueillette de bleuets et de framboises. 8 km de sentiers pédestres avec stations d'interprétation de la flore sauvage. Un petit lac invite au calme et à la détente. Observation des oiseaux. Service de détente : massothérapie, reiki...

Produits: produits transformés d'amélanche, bleuets, framboises. Coulis, beurre, tartinade, gelée, sirop, beurre de bleuets sans sucre ajouté. **Activités sur place:** animation pour groupe scolaire, autocueillette, dégustation, visite libre, audio-visuel français, sentier d'interprétation, aire de jeux.

Visite: adulte: 5-10$, enfant: 4-7$ tarif de groupe, autres tarifs. Taxes en sus. **Paiement:** ER IT MC VS. **Nbr personnes:** 1-45. **Réservation:** requise pour groupe. **Ouvert:** 15 mai - 15 oct. Tous les jours. 9h à 17h. **Fermé:** 16 oct - 14 mai. **Services:** aire de pique-nique, centre d'interprétation / musée, vente de produits, stationnement pour autobus, emballages-cadeaux, remise pour vélo, autres.

A AV ⚙ **Certifié: 2003**

Relais du Terroir **certifié**

Lucina et Mariette Beaudet
801, 23e Avenue
Dolbeau-Mistassini G8L 2V2
Tél. 418 276-8926
Fax 418 276-9447
www.magiedusousbois.com
magiedusousbois@qc.aira.com
De Dolbeau-Mistassini, rte 169 dir. Normandin, 23e Avenue à gauche, 2 km.

Hébertville

Auberge Presbytère Mont Lac-Vert ★★★

Situé aux portes du lac Saint-Jean dans un décor enchanteur, à deux pas du mont Lac-Vert, l'auberge Presbytère entièrement rénovée a su conserver son cachet d'antan. On vous accueillera dans une ambiance chaleureuse, où vous pourrez bénéficier d'une tranquillité exceptionnelle entourée d'un paysage campagnard qui saura vous inspirer. Certifié Bienvenue cyclistes ![md] Certifié Table aux Saveurs du Terroir[md]

Aux alentours: randonnée pédestre, vélo, plage, motoneige, traîneau à chiens, ski alpin, raquette, glissade. **Chambres:** cachet champêtre, décoration thématique, ventilateur, chambre familiale. **Lits:** simple, double, divan-lit. **6 ch. S. de bain privée(s). Forfaits:** charme, vélo, famille, gastronomie, golf, motoneige, romantique, ski alpin, divers.

2 pers: B&B 100-110$ PAM 166-176$ **1 pers:** B&B 85-110$ PAM 119-140$. **Enfant (12 ans et -):** B&B 15$ PAM 30-40$. Taxes en sus. **Paiement:** IT MC VS. **Ouvert:** à l'année.

✗ AV ⚙ **Certifié: 1998**

Auberge du Passant **certifiée**

Danielle Castonguay et Robert Bilodeau
335, rang Lac-Vert
Hébertville G8N 1M1
Tél. 418 344-1548 / 1 800 818-1548
Fax 418 344-1013
www.aubergepresbytere.com
aubergepresbytere@qc.aira.com
Accès par la rte 169, on n'entre pas dans le village d'Hébertville, suivre la dir. Mont-Lac-Vert, 4 km.

Hébertville

Auberge Presbytère Mont Lac-Vert

Nous vous accueillerons dans notre salle à manger intime pour vivre une expérience gastronomique hors du commun. Nos tables d'hôte aux saveurs du terroir enchanteront votre palais. Vous pourrez agrémenter votre repas d'un bon vin sélectionné pour vous. Tout cela, dans une ambiance empreinte de chaleur dans un décor ancestral.

Spécialités: nos mets sont cuisinés afin de mettre en valeur les produits régionaux et rehaussés par nos fines herbes du jardin...

Repas offerts: petit-déjeuner, soir. **Menus:** à la carte, table d'hôte, gastronomique. **Nbr personnes:** 1-20. Min. de pers. exigé varie selon les saisons. **Réservation:** recommandée, requise pour groupe.

Table d'hôte: 27-57$/pers. Taxes en sus. **Paiement:** IT MC VS. **Ouvert:** à l'année. Tous les jours. Horaire variable – téléphoner avant.

AV ⚙ **Certifié: 2007**

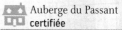
Table aux Saveurs du Terroir **certifiée**

Danielle Castonguay et Robert Bilodeau
335, rang Lac-Vert
Hébertville G8N 1M1
Tél. 418 344-1548 / 1 800 818-1548
Fax 418 344-1013
www.aubergepresbytere.com
aubergepresbytere@qc.aira.com
Accès par la rte 169, on n'entre pas dans le village d'Hébertville, suivre la dir. Mont-Lac-Vert, 4 km.

Hébertville

Le Gîte des Aulnaies ✹✹✹

 Gîte du Passant **certifié**

Gîte des Aulnaies, pour un accueil charmant. Bien situé pour visiter toute la région. Une cuisinette à votre service. Bienvenue aux enfants. Repas du soir offert sur réservation. Profitez de cette halte de paix pour prendre un bain de nature. Après une nuit reposante, venez apprécier notre copieux petit-déj. servi par votre hôtesse.

Aux alentours: plage, motoneige, vélo, pêche, ski, piste cyclable, golf, VTT et moto. Chambres: avec salle d'eau, foyer, TV, balcon, insonorisées, entrée privée, vue sur montagne. Lits: simple, double, pour bébé. **4 ch. S. de bain privée(s) ou partagée(s).**

2 pers: B&B 62-82$ 1 pers: B&B 42-62$. Enfant (12 ans et -): B&B 15$. Ouvert: à l'année.

◆ ✗ AV ⚙ Certifié: 2008

Carole et Jacques Martel
223, rue Potvin Sud
Hébertville G8N 1T4
Tél. / Fax 418 344-1323
www.giteetaubergedupassant.com/gitedesaulnaies
carolecote@live.ca
Du parc des Laurentides, rte 169. Premier village, rue Martin.

Jonquière

Auberge le St-Georges ✹✹✹✹

 Gîte du Passant **certifié**

Nous vous recevons dans l'un des plus beaux presbytères de Jonquière, situé à 5 minutes de marche du centre-ville, aux abords de la rivière aux sables. Notre belle région vous charmera au gré des saisons avec ses paysages montagneux, son abondance de festivals et ses multiples activités culturelles et récréatives. Certifié Bienvenue cyclistes [md]

Chambres: certaines climatisées, avec lavabo, ventilateur, terrasse, suite familiale. **Lits:** simple, queen, d'appoint. **5 ch. S. de bain privée(s) ou partagée(s).**

2 pers: B&B 75-100$ 1 pers: B&B 60-85$. Enfant (12 ans et -): B&B 0-15$. Taxes en sus. **Paiement:** MC VS. **Ouvert:** à l'année.

@ ᵂⁱFi ⚙ Certifié: 2012

Claudine Brassard
2190, rue St-Jean-Baptiste
Jonquière G8A 2N1
Tél. 418 547-6668
Fax 418 213-0679
www.aubergelestgeorges.com
aubergelestgeorges@hotmail.com

Jonquière

Auberge Villa Pachon ★★★★

 Auberge du Passant **certifiée**

L'Auberge Villa Pachon vous offre l'élégance ancienne et enchanteresse des lieux chargés de mémoire, dans un site empreint de calme et de douceur de vivre. Son architecture de style Tudor, avec ses volumes asymétriques, ses cheminées décoratives et ses jeux de toitures, s'adapte harmonieusement au paysage saguenéen. Fine cuisine française. Certifié Table aux Saveurs du Terroir[md]

Aux alentours: Rivière-aux-Sables, sentiers pédestres et d'observation, pistes cyclables, pêche, location d'embarcations, jeux d'eau. Chambres: certaines climatisées, téléphone, TV, accès Internet, meubles antiques, vue sur rivière. Lits: queen. **6 ch. S. de bain privée(s).**

2 pers: B&B 125-150$ 1 pers: B&B 125-150$. Taxes en sus. Paiement: AM ER MC VS. **Ouvert:** à l'année.

A ✈ ✗ ⚙ Certifié: 2011

Carole T. Pachon
1904, rue Perron
Jonquière G7X 9P3
Tél. 418 542-3568 / 1 888 922-3568
Fax 418 542-9667
www.aubergepachon.com
aubergepachon@biz.videotron.ca
Route 170 ouest. À Jonquière, rue Perron à droite.

Jonquière

Auberge Villa Pachon

Réputée pour offrir une des meilleures tables au Saguenay-Lac-St-Jean, l'Auberge Villa Pachon vous offre une fine cuisine française à saveur régionale. Avec une carte concoctée au gré des saisons, le chef Daniel Pachon utilise son talent et son savoir-faire pour préparer des délices mettant en valeur des produits régionaux. Superbe carte de vins.

Spécialités: fine cuisine française. Ris de veau, foie gras, saumon fumé, magret de canard, thon rouge, carré d'agneau, côte de cerf, cassoulet.

Repas offerts: petit-déjeuner, soir. **Menus:** à la carte, table d'hôte, gastronomique.
Nbr personnes: 1-50. **Réservation:** requise.

Table d'hôte: 45-82$/pers. Taxes en sus. **Paiement:** AM ER MC VS. **Ouvert:** à l'année. Mar au sam. Horaire variable – téléphoner avant.

A @WiFi & **Certifié: 2011**

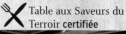

Table aux Saveurs du Terroir **certifiée**

Carole T. Pachon
1904, rue Perron
Jonquière G7X 9P3
Tél. 418 542-3568 / 1 888 922-3568
Fax 418 542-9667
www.aubergepachon.com
aubergepachon@biz.videotron.ca
Route 170 ouest. À Jonquière, rue Perron à droite.

Jonquière

Au Gîte de la Rivière-aux-Sables ❀❀❀❀

Coup de Coeur du Public provincial 2009 et régional 2007 - Gîte. Le calme de la campagne en ville. Havre de détente au coeur de la région. À 5 min à pied du centre-ville. Déjeuner servi dans une spacieuse verrière climatisée. Jardin accessible à la rivière et vue passerelle. Salle de repos avec table, frigo et micro-ondes. Venez seul, en couple, en famille ou en groupe découvrir notre coin enchanteur!

Aux alentours: piste cyclable, pédestre, restos, bars, spectacles, pédalo, canot, ski de fond, parcs, cégep, musée. **Chambres:** avec lavabo, certaines avec salle d'eau, TV, accès Internet, insonorisées, entrée privée. **Lits:** double, queen. **4 ch. S. de bain privée(s) ou partagée(s).**

2 pers: B&B 80-100$ **1 pers:** B&B 70-90$.

Réduction: long séjour. **Ouvert:** à l'année.

⬡ ⟋ @WiFi & **Certifié: 1994**

Gîte du Passant **certifié**

Chantale Munger et Robert Jacques
4076, rue des Saules
Jonquière G8A 2G7
Tél. 418 547-5101
Fax 418 547-6939
www.gitedelariviereauxsables.com
marie@gitedelariviereauxsables.com
Rte 175 ou aut. 70, sortie 33 dir. centre-ville, rue du Vieux-Pont à gauche, rue St-Jean-Baptiste à gauche, rue Des Saules à gauche.

Jonquière

Gîte Au Mitan ❀❀❀

Coup de Coeur du Public régional 2003 et 2008. Coquette maison de style anglais du début du siècle dernier construite par Alcan et située dans le quartier historique d'Arvida. Un bel escalier en chêne divise les pièces et donne une chaleur d'antan. Chambre avec lavabo. L'hiver dodo sous les couettes. Petit-déj. aux saveurs régionales servi dans une jolie verrière. Garage pour moto et vélo.

Aux alentours: spectacles Québec Issime et Ecce Mundo, centre national d'exposition, croisières, golfs, Alcan, ski. **Chambres:** avec lavabo, TV, accès Internet, insonorisées, cachet champêtre, peignoirs, bois franc. **Lits:** simple, double, queen. **3 ch. S. de bain privée(s) ou partagée(s). Forfaits:** motoneige, traîneaux à chiens.

2 pers: B&B 85$ **1 pers:** B&B 65$. **Enfant (12 ans et -):** B&B 20$.

Réduction: hors saison. **Ouvert:** à l'année.

A AV @ & **Certifié: 1996**

Gîte du Passant **certifié**

Denise F Blackburn
2840, boul. Saguenay
Jonquière G7S 2H3
Tél. 418 548-7388
www.multimania.com/lemitan/
denisefblackburn@hotmail.com
Rte 175 nord, à Chicoutimi rte 170 dir. Jonquière, 8 km, boul. Mellon à droite, dir. carrefour giratoire, 3 km, boul. Saguenay dir. Jonquière, 80 mètres.

La Baie

Auberge des 21

Situé sur les rives du majestueux fjord du Saguenay et du parc marin, l'établissement saura vous fasciner tant par sa chaleureuse atmosphère familiale que par la qualité de ses services et la finesse de sa cuisine régionale actualisée. P. 283.

Spécialités: caribou du Nunavik, fruits rouges des savanes, saumon boucané à l'amérindienne, beurre blanc à l'érable.

Repas offerts: petit-déjeuner, brunch, midi, soir. **Menus:** à la carte, table d'hôte, gastronomique. **Nbr personnes:** 1-90. **Réservation:** recommandée, requise pour groupe.

Table d'hôte: 47$/pers. Taxes en sus. **Paiement:** AM ER IT MC VS. **Ouvert:** à l'année. Tous les jours.

A AV @ Wi Fi ⚙ **Certifié: 2011**

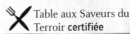

Table aux Saveurs du Terroir **certifiée**

Marcel Bouchard
621, rue Mars
La Baie G7B 4N1
Tél. 418 697-2121 / 1 800 363-7298
Fax 418 544-3360
www.aubergedes21.com
aubergedes21@royaume.com
De Québec, route 175 nord, puis route 170 est jusqu'à ville de La Baie.

La Baie

La Maison des Ancêtres 🛏 ★★★

Ferme d'élevage – Ferme laitière. La Maison des Ancêtres peut accueillir confortablement de 2 à 12 personnes. Située à 2 km de tous les services en ville, au centre de la région et des plus beaux paysage du Québec, dont la Route Fjord, le lac Saint-Jean... Offrant tous les services, votre famille et vos amis seront comme chez vous.

Aux alentours: spectacles, musée, kayak de mer, croisières, parc, piste cyclable, randonnée pédestre, golf, motoneige, pêche, ski.

Maison(s): foyer, TV, CD, DVD, unité pour fumeur, accès Internet, ventilateur, vue sur campagne. **Lits:** simple, double, divan-lit. **1 maison(s). 5 ch. 2 -12 pers.**

SEM 600-750$ **WE** 350-500$ **JR** 100-300$.

Réduction: hors saison. **Ouvert:** à l'année.

🛵 AV ⚙ **Certifié: 1989**

Maison de Campagne à la Ferme **certifiée**

Judith et Germain Simard
1722, chemin Saint-Joseph
La Baie G7B 3N9
Tél. 418 544-2925 / 418 944-8652
Fax 418 544-0241
www.maisondesancetres.com
simger@royaume.com
Rte 175 nord, Réserve faunique des Laurentides, rte 170 dir. La Baie, 13 km, rue Victoria, 2 km, qui devient St-Joseph à gauche.

La Doré

Aux Saveurs du Lac ❋❋❋

Gîte situé à 1,5 km de la route principale, au calme, au bord d'un lac et proche du bois. À seulement 20 min du Zoo de St-Félicien. Pratiquez gratuitement des activités de plein air: canot, pédalo, pêche, baignade... En hiver: raquettes, luge... Profitez de notre souper du soir pour découvrir les bons produits de notre région en notre compagnie.

Aux alentours: Zoo de St-Félicien, Chute à l'Ours, Moulin des Pionniers, canot, pédalo, pêche, baignade, raquettes, traîneau à chiens. **Chambres:** accès Internet, raffinées, peignoirs, vue sur lac, vue sur forêt, vue sur jardin. **Lits:** double, queen. **2 ch. S. de bain partagée(s). Forfaits:** plein air, été, hiver, restauration, traîneaux à chiens.

2 pers: B&B 79-85$ **PAM** 129-135$ **1 pers:** B&B 65-69$ **PAM** 90-94$.

Réduction: long séjour. **Ouvert:** à l'année.

✕ AV ⚓ @ Wi Fi **Certifié: 2012**

Gîte du Passant **certifié**

Aurore Jacquin
2170, chemin du lac Ouitouche
La Doré G8J 1A2
Tél. 418 256-8262
www.auxsaveursdulac.com
aurore.jacquin@yahoo.ca
À St-Félicien, rte 167 nord. À l'église de La Doré, rte 167 direction Chibougamau, 7,6 km. Au 1er lampadaire, tourner à gauche, faire 1,5 km.

L'Anse-Saint-Jean

Auberge des Cévennes ★★★

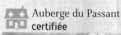
Auberge du Passant
certifiée

«De la terrasse du 2e étage de l'auberge... on ne voudrait plus bouger du reste des vacances." (La Presse). À quelques pas du fjord et des sentiers du parc, une petite auberge simple et confortable, une table giboyeuse. On y fait bonne chère et bon vin. Fraîcheur des galeries en été, chaleur des foyers en hiver. Raquettes et motoneiges en hiver. Certifié Table aux Saveurs du Terroir[md]

Aux alentours: fjord du Saguenay, parc national, baleines, ski, sentiers raquettes et motoneige, pêche blanche, croisières, kayak. **Chambres:** foyer, TV, accès Internet, balcon, cachet champêtre, terrasse, entrée privée, vue splendide. **Lits:** double, queen. **14 ch. S. de bain privée(s). Forfaits:** croisière, motoneige, ski alpin, automne, hiver, traîneaux à chiens.

2 pers: B&B 96-124$ **PAM** 140-170$ **1 pers:** B&B 87-115$ **PAM** 110-140$. **Enfant (12 ans et -):** B&B 17$ **PAM** 29$. **Taxes en sus. Paiement:** IT MC VS.

Réduction: hors saison. **Ouvert:** à l'année.

A ╳ AV @ Wi Fi **Certifié: 1998**

Enid Bertrand et Louis Mario Dufour
294, rue Saint-Jean-Baptiste
L'Anse-Saint-Jean G0V 1J0
Tél. 418 272-3180 / 1 877 272-3180
Fax 418 272-1131
www.auberge-des-cevennes.qc.ca
messages@auberge-des-cevennes.qc.ca
Rte 170 dir. L'Anse-St-Jean, rue St-Jean-Baptiste vers le quai. À 0,2 km de l'église, en face du pont couvert.

L'Anse-Saint-Jean

Auberge des Cévennes

╳ Table aux Saveurs du
Terroir **certifiée**

«Le paysage bucolique est toutefois rapidement supplanté par la qualité de la nourriture... Belle présentation, cuisson précise des viandes et qualité des ingrédients procure un bon moment.»(La Presse) «Le petit déjeuner est définitivement l'un des meilleurs que puissent déguster les motoneigistes sur les sentiers du Québec.» (Le Quotidien)

Spécialités: «Tout est excellent, des poissons aux fruits de mer, en passant par le gibier et les produits du terroir», selon un guide réputé.

Repas offerts: soir. **Menus:** table d'hôte. **Nbr personnes:** 1-51. **Réservation:** requise.

Table d'hôte: 30$/pers. **Taxes en sus. Paiement:** IT MC VS. **Ouvert:** à l'année. Tous les jours.

A AV @ Wi Fi **Certifié: 2007**

Enid Bertrand et Louis Mario Dufour
294, rue Saint-Jean-Baptiste
L'Anse-Saint-Jean G0V 1J0
Tél. 418 272-3180 / 1 877 272-3180
Fax 418 272-1131
www.auberge-des-cevennes.qc.ca
messages@auberge-des-cevennes.qc.ca
Rte 170 dir. L'Anse-St-Jean, rue St-Jean-Baptiste vers le quai. À 0,2 km de l'église, en face du pont couvert.

L'Anse-Saint-Jean

Auberge la Fjordelaise ★★★

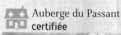
Auberge du Passant
certifiée

Avec sa vue exceptionnelle sur le fjord, sa superbe terrasse face au Saguenay, cette chaleureuse auberge de 9 chambres avec salle de bain privée, à proximité des activités nautiques et des sports d'hiver, est un rêve accessible. Bonne table en plus! Au plaisir de vous accueillir chez nous! Vos hôtes Rita et Denis.

Aux alentours: croisière, kayak, équitation, randonnée, piste cyclable, ski alpin, traineau à chiens, motoneige. **Chambres:** balcon, personnalisées, cachet champêtre, peignoirs, lucarnes, bois franc, vue splendide. **Lits:** double, queen. **9 ch. S. de bain privée(s) ou partagée(s). Forfaits:** croisière, ski alpin, divers.

2 pers: B&B 87-116$ **PAM** 134-172$ **1 pers:** B&B 70-90$ **PAM** 94-126$. **Enfant (12 ans et -):** B&B 18$. **Taxes en sus. Paiement:** IT MC VS.

Réduction: hors saison. **Ouvert:** à l'année. **Fermé:** 31 oct - 30 nov.

╳ AV @ Wi Fi **Certifié: 2007**

Rita B. Gaudreault
370, rue Saint-Jean-Baptiste
L'Anse-Saint-Jean G0V 1J0
Tél. 418 272-2560 / 1 866 372-2560
www.fjordelaise.com
infos@fjordelaise.com
Rte 138 est dir. St-Siméon, rte 170 dir. L'Anse-St-Jean, rue Saint-Jean-Baptiste jusqu'au bout du village, près de la marina.

L'Anse-Saint-Jean

Gîte de la Rivière ✹✹✹

Le Gîte de la Rivière est situé aux abords de la rivière Saint-Jean dans le village patrimonial de l'Anse Saint-Jean. Découvrez les quatre saisons d'un des plus beaux villages. Le gîte est ouvert toute l'année. Vos hôtes Blanche et Denis seront heureux de vous accueillir pour votre séjour.

Aux alentours: station de ski du Mont-Édouard, pêche aux saumons, piste cyclable, sentier pédestre, kayak, ect. **Chambres:** climatisées, foyer, accès Internet, balcon, ensoleillées, chambre familiale, vue sur rivière. **Lits:** double, d'appoint. **4 ch. S. de bain privée(s).**

2 pers: B&B 80$ 1 pers: B&B 60$. Enfant (12 ans et -): B&B 15-20$. Paiement: IT MC VS.

Réduction: hors saison. **Ouvert:** à l'année.

Certifié: 2011

Gîte du Passant **certifié**

Blanche Houde et Denis Pelletier
17, rue Gagné
L'Anse-Saint-Jean G0V 1J0
Tél. / Fax 418 272-3289
www.gitedelariviere.net
blanche@gitedelariviere.net
Rte 138 est dir. St-Siméon, rte 170 ouest direction Saguenay. À L'Anse St-Jean, rue Gagné.

Petit-Saguenay

Auberge du Jardin ★★★

Véritable havre de paix et de détente au cœur du fjord du Saguenay. Nichée au creux des montagnes, dans un impressionnant parc paysager, au bord de la rivière à saumon. L'Auberge du Jardin vous offre un accueil chaleureux, un confort de grande qualité et une cuisine aussi originale que raffinée. Deux vastes salons avec foyer. Certifié Table aux Saveurs du Terroir[md]

Aux alentours: parc du Saguenay, croisières, plage, kayak de mer, observation des saumons, traineau à chiens, ski, raquettes. **Chambres:** certaines climatisées, téléphone, TV, confort moderne, personnalisées, raffinées, spacieuses. **Lits:** queen, king. **12 ch. S. de bain privée(s). Forfaits:** croisière, motoneige, plein air, romantique, été, automne, hiver, divers.

2 pers: B&B 128-192$ PAM 168-232$ 1 pers: B&B 116-182$ PAM 136-202$. Enfant (12 ans et -): B&B 30$ PAM 50$. Taxes en sus. Paiement: AM IT MC VS.

Réduction: hors saison, long séjour. **Ouvert:** 1 déc - 31 oct.

A ✗ AV @Wi Fi Certifié: 2004

Auberge du Passant **certifiée**

Michel Bloch et Marie Jose Laurent
71, boul. Dumas
Petit-Saguenay G0V 1N0
Tél. 418 272-3444 / 1 888 272-3444
Fax 418 272-3174
www.aubergedujardin.com
aubergedujardin@hotmail.com
Au cœur du village de Petit-Saguenay, sur la route 170. À 55 km de St-Siméon en Charlevoix, 1 heure de Tadoussac, La Malbaie et Chicoutimi.

Petit-Saguenay

Auberge du Jardin

Les produits du terroir sont largement mis à l'honneur au restaurant de l'auberge par l'entremise et l'expérience de son chef français reconnu par de nombreux guides touristiques.

Spécialités: saumon fumé à l'auberge, médaillon de bison ou de caribou sauce bleuets, ris de veau sauce saguenéenne, torte du chef au chocolat.

Repas offerts: petit-déjeuner, soir. **Menus:** table d'hôte, gastronomique. **Nbr personnes:** 1-35. **Réservation:** recommandée, requise pour groupe.

Table d'hôte: 20-44$/pers. Taxes en sus. **Paiement:** AM IT MC VS. **Ouvert:** 1 déc - 31 oct. Tous les jours.

A AV @Wi Fi Certifié: 2007

Table aux Saveurs du Terroir **certifiée**

Michel Bloch et Marie Jose Laurent
71, boul. Dumas
Petit-Saguenay G0V 1N0
Tél. 418 272-3444 / 1 888 272-3444
Fax 418 272-3174
www.aubergedujardin.com
aubergedujardin@hotmail.com
Au cœur du village de Petit-Saguenay, sur la route 170. À 55 km de St-Siméon en Charlevoix, 1 heure de Tadoussac, La Malbaie et Chicoutimi.

Petit-Saguenay

Auberge les Deux Pignons ★★★

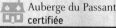

Auberge du Passant certifiée

Ancien hôtel campagnard qui a résisté aux caprices du temps. Son charme historique et son style champêtre font de cet endroit une escale désirée où la cordialité et l'atmosphère familiale sont à l'honneur. Drapée de souvenirs, elle vous ouvre grand ses portes, pour vous livrer son histoire et vous projeter un court instant dans le passé.

Aux alentours: parc Saguenay, kayak de mer, croisières, baleines, fjord, randonnées, pêche, traîneau à chiens, raquettes, motoneige. Chambres: certaines climatisées, foyer, TV, balcon, personnalisées, cachet champêtre, vue sur rivière. Lits: double, queen. 12 ch. S. de bain privée(s). Forfaits: croisière, motoneige, plein air, ski alpin, spectacle, traîneaux à chiens.

2 pers: B&B 85-150$ PAM 140-210$ 1 pers: B&B 75-140$ PAM 105-170$. Enfant (12 ans et -): B&B 15$ PAM 35$. Taxes en sus. Paiement: IT MC VS.

Réduction: hors saison, long séjour. Ouvert: à l'année.

A ✕ AV @ Wi-Fi Certifié: 1994

Régine Morin
117, boul. Dumas
Petit-Saguenay G0V 1N0
Tél. 418 272-3091 / 1 877 272-3091
Fax 418 272-1676
www.pignons.ca
contact@pignons.ca
Porte du parc Saguenay, à l'entrée du village près du kiosque touristique sur la route 170, à 54 km de St-Siméon et 1h de Tadoussac.

Petit-Saguenay

Les Cerfs Rouges de St-Étienne 🔖

Relais du Terroir certifié

Ferme d'élevage. Faire une visite agrotouristique de la ferme Les Cerfs Rouges de St-Étienne, c'est découvrir l'élevage d'une magnifique bête. On vous offre une visite guidée de la ferme, de la vente de produits dérivés du cerf rouge. Découvrez aussi les bois de velours et leurs bienfaits. Certifiés Grands gibiers du Québec, certifiés MDC.

Produits: saucisses, tournedos, burgers et autres pour le BBQ. Terrine, cerf fumé. Capsules de bois de velours Cervifor. Activités sur place: animation pour groupe, dégustation, visite autoguidée, audio-visuel français, randonnée pédestre, observation des activités de la ferme.

Visite: adulte: 5$, enfant: 5$ Paiement: ER. Nbr personnes: 10-20. Réservation: recommandée, requise pour groupe. Ouvert: 15 juin - 15 sept. Services: aire de pique-nique, vente de produits, dépliant explicatif ou panneaux français, stationnement pour autobus.

🐾 AV Certifié: 2009

Francis Boudreault et Diane Lavoie
103, chemin des Îles
Petit-Saguenay G0V 1N0
Tél. / Fax 418 272-1157 Tél. 418 272-1121
www.tablesetrelaisduterroir.com/cerfsrougesdestetienne
cerfsrouges@xplornet.com
Rte 138 est direction St-Siméon, rte 170 jusqu'à Petit Saguenay, avant l'entrée du village, chemin St-Étienne à droite.

Roberval

Gîte du Voyageur ✳✳✳

Gîte du Passant certifié

À 4,5 km du centre-ville de Roberval. Gîte calme et paisible. Nombreux attraits touristiques à proximité. Un déjeuner copieux, un repos bienfaiteur vous y attend au pays des bleuets. Vous serez charmé par l'accueil de Colette et Claude.

Aux alentours: piste cyclable, rafting, Val-Jalbert, Musée du cheddar, Musée amérindien, zoo, moulin. Chambres: climatisées, téléphone, TV, accès Internet, tranquillité assurée, chambre familiale. Lits: double, d'appoint. 3 ch. S. de bain partagée(s).

2 pers: B&B 70$ 1 pers: B&B 60$. Enfant (12 ans et -): B&B 10-15$.

Réduction: hors saison, long séjour. Ouvert: à l'année.

A ✕ AV ≈ @ Wi-Fi ♿ Certifié: 2007

Colette Taillon et Claude Grenon
2475, rue St-Dominique
Roberval G8H 2M9
Tél. / Fax 418 275-0078
www.giteetaubergedupassant.com/giteduvoyageur
giteduvoyageur@hotmail.com
À la sortie de Roberval dir. St-Félicien, rue Saint-Dominique à gauche.

Roberval

Le Gîte les 2 Soeurs ✼✼✼

Gîte du Passant **certifié**

Aménagé dans l'ancien presbytère Notre-Dame de Roberval, bordé par le majestueux lac St-Jean, le gîte vous accueille dans un endroit paisible, accueillant et unique. Petit-déjeuner avec pain artisanal et tartinade maison. Sur la Véloroute des Bleuets ainsi que la piste provinciale de motoneige. Nous vous offrons entreposage en toute sécurité. Certifié Bienvenue cyclistes !md

Aux alentours: Zoo de St-Félicien, Village historique de Val-Jalbert, village autochtone de Mashteuiatsh, vélo, kayak, motoneige. **Chambres:** baignoire sur pattes, accès Internet, balcon, ensoleillées, cachet ancestral, vue sur lac. **Lits:** double, queen, d'appoint, pour bébé. **5 ch. S. de bain privée(s) ou partagée(s). Forfaits:** vélo, famille, motoneige, romantique, été, printemps, automne, hiver.

2 pers: B&B 90-100$ **1 pers:** B&B 75-85$. **Enfant (12 ans et -):** B&B 15$. Taxes en sus.

Réduction: hors saison, long séjour. **Ouvert:** à l'année.

AV ⚓ @ Wi-Fi ♿ **Certifié: 2010**

Ginette Bonneau
484, boul. Saint-Joseph
Roberval G8H 2K4
Tél. 418 275-4243
Fax 418 765-1630
www.les2soeurs.com
info@les2soeurs.com
Rte 155 Nord ou rte 169 Nord direction Roberval,
1er feu à droite rue Brassard, boul. St-Joseph, face à l'église Notre-Dame.

Saint-Félicien

À Fleur d'Eau ✼✼✼✼

Gîte du Passant **certifié**

Situé au centre-ville de Saint-Félicien, aux abords de la Véloroute des Bleuets et à dix mètres de la rivière Ashuapmushuan, le Gîte À Fleur d'Eau vous offre une expérience d'hébergement authentique. Avec la terrasse, le service de massothérapie et les salles de bain privées, vous pourrez profiter pleinement de votre séjour. Certifié Bienvenue cyclistes !md

Aux alentours: situé dans le centre-ville, zoo, cascades, Val-Jalbert, plage, Véloroute. **Chambres:** certaines climatisées, TV, accès Internet, cachet champêtre, terrasse, vue sur rivière. **Lits:** queen, divan-lit. **5 ch. S. de bain privée(s). Forfaits:** vélo, famille, golf, motoneige, plein air.

2 pers: B&B 95-98$ **1 pers:** B&B 68-75$.

Réduction: hors saison. **Ouvert:** à l'année.

AV @ Wi-Fi ♿ **Certifié: 1994**

Suzanne Brassard et Marc Girard
1016, rue Sacré-Coeur
Saint-Félicien G8K 1R5
Tél. 418 679-0784
www.giteafleurdeau.com
info@giteafleurdeau.com
Du parc des Laurentides, rte 169 vers Roberval jusqu'à St-Félicien, situé face au «Mets Chinois». De Dolbeau, au 2e feu à gauche rue Sacré-Cœur, situé face au «Mets Chinois».

Saint-Félicien

Auberge des Berges ★★★

Auberge du Passant **certifiée**

Offrez-vous une pause relaxante au rythme de la nature et de l'eau. Admirez les flamboyants couchers de soleil sur la magnifique rivière Ashuapmushuan. Du spa extérieur ou de la terrasse de la verrière, vous serez conquis par la beauté exceptionnelle du site. Découvrez, en toutes saisons, une fine cuisine gastronomique aux saveurs jeannoises. Certifié Bienvenue cyclistes !md Certifié Table aux Saveurs du Terroir md

Aux alentours: Zoo, Val-Jalbert, Arbre en Arbre. Musées: amérindien, du cheddar, Pionniers. Véloroute, motoneige, traîneau à chiens. **Chambres:** climatisées, TV, cachet d'autrefois, cachet champêtre, suite familiale, vue sur rivière. **Lits:** simple, double, queen, divan-lit, d'appoint, pour bébé. **15 ch. S. de bain privée(s). Forfaits:** charme, vélo, famille, gastronomie, golf, motoneige, romantique, divers.

2 pers: B&B 114-170$ PAM 174-230$ **1 pers:** B&B 104-160$ PAM 134-190$. **Enfant (12 ans et -):** B&B 16-21$ PAM 30-35$. Taxes en sus. **Paiement:** IT MC VS.

Réduction: hors saison. **Ouvert:** à l'année.

A ✗ spa @ Wi-Fi ♿ **Certifié: 2005**

Mireille Fleurant et Jacques Tremblay
610, boul. Sacré-Coeur
Saint-Félicien G8K 1T5
Tél. 418 679-3346 / 1 877 679-3346
Fax 418 679-8760
www.auberge-des-berges.qc.ca
aubergedesberges@videotron.ca
De Québec, parc des Laurentides, rte 169 N. dir. Roberval. De Montréal, aut.40 & 55 N., rtes 155 N., 169 N. dir. Roberval, St-Prime, St-Félicien. GPS: N48°38'34"/W72°24'07".

Saint-Félicien

Auberge des Berges

Table aux Saveurs du Terroir **certifiée**

Dans une atmosphère relaxante et chaleureuse, à la verrière ou en salle à manger, le chef Patrick s'inspire des flamboyants couchers de soleil sur la rivière et vous propose une expérience gastronomique de fine cuisine régionale au gré des arrivages. Sa cuisine reflète la grande qualité des produits jeannois et la beauté exceptionnelle du site.

Spécialités: tourtière, terrines, pintade à la Chouape, osso bucco, cerf, veau, arrivage de la mer, crème brûlée aux canneberges, granités.

Repas offerts: petit-déjeuner, soir. **Menus:** à la carte, table d'hôte, gastronomique. **Nbr personnes:** 1-40. Min. de pers. exigé varie selon les saisons. **Réservation:** requise pour groupe.

Table d'hôte: 30-50$/pers. Taxes en sus. **Paiement:** IT MC VS. **Ouvert:** à l'année.

A @**Wi Fi** &Certifié: 2008

Mireille Fleurant et Jacques Tremblay
610, boul. Sacré-Coeur
Saint-Félicien G8K 1T5
Tél. 418 679-3346 / 1 877 679-3346
Fax 418 679-8760
www.auberge-des-berges.qc.ca
aubergedesberges@videotron.ca

De Québec, parc des Laurentides, rte 169 N. dir. Roberval. De Montréal, aut.40 & 55 N., rtes 155 N., 169 N. dir. Roberval, St-Prime, St-Félicien. GPS: N48°38'34"/W72°24'07".

Saint-Félicien

Auberge la Seigneurie du Lac ❋❋❋❋

Auberge du Passant **certifiée**

Évasion et détente dans un ancien presbytère centenaire restauré pour lui redonner son charme d'antan; 2 chambres, salle de bain privée, déjeuner et séance de spa extérieur inclus. Des serveuses vêtues en médiéval vous serviront les meilleurs fruits de mer de la région ainsi que des mets canadiens, italiens, cajuns et nos spécialités régionales.

Aux alentours: Zoo de St-Félicien, Val-Jalbert, Les Jardins de Normandin, Arbre en Arbre, vélo de montagne, kayak, fromageries. **Chambres:** raffinées, cachet d'antan, cachet ancestral, meubles antiques, peignoirs, romantiques. **Lits:** double, d'appoint. **2 ch. S. de bain privée(s). Forfaits:** gastronomie, romantique.

2 pers: B&B 85$ **1 pers:** B&B 85$. Taxes en sus. **Paiement:** IT MC VS. **Ouvert:** à l'année. **Fermé:** 15 oct - 1 mai.

✗ &Certifié: 2008

Alain Carbonneau
3127, rue de St-Méthode
Saint-Félicien G8K 3C2
Tél. 418 630-4381 / 1 800 630-4381
www.giteetaubergedupassant.com/laseigneuriedulac
aubergelaseigneuriedulac@bellnet.ca

De Montréal, aut. 40 est, à Trois-Rivières, aut. 55 nord, à Chambord rte 169 dir. St-Félicien. De Chicoutimi, rte 170 ouest, à St-Bruno rte 169 nord dir. St-Félicien.

Saint-Félicien

Fromagerie au Pays des Bleuets 📷

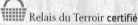 Relais du Terroir **certifié**

Boutique du terroir – Ferme fruitière – Ferme laitière – Fromagerie fermière. Nous sommes fiers d'ouvrir les portes de notre ferme, située tout près du Jardin zoologique de St-Félicien et d'Arbre en Arbre. Visite guidée de la ferme laitière, fermette avec poules, chèvres, brebis, chatons, potager, vignoble, framboisier. Dégustation de fromage affiné, cheddar, lait.

Produits: fromages fermiers pasteurisés: Le Desneiges et le Bouton d'Or, le cheddar frais du jour. Différents petits fruits à déguster. **Activités sur place:** animation pour groupe scolaire, autocueillette, dégustation, visite commentée français, mini-ferme, observation des activités de transformation.

Visite: adulte: 6-10$, enfant: 3-5$ tarif de groupe. Taxes en sus. **Nbr personnes:** 5-50. **Réservation:** requise. **Ouvert:** à l'année. Lun au ven. 8h30 à 18h30. **Services:** aire de pique-nique, vente de produits, dépliant explicatif ou panneaux français, salle de réception, réunion, stationnement pour autobus.

AV &Certifié: 2007

Lise Bradette et Régis Morency
805, rang Simple Sud
Saint-Félicien G8K 2N8
Tél. / Fax 418 679-2058
www.tablesetrelaisduterroir.com/laferme3j
info@fromageriepaysdesbleuets.com

Rte 169 nord, Notre-Dame à gauche, rang Simple sud à gauche.

Saint-Félicien

La Maison Banville ❋❋❋

Gîte du Passant **certifié**

Ici, le temps s'arrête... C'est bon la vie, bon en Banville. La Maison Banville vous offre une ambiance chaleureuse et authentique. Profitez de ses pièces spacieuses, de son décor élégant, de sa magnifique vue sur la rivière, ainsi que de son petit-déjeuner créatif et santé.

Aux alentours: 4 fromageries, microbrasserie, musées (amérindien, du cheddar, Moulin des Pionniers), Véloroute, zoo, pêche, motoneige. **Chambres:** accès Internet, ensoleillées, raffinées, romantiques, spacieuses, chambre familiale. **Lits:** simple, queen, divan-lit, d'appoint. **5 ch. S. de bain privée(s) ou partagée(s).**

2 pers: B&B 85-105$ **1 pers:** B&B 75-95$. **Enfant (12 ans et -):** B&B 20$. Taxes en sus. **Paiement:** IT MC VS. **Ouvert:** à l'année.

A ✕ @**WiFi** ♻ **Certifié: 2010**

Aurélie Vachon et David Garneau
1086, boul. du Sacré-Coeur
Saint-Félicien G8K 2X5
Tél. 418 613-0888
www.lamaisonbanville.com
info@lamaisonbanville.com
Route 169, à St-Félicien direction centre-ville, boulevard Sacré-Coeur. Voisin de la RBC Banque Royale.

Saint-Félicien

Les Artisans de la Grange ❋❋❋

Gîte du Passant **certifié**

Nous sommes situés sur un site enchanteur. 3 belles chambres aménagées dans un décor rustique avec 2 salles de bain partagées et 1 privée. Venez déguster nos déjeuners copieux aux saveurs de la région! Situé tout près du zoo, de la piste cyclable et possibilité de promenade, raquettes et ski de fond. Bienvenue!

Aux alentours: Zoo sauvage de St-Félicien, théâtre d'été, Moulin des Pionniers de la Doré, Village historique de Val-Jalbert. **Chambres:** climatisées, TV, DVD, cachet champêtre, meubles antiques, chambre familiale, vue sur forêt. **Lits:** simple, double. **3 ch. S. de bain privée(s) ou partagée(s).**

2 pers: B&B 65-85$ **1 pers:** B&B 55$. **Enfant (12 ans et -):** B&B 10$.

Réduction: long séjour. **Ouvert:** à l'année.

AV @**WiFi** ♻ **Certifié: 2011**

Doris Perron
1766, boul. du Jardin
Saint-Félicien G8K 2S9
Tél. 418 679-5241
www.artisansdelagrange.com
giteartisansdelagrange@live.fr
Route 167 direction Zoo de St-Félicien, suivre le boulevard du Jardin.

Saint-Fulgence

Au Temps de Jadis ★★★★

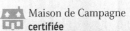

Maison de Campagne **certifiée**

Située sur le chemin pittoresque des artisans de la Pointe-aux-Pins, Au Temps de Jadis est une authentique maison en bois et de pierres nichée dans la vraie nature sauvage. Dans un décor champêtre au milieu d'une vallée jardinée biologiquement, entourée de montagnes cachées dans les contreforts du fjord du Saguenay.

Aux alentours: observation de la baleine bleue, randonnée pédestre, parc des Monts-Valin, ski alpin, ski de fond, motoneige, raquettes.

Maison(s): foyer, téléphone, TV, CD, DVD, ensoleillées, ventilateur, terrasse, vue sur forêt. **Lits:** double, divan-lit. **1 maison(s). 3 ch. 6-8 pers.**

SEM 1000-1200$ **WE** 286-486$ **JR** 143-243$.

Réduction: hors saison, long séjour. **Ouvert:** à l'année.

AV Certifié: 2012

Lise Tremblay
27, chemin de la Pointe-aux-Pins
Saint-Fulgence G0V 1S0
Tél. 418 674-1252
www.autempsdejadis.com
info@autempsdejadis.com
Rte 172 dir. Saint-Fulgence, rte du Parc du Cap Jaseux, ch. de la Pointe-aux-Pins, 2e maison à gauche.

Saint-Fulgence

Aux Bons Jardins ❀❀

Ferme d'élevage – Ferme fruitière – Ferme maraîchère – Jardin. Coup de Coeur du Public provincial 2011 - Hébergement. Situé dans une vallée, entouré de montagnes surplombant le fjord du Saguenay. Petit lac et un ruisseau traversent notre domaine. Petite ferme et jardins: fruits, légumes, fines herbes. Ces produits garnissent notre table. Ferme d'autosuffisance bio: potagers, vergers, animaux variés. Transformations de produits: jus, conserves, fromages, yogourt... P. 282.

Aux alentours: Parc Cap-Jaseux, fjord du Saguenay, CIBRO, parc des Monts-Valin, Ste-Rose-du-Nord, Chicoutimi. **Chambres:** cachet champêtre, tranquillité assurée, chambre familiale, vue sur jardin, vue splendide. **Lits:** simple, double, king, divan-lit, d'appoint. **4 ch. S. de bain privée(s) ou partagée(s).**

2 pers: B&B 80-115$ **1 pers:** B&B 65-100$. **Enfant (12 ans et -):** B&B 10-15$. **Ouvert:** à l'année.

A ● ⛄ AV ⚓ @ Wi-Fi **Certifié: 2005**

🏠 Gîte du Passant à la Ferme **certifié**

Mariko Watanabe et Richard Lapointe
127, ch. Pointe-aux-Pins
Saint-Fulgence G0V 1S0
Tél. 418 674-2896
Fax 418 674-1629
www.auxbonsjardins.com
mariko@auxbonsjardins.com
Entre Tadoussac et Chicoutimi, rte 172, au km 100, du côté du Saguenay, chemin de Pointe-aux-Pins, 1,2 km.

Saint-Fulgence

Gîte la Mi-Temps ❀❀❀

À une heure de Tadoussac et d'Alma, 45 minutes des Monts-Valin, 35 minutes de Chicoutimi, 15 minutes de Ste-Rose-du-Nord et 10 minutes du cap Jaseux et de St-Fulgence. Le Gîte la Mi-Temps est un endroit idéal pour celui ou celle qui veut un pied-à-terre afin de découvrir tous les attraits de notre belle région. Nous vous attendons!

Aux alentours: cap Jaseux, Cibro St-Fulgence (oiseaux sauvages), parc des Monts-Valin, village touristique de Ste-Rose-du-Nord. **Chambres:** balcon, ensoleillées, cachet particulier, ventilateur, originales, vue sur lac. **Lits:** double, d'appoint. **3 ch. S. de bain partagée(s).**

2 pers: B&B 50-60$. Taxes en sus. **Paiement:** ER.

Réduction: long séjour. **Ouvert:** à l'année.

A AV ⚓ 🚲 **Certifié: 2012**

🏠 Gîte du Passant **certifié**

Micheline Chevrette
1509, route de Tadoussac
Saint-Fulgence G0V 1S0
Tél. 418 674-1558
www.lamitemps.ca
lamitemps1509@gmail.com
Entre Tadoussac et Chicoutimi, rte 172 est ou ouest, dir. St-Fulgence. Entre le kilomètre 95 et 96, prendre route de Tadoussac.

Saint-Henri-de-Taillon

Ferme Benoît et Diane Gilbert et Fils Inc.

Ferme de grandes cultures – Ferme d'élevage – Ferme laitière. Ferme de 4 générations sur les abords du lac St-Jean. Offrons des visites guidées à la ferme tout au long de l'année sur réservation. Heures de visites: 10, 14 et 16h30. Camp d'un jour pour jeune pendant l'été de 6-13 ans. Une occasion de prendre contact avec la vie agricole et de jeter un regard sur les hommes et femmes de passion qui y vivent.

Particularités: visite avec animation sur la vie à la ferme et visionnement d'un DVD la route du lait, le bleuet un vrai délice. Assistez à la traite. **Activités sur place:** animation pour groupe scolaire, animation pour enfant, dégustation, visite autoguidée, mini-ferme, camp de jour, nourrir les animaux, observation de la traite des vaches.

Visite: adulte: 10$, enfant: 5$ tarif de groupe. **Nbr personnes:** 2-40. **Réservation:** recommandée. **Ouvert:** à l'année. Tous les jours. 10h à 18h. Horaire variable. **Services:** aire de pique-nique, vente de produits, dépliant explicatif ou panneaux français et anglais, stationnement pour autobus.

AV 🚲 **Certifié: 2007**

🐄 Ferme Découverte **certifiée**

Benoît, Diane, Gino, Pascal et Tommy
587, rue Principale
Saint-Henri-de-Taillon G0W 2X0
Tél. / Fax 418 347-3697 Tél. 418 487-8021
www.fermegilbert.com
dianeo@cablotaillon.com
Aut. 70 dir. Jonquière, rte 170, 1er feu de circulation, Fromagerie St-Laurent à droite, av. du Pont Nord à droite, rte 169, rue Principale à gauche.

Saint-Honoré

Gîte Papillon d'Or ✿✿✿

Situé au coeur de la région saguenéenne, sur une fermette, au pied des Monts Valin, le Gîte Papillon d'Or est l'escale incontournable de votre périple en «Terre du Royaume». Nous souhaitons la « Bienvenue! » aux familles, aux mordus de motoneige, de ski alpin, aux randonneurs et aux amants de la nature. Confort, vue imprenable, havre de paix.

Aux alentours: Monts-Valin, centre de ski Le Valinouët, centre équestre, parachutisme, aéroport, plages, piste cyclable. **Chambres:** certaines avec lavabo, accès Internet, cachet champêtre, entrée privée, vue splendide. **Lits:** simple, double, queen, d'appoint. **5 ch. S. de bain privée(s) ou partagée(s). Forfaits:** à la ferme, famille, motoneige, plein air, ski alpin, ski de fond.

2 pers: B&B 72-92$ **1 pers:** B&B 62$. **Enfant (12 ans et -):** B&B 20$.

Réduction: hors saison, long séjour. **Ouvert:** à l'année.

≈ @WiFi **Certifié: 2008**

Gîte du Passant **certifié**

Carole Grant et René Girard
1751, rue de l'Hotel de Ville
Saint-Honoré G0V 1L0
Tél. 418 673-4819
www.gitepapillondor.com
gitepapillondor@sympatico.ca
Rte 175 nord, aut. 70 ouest, sortie boul. St-Paul, après pont Dubuc, 5e feu à droite, à St-Honoré, 1er feu à gauche.

Saint-Honoré

Hébergement avec Mini-Ferme 📷 ★★★

Ferme de grandes cultures – Ferme d'élevage – Ferme laitière. Grand bâtiment en forme de grange avec vue sur les champs et sur monts Valin. Cachet chaleureux tout en bois, foyer et poêle à bois. Possibilité de cuisiner ou d'opter pour le service de traiteur. Peut accueillir groupe de 40 à 80 pers. Centre équestre de 20 chevaux : activités équestres, mini ferme, pêche. Classifié Centre de Vacances 3 étoiles.

Aux alentours: ski alpin et fond, motoneige, ferme laitière, traîneau à chiens, équitation.

Maison(s): foyer, téléphone, TV, cachet d'autrefois, murs en bois rond, tranquillité assurée, poutres. **Lits:** simple, double, divan-lit. **1 maison(s).** 1-5 ch. 2-16 pers. **Forfaits:** vélo, à la ferme, motoneige, plein air, ski de fond, divers.

SEM 1200-1500$ **WE** 450-800$ **JR** 55-225$. **Taxes en sus. Paiement:** ER.

Réduction: long séjour. **Ouvert:** à l'année.

A AV **Certifié: 2003**

Maison de Campagne à la Ferme **certifiée**

Bertrand Robitaille
5490, boul. Martel
Saint-Honoré G0V 1L0
Tél. 418 673-3956 / 418 673-4410
Fax 418 673-6017
www.lamartingale.net
infos@lamartingale.net
De Chicoutimi, pont Dubuc, rte 172 ouest, 3 km, boul. Martel tout droit, rte Chemin du Lac à droite.

Saint-Nazaire

À l'Orée des Champs 📷

Ferme d'élevage. À L'Orée des Champs est un concept unique qui allie les plaisirs de la table et les beautés de la nature. Nos installations modernes aux accents traditionnels vous permettent de vous réunir et de déguster une cuisine du terroir délicieuse à base d'agneau produit directement sur notre ferme familiale. Profitez de nos sentiers de campagne.

Spécialités: À L'Orée des Champs se spécialise dans les événements et les repas pour groupe de tous les genres avec comme produit de base l'agneau.

Repas offerts: petit-déjeuner, brunch, midi, soir. **Menus:** à la carte, table d'hôte, gastronomique, méchoui. **Nbr personnes:** 25-100. Min. de pers. exigé varie selon les saisons. **Réservation:** requise.

Repas: 7-35$/pers. Taxes en sus. **Paiement:** IT MC VS. **Ouvert:** 21 nov - 21 sept. Jeu au dim. Horaire variable – téléphoner avant. **Fermé:** 22 sept - 20 nov.

A AV @WiFi **Certifié: 2009**

Table Champêtre **certifiée**

Myriam Larouche
795-A, Rang 7 Est
Saint-Nazaire G0W 2V0
Tél. 418 669-3038 / 418 487-3066
Fax 418 669-9229
www.aloreedeschamps.com
aloreedeschamps@yahoo.com
Route 175 nord, route 169 à gauche. À Alma, route 172 ouest à droite. À Saint-Nazaire, à l'arrêt à gauche, 1re avenue nord, rang 7 est à droite.

Autres établissements

Saint-Fulgence

Le Chevrier du Nord, 71, rang Saint-Joseph, Saint-Fulgence, G0V 1S0. Tél.: 418 590-2755, 418 674-2533
info@chevrierdunord.com - www.terroiretsaveurs.com/le-chevrier-du-nord

ÉCONOMUSÉE® **Ferme d'élevage. Services offerts:** activités, vente de produits.

Index des établissements

Index des municipalités

terroiretsaveurs.com

Le Québec...
J'y goûte, je le vis !

© Le Bocage, Compton (Cantons-de-l'Est)

Partagez en ligne votre avis sur l'un de nos établissements

Vous avez adoré une table gourmande, une auberge, une ferme, un vignoble, une cidrerie, un gîte… inscrit dans ce guide ? **Terroir et Saveurs.com** vous permet de partager en ligne votre avis et aussi de lire ce que les autres en pensent.

Terroir et Saveurs.com, le plus important site Internet consacré aux terroirs et aux saveurs d'ici. Découvrez-le sans plus tarder, vous serez étonné !

© Photo-François Rivard

Association de l'Agrotourisme et du Tourisme Gourmand